Betrachtungen
über
Sprachbetrachtungen

Betrachtungen über Sprachbetrachtungen

Grammatik und Unterricht

Heiko Balhorn, Heinz Giese, Claudia Osburg (Hrsg.)

Deutsche Gesellschaft für Lesen und Schreiben

Kallmeyersche Verlagsbuchhandlung

Die Deutsche Bibliothek - CIP-Einheitsaufnahme

Ein Titeldatensatz für diese Publikation ist bei der Deutschen Bibliothek erhältlich

Impressum
Heiko Balhorn, Heinz W. Giese, Claudia Osburg (Hrsg.): Betrachtungen über Sprach-
betrachtungen. Grammatik und Unterricht
Herausgegeben im Auftrag der Deutschen Gesellschaft für Lesen und Schreiben
(DGLS) als neuntes Jahrbuch der Reihe „libelle wissenschaft lesen und schreiben"
© Kallmeyersche Verlagsbuchhandlung GmbH
30926 Seelze (Velber)
Alle Rechte vorbehalten
Realisation: Jürgen Ricke / Friedrich Medien-Gestaltung
Titel: Tatja Bodenstein
Druck: Hahn-Druckerei, Hannover
ISBN: 3-7800-2035-1

Betrachtungen über Sprachbetrachtungen

Damit und darüber – Umgangsformen mit Sprache   153

Kontroversen   197

Vorwort

Dies ist das neunte Jahrbuch der Deutschen Gesellschaft für Lesen und Schreiben (DGLS). Das erste erschien 1986 im Zeichen der Libelle und war allein von Hans Brügelmann herausgegeben: „ABC und Schriftsprache: Rätsel für Kinder, Lehrer und Forscher". Damit war das Programm formuliert.

„Welten der Schrift in der Erfahrung der Kinder", „Jeder spricht anders", „Das Gehirn, sein Alfabet und andere Geschichten", „Bedeutungen erfinden – im Kopf, mit Schrift und miteinander", „Am Rande der Schrift", „Sprachen werden Schrift" und „Schatzkiste Sprache" sind die Titel der Reihe, die das Programm erfüllen.

Dieses neunte Jahrbuch erscheint nun bei Kallmeyer. Großer Dank gilt Ekkehard Faude, der diese Reihe und ein Dutzend anderer Bücher unserer Thematik liebevoll und in der ihm eigenen Ästhetik gemacht und geprägt hat. –

Ein ‚alter' und zwei ‚neue' Herausgeber suchen zusammen die Tradition der Jahrbücher fortzusetzen und zugleich neu zu bestimmen. Wie weit dies gelingen wird, werden die kommenden Bände zeigen.

Dieser handelt von ‚Grammatik'. Wie ihn nennen? Reflexion auf Sprache – Sprache über Sprache – Gegenstand Sprache – Wie Sprache funktioniert – Angemessene Sprache – Formulierungen – Über Sprache sprechen – Nachdenken über Sprachdenken … – Als Titel dieses Buches haben wir uns für die Betonung der doppelten Metaperspektive entschieden.

Der Sinn der Grammatikdiskussion liegt nicht im Durchsetzen bestimmter Theorien, sondern in deren kritischer Prüfung und alternativen und spezifizierenden Hypothesen, die grammatische Fragestellungen im Unterricht leiten können.

Die je eigenen und dennoch typischen Wege der Kinder in die Sprache und dann in die Schrift zu verstehen, um sie wirksam unterstützen zu können (und falsche ‚Lehre' zu vermeiden) ist der pädagogische Anspruch. Denn lehren lässt sich Grammatik ja nicht. Sie, die der Sprache eingeschrieben ist, die die Sprache ausmacht, ist ein ganz besonderer Gegenstand. Grammatik kann immer nur grammatisch betrieben werden. Schon das Lesen und Schreiben sind zugleich analytische Konstruktion und konstruktive Analyse. Sprachbetrachtung ist beides und noch mehr: Das Interesse an der Grammatik will Sprache in ihrem Funktionieren verstehen.

Schon Grundschulkinder sind kompetente Sprecher, Leser und Schreiber (auch wenn sie dies sehr unterschiedlich sind). Auch ihre Kompetenz ist Ergebnis von Automatisierungen bewusster Aneignungsstrategien. Sie ruhen, sind stillgelegt. Sie werden aktiviert, wenn etwas nicht stimmt, wenn Kinder stutzen (oder doch stutzen könnten und sollten?), wenn etwas fraglich wird. Was tun sie dann? Wie und womit können wir ihnen helfen?

Geht es also um die Lösung von Sprachproblemen, um die Auslegung mehrdeutiger Formulierungen, die Lösung von Lernproblemen, eine vorschreibende Grammatik, Präskription im Sinne einer Vorschrift für den richtigen Sprachgebrauch?

Historisch wurden in der Folge des Mittelalters die Grundsätze der lateinischen Grammatik auf die deutsche Standardsprache übertragen. Sie wurde zu einer präskriptiven Grammatik um die Beherrschung der (Schrift-)Sprache zu sichern. Damit liegt das Problem unserer Grammatikdidaktik auf der Hand: Latein als tote Fremdsprache gab das Modell für das Lehren und Lernen der deutschen Muttersprache ab. Daraus hat sie sich noch immer nicht vollständig gelöst. Diese Tradition wirkt in wechselnden Gewändern als ein heimlicher Lehrplan nach. Zugleich ist er ein ‚öffentlich Geheimnis'.

Im Lateinunterricht geht es um den schrittweisen Aufbau von Sätzen bzw. die schrittweise Übersetzung *nach* grammatischen Regeln. Im Muttersprachenunterricht geht es um ein Mehr an Verständnis der schon ‚gekonnten' vorhandenen Sprache, der die grammatischen Regeln eingeschrieben sind.

Im Lateinunterricht werden Regeln *angewendet,* im Muttersprachunterricht werden *befolgte* Regeln *entdeckt.*

Ein konstruktives Fehlerverständnis ist allen Beiträgen dieses Bandes – auch den orthografischen – eigen. Nicht die *Vorschrift* des Regelwerks ist der Maßstab für ein Richtig oder Falsch, sondern das Situationsverständnis der Beteiligten. Deshalb ist Sprache, sind Aussagen *lösgelöst* nicht verständlich. Unterrichtliches Forschen muss sich deshalb möglichst auf situativ eingebundene Äußerungen beziehen.

Der Bedeutungshof um den Grammatikunterricht ist unübersichtlich.

Aversionen gegen Grammatik überhaupt, allzu schlichte Reduktionen, Scheineindeutigkeiten durch allzu gereinigte Beispielsätze – ein weithin ungutes Gefühl und keine überzeugenden Antworten auf die Fragen: Was bringt das? Und: Wie viel und welche Grammatik braucht der Mensch?

Dass Lernen immer auch Verlernen bedeutert, dass es mit den Kategorisierungen schwieriger ist, als man so denkt, zeigt *Ute Andresen* im ersten Beitrag dieses Bandes. „Wenn wir den Artikel *Begleiter* nennen, denkt man an Begleiter von Menschen, z. B. Hunde. ‚Wie der Hund zum Herrchen oder Frauchen gehört, so der Artikel zum Hauptwort. Und wie ein Hund manchmal daheim bleiben muss oder nicht bei Fuß geht, so macht es auch der Artikel. Trotzdem können wir erkennen, ob ein Mensch einen Hund hat, ob zu einem Wort ein Artikel gehört'." Solcher Art Beispiele gibt es in Fülle und feine Fäden, die durch die Zeit eine Verbindung herstellen. Man wünscht sich, solchen Grammatik-Unterricht genossen zu haben.

Hans Rauschenbergers Beitrag geht – wie auch der von Ute Andresen – auf einen Vortrag zur Eröffnung der Hamburger DGLS-Tagung zur Rechtschreibung und Grammatik (Mai/1999) zurück. Er zeigt die Leistungen der Sprache auf und reflektiert die Sprache der Leistung. Es ist ein fundamentaler Beitrag zur Sprachphilosophie, in dem zugleich die Frage der Bewertung von Leistung aufgenommen wird: eine von außen gestellte Leistungsanforderung und deren ‚Sollerfüllung'einerseits und die Selbstanforderung andererseits. Er zeigt damit den Horizont auf, in dessen Weite die Diskussion um die Qualitätsentwicklung einschließlich der Leistungsmessung geführt werden muss.

„Warum lernst du nicht meine Fehler und schreibst wie ich? Dann wäre doch alles richtig," fragt ein Kind seine Lehrerin. Es ist der dauernde Widerstreit von Eigen- und Fremdsinn, in deren Spannung *Kersten Reich* und *Hans-Joachim Roth* das Lesen- und Schreibenlernen sehen. Ihre Überlegungen in konstruktivistischer Sicht erhellen den Prozess des Schrifterwerbs in ganz besonderer Weise. Innerhalb dieses gar nicht mehr so exklusiven Ansatzes finden *Reich* und *Roth* Perspektiven, Präzisionen und eine Sprache, die in der fachdidaktischen Diskussion ungewohnt sind: eine ungemein rare Bereicherung.

Norbert Kruse stellt sich der Fehlerfrage: Bis zu welchem Stadium des Lernprozesses ist die Schreibung BÄCKA Ausdruck sinnvoller orthografischer Lernstrategie? Wann soll korrigierend eingegriffen werden? Dies sind Fragen von großer praktischer Relevanz und fast ebenso großer auch theoretischer Unsicherheit. *Kruse* bereichert diese Diskussion durch Argumente auf verschiedenen Ebenen.

Die Macht der Grammatik von *Klaus Wilhelm* ist ein Forschungsbericht aus einem Projekt des Max-Planck-Instituts für neuropsychologische Forschung in Leipzig. Mit neuen bildgebenden Verfahren können Forscher dem Gehirn zusehen, wie es Sprache verarbeitet. Die Ausgangssituation ist eine Fußballreportage. Die Analyse zeigt: Nicht eine mögliche Vielfalt von Wörtern, sondern erst deren sinnvolle Verknüpfung zu Sätzen, also die Syntax, bildet den Kern der menschlichen Sprache.

Karl Holle führt uns, den nicht klassisch gebildeten Sprachbetrachtern, vor, welchen Gewinn die Poetik des *Aristoteles* für ein Verständnis kindlicher Kategorienbildungen bietet. Dieser besondere Zugang inspiriert insofern, als er die Selbstverständlichkeit unserer Einheiten wie Vokale, Konsonanten, Phoneme und Grapheme auflöst und sie als ‚Lesarten' kompetenter Nutzer entdeckt. Und da Irritationen immer die Chance des Lernens bedeuten, ist dieser Ansatz lehrreich.

Günther Thomé beschäftigt sich mit der Frage, welche Bedeutung die Silbe als Einheit unseres Schriftsystems habe. Dabei geht er ausführlich auf verschiedene historische Etappen der Schriftgeschichte ein. Näher betrachtet er Schriftsysteme, die häufig als Silbenschriften bezeichnet werden und zeigt, dass auch solche Systeme andere Sprachebenen (Laut, Morphem, Lexem) nutzen. Auch für das deutsche Schriftsystem gilt, dass stets eine graphematische Ebene die Schreibung mitbestimmt.

Carl Ludwig Naumann belegt dies an der Durchsetzung der Morphemschreibung und auch der Großschreibung, die zunehmend syntaktischen Prinzipien folgt. Dass diese auch bei geübten Schreibern zu Zweifelsfällen führen, zeigt, dass bei Substantivierung von Nichtnomen und desubstantiviertem Gebrauch von Nomen das syntaktische Prinzip mit der Wortartenkenntnis der Schreiber kollidiert. Für die didaktische Diskussion macht *Naumann* beruhigend deutlich, dass die Reflektion der Grammatik in unserer Orthografie schrittweise vollzogen wird. So schreiben Viertklässler Abstrakta häufiger klein als Konkreta.

Wolfgang Eichler setzt sich mit jenem Aspekt der Orthografie auseinander, der traditionell als grammatisches Prinzip bezeichnet wird. Eichler fasst die Phonologie (im Gegensatz zur Phonetik) als Teil der Grammatik und zeigt, dass für Lernen phonologische Strukturen erst über die Schrift deutlich – weil sichtbar – werden. Als im engen Sinn zur Grammatik gehörig setzt *Eichler* sich mit der Großschreibung, der Zusammenschreibung und der Zeichensetzung auseinander. Er beschreibt typische Fehler, die ihren Grund in der gesprochenen Sprache der Schreiber haben. Damit nimmt er den Gedanken auf, mit dem er 1976 ein genetisches Verständnis des Fehlers eröffnete.

Grundschulkinder seien mit einer traditionellen Wortartengrammatik überfordert, „da diese Kinder die für grammatisches Denken nötige Fähigkeit – zumeist – noch nicht besitzen: die Fähigkeit von der Bedeutung, sowohl von der Bedeutung des Wortes wie auch von der Bedeutung ‚für mich', der Bedeutung in der Situation, zu abstrahieren". Mit dieser These verweist *Wolfhard Kluge* formale Grammatik in die weiterführende Schule, wenn Fremdsprachen unterrichtet würden. Dies ist allerdings zunehmend in der Grundschule der Fall. Da der Autor zugleich die sprachanalytischen Leistungen von schreibenlernenden Kindern als Grammatikarbeit würdigt, ist dieser Beitrag als einer zum Verhältnis von impliziten und explizitem Wissen zu verstehen, der eigentlichen Frage des Sprachunterrichts, so *Jürgen Reichen* auf einer Podiumsdiskussion in Rauischholzhausen.

Eduard Haueis akzentuiert das „implizite phonologische Bewusstsein" für die Differenz der Ausdrucks- und Inhaltsseite von Wörtern und fordert, dass LehrerInnen diese Bewusstheit als explizite zur Verfügung haben müssen.

„Du hörst ein (oi) und du schreibst ein <äu>?" Wenn Kinder Wörter wie <Läufer> orthografisch korrekt schreiben wollen, müssen sie bereits über ein gewisses Maß an sprachlicher Bewusstheit verfügen. Für Kinder mit sprachlichen Beeinträchtigungen *kann* das Lesen- und Schreibenlernen zusätzlich erschwert werden. *Alfons Welling* und *Christiane Grümmer* stellen an Beispielen phonologischer und grammatischer Bewusstheit Forschungsergebnisse vor, die zeigen, dass die sprachliche Variabilität dieser Bereiche bei Kindern mitsprachlichen Beeinträchtigungen eben so reich sein kann wie bei sprachlich unauffälligen Kindern.

Julika, ein russisches Aussiedlerkind, scheint der Zugang zur deutschen Sprache verschlossen. *Swantje Weinhold* führt vor, wie es Julika gelingt, zu ersten Wörtern in deutscher Schreibung zu kommen, ohne den Weg über die gesprochene Sprache – die das Kind eben nicht spricht. Ein Beitrag, der ermutigt, noch mehr auf die Zeichen der Kinder zu achten.

Alexandra Meyer vergleicht Russisch und Deutsch. Dies könnte der Beginn einer Serie sein, in der Sprachen verglichen werden, um die Gemeinsamkeiten und Differenzen zu erfassen. Folie sollte die Zielsprache Deutsch sein, vor deren Hintergrund sich die verglichenen Sprachen konturieren. In diesem Sinne ist der Beitrag von *Meyer* ein produktiver Anfang, der Unterrichtenden hilft, Kinder besser zu verstehen und Sprachbegegnungen besser zu stützen.

Der Englischunterricht in der Grundschule ist im Kommen: in Hamburg zum Beispiel jetzt flächendeckend ab der dritten Klasse. ‚Spielerisches Lernen' ist das Konzept, ‚Mündlichkeit' der natürliche Einstieg, ‚Die Schrift bekommt ihr später'. Warum eigentlich? Diese Frage nimmt *Maike Reichert-Wallrabenstein* auf. Gehaltvoll interpretiert sie Unterrichtsvorhaben in denen Kinder die fremde Sprache auch in ihrer Schriftform nutzen. Wichtige Argumente gegen eine gar nicht selbstverständliche methodische Vereinseitigung.

Kontrovers

Ein Lichtblick für den Grammatikunterricht? Die *Grammatik-Werkstatt* von *Peter Eisenberg* und *Wolfgang Menzel* scheint ein didaktisches Szenario zu sein, dass Lernenden einen konstruktiven Zugang zu grammatischem Wissen ermöglicht.

Wie Sprachwissenschaftler forschend sollen Kinder zwischen Wortarten, Satzarten, Wortformen und Satzformen zu unterscheiden lernen, indem sie mit exemplarischem Material geeignete Operationen anstellen. Dabei sollen sie grammatische Kategorien entdecken und mögliche Kategorisierungen reflektieren. In der Betrachtung von *Bernd Switalla* allerdings zeigt sich, dass die Experimente in der Werkstatt tatsächlich tiefgründiger sein müssten als die ‚Beispielsätze' es vordergründig nahelegen. Grammatische Operationen sind eben sprachanalytische Handlungen, mit denen wir unser *implizites* sprachliches Können und Wissen *explizit machen*. Und eben dieses Explizit-Machen-Können wäre das Ziel der Beschäftigung mit Sprachhandlungen. In scheinklaren Beispielsätzen verschwimmen Implikationen und Konsequenzen, um deren Reflexion und Artikulation es gerade gehen muss. „Über das eigene Reden und Denken rational zu reden und zu denken" dies sei eine neue Forschungs- und Unterrichtsaufgabe, resümiert *Switalla* in seinen Grammatik-Notizen. *Jakob Ossner* und *Peter Klotz* antworten kritisch-konstruktiv. Dabei helfen sie uns Lesern, besser zu verstehen, was gemeint ist. Und auch *Wolfgang Menzel* – sozusagen als Betroffener – meldet sich zu Wort. Er, der sich auch um Grammatik-Unterricht verdient gemacht hat. Auf diese Weise ist ein kleines Forum entstanden, in dem vier ausgezeichnete Fachleute Betrachtungen anstellen: Ein schönes Beispiel einer achtsam geführten *Kontroverse*.

Cordula Löffler diskutiert in ihrem Beitrag auf dem Hintergrund ihrer Erfahrungen in Alphabetisierungskursen, inwieweit die Ausgangssprache der Lerner ihren Lernerfolg beeinflusst. Dabei geht sie anhand einzelner „Fallbeispiele" auch auf die Fähigkeit der Lerner ein, gesprochene Sprache zu reflektieren. Sie zeigt an mehreren Beispielen, dass eine phonologische Bewusstheit nur in geringem Maße besteht. Zudem geht sie auf die Wechselbeziehung zwischen gesprochener und geschriebener Sprache ein und nimmt an, dass Abweichungen des Gesprochenen von der Standardsprache das Lernen der Schriftsprache beeinträchtigen.

Dem widerspricht *Heinz Giese*, der einen Ansatz favorisiert, der eine größere Unabhängigkeit der geschriebenen Sprache von der gesprochenen annimmt. Er plädiert dafür, gerade dann, wenn Lernschwierigkeiten zu beobachten sind, von der Schriftsprache selbst auszugehen, ohne explizite Beziehungen zur gesprochenen Sprache herzustellen. Diese Kontroverse verdiente ausführlicher diskutiert zu werden. Die Frage, wie genau man Orthografie hören könne, wird in der Praxis – von Schülern und Lehrern – hoffnungsvoll beantwortet: *„Hör mal genau hin!"*, *„Hörst du nicht die zwei t in ‚Mut/ter'?"* In der didaktischen Diskussion sucht man den Schlüssel aber spätestens nach *Helga Andresens* schönem Beitrag in OBST (1983) nicht mehr im Ohr. Operationen und Verständnis seien der Schlüssel zur Orthografie. Eine Schlüsselfrage, die zur (kontroversen) Diskussion einlädt.

Zugleich eine tragende Überleitung zum letzten Teil:

Heiko Balhorn und Claudia Osburg eröffnen mit ihrem Artikel eine neue Rubrik: **Qualitätsdebatte**

Sie nennen Kriterien zur Beurteilung von ‚didaktischen Materialien' und bewerten drei ausgewählte Produkte nach eben diesen Kriterien.

Das ist ein heißes Eisen, gibt es doch Eigeninteressen, gibt es doch eine Spannung zwischen ‚Wissenschaft' und kommerziellen Zielen.

Aber muss das dazu führen, dieses wichtige Thema auszublenden? Didaktische Materialien stehen in ihrer praktischen Bedeutung sicherlich noch vor Lehrplänen und Richtlinien, sind selbst nicht unabhängig von ihnen, operationalisieren diese in der Regel. Dies trifft für sogenannte Leitmedien (*das* Sprach-, Lese-, Rechenbuch) besonders zu. Aber auch ergänzende Materialien, die hier als Beispiele vorgestellt werden, sind ganz zweifellos bedeutsame Bedingungen unterrichtlichen Lernens. In ihrer Bedeutung übertroffen nur von der Person der Lehrerin, ihrer Fähigkeit ein produktives Lernmilieu zu schaffen und zu sichern.

Berichte wie dieser sind parteilich, sind in bestimmten Lern- und Unterrichtsvorstellungen fundiert. Sie sind nicht neutral.

Sie sind – wünschenswerterweise – ambitioniert.

Aber: Wir sind frei zuzustimmen oder nicht. Schlimmstenfalls lösen solche Beiträge weitere Diskussionen um Kriterien und Passungen für (guten) Unterricht aus. Das allein wäre schon ein Gewinn.

Diesen Ansatz wollen wir fortsetzen und laden schon jetzt herzlich zur Teilnahme ein.

Wie wäre es mit *Wörterbüchern für die Grundschule?* Welche Kriterien für Wortwahl, Anordnung, Einführungen, Auszeichnungen, Gruppierungen, Vorkurse, Schrifttypen, Findehilfen etc. schweben Ihnen da vor?

Heiko Balhorn, Heinz Giese, Claudia Osburg
an einem der raren Sonnentage des Sommers 2 000
in Hamburg, Bremen und Rotenburg

Betrachtungen ...

Ute Andresen

Wo bin denn ich in eurer Sprache?[1]

Vor einem halben Jahr etwa wurde das, was hier zu sagen wäre, in diese Frage gefasst. Dann habe ich gesammelt: im Sprachalltag, in der Erinnerung an eigene Praxis als Mutter und Lehrerin an Grund- und Hochschule, bei KollegInnen hier und dort, in allerlei Literatur. Da kam viel mehr zusammen, als hier Platz hat! So ist nun vorauszuschicken:

Es wird nicht die Rede davon sein, wie ich mich als Praktikerin nicht wiederfinde in der Fachsprache der Wissenschaften und als Frau mich nicht wiederfinde in der Herrschaftssprache von Männern, auch wenn diese von uns gemeinsamen Gegenständen sprechen. Ich will auch nicht fragen, ob man sich selbst in der Sprache von Zeugnissen wiederfindet, und nicht, wie viel Selbstverlust Menschen aufgezwungen wird, die sich plötzlich in einem ihnen fremden Sprachraum zurechtfinden müssen wie Kinder anderer Muttersprache in deutschen Schulen. Verzichten muss ich auch auf Beispiele des Selbstgewinns beim Lernen einer Fremdsprache, wenn man etwa entdeckt, dass man im Deutschen loszieht, um Pilze zu suchen, im Englischen aber, um sie zu finden. Das Thema sei hier eingeengt auf Probleme der Verständigung zwischen Erwachsenen und Kindern, und da auf Fragen und Beobachtungen, die Grammatik und Rechtschreiben betreffen, und dies besonders im Unterricht.

Vorspiel mit Funden

Fast schon geläufig lesen wir, wenn sich auch am Binnen-I noch manche Geister scheiden:

Als LehrerIn sollte man ...

Wenn einst jedeR LehrerIn ...

Vielleicht stolpern wir im zweiten Satz. Denken wir auch darüber nach, wie die allgegenwärtigen Sprachspiele der Werbung in Kinderköpfen wirken? Die Kinder bringen da Erfahrungen mit Sprache in die Schule mit, die dort kaum je beachtet und ernst genommen werden. Ich werde ein paar Beispiele zeigen. Über einem Schaufenster könnte dies oder das oder jenes stehen:

jeans-shop
Hosenladen
Hosen-Laden

Wem gäben Sie den Vorzug? Zu bedenken ist: In Bayern ist ein Hosenladen der Hosenschlitz. Ein Argument für die Zusammensetzung mit Bindestrich! Aber mit welchen Erwartungen ginge man in einen Friseurladen, dessen Schild in Blau und Silber dies ankündigt?

HairGott

Und soll in solchem Fall das G mitten im Wort als richtig erlaubt sein? Wo man früher zum Friseur ging, vielleicht auch zum Frisör, lockt heute

Lisa's Haarstudio

Das Apostroph am falschen Platz fällt uns kaum noch auf. Das Ganze signalisiert: „Lisa hat sich selbstständig gemacht und will etwas bieten, was dem Zeitgeist entspricht." Warum aber fand man an allen Straßen, die in die schöne Stadt Biberach führen, auf Schildern mit teuer auf Blech gebrannter Schrift die freundlich ordnende Aufforderung:

Parken Sie in Biberach's Parkhäusern!

Zwei Tage, nachdem ein Sprachfex sich im Lokalradio darüber lustig gemacht (lustiggemacht!) hatte, war überall das Apostroph weggeschabt oder übermalt. Das arme kleine s trottet nun ganz allein seinem Ort hintennach. Als einmal ein neues Schild angebracht wurde, hatte es darauf wieder den Anschluss gefunden. Auch Straßenbauämter können lernen! Aber niemand korrigiert die privaten Unternehmer. Am Münchner Hauptbahnhof kann man sich laben bei

SNACK'S & GEBÄCK'S

und dabei grübeln, wie und warum sich der wilde, sich selbst wahrscheinlich als modern und weltläufig verstehende Umgang mit dem Apostroph so seuchenartig ausgebreitet hat. Ist eine Kneipe im Voralpenland, deren Schild außen verkündet, man stünde vor

Seppl's Pil's Bar

innen mit Holztischen und Bänken, mit Resopal- und Kuhglockenlampen oder mit einer langen, metallbeschlagenen Theke ausgestattet? Wie kleidet Seppl sich selbst? Ein Handwerker, der mit dem folgenden Spruch wirbt, trägt sicher Overall und kommt sofort:

Stet's zu Ihren Diensten!

Er kommt gewissermaßen stehenden Fuße's.
Auch die Gänsefüßchen, sind mittlerweile überraschend dienstwillig. Ein Metzger wirbt arglos für

„Original"
Schwarzwälder Schinken

und empfiehlt den KundInnen seine leicht verderbliche Ware als

Täglich „frisch"!

So vertrauend auf Vertrauen mit einer Geste des Misstrauens.

Das alles genießen wir als Spaß, weil wir die Regeln kennen und den gezielten oder unbeabsichtigten Regelbruch, das unbeholfene oder gekonnte Spiel mit den Regeln erkennen. Wie aber wirkt solche Sprachspielerei auf Kinder, die an den Schildern vorbei tagtäglich in die Schule trotten, um dort mit den Regeln so bekannt gemacht zu werden, als gälten sie immer und überall?[2]

Der geniale Saul Steinberg, 1914 in Bukarest geboren, 1999 in New York gestorben, hat uns – vielleicht! – ein Bild für genau die Lust am Risiko geschenkt, der die Schule nicht traut, die sie sich nicht zutraut.[3] Wir sollten darüber nachdenken, weil wir damit gewiss an kein Ende kommen werden.

Was den Kindern frommt, behauptet man zu wissen, wenn es dem Geschäft nützt. Darum gibt es im Fernsehen den öffentlich-rechtlich verantworteten Kinderkanal. Der wirbt mit einem eingängigen Spruch (Slogan):

Wenn –

dann

den

So zeigt er sich in der Überschrift eines medienpädagogischen Artikels in einer Grundschulzeitschrift. Ich schriebe ihn mit gutem Gewissen eher so:

Wenn, dann den!

Und müsste dabei vergessen, was man mir früher einmal über die nötige Vollständigkeit von Sätzen hat beibringen wollen. Der Kinderkanal selbst wirbt aber so:

Wenn.

Dann.

Den.

Das haben unsere Schulanfänger tausendfach gesehen, wenn sie in die Schule kommen und lernen sollen, wo Großbuchstaben hingehören, was ordentliche Punkte sind und dass man sie ans Ende vollständiger Sätze setzt. Beachten wir, dass sie solch Neues zu Altlasten in Beziehung setzen müssen, die sie unerkannt mitschleppen? Für entsprechende Realitätstüchtigkeit fehlt der Schule wohl die Sprachbewusstheit, die sie den Kindern anlernen (anhexen?) will.

Ankündigung
Für mein Thema brauche ich nach diesem Vorspiel noch einen langen Anlauf zur Klarstellung in drei Schritten, um Erwartungen zu entkräften:

1. Schritt: Der Hammer!
2. Schritt: Täusche dich nicht!
3. Schritt: Wahnsinn!

Dem Anlauf folgen Kinder-Sprach-Geschichten in der Ordnung des ABC:
A) *Ungleiche Geschwister* oder: *Eigenart soll man nicht brechen*
B) *Rechtschreiben ist blöd!* oder: *Jule passt sich an*
C) *Kaugummi im Internet* oder: *Adverbien versteh ich nicht*

Dann möchte ich Genaueres zum Unterricht in Bezug auf Grammatik und Rechtschreiben in den ersten Schuljahren sagen. Vorher ist ein Blick auf die Geschichte der Grammatik zu tun. Da deutet sich an, warum uns in der Grammatik so eine merkwürdige Mischung aus Strenge und Chaos begegnet, die Strenge der Regeln der Schulgrammatik und das Chaos der über Jahrtausende gewachsenen, gewucherten Grammatiken, dem oft ein Chaos in den Kinderköpfen und auch in den Köpfen der LehrerInnen entspricht. Meine Frage im Hintergrund ist nicht: Wie beseitige ich das Chaos? Sondern: Wie kann ich als Lehrerin – mit den Kindern – mit Lust im Chaos schwimmen? Wie Delfine vielleicht. Oder Delphine? Mir kommt der Delphin immer noch anmutiger vor das innere Auge, als der Delfin.

Übrigens: Die heftigen Anfälle von Ugs[4] in meinem Text sind Absicht. Umgangssprache – das ist die uns allen gemeinsame Sprache, in der wir miteinander umgehen, einander begegnen können, ohne umeinander herumzustelzen, verborgen hinter Sprachmasken.

Anlauf zur Klarstellung

1. Schritt: Der Hammer!
Monique plant im Praktikum Unterricht zum Thema Kuscheltiere. Die sollen von den Kindern mitgebracht werden. Anknüpfend gebe ich der Praktikums-Gruppe rasch eine Psychologie-Lektion zum Thema „Übergangsobjekt"[5]. Kleine Kinder brauchen es, um ohne seelische Not den Weg vom Tag in die Nacht zu finden. Michael sagt: „Ich hatte einen Hammer im Bett. – Nein, nicht als Waffe! Der Hammerstiel, dies glatte Buchenholz, hat sich so gut angefasst." Moniques kuscheliges Thema ist auf einen Schlag ihr und uns fast fremd geworden.

Also: Wenn viele zu Wort kommen, kann der gemeinsame Gegenstand Eindeutigkeit einbüßen.

2. Schritt: Täusch dich nicht!
Vor Jahren erfuhr ich von einem Film mit dem Titel: *„Im Unterricht kann nur einer reden"*. Gleich zog ich los, um ihn anzusehen und endlich zu lernen, wie man das schafft, dass in Unterrichtsgesprächen immer nur einer redet, denn mir wollte es nur schwer gelingen, dieses Prinzip bei meinen Schulkindern durchzusetzen. Es ging nur gegen sie. Der Film enttäuschte mich. Er zeigte, wie dieses Prinzip, wenn es denn konsequent durchgesetzt wird, dem Interesse der Kinder den Boden entzieht, weil es den lebendigen, klärenden, fruchtbaren Austausch keimender Ge-

danken unterbindet. Ich lernte nun, durch den Film enttäuscht, diesem Austausch, dem plötzlichen, ungeregelten Gespräch der Kinder auch innerhalb eines disziplinierten Klassengesprächs den gebührenden Raum zu lassen.

Also: Für manche Enttäuschung muss man dankbar sein. Auf sie mag sich guter Unterricht gründen.

3. Schritt: Wahnsinn!

Als vor zehn Jahren die Mauer zwischen Ost und West sich öffnete, war „Wahnsinn!" der Ausdruck glückseliger Sprachlosigkeit. In Thüringen, wo ich seit Anfang 1992 an einer PH arbeite, höre ich das immer mal wieder: „Wahnsinn!" Aber nun wird es anders betont. Ein Beispiel:

Eine Kollegin an der PH erzählt von ihrer Tochter, die an Hand eines Schulbuchs im siebten Schuljahr am Gymnasium lernte, mit dem Taschenrechner umzugehen. Hatte sie ihre Lösung eingetippt, musste sie das Gerät umdrehen und konnte nun im Sichtfenster (Display) ein Wort lesen, das einer Frage in einem Kreuzworträtsel zuzuordnen war. Da ergab sich dann als „Mensch, der schlechte Erfahrungen gemacht hat": OSSI. Als „Person, die für die Familie das Essen kocht" war MUTTER einzutragen. Beides Zuordnungen, die vom lernenden Kind und seiner Mutter als kränkend empfunden wurden. Wahnsinn! So etwas in einem Schulbuch ist Wahnsinn, bösartiger! Und abgesehen vom dummen, doppelt beleidigenden Zwang für Kinder, die Stereotypen OSSI und MUTTER benutzen zu müssen, um seine Hausaufgabenpflicht zu erledigen: Die ganze Aufgabenkonstruktion ist bestenfalls bizarr zu nennen.

Also: Schulbüchern ist nicht unbedingt zu trauen.

Ich hoffe, jetzt in drei Schritten gezeigt zu haben: Es ist allgemein riskant, in Schule und Unterricht nicht nur das Übliche abzuhaspeln, sondern genau hinzusehen, zuzuhören, nachzufühlen, mitzudenken und mitzureden, wenn die Lerngegenstände und die lernenden Kinder zusammentreffen. Man riskiert dabei die Sicherheit, die Schule denjenigen verspricht, die brav tun, was sie sollen. Ohne Murren. Ohne Fragen. Ohne allzu eigene Gedanken. Um die Lust zu diesem Risiko geht es mir!

Kinder-Sprach-Geschichten

A) Ungleiche Geschwister oder: Eigenart soll man nicht brechen
Monika erzählt von ihren beiden Kindern, großer Bruder, kleine Schwester, die beide mit dem Unterricht in der DDR-Unterstufe, und also auch mit deren kleinschrittigem Anleitungsunterricht gut zurechtgekommen seien. Sie haben sich aber, aufgewachsen gleichermaßen bei Eltern, die Bücher lieben, in Bezug auf das Lesen ganz unterschiedlich entwickelt. Der Sohn, den die Mutter liebevoll und trickreich immer wieder zum Lesen hat verlocken wollen, hat sich nie dafür interessiert. Bis heute, er ist 18, ist er kein Leser. Die Tochter wurde zur Leserin, sobald sie alle Buchstaben kannte. Heute verschlingt sie alles Lesbare, auch Schwieriges.

Typisch für Antje: Sie hat in der Unterstufenzeit nur so für sich immerzu Zettel geschrieben und herumliegen lassen. Die Mutter hat sie beim Aufräumen gefunden und sich daran gefreut, ihr das auch gesagt, dabei hin und wieder einen Hinweis auf Rechtschreibung einfließen lassend. Antje hat auch gern Briefe an Oma und Opa geschrieben, frisch und lebendig, aber voller Eigenwilligkeiten, also: Fehler. Mehrmals hat die Mutter behutsam zur Berichtigung aufgefordert, schließlich auch verlangt, dass Antje einen Brief noch einmal abschreibt. Aber die hat sich gesträubt: „Wieso soll ich das nochmal schreiben? Ich hab doch schon geschrieben!" Schließlich hat die Mutter aus Sorge, Antje könnte die Lust am Schreiben verlieren, ihre Korrekturversuche aufgegeben.

Antje hat auch Bilder gezeichnet und sie genauestens beschriftet. Eins ihrer Bilder zeigt einen Menschen und dann an allen Teilen dessen Namen und dazu eine Erklärung, wozu dieses da ist, z. B.: „Die Hornhaut ist dazu da, dass die Füße beim Gehen nicht wehtun." Nicht ganz so geschrieben, wie es nun hier steht in diesem Text auf Dudenniveau, sondern in der Schreibweise der Antje jener Tage. Dazu da erscheint damals als „dazuda", und dieses tolle Wort dazuda mag der Antrieb des Schreibens gewesen sein. Schöne Wörter sind doch auch für uns noch Antrieb des Schreibens, wir wollen sie, haben wir sie erst einmal aufgeschnappt, erproben und uns und andern zeigen, was wir mit ihnen anstellen können. Antje allerdings schrieb damals nur für sich.

Monika hat ihrem Sohn, als er etwa dreizehn Jahre alt war, ein Sagenbuch geschenkt. Er hatte Interesse an Sagen gezeigt und sie hoffte nun, mit einem Sagenbuch würde er zum Leser werden. Das Buch war ausgezeichnet illustriert. Der Sohn malte damals viel. – Beschenkt lag er mit dem neuen Buch auf seiner Liege. Es war still im Zimmer. Die Mutter draußen hoffte: Nun liest er! Nach einer Weile ging sie hinein und sah: Er betrachtete ganz vertieft ein Bild mit Jägern und Hunden. Klar! Dieses Kind schaute zunächst die Bilder an. – Nach einer halben Stunde war es immer noch still im Zimmer des Sohnes. „Er liest!", frohlockte die Mutter, zum lesenden Vater gewandt. Sie ging wieder hinein, wohl um sich am Anblick des lesenden Sohnes zu weiden. Vielleicht auch, um seine Freude an ihrem Buchgeschenk mit ihm zu teilen. – Da lag er auf seiner Liege und betrachtete immer noch das Bild mit den Jägern und den Hunden. „Du bist ja noch gar nicht weiter!", seufzte die Mutter. „Hör mal, Mutti!", sagte der Sohn, „Wie die Hunde bellen!" Da hat sie aufgehört, ihn zum Leser machen zu wollen.

Also: Wir sind verantwortlich dafür, was Kinder lernen und was aus ihnen wird, aber wir haben es nicht in der Hand.

Und: Wenn wir unser Ziel mit einem Kind nicht erreichen, muss das kein Scheitern für das Kind bedeuten.

Aber auch: Wir Erwachsenen müssen Ziele und Wege im Auge behalten, damit unsere Kinder unterwegs auch mal trödeln, Umwege gehen oder sich ganz andere Ziele suchen können.

B) Rechtschreiben ist blöd! oder: Jule passt sich an

Jule geht in Hamburg zur Schule. Das Lesen und Schreiben hat sie sich vor dem Schulanfang selbst erobert. Davon zeugen die Faxe, die sie ihren Kusinen in München damals geschickt hat. Die Faxe hatte ich gelegentlich zu Gesicht bekommen und war darum neugierig auf Jule. Ich lernte sie kennen, als sie im zweiten Schuljahr Ferien hatte. Sie ist eine ausgezeichnete Schülerin, null Fehler sind für sie im Diktat die Regel. Weil ich ihre alten Schreibungen kannte, habe ich sie gefragt, was sie von der Rechtschreibung halte. „Rechtschreiben find ich blöd!", war die Antwort. – „Und warum findest du Rechtschreiben blöd?" – „Man muss die Wörter so komisch schreiben." – „Wie: so komisch?" – „So anders." – „Sag mal ein Beispiel!" – „Felix! Mit x!" – „Wie würdest du das schreiben?" – „Mit ks: Feliks." – Keine weiteren Erklärungen.

Nun klingt „Feliks" in meinem Ohr genauso wie „Felix". Warum ist dies dann trotzdem für Jule ein Beispiel dafür, dass die Rechtschreibung von ihr verlangt, komisch zu schreiben? Ich denke, dies ist ihr nicht zufällig als Beispiel eingefallen. Selbst hier spürt sie den Zwang, ihre Sprache zu verstellen, vielleicht gar zu entstellen, wenn sie sie Schrift werden lässt. Sie schreibt geläufig so, wie man es von ihr verlangt, und spürt dabei einen Zwang, etwas zu äußern, was in dieser Gestalt gar nicht mehr ihre Sache ist. Indem sie sich den Regeln der Rechtschreibung unterwirft, akzeptiert sie deren enteignenden Zugriff auf ihre Sprache, weil sie muss. Ihr bleibt aber ein Gefühl der Fremdheit gegenüber dem, was sie sich abverlangen lässt, ein Gefühl der Unstimmigkeit mit ihrer eigenen Leistung. Das Rechtgeschriebene, das vertraute Wort im Gewand der Rechtschreibung, bleibt für sie „komisch". Dabei ist sie in allem, was man ihr abverlangt, erfolgreich. Sie leistet, was sie leisten soll. Aber sie fühlt sich dabei nicht eins mit sich selber.

Pauline hat so ein Dilemma für sich lösen können. Sie sagte, als sie sieben Jahre alt war: „Ich weiß ja jetzt schon, dass es Weih-nachts-baum heißt, aber zu dem großen auf'm Marienplatz sag ich Weihnaksbaum, der ist viel schöner!"⁶ Sie zeigte damit, dass an der lauttreuen / sprechgenauen Fassung des Wortes all ihre Liebe zum Weihnachtsbaum, all ihre Erfahrungen mit ihm, all ihre Vorfreude auf Weihnachten hängen. Die mit Lichtern bestreckte Riesentanne auf dem Marktplatz mag sie einfach nicht so nennen, wie die Rechtschreibung es von ihr verlangt, weil sie so schön ist, wie es jeder Weihnachtsbaum war, bevor sie noch irgendetwas von Rechtschreibung ahnte.

Ich denke, Jule und Pauline zeigen uns manches, was in den bisherigen Überlegungen der Rechtschreibdidaktik noch zu kurz kommt, vielleicht gar nicht beachtet wird:
- An der gesprochenen Umgangssprache der Kinder hängen all ihre Erfahrungen und Gefühle. Sie schwingen nur in der Umgangssprache mit. – Nur die eigenen Verschriftungen der Kinder vertreten erkennbar die gefühls- und erfahrungssatte Umgangssprache. Zunächst haben sie nur zu diesen Wörtern lebendige Beziehungen.
- Diese Beziehungen zu den Wörtern, diese persönliche, lebendige Bedeutung, durchtrennen wir, wenn wir zu früh und zu kategorisch verlangen, dass die Wörter rechtgeschrieben werden.
- Die Schwierigkeiten mancher Kinder mit der Rechtschreibung mögen darin wurzeln, dass sie sich gegen die Einwilligung in den Sprachverlust sträuben, den die Rechtschreibung ihnen abverlangt. Sie verweigern die Unterwerfung, die

22

Jule leistet. Das ist einem Kind sicher nur sehr selten bewusst. Wir Erwachsenen sollten davon wissen. Und wir sollten lernen, welche Zeit es braucht, bis Kinder eine Brücke schlagen können zwischen den Eigen- und den Dudenwörtern. Alles zu seiner Zeit, alles an seinem Ort! – In diesem alten Spruch steckt unsere Aufgabe.

Also: Wenn Kinder etwas lernen, gewinnen sie nicht nur etwas dazu. Oft müssen sie für das Neue auch etwas Altes aufgeben, was sie eigentlich behalten möchten.

Und: Mit wie viel Verzicht und Verlust der Neugewinn bezahlt werden muss, hängt von den LehrerInnen ab, von ihrem Geschick, dem einzelnen Kind die rechte Zeit für die Verwandlung der Eigenwörter in Dudenwörter zu lassen, damit es in den Dudenwörtern die Eigenwörter, und also seine Erfahrungen und Gefühle, noch wiederfinden kann.

C) Kaugummi im Internet oder: Adverbien versteh ich nicht

Neulich haben meine StudentInnen verlangt, dass ich ihnen eine Unterrichtsstunde vorturne. Weil grad allenthalben von denkförderlicher Wirkung des Kaugummikauens die Rede ist, entschied ich: „Kaugummi" sei der Gegenstand meines Unterrichts! Weil ich zu wenig darüber wusste, bat ich einen Freund per Telefon, mir Kaugummi-Infos aus dem Internet zu fischen. Er versprach es, wir plauderten, ich erzählte von meinen Vorbereitungen auf diesen Vortrag und er fing an zu lachen. Was er mir dann erzählte, hat er mir netterweise auch noch aufgeschrieben und mit vielen Kaugummi-Infos nach Erfurt gefaxt. Ich zitiere[7]:

„Meine Grundschulzeit erlebte ich in einer anthroposophischen Schule. Als ich in die vierte Klasse kam, erhielt ich einen Extra-Grammtikunterricht. Ich sollte auf diese Weise auf den Übergang auf ein staatliches Gymnasium vorbereitet werden. Ansonsten legten die Waldörfler keinen besonderen Wert auf Grammatik als Unterrichtsinhalt.

Mir hat der Sonderunterricht Spaß gemacht. Wahrscheinlich, weil ich gern systematisch denke und weil es mir leichter fiel als meinen Mitschülern, Wortarten und Satzglieder zu erkennen. Tatsächlich habe ich auf dem Gymnasium von meinen Grammatikkenntnissen profitiert. Im Englischunterricht zum Beispiel. Die goldene Regel „SPO – Subjekt, Prädikat, Objekt" hab ich gleich beherzigen können. Vermutlich kann das aber auch jemand mit Sprachgefühl und ohne Grammatikkenntnisse genauso gut.

Danach habe ich mich nie wieder mit Grammatik beschäftigen müssen. Nicht einmal während der elf Jahre, die ich als Redakteur bei einer Elternzeitschrift gearbeitet habe.

Vor zwei Wochen fragt mich mein Sohn dann, was ein Adverb ist. „Morgen schreiben wir einen Grammatik-Test." Er geht in die sechste Klasse Orientierungsstufe. Im Groben wusste ich das ja noch, aber die Feinheiten …: Adverb, adverbiale Bestimmung, Pro-Adverb?

Ein Blick ins Internet schafft keine Klarheit, sondern eher mehr Verwirrung. Es zeigt sich, dass es mindestens fünf aktuelle und unzählige historische Versuche gibt, Satzglieder und Wortarten einzuteilen. Es tröstet mich, denn ich hatte schon immer den Verdacht, dass diese ganze Systematik recht willkürlich ist. Genau wie die Einteilung von Tieren und Pflanzen in der Biologie: Einer lebendigen Vielfalt wird eine Ordnung übergestülpt!

Meinem Sohn hilft das nicht weiter. Es ist schon 22.00 Uhr. Ich rufe meine Mutter an. Die war doch Lehrerin und müsste es eigentlich wissen. Das denkt sie auch. Kommt dann aber doch rasch ins Schleudern.

„Der Läufer lief schnell." Ist *schnell* da ein Adverb oder ein Adjektiv?

Das ist wohl ein Adverb, aber kein echtes; *selten* ist ein echtes Adverb.

Und: „Der Läufer ist schnell."?

„Da ist es ein Adjektiv."

„Wieso? Es steht doch beim Verb!"

„Aber *ist* ist doch kein Verb!"

„Doch, ein Hilfsverb!"

Aber *schnell* bleibt ein Adjektiv, auch wenn es zum Hilfsverb gehört.

Wir streiten ordentlich. – Um Mitternacht ruft sie nochmal an. Sie meint jetzt, *schnell* könnte doch so etwas wie ein Adverb sein. Sie wäre jetzt nicht mehr so sicher.

Am nächsten Tag rufe ich Eckart an. Er unterrichtet Deutsch und Latein am Gymnasium.

„Oh, ein schwieriges Thema", holt er aus. „Die wenigsten Schüler kapieren das. Wir haben hier welche, die können auch in der 13. Klasse nicht zwischen Wortarten und Satzgliedern unterscheiden."

(Das mit dem *schnell* bringt übrigens auch ihn in Verlegenheit.)

„Wozu braucht man denn Grammatik?", frage ich.

„Das weiß ich auch nicht so genau. Ich merke nur, dass den meisten Schülern dieses Metasprachliche doch sehr schwer fällt. Und außerdem steckt da ja auch eine gewisse Willkür drin."

„Und nutzt Grammatik beim Lernen von Fremdsprachen?"

„Ich glaube, bei den lebenden Sprachen nicht. Aber im Latein ist es notwendig, dass man sich mit der Grammatik auskennt."

„Braucht man Latein?"

„Es schadet bestimmt nicht. Und wir haben hier eine Reihe von Schülern, denen macht der Lateinunterricht richtig Freude."[8]

Also: Auch Erwachsene, die dafür zuständig sind, über Grammatik Bescheid zu wissen und sie anzuwenden, gar zu unterrichten, sind sich nicht unbedingt einig über die richtige Zuordnung grammatischer Kategorien zu Fällen lebender Sprache.

Und: Sie sind sich nicht unbedingt sicher und einig, dass Grammatik vielen, gar allen Kindern beim Sprachenlernen nützt.

Trotzdem: Wenn ich diesen Vortrag halten will, muss ich versuchen, vorher viel von Grammatik zu begreifen.

Der schwierigste Gegenstand

Je länger ich mich auf meinen Vortrag vorbereite, desto mehr verflüchtigt sich mein Selbstbewusstsein, ich hätte etwas zum Thema Grammatik beizutragen. Ich kann doch niemals all das Wissen, das etwa Wilhelm Köller auf den 450 Seiten seiner *Philosophie der Grammatik*[9] zusammenträgt, aufnehmen und verdauen! Ich will aber auch nicht die Segel streichen, sondern gegen den grammatischen Wind kreuzen, es aufnehmen mit diesem sperrigen Gegenstand, der meiner geliebten Sprache eingeschrieben, in ihr zu entdecken und Kindern als kostbarer Fund zu zeigen ist! Also muss ich mich umtun, um wenigstens zu erkennen, warum Grammatik so sperrig ist und der Blick in Schulbücher sie uns auch nicht geschmeidig verfügbar macht.

Bei Köller ist zu lesen: „Forschungslogisch ist die Aufklärung der Grammatikproblematik wie überhaupt der Sprachproblematik besonders kompliziert. Zum einen sind Grammatik und Sprache keine Naturphänomene, sondern Kulturphänomene. Bei ihrer Erforschung muß der Geist etwas aufklären, was er selbst hervorgebracht hat, was aber dennoch im Laufe der Zeit eine vom individuellen Denken unabhängige Existenzform angenommen hat und nun als ein transzendentaler Faktor auf das Denken zurückwirkt, aus dem es hervorgegangen ist. Mit der Erforschung der Dimensionen der Grammatik ist deshalb immer auch ein Stückchen Selbstaufklärung des Geistes verbunden, da dieser bei einem solchen Vorhaben immer wieder auf seine eigenen Organisationsformen Bezug nehmen muß und sich praktisch immer wieder selbst begegnet. Zum anderen hat jede Philosophie der Sprache und der Grammatik im Gegensatz zu anderen Formen der Kulturphilosophie darüber hinaus noch mit dem Problem zu kämpfen, daß sie sich genau in dem Medium artikulieren muß, das sie aufzuklären versucht. Diese besonderen Schwierigkeiten der Philosophie der Grammatik sind methodisch nur dadurch zu bewältigen, daß ganz besondere Sorgfalt darauf gerichtet wird, die einzelnen Fragestellungen und Betrachtungsebenen klar voneinander abzugrenzen und logisch zu stufen, um die Münchhausen-Situation zu bewältigen, in der man mit dem Licht der Sprache das Licht der Sprache beleuchten muß."[10]

Das klingt tröstlich, weil es unser Problem mit der Grammatik in schöne, spannende Bilder fasst, die in heimelig-grusliger Nähe von Witzbolden und Gespenstern siedeln: „der sich selbst begegnende Geist" und „das Licht der Sprache, mit dem man das Licht der Sprache beleuchtet". Tröstlich! Aber doch auch irrlichternd, nicht nachhaltig erhellend und wegweisend, wenn man Lehrerin ist und Grammatik unterrichten soll. Und zwar womöglich zur Unzeit, für die Kinder zu früh, lediglich zur Lehrplanzeit.

Vielleicht nicht für alle Kinder zu früh, aber doch für viele, wenn der Unterricht nach der Sachlogik der Grammatik organisiert wird, wie allgemein üblich, statt nach der Psychologik der Kinder, wie ich es in einem Buch aus dem Bereich der Waldorfpädagogik gelesen habe. Da wird das Verb als ein Tunwort aus dem eigenen, wirklichen Tun erst der Hände, dann der Beine der Kinder gewonnen. Und das Futur, die Zukunft formuliert sich für die Kinder nicht im „Ich werde …", sondern im „Ich will …!" – nämlich „Wenn ich dann groß bin!"[11] Das ergibt einen frischen, zuversichtlichen Aufbruch in die Welt der Sprache und ihrer Grammatik, bei dem man entdeckt, wie sehr man auch als Kind schon darin daheim ist. Im Tun und bewussten Sprechen wird das bewusst in einer ganz jungen, kindlichen Grammatik. Und dies mit immer neu nachwachsenden Kindern immer wieder neu.

Um zu begreifen, woher das Grammatik-Chaos in unseren Köpfen, Schulbüchern und unserem Unterricht kommt, müssen wir uns der Geschichte zuwenden. Um die anschaulich zu machen, zeige ich einige Bilder. Vorher möchte ich ein Denkmodell zeigen, das bei der Entwirrung von Unterrichtssituationen helfen kann. Ein ganz einfaches Modell, aus der Unterrichtspraxis gewonnen.

Dreifacher Dialog

Dieses fröhlich wilde Dreieck, das mir vor Jahren ein Kind geschenkt hat, sei das Symbol für gelingenden Unterricht.

Ihm ist unsichtbar eingeschrieben ein strengeres Dreieck, das den Dreifachen Dialog symbolisiert.[12] Darin sind Kind/Kinder (K), LehrerIn (L) und Gegenstand (G) voneinander zunächst unabhängige Subjekte, die im Unterricht in wechselseitige Beziehung zueinander treten. Das Ziel des Unterrichts ist es, dass eine Beziehung zwischen den Kindern und dem Gegenstand gestiftet bzw. aufgegriffen und entwickelt wird. Die Lehrerin bringt ihre Beziehung zum Gegenstand in den Unterricht, Kinder und Lehrerin haben auch Beziehungen zueinander.

Wir können in diesem Modell nach den Eigenheiten der Kinder, der Lehrerin und des Gegenstandes fragen und nach ihren jeweils wechselseitigen Beziehungen zueinander.

Entscheidend ist, dass diese Beziehungen dialogisch sind und voneinander unabhängig zu denken sind, wenn sie sich auch gegenseitig beeinflussen.[13]

Vor allem ist festzuhalten:

Es gibt im Dreifachen Dialog die Beziehung zwischen Lehrerin und Gegenstand – sei er nun die Katze, der Regenwurm, das Siebener-Einmaleins, ein Gedicht, die Grammatik insgesamt oder ein Teil davon, etwa das Verb (auch Tätigkeitswort, Tunwort, Tuwort). Sie ist geprägt von bestimmten Erfahrungen und vergangener Zeit, biographisch geprägt. Es gibt in der anderen Richtung die Beziehungen des Kindes bzw. der Kinder zum

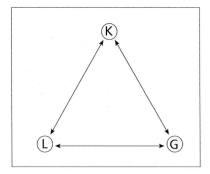

gleichen Gegenstand, geprägt von anderen Erfahrungen in anderer Zeit und den Personen selbst. Diese beiden Beziehungslinien können niemals zusammenfallen.

Niemals kann es der erwachsenen Person gelingen, ihre Beziehung zum Gegenstand auf die Kinder zu übertragen. Dies nicht zu erreichen, ist kein Misslingen. Es zu wollen, ist ein Missverständnis dessen, was der Didaktik möglich ist.

Im Umgang mit anderen Erwachsenen akzeptieren wir das relativ leicht, aber im Umgang mit Kindern fällt es uns schwer wahrzunehmen, dass wir über ihr Lernen, die Entwicklung der Beziehung zwischen ihnen und dem Gegenstand, nicht verfügen können.

Wir können lediglich versuchen, das, was wahrgenommen, erkannt, durchdacht, verstanden, gelernt werden soll, in ihren Blick zu stellen, für sie zu beleuchten, in den richtigen Abstand zu ihnen zu rücken, kurz: es ihnen zu vergegenständlichen.

Das fällt uns oft zu, wenn es sich um ein lebendiges Tier, eine schöne Pflanze, einen lebenswichtigen Zusammenhang oder eine bewegende Geschichte handelt. Es ist schwer, wenn es um die Sprache geht, die die Kinder täglich sprechen, die ihnen ganz selbstverständlich vertraut, Teil ihres Lebens und ihrer Person, ihnen nicht fremd und fern genug ist, um Fragen zu wecken.

Eigentlich ist das alles ja banal. Trotzdem muss es gesagt werden, denn es wird unter denen, die dafür verantwortlich sind, dass Kinder etwas lernen, auch unter LehrerInnen und ErziehungswissenschaftlerInnen, kaum einmal wirlich sauber genug zwischen dem Lehren und dem Lernen unterschieden. Wenn man sich beim Lehren nur clever genug anstellt, erwartet man immer noch das Lernen als eigentlich notwendigen, gesunden Reflex darauf. Jedoch es gibt keinen Nürnberger Trichter und keinen Lernknopf, der didaktisch zu drücken wäre. Das wissen wohl diejenigen in unserem Metier, die sich heute als Konstruktivisten bezeichnen. Aber sie scheinen vergessen zu haben, dass es die Gegenstände auch unabhängig von uns, die wir uns ein Bild von ihnen machen, schlicht und einfach gibt.

Obwohl also die Beziehung der Lehrerin zum Gegenstand nicht in die der Kinder zu ihm übergehen kann, ist jene doch für diese wichtig: Nur wenn sie lebendig ist, wird sie belebend auf die Kinder wirken. Nur dann werden die Kinder neugierig auf den Gegenstand, der die Lehrerin fasziniert, wollen sie etwas von ihr lernen, den Gegenstand, besser gesagt: das Wissen über und Interesse an ihm mit ihr teilen.

Um nun Ihre Beziehung zur Grammatik aufzulockern, anzureichern und zu beleben, werde ich etwas aus der Geschichte der Grammatik zeigen und erzählen, was für mich selbst gerade erst interessant geworden ist.

Vielleicht gelingt es mir damit, Ihnen hier die Grammatik neu zu vergegenständlichen.

Greise Frau Grammatica

Der Terminus „Grammatik" ist etymologisch abzuleiten von griechisch „gramma" = Buchstabe, und meint ursprünglich die Fertigkeit oder Kunst des Lesens und Schreibens. Der „grammatikos" unterschied sich durch sie vom Analphabeten.[14]

Reflexion und Wissen der Grammatik setzen Schrift voraus, in der Sprache konserviert, normiert und zum Untersuchungsgegenstand verselbstständigt wird, damit sich die Grammatik als eine umfassende Textwissenschaft entwickeln kann.

In der mittelalterlichen Universität dann war die Grammatik wohl der entscheidende Studieninhalt in der Artistenfakultät, die man durchlaufen musste, bevor man sich Spezialwissenschaften wie Theologie, Jurisprudenz, Medizin oder Phi-

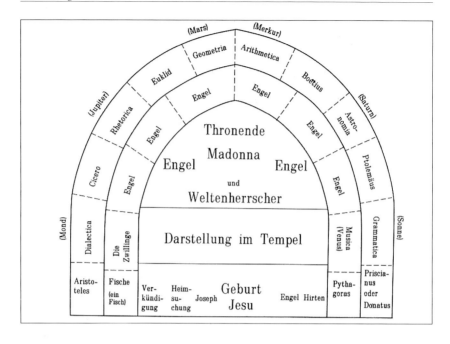

Portalschema, rechtes Westportal – die sieben Freien Künste

losophie zuwenden durfte.[15] Im Studium der Grammatik wurden Denk- und Redeweisen erworben, damit auch Sichtweisen. Aber die Sprache, um die es immerfort ging, war nicht die Haus- und Umgangssprache der Lernenden, sondern das Latein. In der Artistenfakultät begann man etwa als Vierzehnjähriger zu studieren, nicht nur Grammatik, sondern die sieben Freien Künste, die *artes liberales*. Ihnen begegnen wir in allegorischen Darstellungen des Mittelalters als sieben Frauen, etwa in der äußeren Archivolte des rechten Westportals der Kathedrale zu Chartres.[16]

Da thront die Grammatica[17], ihr zu Füßen zwei Schüler, beide noch kindlich jung, der eine fast nackt mit erhobenem Kopf und wie diskutierend mit ausgestreckter Hand, der andere in eine Kutte gehüllt, geduckt, den Kopf sinnend in die Hand geschmiegt. Sind sie guter und schlechter Schüler? Drückt das Lehrbuch? Droht die Rute? Drei Dreiecke sind ineinander geschoben: drei Gestalten, drei Köpfe, drei Bücher. In der Mitte das große Lehrbuch nah dem Herzen der Grammatica.

Neigt sie ihren Kopf freundlich hinab? Ist ihr die Rute nicht eher ein Szepter? Unterhalb der pädagogischen Szene sehen wir einen bärtigen Mann, welcher den Donatus oder den Priscianus darstellt. Beide gelten als römische Grammatiker und lehrten im 4. bzw. 5. Jahrh. n. Chr., der eine in Rom, der andere in Konstantinopel. Beide verfassten grundlegende Bücher, die bis ins Mittelalter die Grammatik, vor allem auch den Unterricht darin prägten.

Wenn wir dies Bild mit feministischem Humor interpretieren, so ist es mal wieder so, dass eine Frau sich mit den Kindern plagt, sie belehrt und erzieht, und ein

Mann ihr sagt, selber abgeschirmt von der Praxis, wie sie das zu tun habe. Es hat sich nicht viel geändert seither. Und gerade im Bereich der Grundschule geht es besonders mittelalterlich zu: Begriffe, Konzepte, Ziele werden von Männern mit entsprechenden Ämtern vorgegeben. Die Frauen in den Klassen versuchen dann, die Vorgaben umzusetzen. Und wenn sie erleben, dass es nicht recht geht, dass es zu den Kindern nicht passt, dass die Kinder damit nicht gedeihen, dann machen viele es anders und auf ihre Weise – aber heimlich, hinter dem Rücken der männlichen Macht. So kann man keine öffentlich geklärten, praxisgerechten Konzepte entwickeln. Dazu müsste man sich aus der Deckung wagen und es mit uralten Traditionen aufnehmen, die unser Denken über Sprache so nachhaltig geprägt haben, dass wir sie fraglos für naturgegeben und der Sprache kategorial angemessen halten. Unsere Anpassung scheint unausweichlich nötig.

Nun noch ein genauerer Blick zurück ins Mittelalter: Als Standardwerk für den Grammatikunterricht gilt der „Donat", den es zweifach gibt, als „kleinen Donat" und als „großen Donat", das Werk des Donatus also. „Der kleine Donat ist in Form eines Frage- und Antwortspiels abgefasst, das im Unterricht ohne Zweifel auch tatsächlich so durchgeführt wurde. Er behandelt ... die acht Satz- oder Redeteile ...: Nomen, Pronomen, Verb, Adverb, Partizip, Konjunktion, Präposition und Interjektion. ... Der große Donat besteht aus drei Büchern: das erste behandelt die Sprachbestandteile, die unterhalb der Wortebene liegen, also Laute (vox),

29

Buchstaben, Silben, Versfüße, Betonung (tonus) und positura (Satzzeichen)." Das zweite Buch entspricht dem kleinen Donat, bietet denselben Inhalt aber als fortlaufenden Text. „Das dritte Buch handelt ... über zwölf Sprachfehler ..., dann über vierzehn Typen von Lautveränderungen im Vers ..., und schließlich über dreißig Redefiguren."[18]

Die etwa zweihundert Jahre später entstandene Grammatik des Priscian, die „,Institutiones de arte grammatica' sind entschieden für den Unterricht fortgeschrittener Schüler bestimmt, da sie ungefähr den 25fachen Umfang des Donats haben"[19]. In der Inhaltsangabe tauchen wieder die Begriffe auf, die heute noch im Grammatikunterricht beim Sezieren lebendiger Sprachen benutzt werden. Nochmal sei betont: Sie stammen aus den Bemühungen, das Latein zu analysieren und rein zu erhalten. Wie anmutig, anregend und einladend man dennoch darüber schreiben kann, zeigt Honorius Augustodunensis: „Die erste Stadt ist die Grammatik: ihr Tor ist die vierfache Stimme, der Weg hindurch ist der dreigeteilte Buchstabe, welcher durch Vokale, Halbvokale und Konsonanten zu den Wohnstätten der Sätze führt. Dann sind die langen und kurzen Silben der Wörter gewissermaßen die Türen der Häuser. Diese Stadt ist in acht Regionen geteilt ... In ihr herrschen Nomen und Verb als Konsuln, das Pronomen nimmt den Platz des Prokonsuls, das Adverb den des Präfekten ein. Die anderen Wortarten gleichen den übrigen Ämtern. Ihnen sind Genus und Kasus, Tempus und die übrigen Eigenschaften als gewöhnliches Volk dienstbar. In dieser Stadt lehren *Donatus und Priscinian*."[20]

In dieser Sprache finden wir uns wieder! Unter dem Eindruck dieses kleinen Textes löst sich die einschüchternd eherne Grammatik auf in ein duftiges Bild, in dem man im Geiste spazieren gehen kann, um mal den einen, mal den andern Weg zu erkunden, mal an diese, mal an jene Tür zu klopfen. So macht man sich die Stadt allmählich vertraut, so wird sie, Stück für Stück erkundet, aber immer doch als Ganzes gegenwärtig, zur Sprachheimat.

Das erinnert mich eigenartig an das Spiel mit den Symbolen für grammatische Kategorien in der Montessori-Pädagogik, wie es Claus Kaul in seiner Gruppe *Nomen und Verb – ein Paar und seine Verwandten* bei unserer Tagung vorgestellt hat. In der Montessori-Pädagogik soll man sich der in den Schulen drohenden „Gefahr der Verkünstlichung der Sprache, einer vom natürlichen Wesen abgespaltenen Sprachpflege" bewusst sein.[21] Darum ist die Sprachkultur in der Schule selbst so wichtig, ist entscheidend, wie alle in der Schule miteinander sprechen. Und die Hand darf intensiv mittun, wenn Wortsymbole zugeordnet werden, „da dadurch das Interesse belebt und das Gedächtnis des Gelernten gesichert wird. Die Einbeziehung der Sinne und der Bewegung hilft, daß der ganze Mensch versteht und den Gegenstand erfaßt."[22]

Entscheidend ist in meinem Zusammenhang, dass in Montessoris Wortsymbolen (eigentlich: Wortartsymbolen) der grammatische Aspekt der Sprache von den Kindern selbst nach und nach vergegenständlicht werden kann, lange bevor die alten, etablierten Begriffe dann den Symbolen und über diese den konkreten Sprachfällen zugeordnet werden. Schon lange vorher haben die Kinder mit Hilfe der Symbole Ordnung in die große Menge ihrer Wörter gebracht und unversehens ist ihnen die Grammatik „zu einem Alphabet des Gedankens" geworden.[23]

Dabei kann, so hofft man, das Kind „Freude an der Differenziertheit des sprachlichen Ausdrucks, an der Wahrheit der Sprache"[24] gewinnen.

Dagegen soll der alte, die Schulen immer noch dominierende, material orientierte muttersprachliche Grammatikunterricht als eine Art „Dienstleistungsunterricht" dem Fremdsprachenunterricht und der Produktion formal bestimmter Textsorten dienen.[25]

Was sollen wir tun als LehrerInnen in den ersten Schuljahren im Hinblick auf die grammatische Bildung? Was müssen wir dazu wissen? Was können wir überhaupt wissen? Wie können wir die uns anvertrauten Kinder vor Über- und Fehlforderung, auch Fehl- und Überförderung schützen, damit sie uns nicht immer unbeholfener werden oder gar verstummen, nicht mehr mit Vertrauen in die eigene Ausdruckskraft und Verständigungsfähigkeit von sich selbst sprechen können?

Wir müssen vermeiden, dass die Kinder mit dem „Wust von grammatischen Begriffen überschüttet werden, die sich in einer über zweitausendjährigen Forschungstradition herausgebildet haben"[26]. In diesem Wust wimmeln die Widersprüche. Allein bei „der Unterscheidung der Wortarten sind drei unterschiedliche Klassifikationsansätze im Spiel, die sich gegenseitig stören"[27].

Wir sollten die Grammatica vergessen, wie sie Artianus Capella im 5. Jahrhundert charakterisiert hat. Er hat sie „als hochbetagte Greisin" dargestellt, „die in einem elfenbeinernen Kästchen Messer und Feile mit sich führt, um die Sprachfehler der Kinder chirurgisch zu behandeln"[28].

Wir sollten die Kinder an die Hand nehmen, wie es die oberrheinische Grammatica[29] tut, die in München im Bayerischen Nationalmuseum einen Knaben mit einer Fibel und einen mit einem Tränentüchlein ganz ohne Rute führt. Der Katalog nennt die Gestalt „matronenhaft", mir erscheint sie als die Güte persönlich, hübsch und weich und freundlich.

31

Es irritiert ein wenig, dass die Kinder sich so sehr strecken müssen, um ihre Hände zu fassen, dass sie sich nur Knaben widmet und dass so eindeutig zwischen gutem und schlechtem Schüler unterschieden wird. Der mit der Fibel sei der gute, heißt es. Aber ist *Feldhamster* und *Goldhamster* eine klügere Etikettierung, wenn Kinder heute sich darunter zwei Leistungsgruppen zugeordnet finden?

Am Ende dieses kurzen Blicks in eine lange Geschichte sei noch angemerkt: Die Grammatica ist nur eine der sieben Freien Künste. Besinnen wir uns rechtzeitig und nachhaltig auf die anderen, vor allem auf Frau Musica. Und trösten wir uns: In vielen Darstellungen ist die Grammatica durchaus keine Greisin. Dabei wäre die Großmutterhaltung gegenüber den Kindern auch im Grammatik-Unterricht nicht vom Übel: Freude an der jungen Lebendigkeit der Kinder, die vieles anders sehen, als wir es gelernt haben, und uns von Denkballast und -starre erlösen können, wenn wir werden, wie sie. Wie toll das sein kann, will ich gleich zeigen, indem ich eine Geschichte vorlese. Gute Geschichten vorzulesen – das ist die vornehmste Aufgabe des Sprachunterrichts! Gute Geschichten enthalten Grammatik so, dass sie uns und den Kindern unverlierbar unter die Haut geht und subkutan, also nachhaltig und intensiv, wirkt. Da müssen wir mit einem anderen Grammatikunterricht in den Schulen selbst anfangen, weil es lange dauern kann, bis all die sich gegenwärtig zuständig wähnenden wissenschaftlichen Disziplinen miteinander geklärt haben, welche grammatischen Kategorien zu welcher Zeit in welcher Schulstufe verbindlich sein sollen. Vorläufig reden sie noch nicht einmal miteinander. Es kann noch lange dauern, bis der Wirrwarr der grammatischen Systeme, der seine Tentakel bis in die Lehrpläne und Schulbücher vorgetrieben hat, ausgelichtet ist. Vielleicht wird es nie geschehen, weil Unklarheit zu Konkurrenz führt und die belebt das Geschäft, in dem viele verdienen – auf dem Rücken der in den Schulen dienstverpflichteten LehrerInnen und anpassungsbereiten Kinder.

Wir müssen wahrscheinlich weiterhin unsere eigenen Wege der Vermittlung zwischen kindlichem Denken, gewachsener Sprachwelt und normativen Vorgaben und Forderungen der Grammatiken[30] suchen. Dabei ist Neugier eine wichtige Hilfe. Auch Witz, sogar Albernheit kann helfen, sich unverzagt mit den Kindern ins deutsche Sprachdickicht hinein und da hindurch zu schlagen. Manchmal entdeckt man dabei liebliche Lichtungen, manchmal stürzt man in tückische Abgründe. Abenteuer eben!

Eselsbrücken? – Kreative Bilder!

„Im Deutschen hat ein Fräulein kein Geschlecht, während eine weiße Rübe eines hat. Man denke nur, auf welche übertriebene Verehrung der Rübe das deutet und auf welch dickfellige Respektlosigkeit dem Fräulein gegenüber."[31]

Menschen, deren Muttersprache nicht das Deutsche ist, fällt es schwer, sich mit unseren drei Artikeln zurechtzufinden. Kinder, die in deutscher Sprache aufgewachsen sind, entzückt es, zu entdecken, dass sie da kaum Probleme haben, dass sie einfach wissen, dass zu *Bauch, Nase* und *Ohr* natürlich *der, die* und *das* gehört. Das muss man nicht durchnehmen, nicht beibringen. Das kann man ihnen schenken als etwas, was ihnen schon gehört und zeigt, wie sie ohne Mühe und einfach so nebenbei ganz vieles längst gelernt haben. Plötzlich kann der Artikel aber zum

Problem werden, wenn jemand dem Kind steckt: „Das Wort nach *der, die* oder *das* wird großgeschrieben!" Gelehrig schreibt es „Wenn ich torte esse, krieg ich bauchweh." und „Eigentlich sollte der Neue regenmantel ja dicht sein." Einmal ist weit und breit kein Artikel zu sehen, im anderen Fall steht ein Adjektiv zwischen Artikel und Nomen. Wie nun die Regel relativieren? Im Dialog auf gleicher Augenhöhe mit den Kindern wird erkennbar: Wenn wir den Artikel *Begleiter* nennen, denkt man an Begleiter von Menschen, z. B. Hunde. „Wie der Hund zum Herrchen oder Frauchen gehört, so der Artikel zum Hauptwort.[32] Und wie ein Hund manchmal daheim bleiben muss oder nicht bei Fuß geht, so macht es auch der Artikel. Trotzdem können wir erkennen, ob ein Mensch einen Hund hat, ob zu einem Wort ein Artikel gehört." Also: Meine Kinder konnten diese Eselsbrücke benutzen. Sie rief ihr Sprachgefühl auf den Plan. Und das kann meistens mehr als das Regelwissen.

Nun die Geschichte. Achten sie auf die Verben! Die Geschichte von Jürg Schubiger heißt: „Nichts tun ist schwierig", ist für Leseanfänger gedacht, stammt aus der Schweiz und ist von Jürg Obrist hinreißend illustriert.[33] Aber der Text allein weckt schon kräftige Bilder in uns.

Der Vater soll, so will es die Mutter, mit dem Sohn etwas unternehmen. Aber es fällt beiden nichts ein, was zu unternehmen wäre. Und außerdem ist es viel zu heiß. So sitzen sie auf dem Balkon, unterhalten sich über Bären, Wölfe und Großeltern. Ob die einen wohl die verkleideten anderen sind? Schließlich heißt es (Der Text ist in Sinnschritten gesetzt, die hier durch Schrägstriche markiert sind):

„Sollen wir schwimmen gehen? / fragte er dann. / Ich sagte: Wenn du meinst. / Schwimmen war eine gute Idee. / Schlecht war nur, / dass man dafür / auf die Strasse musste. / Denn es war heiss. / Die Luft zwischen / den Häusern stand still. / Im Garten bewegte sich kein Blatt. / Etwas müssen wir schliesslich tun, / sagte Vater.

Er machte eine lange Pause. / Ich auch. / Dann stand er auf. / Ich trinke erst mal ein Glas Bier. / Magst du eine Cola? / Wir tranken. / Und dann beschlossen wir, / nichts zu tun. / Gar nichts.

Wir machten die Augen zu / und den Mund. / Ich hielt den Atem an. / Das war schon ein bisschen nichts, / aber gar nichts / war es noch lange nicht. / Immer war da noch etwas: / der Kopf dachte / und das Herz schlug, / die Ohren hörten ein Radio / oder Schritte im Kies, /die Hände spürten das Trinkglas. / Nichts tun ist schwierig, sagte ich. / Aber schön, seufzte Vater.

Unterdessen war die Luft / grau geworden. / Vater zog die Store hoch. / Ein Wind fuhr in die Bäume. / Die Blätter blinkten / wie Schwärme von Fischen. / Es donnerte. / Es tropfte. / Es schüttete.

Wir sassen am Tisch, / Vater und ich, / und liessen uns verregnen. / Mutter stand unter der Balkontür. / Sie war eben / nach Hause gekommen. / Was tut ihr denn da? / fragte sie. / Nichts! riefen wir. / Mutter holte ihren Schirm. / Sie spannte ihn auf / und setzte sich zu uns.

Der Regen / trommelte auf den Blechtisch, / und er füllte die leeren Gläser. / Vater stöhnte: / Ich habe einen Bärenhunger. / Ich einen Wolfshunger, sagte ich. / Mutter fragte: / Wer wäscht den Salat?"[34]

Das Büchlein ist gedacht für das Ende der ersten oder den Anfang der zweiten Klasse. Da es eine Hochsommergeschichte ist, passt es aber eher in die erste. Merkwürdig ist mir: „Nichts tun" wird im Didaktischen Begleitheft mit Langeweile verknüpft, auch als Gegensatz zum hektischen Tätigsein in der Arbeitswelt gesehen, nicht aber auf Sprachlehre / Grammatik bezogen. Dabei zeigt die Geschichte eindringlich, dass manche Verben gar keine Tunwörter, sondern Nichts-tun-wörter sind, was zu wissen mancher grammatischen Verwirrung vorbeugt.

Den Autoren des Begleitheftes hätte man das empfehlen sollen, was ich hiermit allen LehrerInnen als Übung vor jeder Grammatikstunde empfehle: Mark Twain lesen und die Lust an kreativen Bildern entdecken, Impfstoff gegen die Regelwut, Stimulans für tanzwütige EselInnen.

Irreführung durch Unterricht

Ich habe mir statt vieler Schulbücher den *Schülerduden: Grammatik*[35] vorgenommen, ein Buch mit 400 Seiten. Da heißt es im Vorwort: „Eine neue und eigene Terminologie zu entwickeln schien weder notwendig noch sinnvoll; …". Und warum nicht? Haben wir denn eine bewährte Terminologie, die man nicht ohne Not durch Neues ersetzen möchte? Wir haben sie nicht! Und so heißt der zitierte Satz denn auch vollständig: „Eine neue und eigene Terminologie zu entwickeln schien weder notwendig noch sinnvoll; die terminologische Verwirrung ist ohnedies groß genug."[36]

Am Ende gibt es auf sechs Seiten ein „Verzeichnis der Fachausdrücke mit Entsprechungen", in dem man finden kann, was gemeint ist, was der Lehrer, die Mutter oder die Oma meint, wenn die andere Begriffe benutzen als dieses Buch, weil man diese anderen Begriffe zu ihrer Schulzeit oder in schulstufenbezogenen Lehrplänen jeweils für die allein schlaumachenden hielt oder hält.

Es ist anzunehmen, dass dieses Verzeichnis vor allem der Verhütung von Familienkrächen dienen soll. Schließlich ist es ein Buch, das Eltern für ihre Kinder anschaffen, weil die eine miese Deutschnote heimbringen und ein Nachhilfelehrer nicht zu finden oder zu teuer ist. Familienkräche entstehen, wenn ein Kind seine Aufgabe nicht versteht, sei es nun eine aus der Schule mitgebrachte oder eine im Buch. Die Generationen geraten einander in die Haare, weil im Buch von *Substantiven* die Rede ist, die Mama aber *Namenwort* sagt, wie es der Grundschulunterricht des Sprösslings verlangte, der Papa was von *Hauptwort* murmelt und die Oma sich immer mit *Dingwort* einmischt: „So haben wir das genannt. Und ich war immer gut in Grammatik!" In Grammatik gut gewesen zu sein ist keine Garantie dafür, dass man Kindern das Begreifen der Grammatik heute erleichtern könnte. Die alten Begriffe greifen nicht mehr.

Etwas weiter heißt es: „Ziel … ist, die Grundstrukturen des Deutschen so übersichtlich und verständlich darzustellen, dass diese Darstellung für die Schule verwendbar ist. Es ist eine Schülergrammatik, die nach sachlichen Gesichtspunkten aufgebaut ist." Es wird also angenommen, dass es für lernende Kinder, Jungen und Mädchen, hier „Schüler" hilfreich sei, wenn ihnen das, was sie lernen sollen – oder sollen lernen wollen – der Stoff nämlich, entsprechend seiner Sachlogik vorgelegt wird. Wir wissen aber längst, dass die Sachlogik nicht unbedingt der Psychologik der Lernenden, schon gar nicht der Psychologik lernender Kinder entspricht. Weiter: „Die Grundgliederung entspricht dabei der Forderung, die sowohl von der Didaktik als auch von der Forschung erhoben wird; vom Satz auszugehen und Schritt für Schritt durch Analyse des Satzes über die größeren Einheiten, über Satzglieder und Attribute bis zu den einzelnen Bestandteilen des Satzes zu gelangen." Über dieses Vorgehen herrscht durchaus keine Einigkeit in Didaktik und Forschung.

Weiter: „Dem Schüler soll Einsicht in sprachliche Strukturen vermittelt werden; deshalb ist darauf verzichtet worden, die Fülle der sprachlichen Besonderheiten, der Ausnahmen und der Zweifelsfälle aufzuzählen, denn eine solche Aufzählung belastet und verwirrt den Schüler mehr, als dass sie ihm nützt." Es nützt den Schülern aber auch nichts, wenn wir erst einmal so tun, als gäbe es die Ausnahmen nicht, als gäbe es eindeutige und in jedem Fall verbindliche Regeln. Das verwirrt oder entmutigt!

Wir kennen das alle aus dem Unterricht schon im ersten Schuljahr: Der hilfreich gemeinte Merksatz „Alles was man sehen kann, fängt mit einem Großen an!" führt unweigerlich zu Bemerkungen wie: „Luft kann man aber nicht sehen und da steht es großgeschrieben." Oder: „Aber ich seh doch, dass das rot ist. Warum steht es da klein?" Und irgendwann hört die Lehrerin ein halbblaues, von grammatischen Grübeleien gänzlich freies: „Kannste mir mal die Rot da geben?" Und das sagt ein Kind, das sicher ist im Gebrauch der Artikel. Wie entsteht dieser Fehler? Wir erwachsenen Vorbilder sagen „das Rot"! „… das Rot der untergehenden Sonne" etwa oder „… das blasse Rot seiner Lippen".

Und wir sagen „der Stift", „der Bleistift", „der Bunstift", „der Farbstift". Aber wir sagen auch: „die Farbe". Und vielleicht heißt es darum bei den Kindern eine Zeit lang: „Gib mir die Rot, die Grün, die Blau …" Bei „die Hautfarbe" stimmt es auch für uns.

Selber „gut in Grammatik" zu sein, ich sagte es schon, garantiert nicht, dass man in dem Feld auch eine gute Lehrerin ist. Man kann sich, weil einem Grammatik lag, nicht recht vorstellen, was daran schwierig sein könnte, spürt nicht, wo die Probleme keimen. Ich aber war da nicht gut und spüre es heute noch in eigenartigen Verspannungen, wie ich es nicht lassen konnte, mich gegen die Zumutungen der Grammatik, die bei uns Sprachlehre hieß, zu sträuben. Bei meinen Recherchen zu diesem Vortrag glaube ich gefunden zu haben, welches Wort mir die Kompetenz für Grammatik früh untergraben hat. Es war das Wort „Satzgegenstand". Noch heute, wo ich längst weiß, dass dies das Subjekt meint – und ein Subjekt ist in meiner Wahrnehmung eine handelnde, selbstständige, etwas bewirkende Instanz – noch heute kann ich nicht denken, dass der Satzgegenstand etwas anderes sein könnte als der Gegenstand des Handelns eines anderen, also ein Objekt. Wenn ich mich von dieser Vorstellung zu lösen versuche, beengt mich etwas unterhalb des Kehlkopfs. Den Satzgegenstand gleichzusetzen mit dem Subjekt, das verlangt von mir, zu denken, was ich nicht denken kann. Das Unbehagen daran sitzt mir im Hals.

Im Schülerduden Grammatik steht im „Verzeichnis der Fachausdrücke mit Entsprechungen": „Subjekt: Satzgegenstand, Grundgröße, Subjektsnominativ". Auch der zweite und dritte Alternativbegriff machen mir Unbehagen, obwohl sie mir ganz neu sind. Und wenn ich dann finde, dass das Objekt in diesem Verzeichnis gar nicht vorkommt, fühle ich mich genasführt. Aber ich vermute kühn: Dieser Begriff ist eindeutig, dafür gibt es keine Entsprechungen, darum gehört das Objekt nicht in das Verzeichnis. Aber sicher bin ich da nicht!

Ich hab mich auf Grund meiner eigenen Begriffstutzigkeit gegenüber der Schulgrammatik nie gewundert, wenn meine Schulkinder da merkwürdige Fehler produzierten. Sie bekamen etwa ein Blatt voller Tunwörter und Wiewörter, gemischt in zwei langen Kolonnen, und sollten bei jedem ankreuzen, was es wäre. Alle hielten das für leicht zu lösen, eine Leseaufgabe eigentlich, eindeutig. Aber dann gab es doch Fehler, und zwar hatten mehrere Kinder *sitzen* und *liegen* als Wiewort eingeordnet, *schnell* aber als Tunwort, was mir gleich einleuchtete. Bei *schnell* assoziiert man Aktion, anders kommt nichts Schnelles zustande. Bei *sitzen* und *liegen* fehlt die Aktion, man tut nichts, man befindet sich eher in einem Zustand, man ist in einer bestimmten Haltung. Wie sollte ich erklären, dass das trotzdem Tunwörter sind?

Die Lösung brachte die Feststellung: „Manche Tunwörter sind Nichts-tun-wörter." Wunderbar! Das kann man herrlich spielen. Und man kann es in der Fantasie auskosten, wenn man ein faules Bild malt oder eine träge Geschichte schreibt oder die wunderbare Geschichte von Jürg Schubiger liest oder vorgelesen bekommt.

Aber ich bin in der Grundschule auch schon der schieren Lust an den grammatischen Strukturen selbst begegnet.

Wortstickerei und Sprachsilberputzen

Einmal musste ich als junge Lehrerin eine Kollegin in ihrer 3. oder 4. Klasse vertreten. An den Wänden dort war fast nichts zu sehen, in meiner Erinnerung ist die Klasse wie in Grau und Braun getaucht, wie die Kollegin auch stets gekleidet war. Es gab aber eine bunte Ecke in ihrem Leben, intensiv bunt: Bücher über Volkskunst-Stickerei, die sie verfasste, reich mit Abbildungen gefüllt. Wenn man den Deckel so eines Buches aufschlug, war alles darin wohlgeordnet und zauberhaft bunt. In ihrer Klasse hatte ich den merkwürdigen Eindruck, dass es auch in den Köpfen der Kinder ähnlich geordnet und bunt aussah. Sie schienen eine Leidenschaft für Grammatik zu haben. Und plötzlich spürte ich, dass das grammatische Spiel mit der Sprache interessant sein und Freude machen kann. Das habe ich mir so erklärt: Diese Kinder bekamen so wenig Buntes im Unterrichtsleben wie arme Bäuerinnen Buntes in ihrem Arbeitsleben bekommen. Im einen Fall ist neben dem Blumengarten im Sommer das Sticken im Winter, der Umgang mit den bunten Fäden, eine Möglichkeit, den Sinn für Schönheit zu sättigen. Im anderen Fall tut das die Wortstickerei, das Spiel mit der Grammatik. Diese Kinder hatten ganz offensichtlich „Freude an der Differenziertheit des sprachlichen Ausdrucks", wie Montessori es wünscht (vgl. S. 30).

Seit dieser Erfahrung habe ich es oft gewagt, ganz altmodische Übungen, grammatische Fingerübungen vorzuschlagen (anzuordnen), die heute weitgehend missachtet werden. Meine Schulkinder haben sie, schien mir, sehr gern gemacht: Reihensätze bilden, ein Hauptwort nach dem andern in die Mehrzahl setzen, ihnen passende und schräge Wiewörter beifügen, Wiewörter prahlerisch in den Superlativ treiben, Verben konjugieren, …

Ich denke, dass die subtilen Valenzen, in denen die Sprache zu funkeln beginnt, gerade dann hervortreten und sichtbar werden, wenn Wort oder Satz sich gleich bleiben bis auf ein zusätzliches *s*, zwei Punkte über dem *a*, ein angehängtes *s*, *n* oder *en*, wenn ich mit einzelnen Wörtern oder sehr kleinen Wortgruppen umgehe und sich nur wenig ändert.

Köstlich ist es, wenn dabei Minimalgeschichten entstehen, die den Phantasieraum öffnen. Beim Konjugieren etwa muss man immer überlegen und sich vorstellen, ob das Baby die Tätigkeit auch schon ausführen kann, ob es etwa schon laufen, schon singen, schon hüpfen kann. Dann heißt es: „ich laufe, du läufst, er läuft, sie läuft, es läuft noch nicht …" Und mit dem kleinen Schlenker in der Konjugationsreihe entsteht ein Bild, eine kleine Geschichte von einer rasenden Familie, nur mal eben so im Kopf.

Wir sollten auch nicht unterschätzen, dass es den Kindern Spaß macht, gelegentlich wie beim Päckchenrechnen Aufgabenportionen zu erledigen, bei denen sie nicht viel falsch machen können. Sie erleben dabei, dass sie die Sache bzw. ihre Sprache im Griff haben. Und die Übung ist auch ein Rasten auf einem langen Lernweg, der kaum ein Kindern erkennbares Ziel hat. Man kann das durchaus auch mit Kartoffelschälen und Abwaschen vergleichen. Die Verachtung fürs Kartoffelschälen hat uns geschälte Kartoffeln im Glas und die ganze Pfannikultur gebracht. Die Verachtung des Abwaschens das Wegwerfgeschirr. Ich schäle gern Kartoffeln, wenn ich Muße dafür habe, und wasche auch gern ab. Und als ich ein Kind war, habe ich mit Leidenschaft Silber geputzt. Vielleicht sind formale Grammatikübungen so etwas wie ein Sprachsilberputzen – ohne Tauchbad, versteht sich.

Nebenbei: Die Verachtung für den lernenden Umgang mit Einzelwörtern scheint mir wenig zu wissen vom Interesse der Kinder für einzelne Wörter, die meist viel mehr bedeuten als ein Erwachsener sich vorstellen kann. Sind wir denn der Meinung, dass der Pilz, den wir im Wald finden, die Blume, die wir auf der Wiese pflücken, ihre Schönheit und ihre Bedeutung in dem Moment verlieren, in dem wir sie aus dem Zusammenhang des Waldes und der Wiese gerissen haben und in der Hand halten? Ein verbindlicher Grundwortschatz kann sinnvoll für formale Grammatik-Übungen genutzt werden, für Fingerübungen, bei denen man einerseits Geläufigkeit entwickelt, andererseits ein überschaubares Pensum in absehbarer Zeit aufseufzend erledigt haben kann.

Traditionell sind die Fingerübungen vor das Spielen großer Stücke, auf jeden Fall vor das Improvisieren gesetzt. Mir kommt die Argumentation für einen anderen Grammatikunterricht manchmal so vor, als wolle man vom freien Improvisieren ausgehen. Fingerübungen sind verpönt. Ich meine, dass man von Anfang an beides braucht, und Kinder haben auch an beidem Freude. Irgendwann ist man dann auch so weit, dass man selber entscheiden kann, wann man das eine und wann man das andere braucht. Wenn ich beim freien Improvisieren bestimmte Passagen, die ich schon ahne, schon im Kopf habe, schon innerlich höre, bevor ich sie gespielt habe, nicht so hinbekomme, wie ich es mir wünsche, dann werde ich mich mit der Schwierigkeit, die sich mir in den Weg gestellt hat, fingerübend auseinandersetzen, um dann am Ende so frei improvisieren zu können, wie ich es mir von Anfang an gewünscht habe. Dazu muss ich gelernt haben, Übungen durchzuhalten, auch wenn ich ihren Sinn noch nicht ganz fassen kann, weil er sich erst zeigen wird, wenn ich ausgeübt habe.

Bedeutet *jagen*, den Hasen heimzubringen? Bedeutet *lesen* immer schon, den Sinn zu erfassen? Das ist doch jeweils das, was am Ende einer Anstrengung steht! Vorher muss ich ansitzen, warten, warten, warten, dranbleiben und nicht müde werden, um am Ende einen Hasen oder einen Sinn heimtragen zu können.

Sinn für Unsinn

Aber man kann auch fröhlich einen Unsinn erbeuten! In ihrem „Zeitlosen Tagebuch" erzählt Marie von Ebner-Eschenbach, wie sie Kinder unentwegt ein unsinniges Lied singen hörte. „Was singt ihr denn da? fragte ich, was soll denn das heißen? – Sie sahen mich an und lachten mich offenbar aus. Ein Knabe sprach mit Überlegenheit: Was braucht es denn zu heißen?" Jürgen Dahl brachte das in einem Artikel in der ZEIT[37] in Zusammenhang mit seinem eigenen, erwachsenen Wörterspielrausch im Umgang mit dem achtbändigen, sechssprachigen Werk mit 17000 Seiten, das europaweit die Frage beantwortet: „Wer liefert was?" Das Ganze ein Paradies für Kopulativa, zusammengesetzte Namenwörter. Und Schulungszentrum für Unsinnigkeit.

„Geheimnisvolle Vorrichtungen, Apparate und Maschinen aller Art, … schöne altbekannte Gegenstände wie die Aalreuse, der Aschenbecher oder die Puppenstube, aber auch moderne wie das Kernkraftwerk, die Fotopapierrückseitenbedruckmaschine oder die Computerfütterungsanlage.

Die Computerfütterungsanlage. Das gibt es also, eine Maschine, die den Computer mit Daten füttert, auf dass er sie später in verdauter Form wieder ausspeie? Wenn wir dann nachschlagen, um zu sehen, wer denn eine solche Maschine zu liefern bereit ist, dann finden wir ein Unternehmen für Melktechnik in 87654 Friesenried und es fällt uns wie Schuppen von den Augen: Die Computerfütterungsanlage füttert nicht den Computer, sondern sie füttert mit Hilfe des Computers das Milchvieh.

…

Und dann kann es sein, dass sich aus der Reihe ein Wort löst und sich ganz allein auf sich selbst stellt. Lötmuffe. Wir sprechen das Wort aus, nehmen es kaum mehr mit den Augen wahr und wiederholen es – Lötmuffe – und je öfter wir das tun, umso mehr entweicht aus dem Wort jeder Sinn, jede ordentliche Bedeutung, es steht als Hülle da und ist scheinbar so ohne jedes Leben, dass es gleich in sich zusammenfallen muss.

Dann aber, beim immer neuen Wiederholen, gewinnt die Hülle, die da übrigblieb, vom Klang her wieder ein Eigenleben, eine geisterhafte Existenz ganz im Akustischen, die mit vernünftiger Bedeutung nichts zu tun hat. Blickt man wieder hin auf die Wortgestalt, dann ist der Spuk vorbei und die Lötmuffe wieder eine Lötmuffe."[38]

Dahl beschreibt hier einen Effekt, den Kinder sich manchmal absichtlich erzeugen, indem sie ein Wort so oft aussprechen, bis es anfängt, komisch zu klingen. Karl Kraus beschreibt etwas Ähnliches mit etwa dem Satz. „Je näher man ein Wort betrachtet, desto ferner blickt es zurück." LehrerInnen werden von diesem Effekt überfallen, wenn sie Diktate korrigieren und im fünfzehnten Heft einzelne Wörter beginnen, so zu wirken, als gäbe es sie eigentlich gar nicht, als würden sie auf jeden Fall nicht so geschrieben, wie man es kurz vorher noch für richtig hielt. Könnte man diese Vergegenständlichkeit ins Geisterhafte nicht auch für den Grammatikunterricht nutzen?

Weiter mit Dahl und „Wer liefert was?"

„Wünsche werden wach. Die unerschöpflichen Listen lassen uns Dinge wiederfinden, die wir uns immer schon gewünscht, dann aber wieder vergessen haben: Banknotenrotationsdruckmaschinen. Sie lassen uns Dinge entdecken, von deren Existenz wir keine blasse Ahnung hatten, deren Anschaffung aber immerhin zu erwägen wäre: Begrünungsmaschinen. Und Dinge, von denen wir nicht wissen, was es damit auf sich hat: Belgische Brocken, Inkrementale Handräder, Friemelkanter, und über die wir uns deshalb informieren sollten, denn man möchte ja wissen, was in der Welt so vor sich geht und womit andere Leute ihr Geld verdienen.

Zu diesem Zweck könnte, ja sollte man sich einen Stempel anfertigen lassen, mit einem eindrucksvollen, aber unspezifischen Firmennamen, zum Beispiel „Balnaco" oder „Fumana". Und dann schreiben wir oder faxen gar und bitten um Informationen und Prospekte oder sogar um bemusterte Angebote. … Und dann bringt der Postbote Tag für Tag Preislisten und Muster, von allem und allem: Monsterfiguren, Marinaden, Goldmedaillen …"

Warum wollen wir in der Schule nur immer so vernünftig sein, dass wir uns so einen Stempel nicht gönnen, es nicht einmal in Erwägung ziehen mögen?

Als ich einmal ein Kinderbuch übersetzte, verschafften mir zwei Zeilen über ein verbockt wütendes Mädchen, dem ich aus einem plötzlichen Impuls meinen Namen gegeben hatte, tiefe, entspannte Seelenruhe:

„Bis zum Hals steckt sie voller Kummer und Groll,
weil sie immer, immer vernünftig sein soll."

Endlich konnte ich das Aufbegehren gegen das Vernunftgebot damals in Worte fassen und mir zugestehen. Das tat gut! Ähnlich erleichtert mag sich die kleine Japanerin gefühlt haben, die mit mir in einer Gruppe die deutschen Artikel übte. Kleine Etiketten, auf denen jeweils ein Artikel stand, sollten auf einem Wimmelbild richtig angebracht werden. Plötzlich tippte sie mich an, ich wendete mich ihr zu und sah, dass sie mir die Zunge herausstreckte. Darauf klebte ein Etikett mit die. Ich war verwirrt, aber ich habe diesen Moment nie vergessen. Heute bin ich so etwas wie stolz auf den Witz, der sich da zeigte: leibhaftig frech und unwiderstehlich sprachbewusst!

Als Kinder wachsen wir in die uns umgebende Sprache hinein, machen sie uns vertraut, tun das in der Regel begierig. Gleichzeitig aber oder damit abwechselnd entwerfen wir eine eigene Ordnung, eine eigene Artikulation der Gegebenheiten, die sich nicht immer in die vorhandenen Strukturen fügt. Und es gehört zum Selbstbewusstwerden, dass ich gelegentlich auch darauf verzichten kann, dass die anderen mich verstehen, wenn das, was ich artikuliere, für mich stimmt, sogar in einem Fantasiewort.

Manchmal findet man in einer fremden Sprache die Möglichkeit, etwas zu sagen, was man lange schon ausdrücken wollte. Für die kleinen Söhne einer amerikanischen Freundin war das, als sie nach Deutschland kamen, das Wörtchen *doch*. Das brachten sie als erstes neues Wort aus der Gesellschaft hiesiger Kinder mit. Mit *doch* hatten sie eine neue Möglichkeit ihrer selbst in der fremden Sprache gefunden. Wissen wir, ahnen wir auch nur, was wir vertun mit unserer Ignoranz gegenüber den vielen Sprachen in den Mauern unserer Schulen?

Anmerkungen

[1] Vortrag bei der Jahrestagung der DGLS am 8. 5. 1999 in Hamburg (überarbeitet).

[2] Im Seminar in Erfurt habe ich dies erlebt: Eine Studentin zeigt eine von ihr entworfene Arbeitskarte für Kinder, im Text das Wort >Paul's<. Meine Frage, was das Apostroph da solle, versteht sie nicht. Andere springen ihr bei mit „Das hat man doch überall so!" und „Sieht doch gut aus!" Eine Studentin versonnen: „Hab ich wohl aus dem Englischen." Für meine Studentinnen haben Anglizismen einen anderen Wert als für mich. Sprachbewahrung ist ihnen kein Anliegen. Es fiel mir schwer, zu begründen, dass Lehrerinnen für die Kinder altmodisch korrekt schreiben, aber auch wissen müssen, was die Kinder außerhalb der Schule aufnehmen, um ihnen nicht Fehler anzukreiden, die natürlichem Lernen entspringen.

[3] Nach: Steinberg (1965): Der Inspektor. Reinbek.

[4] Ugs = Umgangssprache, verpönte rote Randnotiz an Aufsätzen

[5] Vgl. Winnicott, D. S.: Vom Spiel zur Kreativität. Kap. Übergangsobjekte und Übergangsphänomene. Stuttgart 1992.

[6] Mit weiteren Beispielen zitiert in Andresen, U. (1996): So dumm sind sie nicht. Von der Würde der Kinder in der Schule. Weinheim (8. Aufl.), 226.

[7] Hermann Krekeler, private Mitteilung per Fax am 7. 5. 1999 um 00.12 Uhr

[8] Das Kind, mit dessen aktueller Not diese Geschichte begonnen hat, ist ihr längst verloren gegangen. Das halte ich für symptomatisch.

[9] Köller, W. (1988): Philosophie der Grammatik. Vom Sinn grammatischen Wissens. Stuttgart.

[10] Köller a. a. O., 11 f.

[11] Aeppli, W. (1988): Aus dem Anfangsunterricht einer Rudolf-Steiner-Schule, Zug (Erstausgabe 1934). Darin besonders das Kapitel: Erster Grammatikunterricht.

[12] Zuerst entwickelt in Bezug auf Gedichte als Gegenstände in: Andresen, U. (1999): Rettet die Poesie! Nachwort in: Versteh mich nicht so schnell. Gedichte lesen mit Kindern. Taschenbuchausgabe, Weinheim. Ausführlicher und breiter in: Andresen, U. (1999): Ausflüge in die Wirklichkeit. Kinder lernen im Dreifachen Dialog. Weinheim.

[13] Vom didaktischen Dreieck unterscheidet sich der Dreifache Dialog grundlegend. Dort sollen die Seiten(!) den Lehrer, die Schüler und das Thema vertreten.

[14] Nach Köller, a. a. O., 18 ff.

[15] a. a. O., 21 ff.

[16] Von Schröder, B. (1992): Das Mysterium von Chartres. Bild- und Kompositionsgeheimnisse der Portale und Glasmalereien. Stuttgart. Abb. S. 375.

[17] Von Schröder, a. a. O., 51.

[18] Liedtke, M. (Hrsg.) (1991): Handbuch der Geschichte des Bayerischen Bildungswesens, Bd. I. Bad Heilbrunn, 99.

[19] a. a. O., 100.

[20] a. a. O., 98.

[21] Helmig, H. (1969): Montessori-Pädagogik. Ein moderner Bildungsweg in konkreter Darstellung. Freiburg, 110.

[22] Helmig, a. a. O., 121.

[23] Helmig, a. a. O., 120.

[24] Helmig, a. a. O., 118.

[25] Köller, a. a. O., 408.

[26] Köller, a. a. O., 414.

[27] Boettcher, W. / Sitta, H. (1981): Der andere Grammatikunterricht. München u. a., 360.

[28] Köller, a. a. O., XI.

[29] Bayerisches Nationalmuseum München. Führer durch die Schausammlungen. 1988, 21.

[30] In diesem Plural verbergen sich so vielfältige Bedeutungen des Wortes Grammatik, dass einem schwindelig werden kann und alles, was ich aus der Geschichte der Grammatik angeführt habe, als nur andeutende Stümperei erscheinen mag.

[31] Twain, M. (1966): Anhang D: die schreckliche deutsche Sprache, zu: Bummel durch Europa. In: Band II der Gesammelten Werke. München, 1075.

[32] Meiner Erfahrung nach ist Hauptwort ein hilfreicher Begriff, wenn man sagt: „Die schreibt man groß, dafür sind sie ja Hauptwörter! Machen sich wichtig mit dem großen Anfangsbuchstaben. Mit der Zeit

erkennst du sie."

[33] Schubiger, J./Obrist, J. (1998): Nichts tun ist schwierig. Orell Füssli Vlg.: Zürich.
[34] Schubiger, a. a. O., 12–22.
[35] Schülerduden: Grammatik (1991). Eine Sprachlehre mit Übungen und Lösungen. … Die notwendige Ergänzung zu jeder Schulgrammatik. Mannheim/Wien/Zürich.
[36] A. a. O., 5.
[37] Dahl, J. (1995): Wer liefert was? Über einen heimlichen Bestseller. DIE ZEIT, 12. 5. 1995, 80.
[38] A. a. O.

Hans Rauschenberger

Die Leistung der Sprache und die Sprache der Leistung[1]

Die Sprache leistet das Einvernehmen mit der Welt

Damit wir uns darüber verständigen, dass es im Folgenden um Betrachtungen des alltäglichen Daseins geht, beginne ich mit einer Geschichte aus dem ersten Schuljahr, wie sie oft vorkommt. – Ein Lehrer in einem kleinen Dorf fragt die Kinder, wie der Mond aussieht. Jeder darf seinen Mond an die Tafel malen. Aber es finden sich mehrere Formen: die Sichel, der Halbkreis, der Vollkreis. Nun fragt der Lehrer, wie der Mond denn nun richtig sei. Die Kinder versuchen, eine Antwort zu geben. Ein Junge sagt: „Der Mond steht am Abend auf. Da ist er dünn. Dann isst er was und geht spazieren. Da ist er dick. Zuletzt ist er wieder dünn. Dann geht er schlafen."

Dieser Junge hat mit wenigen Worten sozusagen ein kosmisches Panorama skizziert. Die Vorstellung eines ordnungsgemäßen Ablaufs gestattet ihm das Einvernehmen mit unterschiedlichen Beobachtungen, die ihn sonst unruhig ließen. Sie lässt keine Angst aufkommen und ermöglicht ihm stattdessen die unbesorgte Heiterkeit des ruhigen Betrachtens.

Und die Leistung? – Nun, der Junge hat mit seiner Sprache einen Anfang gemacht mit religiösem Denken. Er hat den Mythos vom Mond erfunden. Nein, eigentlich hat er nichts erfunden. Der Mythos ist auf einmal aus ihm herausgekommen, nachdem er die Dinge betrachtet hatte, die seinen Beobachtungen zugänglich sind. – Über das religiöse Motiv hinaus hat er einen Anfang gemacht mit der Poesie; denn er hat den Gang des Mondes als eines tatkräftigen Mannes besungen und sein Lied war zugleich das Lied vom Werden und Vergehen, vom Wachen und Schlafen, von der Arbeit und vom Feiern. – Schließlich hat er einen Anfang gemacht mit wissenschaftlichem Denken. Er hat verschiedene Beobachtungen festgehalten und eine Theorie zu ihrer einheitlichen Erklärung geliefert. Freilich, er hat sich den Mond als Menschen vorgestellt, weil ihm dies nahe liegt und weil ihm einige Basisinformationen über den Mond fehlen. Aber im Prinzip hat er sehr verbreitete wissenschaftliche Methoden angewandt: Gesehenes in Worten oder Zahlen festzuhalten und es durch Denken in Zusammenhänge mit anderen Erfahrungen zu bringen. Wer damit erst einmal anfängt, wird immer wieder auf diese Methode zurückgreifen.

Welche Beobachtungen und Gedanken sind es, die den Menschen zum Sprechen oder Schreiben veranlassen oder dazu, sich auf Geschriebenes zu beziehen? Dies ist eine Frage, zu der wir jeden Tag Anschauungsmaterial bekommen können; wir müssen nur Erklärungen finden, um die Zusammenhänge richtig zu verstehen. Vielleicht finden wir hie und da Zugänge, um auch bei anderen solche Prozesse anzuregen. – Man kann diese Frage natürlich auch umkehren: Gibt es Ursachen, die den Menschen daran hindern, sich sprachlich zu verhalten? Auch die gibt es. Zwar gelingt es kaum, einem Menschen das Sprechen völlig abzutrainieren; wir wissen aber von einer ganzen Menge von Leuten, die sich das Lesen und Schreiben ziemlich perfekt abgewöhnt haben – manche unter Aufbietung erheblicher Intelligenzleistungen.

So weit meine Einführung, die nur das eine besagen sollte: Sprachliche Leistungen geschehen alle Tage.

Die Mitteilungsfunktion der Sprache in pädagogischer Sicht

In allen pädagogischen Beziehungen steht die Mitteilungsfunktion der Sprache im Vordergrund. Dies kommt daher, dass alles Lehren sich in irgendeiner Form der Sprache bedient und dass sich auch das Lernen in den meisten Fällen sprachlich äußert. Man könnte deshalb den Vorrang der Mitteilungsfunktion als eine Art von Verschulung ansehen. Ohnehin gelten bei manchen Leuten verbale Äußerungen bereits als Vorstufe der Verschulung. Aber bei näherem Besehen zeigt sich, dass auch in schulähnlichen Bezügen ganz authentische Prozesse auftreten können. Längst nicht alles ist dort Beibringen von bloßen Worten und Wieder-von-sich-Geben von Worten.

So kann man beobachten, dass sich Kinder durchaus dafür interessieren, was die Vertreter der Erwachsenengeneration über Dinge denken, die sie, die Kinder, bewegen. Sie wollen wissen, was die Erwachsenen dazu zu sagen haben. Oft sind dies natürlich Interessensgebiete aus dem Bereich ihrer Hobbys, für die sich nicht alle Erwachsenen in gleicher Weise interessieren, etwa Informationen aus Sport, Fernsehen und Technik. Lässt man sich auf Gespräche darüber ein, so bemerkt man bald, dass das, was die Kinder in Worte fassen, aus einer Reihe von einfachen Daten besteht: Namen von Sportgrößen und ihren Vereinen, Spiele und ihre Ergebnisse, Schauspieler und Filmtitel, Autotypen und Ähnliches. Aber solche Gespräche sind zunächst nur Kommunikationsproben. Sehr bald gehen die Kinder über den Rahmen ihres eigenen Programms hinaus. Sie wollen von den Erwachsenen wissen, wie deren Kenntnisse auf dem besprochenen Gebiet aussehen. Es ist, als genüge es ihnen nicht länger, immer wieder dieselben Informationen auszutauschen.

Diese Art von Stimmfühlungslauten zwischen unterschiedlich kultivierten Generationen hat m. E. mit einer logischen Voraussetzung des Informationsprozesses überhaupt zu tun, die besonders in Lehr- und Lernzusammenhängen eine große Rolle spielt. Zur Identifizierung dessen, worüber sie miteinander sprechen, benötigen Informationspartner nämlich nicht nur eine, sondern zugleich zwei Bezugsgrößen; ich nenne sie hier den Gegenstand und das Thema. Der Gegenstand kann z. B. von dinglicher, dreidimensionaler Art sein, aber das Thema ist damit nicht dreidimensional; denn es besteht immer nur aus einer Hinsicht, in der der Gegenstand eine Rolle spielt, etwa nach folgendem Muster: „Wenn wir von diesem Gegenstand X sprechen, müssen wir uns erst einigen, was an X wir genauer betrachten wollen." Es verhält sich nicht so wie man in vielen Lehrberichten nachlesen kann, wenn die Unterrichtsgegenstände in summarischer Einfachheit auftauchen. Da heißt es z. B. „Knochenbau des Menschen". Aber was hat man sich darunter vorzustellen? In der Schulstunde genügt dies keineswegs. Dort geht es immer um das, was vom Knochenbau in den Blickpunkt der Rede und damit des Denkens gerückt wird. Das kann der Aufbau eines einzelnen Knochens sein; es können die verschiedenen Arten von Knochen oder die Gelenke und ihre Funktionen sein oder das Rückgrat und der aufrechte Gang oder die Knochenfrakturen und die Erste Hilfe bei denselben oder die Krankheiten des Knochensystems. Ohne die Welt der Worte könnten wir mit der Welt der Dinge nicht umgehen. Ein Automechaniker kann noch so viel vom Auto verstehen; er muss außerdem noch wissen, was sein Kunde repariert oder eingebaut haben möchte. Der Arzt mag eine Erkrankung auf den ersten Blick erkennen, aber trotzdem braucht er die Information des Patienten, worin denn nun sein Unwohlsein besteht. Selbst die jungen Menschen, die abends in der Disco sind und kaum miteinander sprechen können, weil die Gewalt des Sounds dies gar nicht zuließe, suchen nach einem Augenblick, wo die Lautstärke etwas abebbt, damit sie ihrem Partner wenigstens das Wörtchen „cool" zurufen können.

Kinder wissen bereits, dass Verständigung nötig ist, wenn sich zwei über etwas Bestimmtes unterhalten wollen. Sie suchen diese Möglichkeit, weil sie erfahren wollen, was die Großen zu den Dingen der Welt sagen. Sie interessieren sich dabei niemals nur für das, was gerade in Rede steht, sondern auch für den Zugang, den andere zum selben Gegenstand haben, und sie wissen, dass diese Zugänge sehr unterschiedlich sein können. Zur Zeit sehen sie jeden Tag Bilder vom Krieg und das belastet sie mindestens ebenso sehr, wie es ihre Eltern belastet; aber sie sind vollends arm dran, wenn sich niemand findet, der mit ihnen darüber sprechen will. Wenn niemand da ist, der sie teilnehmen lässt an seiner Trauer, seiner Ratlosigkeit und seiner Hoffnung, dann sind sie ihren eigenen Ängsten um so schutzloser preisgegeben. Nach meiner Auffassung hat eine solche Verständigung auch einen generationellen Aspekt. Kinder wollen von ihren Eltern nicht nur erfahren, wie diese selbst über die Dinge und die Zeitläufe denken, sondern auch, wie überhaupt Leute denken, die so alt sind wie ihre Eltern. Bildung ist so gesehen, niemals nur der Umgang mit den Dingen selbst; sie ist zum guten Teil das Gespräch der Generationen über die gegenwärtigen Verhältnisse.

Die Mitteilungsfunktion der Sprache in Erziehung und Bildung besteht also nicht nur in einer platten Verbalisierung von Lehr- und Lerninhalten; sie betrifft vielmehr den Kernbereich des pädagogischen Umgangs überhaupt: die Verständigung zwischen den Generationen.

Selbstvergewisserung im sprachlichen Verhalten

Wenn Kinder ihre ersten Eindrücke zu Papier bringen, sind dies Gegenstände, Figuren, Ereignisse, die sie beschäftigen. Sie malen Bilder zu Geschichten und fügen allmählich Worte und kleine Sätze hinzu. Alles dies sind lauter Mitteilungen – so meinen wir. Aber vor und unterhalb dieser Ebene liegen noch andere Erfahrungen, die überhaupt erst die Bedingung zur Möglichkeit der sprachlichen Mitteilungen bereitstellen.

In der Schule kann man dies nur relativ selten beobachten, weil dort vorwiegend die Mitteilungs- und Konversationsfunktion der Sprache gefragt ist. Manchmal können wir trotzdem etwas davon bemerken. Ich erinnere mich an die ersten Blätter eines Mädchens. Seine Montagsgeschichten befassten sich monatelang mit immer derselben Figur. Auf jedem Bild war eine menschliche Gestalt mit langen Hosen zu erkennen. Schon in den ersten Wochen tauchte daneben das Wort „Papa" auf. Etwas später hieß es „Papa war da." oder „Ich war bei Papa." Und dann: „Papa hat uns besucht." – Wer etwas von solchen Szenerien versteht, hat über den Sachverhalt, der da mitgeteilt wird, nicht lange zu rätseln. Offenbar lebte dieser Papa nicht bei der Familie und dieser Sachverhalt wurde zum wichtigsten Thema des Kindes. Die Hinweise auf die Besuche von oder bei Papa markierten den unaufgelösten Kern des Themas: Warum wohnt er nicht mehr bei uns, so wie früher, so, wie es gut wäre?

Für den erwachsenen Leser, der das Kind alle Tage sehen kann, ist dies nicht alles. Wendet sich da nicht ein Mensch an seine Mitmenschen, um ihnen einen Kummer mitzuteilen, auch vielleicht, um bei sich selbst die Hoffnung wach zu halten, jemand möchte sich finden, der irgendwie helfen kann? Da ich das Kind, von dem ich eben erzählt habe, ganz gut kannte, setzte ich mich eines Montags neben es und fragte es nach dem und jenem auf seinem Bild. Aber das Kind antwortete nur ausweichend. Auch wollte es die geschriebenen Partien nicht vorlesen. Es war, als wolle es mir sagen: Das ist nichts für andere Leute. Mit dem, was ich geschrieben habe, kannst du doch gar nichts anfangen. Es ist ja nicht dein Papa und nicht deine Geschichte. Ganz offensichtlich schrieb dieses Kind nicht, um etwas mitzuteilen. Es handelte sich eher um eine Art von zweiter Wirklichkeit. Der Vater, der meist weg war und der einmal in der Woche eben doch da gewesen war, drohte dem Kind zum bloß noch virtuellen Ereignis zu werden. Da es gerade zu dieser Zeit schreiben lernte, benützte es die Schrift zur Vergewisserung. Jedesmal, wenn es in seine Mappe mit den Montagsgeschichten sah, hatte es die Bestätigung, dass der Vater wahrhaftig da gewesen war. So wurde der Text nicht zur Mitteilung an andere, sondern zu etwas viel Realerem. In ihm war die Wirklichkeit des Vaters gebannt worden; das Mädchen konnte ihn damit auf eine gewisse Weise beschwören und herbeizitieren. Das Schreibenkönnen war zum quasi magischen Geheimritual geworden; es war die Kunst, etwas Faktisches zu besitzen, das ihm ganz alleine gehört und das man nicht an andere preisgibt.

Dies ist eine basale Erfahrung, die m. E. in der sprachlichen Entwicklung vieler Menschen auftaucht, die aber den meisten niemals bewusst wird. – Nun will ich mit diesem Beispiel keineswegs sagen, dass die fundamentale Magie des Schreibens die Konkurrentin aller künftigen Mitteilungen sei, im Gegenteil, es ließe sich zeigen, dass sie die Voraussetzung aller Mitteilung ist, wenn auch die Mitteilung das häufigste und auffälligste Merkmal des sprachlichen Verhaltens ist.

Grunderfahrungen

Es sind Selbst- und Welterfahrungen, die die Menschen zum Sprechen bringen. Wenn wir bei den Kindern die Fähigkeit, mit der Sprache zu leben, stärken wollen, müssen wir den Ursachen, die sie immer erneut veranlassen, sich sprachlich zu verhalten, noch etwas näher kommen. Es müssen archaische Erfahrungen sein, die alle Menschen begleiten, Erfahrungen, mit denen man niemals fertig ist, weil sie nicht erfüllt, erledigt oder vollendet werden können. Man nimmt an ihnen teil, ohne sie je ganz zu erreichen, man findet bei guten Gelegenheiten Anschluss an sie und man kann sie ebenso gut auch verfehlen. Ich versuche, einige dieser archaischen Grunderfahrungen anzudeuten.

- Jeder Mensch erfährt sich selbst im anderen. Dazu gehört z. B. die Gewissheit, eine Mutter zu haben und sich selbst annehmen zu können, weil man von ihr bereits akzeptiert ist. Davon leitet sich vieles her: Alle Erlebnisse von Zugehörigkeit und Liebe, aber auch das Gefühl, irgendwo zu Hause zu sein, eine Heimat zu haben, auch dann, wenn man nichts anderes tut als sie zu suchen.
- Jeder Mensch erfährt das Feste, das Unbewegte, das, was einfach da ist, mit dem er sich nicht einigen kann. Man bezwingt es nur, indem man es akzeptiert. Beispiele dafür: ein Berg, das Meer, ein Feuer.
- Jeder Mensch lebt mit dem, was sich ereignet, was kurze Zeit vorhanden ist und dann vergeht, sich ändert, dahin ist. Beispiele: Eine Pflanze, ein Tier, der Mensch selbst, ein Musikstück, ein Fest. Dies alles sind Erscheinungen, die ihre Wirklichkeit in der Veränderung und Vergänglichkeit haben.
- Jeder Mensch erfährt so etwas wie eine Zurichtung. Er lässt sich für eine Aufgabe gewinnen und er versucht, sie zu erfüllen. Wir alle haben etwas, das wir tun müssen, sei es, dass wir etwas herstellen oder für jemanden sorgen.
- Jeder Mensch erfährt – oder bekommt wenigstens eine Ahnung davon –, dass er als Ich seiner selbst gewiss sein kann und dass niemand an sein Inneres herankommt, wenn er es nicht will. Diese Grunderfahrung verbinden wir mit den Worten Selbstständigkeit, Autonomie, Freiheit.

Jede Situation, die uns zum Sprechen bringt, lässt sich auf einen dieser fundamentalen Bereiche zurückführen oder auch auf mehrere zugleich. Es ist wie ein Gang zur Quelle. Er lässt sich nicht nach Belieben inszenieren, schon gar nicht dadurch, dass man diese Bereiche benennt. Wenn wir dazu helfen wollen, dass jemand in einer dieser Dimensionen seine Sprache findet, müssen wir nach einem Vermittlungsprozess suchen, der selber kreativ ist. Diesen kann man bis zu einem gewissen Grad wissenschaftlich darstellen und vielleicht auch in Bruchstücken rekonstruieren, aber nach Belieben herstellen oder nachmachen oder ihn in Gang setzen, indem man einer Anleitung folgt, dies alles kann man nicht.

Freilich kann man bei sich selbst die Auseinandersetzung mit den fundamentalen Erfahrungen seines Lebens kultivieren. Dabei kommt man auf thematische Zusammenhänge; ich nenne sie hier Lebensthemen. Von Goethe z. B. wissen wir, dass seine Dichtung sehr viel mit der weiblichen Daseinsform zu tun hatte; noch ein Jahr vor seinem Tod, als er am Faust II arbeitete, hat er die berühmte Szene mit den Müttern eingefügt. In derartigen Passagen zeigt sich mehr als nur das naturwüchsige Interesse des Mannes an der Frau. Man sieht dies sofort, wenn man Goethes Frauengestalten mit denen Schillers vergleicht. Die weiblichen Figuren in Schillers Dramen wirken immer etwas konstruiert; sein Lebensthema war nicht in erster Linie das Weibliche, es war eher ein soziales oder politisches, das sich an Ideen wie Selbstbehauptung und Freiheit orientierte.

Lebensthemen findet man auch bei Kindern und Jugendlichen. Sie ändern sich natürlich je nach Lebensalter und gesellschaftlicher Situation, aber ihr Zusammenhang mit den Fundamentalerfahrungen bleibt derselbe. Meine These ist nun die, dass sprachliche Leistungen immer nur dort möglich sind, wo es Menschen gelingt, den Zusammenhang mit einer archaischen Erfahrung wiederherzustellen. Dies gilt auch im umgekehrten Fall. Wer nicht schreibt, unterlässt das Schreiben nicht deshalb, weil er zu wenig Übung hat im Umgang mit vorgeformten sprachlichen Versatzstücken (wie man sie im traditionellen Aufsatz- und Grammatikunterricht lernt), sondern deshalb, weil ihm der Gang zur Quelle seiner eigenen Erfahrungen versperrt ist. Dieses Übel kann man durch Üben nicht heilen; denn es ist keine Krankheit, sondern eine Blockade. Helfen kann man höchstens dadurch, dass man besser zu erkennen versucht, welcher Bereich der Grunderfahrung in Betracht kommen könnte. Damit soll übrigens nichts gegen das Üben gesagt werden. Ich meine nur, dass Üben etwas Zweites ist, das erst dann erfolgreich sein kann, wenn der primäre Zugang zur sprachlichen Erfahrung gewonnen ist.

Verfremdende Wirkungen

Die Sprache erlaubt uns das Ausbuchstabieren der Welterfahrung, d. h. der eigenen je persönlichen Erfahrung mit der Welt, und dies ist zunächst einmal ein ungemein privates, ja intimes Geschehen. Die Syntax, die ich verwende, wenn ich einen starken Eindruck wiedergeben möchte, die Metapher, zu der ich greife, um ein erstaunliches Erlebnis zu bezeichnen, sie geben in mir das Erfahrene wieder und haben zugleich etwas von dem Glück an sich, dies so und nicht anders sagen zu können; ich freue mich also an meiner Ausdruckskraft. Aber bereits der erste Zuhörer meiner Äußerung wirft mich zurück. Er findet ungewöhnlich, was ich sage, oder er findet es komisch, jedenfalls bedeutet er mir, dass das, was ich geäußert habe, bei ihm völlig anders angekommen ist. Im Stadium des In-die-Mitteilung-Tretens meiner Äußerung dreht sie sich um, kommt auf mich zurück als die Gegenäußerung des Zuhörers und sagt mir oft genug, dass ich kauderwelsche. Offenbar versteht mich keiner. Ich fühle mich umstellt von Banausen und bin gekränkt, mit Recht gekränkt. Auch die Sätze, die ich hier von mir gebe, sind daher im Prinzip genauso ein Wagnis wie einst meine ersten Worte.

Etwas Ähnliches passiert vielen Schülerinnen und Schülern, wenn sie den ersten Aufsatz korrigiert und benotet zurückbekommen. Ihr Herzblut finden sie mit roter Tinte aufgerechnet. Was ist, denkt sich die Schülerin, hat etwa der Lehrer gar nicht gemerkt, was ich habe sagen wollen? O doch, er hat es wohl gemerkt, jedenfalls geben ihr seine schriftlichen Bemerkungen dies zu verstehen. Aber sie sagen auch, dass ihn ihre Worte keineswegs vom Sessel gerissen haben, und sie verweisen darauf, dass man es doch wahrhaftig besser sagen könnte.

Was ich zu beschreiben versuche, ist die Verfremdung, die der sprachlichen Leistung widerfährt, sobald sie sich in die Dimension der Mitteilung begibt. Es handelt sich um eine notwendige Verfremdung, notwendig wie der Schmerz auf einen Schlag. Sie findet nicht nur ein einziges Mal statt, sondern im Prinzip jedes Mal wieder, sobald man etwas schreibt, das andere lesen sollen. Mit jedem Brief, den man abschickt, jedem Aufsatz, den man veröffentlicht, jedem Buch, das man herausbringt, macht man sich von seinen Lesern in einer geradezu unwürdigen Weise abhängig. Wird man gelobt, so ist man unweigerlich glücklich, und zwar zumeist etwas glücklicher, als es der Anlass gestatten würde; wird man kritisiert, so ist man tief getroffen, gemessen am eigenen Anspruch müsste man sogar vernichtet sein; denn zu intensiv hatte sich dieser Anspruch mit dem Selbst verbunden. Wie gesagt, diese Erfahrung ist das notwendige Gegenstück zum Geburtsakt des Schreibens; war dieser das Eigene, so ist nun das Fremde aufgetreten; es macht einem das Schreiben und mit ihm das Geschriebene fremd. Pädagogisch gesehen geht es nun darum, dass aus dieser notwendigen Verfremdung nicht eine ruinöse Entfremdung wird.

Was in diesem Zusammenhang unter der Schulleistung verstanden wird, ist m. E. die gesellschaftlich notwendige Anpassung der zunächst individuell erbrachten Sprachleistung an die soziale Konvention, deren einziges Kriterium die Verständlichkeit ist. Dies ist es, was alle Kritik so überlegen macht und zugleich so herzlos. Wenn wir uns andererseits vor Augen führen, dass es Freunde gibt, die jede, aber auch jede Äußerung verstehen und gut finden, so erkennen wir sofort, dass dies die Alternative nicht sein kann. Ein Freund ohne Kritik wäre so etwas wie ein soziokulturelles Missverständnis.

Gibt es außer der herzlosen Kritik und dem kritiklosen Herz noch ein Drittes? Ich denke schon. Es sind jene kritischen Äußerungen, mit denen man dem Schreibenden zeigt, dass man seine Botschaft wohl begriffen hat und vor allem, dass man diese Botschaft als wichtig ansieht, dass man aber gerade deshalb auf der Korrektur dessen besteht, was besser gemacht werden kann. Wenn sich Schreibende im Prinzip verstanden fühlen, dann können sie eine Kritik überhaupt erst annehmen. Der Weg für die Pädagogik liegt m. E. in diesem Korridor zwischen der Botschaft und ihrem sprachlichen Ausdruck. Es ist der Weg zum pädagogischen Takt.

Zwei Arten der Leistung

Alles, was ich bis jetzt über die Leistung gesagt habe, die in der Sprache und durch die Sprache zu Stande kommt, sollte verdeutlichen, wie eminent wichtig es ist, dass derartige Leistungen hervorgebracht werden, dass die Möglichkeit geboten wird, damit sie überhaupt angestrebt werden können und dass die Herausforderung akzeptiert wird, die darin für die Aufwachsenden liegt. Denn sie wollen sich ja bewähren; sie suchen nach authentischen Möglichkeiten, sich auszudrücken und an ihren Produkten zu arbeiten. Dafür, dass dies geschieht und unterstützt wird, ist die Schule da. In dieser Perspektive bietet die Schule insgesamt, nicht nur im Bereich der Sprache, die Möglichkeit an, dass Aufwachsende mit ihren eigenen Leistungen umgehen lernen.

Gerade bei der Sprache muss dabei der eigene Zugang der Lernenden zu ihrer Erfahrung in den Mittelpunkt gestellt werden. Geschieht dies nicht, so wird die Sprache als Fertigprodukt verwendet, das mit dem eigenen Leben nicht viel zu tun hat. Dann kann die Schule zum Forum des Sollerfüllens werden, was wiederum besonders der sprachlichen Entwicklung schadet. Niemand weiß dies besser als die Literaten. Es wäre ein für die Schulpädagogik heilsames Thema, darüber nachzudenken, warum die Schule in der belletristischen Literatur derart kritisch gesehen wird. Von Hermann Hesse wissen wir, dass er die Schule geradezu gehasst hat. Thomas Mann hat sie in den Unterrichtsszenen mit Hanno Buddenbrook als Inquisition dargestellt. Bei Alfred Andersch ist sie eine Art Tortur. Warum das? Ich glaube, dafür gibt es zwei Gründe. Der erste besteht darin, dass Aufwachsende, die sich ans Schreiben heranwagen, auf ihrem eigenen Gebiet in der Schule nur ein relativ orthodoxes Regelwerk antreffen, das ihnen bei ihrer Formulierungsarbeit wenig helfen kann. Wenn dann noch die Lehrer sich durch einen Mangel an Sensibilität gegenüber den Themen der Jugendlichen hervortun, fühlen diese sich desavouiert. Der zweite Grund hat etwas mit dem Lebensalter zu tun. In den meisten literarischen Texten, in denen die Schule als Hort der Verständnislosigkeit erscheint, sind die Protagonisten Jugendliche, also Menschen, die sich ohnehin in einer kritischen Lebensphase befinden; sie sind sensibel, haben nicht gerade viel Selbstvertrauen und sind daher besonders leicht zu kränken.

Nun kann man sagen, dass die Schule sich, was das Verständnis für Aufwachsende angeht, sehr zu ihrem Vorteil geändert habe. Das ist wahr und kann auch belegt werden. Trotzdem bringt sie immer noch den Effekt hervor, dass Schülerinnen und Schüler das Schreiben vermeiden. Man muss sich dies einmal vor Augen halten: Obwohl die Schule eine durch und durch sprachlich orientierte Einrichtung ist, erreicht sie bei einer stattlichen Anzahl von Schülerinnen und Schülern, dass sie allem aus dem Weg gehen, was mit Schreiben zu tun hat. (Frage eines Schülers bei der Suche nach einem Projektthema: „Muss man da auch schreiben?")

Wir haben es, was die Leistung angeht, also mit zwei unterschiedlichen Prinzipien zu tun: Eine von außen gestellte Leistungsforderung und die Selbstanforderung. Beides ist der Sache und der Situation nach zu unterscheiden. Im ersten Fall kann es zu erheblichen Friktionen kommen, im zweiten Fall können hohe und höchste Herausforderungen erstaunlich gut akzeptiert werden.

Leistung als Sollerfüllung

Ich spreche von jetzt an nicht mehr in erster Linie von den archaischen Wirkungen der Sprache, sondern von der allgemein gesellschaftlich-kulturellen Erscheinung, dass wir sehr vieles von vornherein in der Weise der von außen geforderten Leistung sehen, vor allem all jenes, das in der Schule vermittelt wird. Auch die Sprache lässt sich vermessen, einschätzen und als Produkt, Qualifikation oder Tauschwert einsetzen. Aber es handelt sich dann um eine andere Leistung als jene, aus der Sprache überhaupt erst hervorkommt.

Die Leistung, die als Anforderung figuriert, befindet sich von vornherein im Umfeld sozialer Bewertung, einer Bewertung, die dem Handeln nachfolgt und ihr gewissermaßen einen Gütestempel aufdrückt. Dadurch wird Leistung überhaupt funktional. Hat man nämlich ihren Wert festgelegt, lässt sie sich gewissermaßen als Lohn einsetzen. Erst wenn jemand dies begriffen hat, kann man ihm eine Arbeit geben und ihm den Wert nennen, den sie hat. Wir wissen, dass schon kleine Kinder für solche Wertvergabe einen Sinn entwickeln können. Aber oft gehen sie mit der neu erlernten Leistungsbewertung quasi technisch um: bei jeder Kleinigkeit, die sie mühelos geschafft haben, kommen sie gerannt und verlangen, dafür gelobt zu werden.

Dort, wo die Schule die Leistungen der Schülerinnen und Schüler zum Erfolg führt, wendet sie also das Prinzip an, wonach jede Leistung einen mehr oder minder kalkulierbaren Wert hat. Sie geht davon aus, dass die Kinder und Jugendlichen diesen Wert auch für sich selbst anerkennen und ihn als Orientierung für ihr Handeln betrachten. Etwas zu wissen oder zu können, das die Lehrer eigens zu diesem Zweck vorgetragen haben, ist nach dieser Vorstellung das Ziel, das sie erreichen sollen; dies geschieht bei jedem Stoff neu und wird so allmählich zu ihrem ständigen Habitus. So stellt man sich dies vor.

Leistung und Leistungsprobleme aus der Perspektive der Kinder und Jugendlichen

Nun ist aber das Behalten dessen, das man wissen soll, und das Verfügen über das, was man können will, leider nicht die sichere Folge jeder Anstrengung. Um vieles muss man sich sehr bemühen, ehe man es „hat", anderes muss man oft wiederholen, damit es einem nicht wieder entschwindet. Bei den zahlreichen kleinen Episoden des Misslingens, bei denen man entscheidet, ob man es erneut und so lange versucht, bis sich der Erfolg einstellt, beginnt die Skala, die von den Erwachsenen gern als Leiter dargestellt wird; auf ihr sollen die Kinder unverdrossen nach oben steigen. Aber wer sagt, dass oben dort ist, wo es die Lehrer vermuten? Und was ist, wenn andere eher dort sind und wenn sie ihre Schnelligkeit beim Sturm auf neue Gipfel immer wieder unter Beweis stellen? Dann wirft man irgendwann einmal die Flinte ins Korn, wenigstens für diesmal, um sie später, nach gutem Zureden, vielleicht wieder hervorzuholen. Wenn sich aber bei einer Reihe von neuen Versuchen nicht wenigstens gelegentlich ein Erfolg einstellt, wenn die kleinen Misserfolge zu alten Bekannten werden, dann beginnen die Enttäuschungen, die anfangs nur klein waren, zu wachsen. Dann sehen die Leistungsanreize der Schule auf einmal wie lauter Fallen aus, wobei die Lehrer die Fallensteller sind. Am besten, man weicht ihnen aus, den Fallen wie den Lehrern. Keine Rede davon, dass man die Leistungen ablehnte, nein, man wäre froh, wenn man sie erreichen könnte. Aber da man weiß, dass dies nur selten gelingt, meidet man sie, um nicht mehr an sie denken zu müssen: man verleugnet sie.

Leistungsverleugnung

Viele Kinder und Jugendliche entwickeln im Verleugnen der an sie gerichteten Leistungsanforderungen eine wahre Meisterschaft. Wenn eine Klassenarbeit eine schlechte Note erbracht hat, dann kann sich der Schüler, dem solches widerfährt, ernsthaft vornehmen, fortan gut mitzuarbeiten, damit ihm dies nicht wieder passiert, aber bald darauf vergisst er diesen Vorsatz und gleichzeitig scheint er auch den Umstand zu vergessen, dass die nächste Klassenarbeit unvermeidlich auf ihn zukommen wird. Wenn es dann so weit ist und unser Schüler sich wiederum allein vor dem unbeschriebenen Papier wiederfindet, unternimmt er vielleicht vor sich selbst einen quasi-religiösen Ausbruchsversuch aus dieser Gefangenschaft: Er gibt sich der unbändigen Hoffnung hin, dass er es schon schaffen werde; schließlich gibt es ja auch Wunder und ans Wunder der eigenen Kraft glaubt sowieso jeder junge Mensch gern.

Solche Verhaltensweisen werden von Eltern und Lehrern nicht akzeptiert; man sieht in ihnen vor allem einen Selbstbetrug und deshalb versucht man, der Leistungsverleugnung durch ein um so konsequenteres Hinarbeiten auf das Realitätsprinzip zu begegnen. Wer als Lehrer dabei Zähigkeit und Geduld miteinander verbindet, kann einige Erfolge verbuchen. Es kann aber auch sein, dass man die betreffenden Schüler von der bloßen Verleugnung in die offene Verweigerung jeglicher Leistung hineintreibt.

Schulleistungen aus der Sicht der Eltern

Fast alle Eltern haben von Anfang an ein unmittelbares Interesse am Gedeihen ihrer Kinder. Ihr Glück scheint mit dem Glück ihrer direkten Nachkommen eng zusammenzuhängen: Die Eltern freuen sich, wenn es den Kindern gut geht; sie sind besorgt und unglücklich, wenn dies nicht der Fall ist. Die Sorge um das Wohlergehen der Kinder hat Priorität für ihr eigenes Daseinsinteresse. Man hat diesen Sachverhalt als Versuch der eigenen Lebensverlängerung interpretiert: Eltern sehen ihre eigene Existenz durch alles bestätigt, was ihre Kinder zu Stande bringen, auch freuen sie sich, wenn etwas, das ihnen wichtig ist, durch ihre Nachkommen fortgesetzt wird.

Damit ist das elterliche Interesse völlig anders gelagert als das ihrer Kinder. Was die Kinder unbewusst und spontan leisten, das machen sich die Eltern bewusst; es wird kommentiert. Bald danach wird es belohnt und dann erwartet man es von vornherein; zuletzt wird es zum Bestandteil einer Planung. Was vorher reine Freude am Gelingen zu sein schien, wird nun auf einmal eingefordert. Im Hinblick auf die Zukunft des Kindes wollen die Eltern kein Risiko eingehen und diese Haltung ist es, die sie dazu führt, dem kindlichen Gelingen seine Kontingenz zu nehmen; was daran zufällig war, ist zum Kalkül geworden. Manche Kinder lernen von ihren Eltern früh, an sich zu arbeiten und sich auf eine künftige Leistungsfähigkeit vorzubereiten; andere widersetzen sich derartigen Erwartungen; weder die einen noch die anderen überblicken die Tragweite des Elternwunsches.

Dass ein Kind gute Schulleistungen erreicht, gehört zu den typischen Elternerwartungen; die Eltern kultivieren dies spätestens nach der Einschulung und bringen dies auf sehr verschiedene Weise zum Ausdruck – als besondere Aufmerksamkeit auf das Ensemble der kindlichen Pflichten, als liebevolle Zuwendung, gepaart mit deutlichem Kontrollbedürfnis, als interessierte Nachfrage nach dem Schulgeschehen oder als straffe Ordnung bei der Anfertigung der Hausaufgaben.

In unserer Zeit haben die Eltern den Kindern keine sicheren Güter zu vererben. Kapital und Besitz können zu nichts zerrinnen. Das Wichtigste, das die gegenwärtigen Eltern ihren Kindern mitgeben können, sind daher nicht finanzielle oder dingliche Güter, sondern die Möglichkeit, dass sie sich Fähigkeiten, Kenntnisse und Fertigkeiten erwerben. Mit ihnen können sich junge Menschen materielles Gut schaffen und erhalten; mit ihnen können sie sich in jeder Lebenslage besser zurechtfinden als andere, denen diese Möglichkeiten fehlen. Eltern haben also nicht nur ein naturwüchsiges Interesse an der Bildung ihrer Kinder, dies haben sie zwar auch, aber es verbindet sich bei ihnen mit der historisch-gesellschaftlichen Einsicht, dass Kinder, die „nichts lernen", sich später von der Teilhabe an den zivilisatorischen Verkehrsformen ihrer Zeit selbst ausschließen, was wiederum ihre Wohlstandserwartung ungünstig beeinflusst, und dies alles zusammen zwingt die Eltern dazu, nach Wegen zu suchen, auf denen ihre Kinder die notwendigen Lernleistungen erbringen, ob diese es nun von Anfang an wollen oder nicht.

So vermischt sich das Bedürfnis, sich selber zu verewigen mit dem hereditären Zweck. Dieser Zweck aber wird von den Kindern zunächst nicht erkannt. Was Vater und Mutter für die Zukunft vorsorgen, bleibt ihnen seltsam fremd, auch wenn es für sie geschieht, und noch geringer wird ihre Begeisterung, wenn sie selbst etwas für die Realisierung tun sollen. Eine Kluft der Motive tut sich auf, die von den Eltern bald mit Mahnungen und Warnungen ausgefüllt wird: Du wirst schon sehen, es ist dein Leben.

Diese Verwerfung zwischen dem, was die Eltern hoffnungsvoll und zugleich ängstlich von den Kindern erwarten und seiner Nichtbeachtung durch die Kinder verschärft sich zur Zeit in vielen Familien, in denen die heutigen Eltern ihrerseits relativ liberal erzogen worden sind. Sie selbst haben ihre Schulzeit ohne Anstrengung und vielleicht ohne größeren Einsatz durchlaufen, haben meist eine Arbeit gefunden und sind anfangs auch mit ihren Kindern ähnlich umgegangen, wie sie selbst es erlebt haben. Aber dann hat sich herausgestellt, dass es die gegenwärtigen Kinder mit ihrer Karriere vermutlich schwerer haben werden als die Eltern. Jetzt sieht sich die Generation der Erwachsenen auf einmal genötigt, mit gesteigerter Dringlichkeit auf die Risiken unserer Zeit hinzuweisen: Nur die Besten werden einen geeigneten Arbeitsplatz finden. Aber die Kinder haben Schwierigkeiten, diesen neuen Ernst ihrer Eltern richtig zu verstehen. Es kommt zu Diskussionen, in denen die Eltern nicht zu überzeugen vermögen; denn die Jugendlichen beweisen ihnen, dass die erstrebte Berufsausbildung und der dauerhafte Arbeitsplatz auch denen versagt bleiben können, die sich in der Schule dafür angestrengt haben. Übrig bleibt ihre Frage „Wozu noch lernen?" (Vgl. Negt 1997.) Die Eltern sind nun vor sich selber in eine Verteidigungsposition gedrängt; denn was sie verlangen, ist ein spekulatives Lernen, eines, das seinen Zweck nur erfüllt, wenn ein günstiger Fall eintritt. Dies bedeutet, dass die künftige Berufskarriere, die sie den Kindern als Lohn für ihr Lernen versprochen haben, durch noch so große Anstrengungen nicht gewiss ist.

Was Lehrerinnen und Lehrer unter Leistung verstehen

Kein Zweifel, die Leistung der Lehrer ist, verglichen mit der ihrer Schüler, das ganz andere und doch irgendwie dasselbe. Lehrer bringen den Schülern etwas bei und wenn diese es verstanden haben und anwenden können, haben auch die Lehrer ihren Teil geleistet und sind zufrieden. Dass die Schüler dabei leistungsfähiger werden, hat irgendetwas auch mit ihrer eigenen Leistung zu tun. Aber es ist zunächst einmal die Leistung der Lernenden, die Lehrer dürfen sie nicht vereinnahmen. Was Lehrer zu Wege bringen, ist Mitteilen und Vorbereiten, Handbieten und Helfen, Aufmuntern und Mahnen, Nachbessern und Zurechtrücken. Das ist schon eine ganze Menge, aber trotzdem nur die Voraussetzung dafür, dass die Schüler lernen können. Es scheint zu nichts zu werden, wenn diese nichts lernen. Für Lehrerinnen und Lehrer ist es schwer zu begreifen, dass sie immer zusammen mit ihrem schlechtesten Schüler scheitern. Sie sind mitgefangen von dem, was sie mit ihren Schülern begonnen haben. Sie können sich eigentlich nicht absentieren, wenn es jenen nicht glückt. Der Erfolg der Schüler gehört diesen selbst, aber ihr Misserfolg fällt immer auch auf die Lehrer zurück. Zwar haben sie nicht für alles zu haften, aber niemand wird ihre noch so bedachte Arbeit anerkennen, wenn sich der Erfolg nicht auch bei den Schülern zeigt. In der Tat ist das Interesse der Lehrenden an der Dokumentation der Schulleistung vor allem ein legitimatorisches. Was den Schülern und ihren Eltern einen Leistungsstand anzeigen soll, das ist für den Lehrer zugleich die Bestätigung seiner Arbeit.

Genau genommen ist also jede schulische Leistungsüberprüfung eine doppelte: Indem die Schüler beweisen, was sie können, beweisen die Lehrer, dass sie diese Entwicklung zumindest nicht verhindert haben. Diese Doppelheit der Überprüfungsfunktion weist auf einen Widerspruch der Lehrerprofession hin: Einerseits sind die Lehrer als Beamte an Regelungen und Weisungen gebunden und darin gehorsamspflichtig, andererseits üben sie durch ihre qualitätszuschreibende Tätigkeit eine Art Herrschaft aus. Adorno sieht darin ein sehr altes Motiv: Der mit dem Prügelstock bewaffnete Lehrer übt Macht aus, gilt aber unter Erwachsenen als ohnmächtig, weil er seine Stärke nur an Schwachen, an den Kindern, unter Beweis stellt (Adorno, 1969).

Es gehört zum Wesen der Leistungsbewertung, dass sie die Lehrenden in ein Dilemma führt: Sie, die dafür arbeiten, dass ihre Schüler selbstständig werden, nehmen dies gleichsam zurück, indem sie sich zu Richtern über ihre Leistungen machen. Sie, die die eigenständige Entwicklung ihrer Schüler unterstützen wollen, müssen ihnen gegenüber die Forderungen der Gesellschaft vertreten, obwohl die meisten Kinder diese Ansprüche noch nicht als ihre eigenen akzeptieren können. Es gibt aus dieser Doppelrolle offenbar keinen Ausweg. Darum hat es in der Geschichte immer neue Versuche gegeben, die von Lehrern unternommen worden sind, um ihrem beruflichen Dilemma zu entgehen. Auch heute noch wird dieser Sachverhalt von allen erfahren.

Einige helfen sich so, dass sie ihren Unterricht unversehens an den besten Schülern orientieren. Dies geschieht – zumindest am Anfang der Berufstätigkeit – zumeist unbewusst. Sie möchten gerade bei denen, deren Kenntnisse auch eine realistische Einschätzung des Lehrstoffs erwarten lassen, nicht als uninformiert oder schlecht vorbereitet gelten. Wenn ihnen der Stoff genügt, so brauchen eigentlich nur noch die anderen Schüler an dieses Niveau herangeführt zu werden. Leider ist dies nicht so einfach. – Das Legitimationsinteresse solchen Vorgehens ist klar; es besteht darin, dass man die Besten nicht ohne geeignete Anregungen lassen darf.

Andere machen aus ihrem Unterricht eine Art Sozialarbeit. Sie bemühen sich darum, dass alle Schülerinnen und Schüler in der Gruppe ihren Platz finden und dass jeder sich am Thema beteiligen kann. Dies bedeutet aber, dass das Anspruchsniveau entweder für die leistungsstarken Schüler zu niedrig gewählt wird oder dass es in sehr verschiedene Ebenen auseinander differenziert werden muss. Es gibt Fächer und Themen, die sich für ein solches Vorgehen besser eignen als andere, und dies führt dazu, dass die besser geeigneten häufiger behandelt werden, woraus dann eine allmähliche Trivialisierung des Lehrstoffs enstehen kann. – Das Legitimationsinteresse der Lehrer besteht bei diesem Unterrichtstyp im Bedürfnis, gerade die Schwächeren nicht zu vernachlässigen, weil dies ungerecht wäre, und weil man nicht wissen kann, was aus ihnen noch wird.

Wieder andere gehen von „der Klasse" aus, d. h. von der Mehrheit der Schüler. Sie versuchen, ihren Stoff auf mittlerem Anspruchsniveau zu halten und brauchen darüber hinaus nur wenige Schüler an den Rändern mithilfe von Sonderaufgaben zu berücksichtigen. Das Lehrangebot, das daraus folgt, bevorzugt einen Basisstoff. Flankiert wird er zumeist durch ein Regelwerk von Ordnungsmaßnahmen, die alle dazu dienen, dass die Mehrheit bei diesem Stoff auch bleibt. Lehrerinnen und Lehrer, die diesen Weg gehen, verlieren auf die Dauer ihren eigenen persönlichen Zugang zum Lehrstoff aus den Augen. Sie kommen der Tradition nahe, wonach der Lehrer ein Erbe des Mönchs ist, der sich im Dienst für die Sache verzehrt und nichts mehr für sich selber will, wobei ihn die ursprüngliche Aufgabe selbst kaum noch etwas angeht – eine Legitimation, die zwar eine christliche Tradition fortführt, die aber zugleich die dieser Tradition innewohnenden Gefahren erkennen lässt.

Es gibt eine Menge von Mischformen und Derivaten zu dieser Typologie. Heute ist zum Beispiel die Legitimation beliebt, dass es auf die Abschlüsse ankomme. Man lehrt und prüft so, dass die Abschlusszeugnisse den Schülerinnen und Schülern ein angemessenes Weiterkommen ermöglichen. Dadurch ändert sich das Zeitbudget, das man zur Verfügung hat: Nicht auf die nächste Klassenarbeit, nicht auf das nächste Zeugnis kommt es an, sondern auf das Abschlusszeugnis. – Eine Reihe von Lehrern richtet sich gerne nach den Forderungen von Berufsverbänden oder Kammern. Man nimmt dabei eine Bewertungsstruktur vorweg, von der man glaubt, dass die meisten Schüler ohnehin mit ihr zu tun bekommen werden. Eigentlich müsste dieser Weg die Lehrer dazu veranlassen, die Leistungsforderungen der Kammern mit dem pädagogischen Auftrag der Schule zu vermitteln. Wenn dies unterbleibt, so verkommt der Unterricht zu einer technischen Dienstfertigkeit. – Auch die Individualisierung des Unterrichts wird heute von manchen Lehrern versucht. Man geht davon aus, dass die Möglichkeiten, die die Schüler zu ihrer Karriere nützen können, bei jedem anders gelagert sind und dass der Unterricht demzufolge bei jedem einzelnen dessen fruchtbare Ansätze herausfinden muss. – Daneben ist nach wie vor der Glaube an eine bestimmte Unterrichtsmethode verbreitet.

Die große Unterschiedlichkeit der Legitimationsformen ändert nichts daran, dass alle diese Formen Ergebnisse eines inneren – manchmal auch eines äußeren – Legitimationsdrucks sind, der auf den erwähnten Widerspruch zwischen der Entwicklung des Einzelnen und den Anforderungen der Gesellschaft zurückzuführen ist. Nun ist aber der Unterrichtsalltag der Lehrerinnen und Lehrer so dicht mit Entscheidungssituationen besetzt, dass im Einzelfall ein deutliches Abwägen zwischen dem, was der einzelne Schüler für seine Bildung nötig hätte, und dem, was gleichwohl die Gesellschaft von ihm verlangen muss, kaum möglich ist.

Der Staat als Interessent an der Schulleistung

Der Staat hat ein doppeltes Interesse an der schulischen Leistungsfähigkeit seiner künftigen Bürgerinnen und Bürger. Zum einen will er Loyalität und Ordnung sicherstellen, zum anderen ist es ihm um die Hebung der Prosperität im Bereich des Gemeinwesens und der Wirtschaft, aber auch für die Individuen, zu tun.

Der Loyalitätsanspruch des Staates erscheint gegenwärtig selten in expliziter Form, äußert sich jedoch in vielen Ordnungsmaßnahmen. Ob es um die Frage geht, wie viele Asylsuchende und Asylanten bei uns leben dürfen oder um die vergleichsweise zweitrangige Frage, ob man sich für Deutschland zwei miteinander konkurrierende Regelwerke zur Orthografie vorstellen kann – immer sind es Probleme, die mit dem Wo-kämen-wir-hin-Argument bedient werden. Aber dadurch ist das Grundproblem noch nicht gelöst. Dieses besteht darin, dass das menschliche Zusammenleben vielen Regeln gehorcht, die zwar auch anders sein könnten, von denen aber nicht ausgemacht ist, was geschehen würde, wenn sie überhaupt wegfielen. Die Schule, beginnend mit der Frage der Schulpflicht, steht für einen Komplex von solchen konventionsartigen Ordnungen. Welche von ihnen zur Loyalität gegenüber dem Staat führen und welche Rolle die Erziehung dabei spielen muss, ist für unsere gegenwärtige demokratisch verfasste Gesellschaft nicht geklärt, ja noch nicht einmal thematisiert. Die Regierungen sind seit jeher davon ausgegangen, dass die Schule als Ordnungsgefüge durch ihre Aufrechterhaltung des Unterrichts, der Disziplin und der Schulleistung Erhebliches zur Befestigung des Staates beizutragen hat.

Vom anderen Motiv des Staates, dass Leistung und mithin Schulleistung die Grundlage künftiger Wettbewerbsfähigkeit der Wirtschaft sei, hört man heute allenthalben. Wir erläutern dies an einer Interviewpassage mit dem sächsischen Ministerpräsidenten Kurt Biedenkopf.

> *Biedenkopf:* Wenn es richtig ist, dass im 21. Jahrhundert ein Land wie Deutschland seinen Lebensstandard nur halten kann, wenn es in der Wissensproduktion und Wissensverwertung Spitze ist, dann muss die Wissensproduktion in der Grundschule anfangen. Mit mehr Wettbewerb, mehr Ressourcen, mehr privaten Initiativen.
>
> *Spiegel:* Wollen Sie nicht nur Hochschulen, sondern auch Grundschulen privatisieren?
>
> *Biedenkopf:* Auch das will ich nicht ausschließen, obwohl die Grundschulen weniger in Frage kommen als die fortführenden. Wir brauchen mehr Wettbewerb unter den Anbietern von Bildung, staatlichen wie privaten. Sonst wird das Bildungssystem nicht leistungsfähiger. (SPIEGEL, 36/1998)

Aus diesen Sätzen des Politikers spricht die Sorge um die künftige wirtschaftliche Wettbewerbsfähigkeit des Landes. Er ist offensichtlich der Auffassung, dass die bisherige staatliche Schule mit ihren Lehrbeamten künftig die Bildung nicht mehr genügend voranbringen kann. (Unter Bildung versteht er dabei offensichtlich ein Wissen, das im Kampf der Angebote verwertbar ist.) In der bisher bekannten öffentlichen Schule scheint es ihm zu fehlen an Anregungen und Initiativen. Hier vermisst er eben das, was die Wirtschaft am Leben erhält: „mehr Wettbewerb, mehr Ressourcen, mehr private Initiativen". Damit erhebt er implizit die Forderung, die Schule solle als oberstem Prinzip dem Markt gehorchen. In dieser Logik bedeutet mehr Privatisierung mehr Wettbewerb, mehr Wettbewerb führt zu mehr Leistung, mehr Leistung bringt mehr Lebensstandard. Die Schulsysteme sollen darum streiten, welches das Beste sei; die Lehrpersonen sollen unter sich das Gleiche tun, dann werden auch die Schüler beizeiten diesem Muster folgen.

Diese Behauptung eines Zusammenhangs zwischen Schulleistungen und Wirtschaft wird erst seit einiger Zeit in dieser Form geäußert. Vor wenigen Jahrzehnten waren die Honoratioren dieser Gesellschaft anderer Auffassung: Sie sagten, dass die besten Schüler keineswegs im Beruf am erfolgreichsten seien und dass Führungseigenschaften, Entscheidungsfreudigkeit und realistischer Blick für das Machbare nicht in der Schule gelernt werden könnten.

Wir neigen auch dieser Auffassung nicht zu. Keine von beiden Behauptungen ist bewiesen, weder die vom Schulerfolg als Weg zur ökonomischen Prosperität noch die von den Karriereaussichten für mittelmäßige Schüler.

Möglich ist allerdings, dass der Verweis auf eine gute Schule, die den Wirtschaftsstandort Deutschland sichern helfen soll, eigentlich ein unbewusstes ordnungspolitisches Motiv enthält. Jetzt, wo alles in Bewegung ist, sind auch jene von bestimmten Zukunftsängsten geplagt, die alles in Bewegung gebracht haben. Man achte auf die furchtsamen Untertöne, wenn Politiker das Wort Globalisierung benützen. Auch sie wissen nicht, was alles kommen wird und wie es dann sein wird, wenn alles kommt. Wenn sie in diesem Zusammenhang auf die Schule verweisen, dann möchten sie, dass wenigstens dort nicht die Unordnung ausbricht.

Die Zielgruppe, die der Staat mit seinem Schulleistungsinteresse anvisiert, sind die Eltern und die Lehrer. Aber dies ist keine einheitliche und berechenbare Klientel. Die Eltern wirken auf den Staat zurück – sie verlangen günstige Bedingungen für die Schulbildung ihrer Kinder und machen davon bis zu einem gewissen Grade ihre Unterstützung der Regierung abhängig. Die Lehrer – sofern sie in Verbänden organisiert sind – verhandeln mit den Landesregierungen über Ausmaße und Grenzen ihres Aufgabenfeldes. – So wie die Eltern und Lehrer keine unmittelbar wirksamen Mittel zur Beeinflussung des Staats haben, so haben auch die Schüler keine unmittelbaren Möglichkeiten, das zu beeinflussen, was Lehrer und Eltern von ihnen als Schulleistungen erwarten. Wir haben es also mit einem Ordnungsbonus des Staates zu tun; die demokratischen Rückmeldungen und Rückbeeinflussungen werden immer erst mit geraumer Verzögerung wirksam.

Genauer besehen ist das Geflecht von Wirkungen noch wesentlich komplexer. In manchen Fällen überzeugen Schülerinnen und Schüler ihre Eltern, dass diese direkt auf die Schulleitung einwirken, damit sich der Unterricht und damit die Art der Leistungen nach ihren Vorstellungen ändert. (Das war früher nicht ohne weiteres möglich, weil der Staat die Schulen angewiesen hat, den direkten Einfluss durch die Eltern nicht zu dulden, wofür es übrigens gute Gründe gegeben hat und – je nach Streitobjekt – immer noch gibt.) Auch der umgekehrte Fall ist möglich. Dann werden Schülerinnen und Schüler von ihren Lehrern davon überzeugt, dass sie auf ihre Eltern einwirken. Sobald aber diese die Diskussion um die zu fordernden

Schulleistungen mit anderen Eltern und mit den Lehrern zu führen beginnen, entdecken sie, dass es viele und bisweilen sehr gegensätzliche Auffassungen gibt. Solche Diskussionen markieren erstmals eine differenzierte Überlegung darüber, was Leistung in der Schule überhaupt ist und was zu tun wäre, damit die Schüler in ein gesundes Leistungsverhalten eintreten können.

Die vier Leistungsbegriffe gehen aneinander vorbei
Keiner der vier Begriffe hat für die anderen so viel Transparenz und Plausibilität, als dass er sich in die je anderen Interessenslagen einordnen ließe, und daher wird keiner von den anderen berücksichtigt. Es ist, als hätten wir es mit einer vierfachen Äquivokation zu tun. Diese Tatsache ist gleichbedeutend mit einer Lebenslüge unserer Zeit. Vom Interesse der Regierenden aus gesehen kann natürlich die Gegenbehauptung aufgestellt werden: Die Lehrer, die Eltern und die Schüler sollen sich den schlüssigen Argumenten der Regierung anschließen; dann braucht niemand über den Wirrwarr der verschiedenen Auffassungen sich zu beklagen. – Aber gerade in einer solchen Beweisführung zeigt sich eine Anmaßung; denn hier wird der jeweilige Erfahrungsbereich der anderen gründlich missachtet. Wer etwa die wirtschaftliche Konkurrenzfähigkeit unseres Landes – ein wahrhaft wichtiges Ziel – im Auge hat, hätte darauf zu achten, dass sein Gesichtspunkt von den anderen nicht nur verstanden wird; er müsste vielmehr beherzigt werden können. Stattdessen ist etwas anderes im Gange. Man sieht nicht, dass die je anderen Interessenslagen etwas mit den Existenzfragen ihrer Verfechter zu tun haben.

Eltern werden der Politik immer zustimmen, wenn von der Konkurrenzfähigkeit der heimischen Wirtschaft die Rede ist. Aber das, was aus ihren Kindern wird, ist für sie zugleich etwas viel Konkreteres, das ihnen näher liegt. In der Verwobenheit beider Perspektiven setzen sie Prioritäten, die sie um keinen Preis ändern würden, weil es um die Weiterexistenz ihrer Familie geht.

Auch Lehrerinnen und Lehrer möchten den politischen Gesichtspunkt keinesfalls gering schätzen, aber ihnen geht es – neben der Leistungsfähigkeit ihrer Schüler in einer zunehmend am Wettbewerbsgedanken orientierten Welt – außerdem noch um die Bildung. Bildung aber geht niemals auf in der Schulleistung. Sie entsteht im Einzelnen, richtet sich auf die Welt, antwortet auf sie, indem sie sich mit ihr auseinander setzt und sie zu verstehen beginnt, und spiegelt zuletzt ihre Erfahrung in einem wiederholten Verständigungsdialog mit anderen. Ihr Ergebnis kann ein Gedanke, eine neue Wahrnehmung oder ein Produkt sein. Ist es ein Produkt, so besteht sein Sinn nicht in erster Linie in einem veräußerbaren Wert. Vielleicht ästimiert es niemand außer dem Hersteller selbst, oder es beginnt überhaupt erst im nächsten Jahrhundert andere Menschen zu beeindrucken. – Diese Möglichkeiten menschlicher Entwicklung zu befördern und sie keinesfalls zu schwächen ist die Aufgabe der Schule – neben allen Leistungsforderungen, um die es ihr ebenfalls geht.

Kinder und Jugendliche werden dem, was die Gesellschaft von ihnen erwartet, zunächst am wenigsten Verständnis entgegenbringen; denn hier liegt der entscheidende Hiatus zwischen den einzelnen Leistungsbegriffen. Natürlich werden auch sie gedanklich mit unterschiedlichen Perspektiven umgehen lernen, aber sie haben in vielen Fällen noch kein ausgeprägtes Antizipationsvermögen und können daher ihr Handlungskontinuum auf künftige Ernstfallsituationen noch nicht hinreichend einstellen.

Daher muss man konstatieren, dass die vier dargestellten Leistungsbegriffe einander verfehlen, auch wenn sie aufeinander verweisen. Sie könnten sich erst dann ergänzen, wenn es möglich wäre, dass die vier Interessenslagen, die ihnen entsprechen, als praktisches Rollenverständnis austauschbar wären. Dies ist jedoch nicht der Fall, und zwar nicht nur deshalb, weil diese Möglichkeit den Aufwachsenden noch nicht zur Verfügung steht, sondern auch, weil sich die anderen Bereiche in relativer Selbstgenügsamkeit an ihre je eigene Interessensperspektive halten.

Drei kleine Ratschläge für Lehrerinnen und Lehrer

1. Unterscheiden Sie zwischen dem, was ein Schüler oder eine Schülerin als Leistungsforderung an sich selbst zu akzeptieren bereit ist und versuchen Sie, das jeweils Besondere seiner Leistung zu erkennen und zu unterstützen.

2. Halten Sie sich vor Augen, dass Schüler, Lehrer, Eltern und Staat völlig unterschiedliche Leistungsinteressen haben.

3. Die Disparität der Leistungsbegriffe können Sie in dem Rahmen, den die Schule Ihnen bietet oder übrig lässt, bis zu einem gewissen Grad abmildern. Dem kommt eine Zeitströmung entgegen, nämlich die Individualisierung in der Erziehung. Für unser Thema hieße dies, dass Sie, wo es sich machen lässt, zu individuellen Falldeutungen und dementsprechend zu individuellen Bearbeitungsmustern kommen.

Wenn Sie es schaffen, das zu bearbeiten, was ein Kind eigentlich will, ohne dass es dies selbst richtig wissen muss, dann brauchen Sie sich um seine Leistungen keine Sorgen zu machen.

Anmerkung
[1] Vortrag bei der Tagung von DGLS und PLUS „Lust und Last und Leistung" am 8. Mai 1999 im IfL in Hamburg. – Die Passagen über Schulleistung im letzten Teil des Referats gehen auf folgende Arbeit zurück: Rauschenberger, H. (1999): Umgang mit Schulzensuren. In: Grünig u. a.: Leistung und Kontrolle. Weinheim/München.

Literatur
Adorno, Theodor W. (1969): Tabus über dem Lehrberuf. In: Ders.: Stichworte – kritische Modelle 2, Frankfurt, 68–84.
Negt, Oskar (1997): Kindheit und Schule in einer Welt der Umbrüche. Göttingen.

Anarchie!
Warum die Rechtschreibkrise der Fantasie Flügel verleiht

Wer heute einen deutschen Satz aufschreiben will, fühlt sich wie der Kleistsche Marionettenspieler. Er hat seine Sicherheit verloren, und das Selbstverständliche ist ihm fremd. Er schaut alte Wendungen an, und diese murmeln verlegen zurück. Viele Wörter blicken schuldbewusst, weil sie noch so geschrieben werden wie früher. Unbescholtene Verben liegen wie Falschgeld im Klingelbeutel. Infektiös wie sie ist, hat die Rechtschreibreform auch die naturbelassenen Wörter in Mitleidenschaft gezogen. Es gibt kein richtiges Leben im falschen. Die Anarchie ist da; nun muss man sie lieben. Jedes Wort will nah seiner Façon selig werden, jeder schreibt, wie ihm die Feder gewachsen ist ... Wer 1989 die homogene Kulturnation durchsetzen wollte, hat den Vielvölkerstaat der Schreibweisen bekommen. In ein und demselben Verlag werden Schulbücher in freudloser Reform-, schöne Romane aber in rechtgläubiger Altsprache zu Papier gebracht. In den Zeitungen kämpfen tapfere Korrektorate gegen das Lustprinzip und widersagen dem Teufel, während die Vorschläge, die ein Mannheimer Duden unterbreitet, so verbindlich sind wie Bahnfahrpläne. Der Anschluss ist weg. Und nun? Eine Hand voll Kraftmeier in Frack und Fraktur läutet in der Villa Kunterbunt die Nachglocke, um zur altdeutschen Schreibweise zurückzukehren. Sie sehen in der Muttersprache die eiserne Ration des Staates und des waschechten Geistes der Nation. Aber das Paradies ist verschlossen. Es gibt kein Zurück. Der Tigersprung in die deutsche Illusion verstärkt die Wirrnis, der man entkommen will, denn auch die alte Orthografie ist nur noch eine beliebige Option. Eine unter vielen. Und doch darf man für die Zukunft unserer Bildungsanstalten wieder hoffen. Angesichts einer multiplen Muttersprache müssen Schuldiktate und ähnliche Zwangsalphabetisierungen abgeschafft werden. Nach Jahren der inneren Emigration darf der Deutschlehrer, das missachtete Wesen, den Strafraum der Rechtschreibung verlassen und auf sein Bleistiftgebiet zurückkehren, zu Gedichten und Romanen, in den freien Luftraum von Lektüre und Muße. Und wenn misshandelte Schüler wieder fantasieren dürfen („Hessen vorn!"), wird keinem Feuilleton die Austreibung des Geistes durch Genreligion und Nanofetischismus gelingen.
Die Einheit der Orthografie ist ein schöner Traum, und vielleicht wird er irgendwann wahr und die Konfusion beenden. Mit ihm käme eine neue, zartfühlende Freiheit gegenüber Regeln, deren Charme darin liegt, dass man von ihr keinen libertären Gebrauch machen muss. Dann könnte man so schreiben, wie die Wörter sich selbst schreiben würden. Alles andere, so Konrad Duden, wäre „nutzlose Gedächtnisbelastung".

Thomas Assheuer; aus: Die Zeit Nr. 32 vom 3. August 2000

Kersten Reich/Hans-Joachim Roth

Lesen und Schreiben – einige Überlegungen aus konstruktivistischer Sicht

> „Aber er konnte eben solcher Buchstaben über der Linie nicht satt werden, welche in der feinsten Ordnung in Reih und Glied, nämlich alphabetisch dastanden, noch in einzelne Wörter versprengt und verrückt; unter der Linie sah er nur die *angewandte* Buchstaben-Mathesis, oben aber die *reine.*"
>
> *(Jean Paul, Leben Fibels).*

1. Lesen und Schreiben zwischen „ich will" und „ich soll"

Der Wechsel zwischen Kindergarten und Schule ist für viele Kinder ein Wechsel von einem eher auf eigenen Sinn, auf große Freiheit, auf Spiel und Selbstbestimmung ausgerichteten Erleben hin zu eher fremden Sinn, zu Beschränkungen, Arbeit und Aufgabenstellungen, die von der Autonomie in die Kontrolle übergehen. Zumindest jene Kinder, die von einem situativ-offenen Kindergartenkonzept in ein Regelschulmodell wechseln, das zwar eine künstlich abgefederte Lebenswelt ist, aber dabei dennoch schon für den Ernst des Lebens stehen soll, erfahren stärker einen Bruch und einen Wechsel der Anforderungen. Mechthild Reinhard (Gießen), die sich mit der Entstehung der Legasthenie in diesem Übergang beschäftigt, hat z. B. die These vertreten[1], dass Legastheniker insbesondere dadurch produziert werden, dass sie den Wechsel zwischen einer ursprünglichen Autonomie und einer darauf folgenden Kontrolle nicht so bewältigen können wie andere Kinder. Sie verharren in ihrem Sprachlernen oft auf einer eher autonomen Position, für die die Fehler nicht so entscheidend sind wie für das kontrollierende System. Daher können solche Kinder z. B. ihre Lehrerin fragen: „Warum lernst du nicht meine Fehler und schreibst wie ich?", denn dann wäre doch alles richtig!

Betrachten wir einmal diesen Gegensatz von „ich soll" zu „ich will" näher. Das Schaubild (auf S. 61) zeigt, dass hier in idealtypischer, übertreibender Weise zwei Positionen gegenübergestellt werden, die gewiss nicht nur für Kinder im Übergang in die Schule wichtig sind. Dieser Übergang markiert wohl nur eine erste, entscheidende Krise, der in der Biografie, wir kennen dies aus eigenem Erleben, noch weitere folgen werden. Immer wieder streiten Eigensinn gegen Fremdsinn, immer wieder wurden wir oder werden wir gezwungen sein, eigene, sehr subjektive, sehr persönliche oder intime, vielleicht auch sehr bequeme, mitunter intuitive, erlebnisnahe oder auch beängstigende (diese Feld haben wir im Schaubild ausgelassen) gegen vermeintlich objektive, von außen sicher oder bedeutsam erscheinende, zwang- und regelhafte, konventionelle und versachlichte, insgesamt

Sicherheit und Ordnung – zumindest zeitweise – schaffende Kontrollen – Selbst-
und Fremdkontrollen – streiten zu lassen.

Autonomie	„Ich will" „Ich soll"	Kontrolle
Eigensinn		Fremdsinn
subjektiv		objektiv
eigenes Begehren		Anforderungen von außen
eigene Vorstellungen und Regeln		schon bestehende Vorstellungen und Regeln
eher Angenehmes		eher Zwänge
eher zum Wohlfühlen		eher zum Unterordnen
bevorzugt: Seh-Kanal		bevorzugt: Hör-Kanal
lebendige Sprache: Erzählungen, Metaphern Bilder …		sachliche Sprache: Texte, Abstraktionen Analysen …
Lebens-Kunst		Künstliches Leben
intuitives Wissen		angenommenes Wissen
gleichzeitig: möglichst alles auf einmal		Reihenfolge: alles schön der Reihe nach
Beziehungen sind wichtig		**Inhalte sind wichtig**

Allerdings hat sich in den letzten Jahrzehnten kulturell in der Konstruktion solchen Streits einiges verändert. Blicken wir auf ältere Generationen, so scheint für
diese der Streit vielfach zu Gunsten der Ein- und Unterordnung geregelt gewesen zu sein. Zwar gilt dies nicht absolut, aber doch in Relation zur Ekstase der Freiheit, wie wir sie in der heutigen Postmoderne auch schon wieder als Unbehagen
spüren (vgl. Baumann 1999): Je stärker die Freiheit anwächst, desto schwächer fallen soziale Netze aus und desto sehnsüchtiger hoffen wir auf Solidarität (jene Uto-
pie der Moderne), ohne die auch die Ekstase der Freiheit bedrohlich wird.

Aus konstruktivistischer Sicht ist auch unser Schaubild nur eine Konstruktion.
Es ist ein vereinfachendes Modell, das uns verdeutlichen soll, wie leicht es uns fällt,
uns dualistisch zu situieren. Wir haben mehrfach bei Vorträgen vor LehrerInnen feststellen können, dass diese Gegenüberstellung auf den ersten Blick einleuchtend erscheint. Wir haben sowohl eigene Erfahrungen als auch hinreichend SchülerInnen,
die in ein solches Raster passen. Aber wie verläuft diese Passung eigentlich?

Die Mitte des Schaubildes markiert die offene Grenzlinie, die sich unscharf durch
die beiden Soll- und Will-Anteile erstreckt. Nur der Einzelfall entscheidet, nach
welcher Seite es einen größeren Ausschlag gibt, und jeder Fall weist Unterschie-

de zum anderen auf. Und dennoch endet – pädagogisch gesehen – hier nichts in Beliebigkeit. Die angezeigte Mitte erscheint uns nämlich als ein heute pädagogisch sinnvolles, als ein relevantes Konstrukt, das an die Lebenswelt von SchülerInnen und LehrerInnen anschlussfähig ist:

- Es gibt auch konstruktivistisch gesehen keine reine Pädagogik des „Ich will" oder „Ich soll", d. h. eine verabsolutierende Sicht aus einer der beiden Seiten erscheint kulturell als wenig passend oder, wie Konstruktivisten gern sagen, als wenig viabel.[2]
- Pädagogik ist allerdings in ihrem Kontroll- oder Fremdsinn, in ihren objektiven Forderungen, in ihrem Expertenwissen heute gebrochener, unschlüssiger, verunsicherter – oder sagen wir es positiv: vielfältiger, pluraler und unterschiedlicher begründet – als in früheren Zeiten. Auch hier macht sich die Freiheitsseite heute stärker bemerkbar.
- Freiheit ist auch die Freiheit des Konstruierens. Aber es gibt diese Freiheit nur um einen doppelten Preis: Sie muss einerseits das rekonstruieren, was an kulturellen Kontexten in der Lebenswelt bereits wichtig ist – also z. B. das Erlernen einer gemeinsamen Sprache –, und sie muss andererseits zugestehen können, dass auch die eigenen Konstruktionen dekonstruiert werden können – also z. B. einsehen, dass auch die subjektive Seite Kritik und Begrenzungen erfahren kann.[3]
- Pädagogik zwischen Freiheit und Sollen ist ein schwieriges Unterfangen, denn sie vermittelt scheinbar Gegensätzliches, aber sie weiß um den falschen Schein: nur der Gegensatz treibt an, nur der Widerspruch regt auf, nur der Wechsel der Positionen und das Heraustreten-Können aus der Positionierung, um sich beobachten und sehen und über sich reflektiert entscheiden zu können, ermöglichen eine Balance, die im Wechsel vom „Ich will" zum „Ich soll" noch die Lust erhält, in der das Ich sich wohl fühlt; die im Wechsel vom „Ich soll" zum „Ich will" die Einsicht ermöglicht, warum auch ein Sollen für mich wichtig sein kann.

Lesen und Schreiben zu lernen, das ist in unserer Kultur eine vorgeschriebene, festgesetzte, mithin immer schon fremde Einsicht. Erfolg als Pädagogen haben wir mit dieser Vorschreibung nur, wenn wir sie selbst einsehen und einsichtig und zugleich lustvoll machen können: Denn nach unserer Auffassung lernen Kinder dann am besten das Lesen und das Schreiben, wenn der Lernprozess zwischen diesen beiden Welten schwanken darf und Lust erwünscht und nicht bloß gelegentlich erlaubt ist.

2. De/Konstruktive Bemerkungen zum Lesen und Schreiben

Warum wird das „Ich soll" in unseren Schulwelten so oft dominant? Wir wollen versuchen, hier dekonstruktiv einzudringen, indem wir uns mit der eigenen Entfremdung befassen, die wir beim Lesen-Schreiben mit Kindern (mit fremden und eigenen) immer wieder erfahren, aber auch in der eigenen Biografie erfahren haben. Dieser Erfahrungshintergrund ist uns wichtig, denn er markiert den Übergang zu konstruktiven Versuchen, wie wir sie nachfolgend andeuten wollen, er liefert den Hinter-Grund für eine Wende, die wir vorschlagen.

Das Schreiben und die Haifische

Es war einmal ein kleiner Junge, der hieß Jonas. Er hatte ein kleines Boot. Das Boot hieß Herr Hallo. Eines Tages hatte der kleine Jonas mit seiner Mama Streit. Er war so wütend auf seine Mama, dass er mit dem Boot in ein anderes Land zog. Er sah Haifische und auf einmal schrie er: „Hilfe! Rettet mich denn keiner?"

Diesen kurzen Text schrieb ein Drittklässler nach einer Auseinandersetzung mit seinen Eltern, nachdem er eine schlechte Diktatnote nach Hause gebracht hatte. Der Konflikt zuhause betraf jedoch nicht die schlechte Note als solche, sondern den Umstand, dass er zum wiederholten Male nicht mitgeteilt hatte, dass das Diktat angekündigt worden war. So konnte es nicht geübt werden. Zum „Nicht-Üben" zog er sich daraufhin zurück und brachte diesen Text aus seinem Zimmer mit. Die Eltern sollten ihn korrigieren.[4] Für die Eltern, die nun nachdenklich wurden, wurde der „Nicht-Übungstext" zum Ausdruck der Not des Kindes, die in einer direkten Kommunikation nicht thematisiert werden konnte. Das Bestehen des Kindes auf der Fehlerkorrektur wird zu einer doppelten Botschaft. Indem das Kind die Eltern nötigte, den Text zu korrigieren, zwang es sie zu einer Entfremdung ihren Gefühlen gegenüber und zur Einsicht in den Zwangscharakter der Rechtschreibung, die die Aussage des Geschriebenen belanglos erscheinen lässt. Im Bestehen auf dem „Ich soll" der Rechtschreibung wird dem „Ich will" Gewalt angetan; es wird allein gelassen. Die symbolische Ordnung unterdrückt die Beziehung.

Der Konflikt entzündete sich also am Schreiben-Lernen, und er wurde von Seiten des Jungen schriftlich kommentiert. Jonas hat also bereits die Mitteilungsfunktion des Geschriebenen klar verinnerlicht – neben dem Druck des Schreibenlernens, vor allem der Rekonstruktion der *Recht*schreibung, tritt jedoch eine andere Dimension des Schreibens in diesem Text deutlich hervor: Schreiben als konstruktiver Prozess der Problembewältigung. Das Schreiben als Konfliktanlass wird selbst zum Medium der Konfliktbewältigung; und in der literarischen Konstruktion des Konflikts wird er der Bearbeitung zugänglich: auf der symbolischen Ebene durch die Einkleidung in die Gattung Märchen und die Verwendung religiöser Symbolik; auf der imaginären Ebene in der Verschiebung des Konflikts auf die Jonas-Figur, die Thematisierung der Angst des Verlassen-Seins in den Metaphern des Meers und der bedrohlichen Haifische.[5]

Namen

Was lernen Kinder zuerst schreiben? Zumeist ihren Namen, die Bezeichnung für ihr persönliches Ich. Mit den Buchstaben ihres Namens entziffern sie sich die Welt der Schrift. Sie zerlegen den Namen in seine einzelnen Buchstaben und finden diese im sie umgebenden Schriftwald wieder. Auf diese Weise entdecken und erobern sie einen neuen Raum mit welch einer Freude: „Mein Anfangsbuchstabe!" Die Initialen öffnen die Initiation in die Schriftkultur. Der Name wird zum Aneignungsmodus der Schriftwelt.

Entziffern ist Rekonstruktion von unterstelltem und erwartetem Sinn im Spiel von Assimilation und Akkommodation. Und es ist auch Dekonstruktion des Ichs als Name zur Erreichung der (Schrift)Welt und Konstruktion eigenen Sinns. Der Gewinn liegt in der Auflösung. Die Individualität gibt sich auf und geht durch das

Andere, das Fremde, hindurch. Die Zerlegung des Namens in seine sinnlosen Einzelteile ist ein Weg der Entfremdung, der Zerstückelung, um sich von neuem als neues Ich zu bilden.

Diese Entfremdung seiner selbst im Spiegel des Fremden verweist auf den neurotischen Charakter des Schreibens und Lesens. Und doch brauchen wir diese Neurose als Antrieb für unsere Konstruktionstätigkeiten. Aus der Kontingenzerfahrung brechen wir auf: Selbstaufgabe führt stets zu neuer Selbstfindung. Die Spiegelung des Ich im Anderen und die Durchquerung des Anderen in der Auflösung des Namens in Schrift vollzieht sich im Wechselspiel von Trieben und Projektionen, dem die Schrift eine Ordnung verleiht: die Anordnung auf der Linie.

Der Tanz auf der Linie

Doch begegnen Kinder dem zunächst nicht neurotisch; sie werden neurotisch gemacht, indem ihnen ihr Text und damit das eigene Begehren entzogen wird. In der Schule symbolisiert das Schreiben ein absolutes Außen, die Fibel wird zur Ordnung der Kultur. Es wird als etwas Fremdes gesetzt; kindliche Erfahrung mit Schrift wird weggeblendet oder ‚auf Linie gebracht'. Der eigene Text wird ihnen zur ‚Borderline' von Ich und Außen, zur Grenze, die das Ich gegenüber der Ordnung des Außen, der Erwachsenen, illegitim erscheinen lässt. Im Programm „Lesen durch Schreiben" bleibt hingegen der freie Raum, diese Grenze selbst zu konstruieren und mit ihr zu experimentieren, erhalten; die Kinder arbeiten sich am Raum ab, indem sie selbst darüber verfügen, ihn gestalten. Dagegen wirkt die Linie im traditionellen Schreiblehrgang als Begrenzung; sie schneidet die freie Erfahrung ab, die Linie selbst zu entdecken. Es wird von vornherein auf Linearität eingeschränkt. Die Linie als Grundlage des Schreibens normiert die kindliche Vorstellung von Raum als einem geordneten Nacheinander und von Zeit als einem ebenfalls geordneten linearen Fortschreiten. Auf diese Weise wird mit dem Schreibenlernen eine basale kulturell geformte Logik vermittelt, die im weiteren Leben kaum noch hintergehbar ist.

Die erste Erfahrung der willkürlichen Zerlegung des Namens als einem Neben- und Durcheinander von Schriftzeichen, die noch keine raum-zeitliche Linearität kennt, wird auf dieses kulturelle Muster hin geformt und eingeengt.

Imaginäres Selbst und symbolische Grenze

Warum, so sagt die kleine Luise, lernst du nicht, wie ich schreibe? Du sagst, dass ich die Buchstaben richtig schreiben kann, aber manche von ihnen so oft verwechsle. Aber ich kann es doch lesen!

Das Ich imaginiert, was es wünscht. Das „Ich will" ergreift die (Sprach)Welt. Doch die symbolischen Eltern, insbesondere die LehrerInnen, begrenzen die Imaginationen. Ohne solche Grenze gäbe es keine sprachliche symbolische Ordnung, keine Kultur, in der wir uns miteinander umfassend verständigen. Doch wie erhalten wir, bei aller Notwendigkeit der Grenze, um Sprache konventionell zu erwerben, bei allen Linien, die uns diese Welt ordnen helfen, die Lust am Sprechen, am Lesen und Schreiben?

Pädagogen gebärden sich meist als überbesorgte Eltern, die vor allem das Symbolische zu bewahren suchen. Dies haben sie im eigenen Studium gelernt, dies war das Muster ihres Übergangs in das Erwachsensein. Die Mühen der Rekonstruktion sichern die symbolische Welt, die Lust ist dabei mehr oder minder vergangen, vergessen, verdrängt worden. Es sei denn, ein eigenes Begehren sei geblieben: eine schriftstellernde LehrerIn, eine SchreiberIn, eine LeserIn, die anderen ein SprachBild vermittelt, die eine SprachWelt lebhaft vorstellt: direkt, gelebt, erfahrbar, vorstellbar, visionär, ohne symbolisch bloß gesagt, gepredigt oder als Hausaufgabe verordnet zu werden.[6] Wie gewinnen wir solche Menschen für die Pädagogik?

Der interaktionistische Konstruktivismus, wie wir ihn vertreten, legt besonderen Wert auf die Feststellung, dass das Symbolische mit dem Imaginären verbunden ist; ob es nun gefällt oder nicht. Beide wirken zusammen: das Begehren zu tun, das treibt an; die Ich-Vorstellungen mit ihrer Lust, ihrem „Ich will", sie vermitteln alles Symbolische, und nur im glücklicheren Falle zirkuliert das Symbolische anschließend im Imaginären, nistet sich ein als Bild, Wunsch, Begehren, das aus dem Inneren selbst seine eigene Sprache spricht: hier werden die Erfinder der Sprache geboren, die Dichter, die Schriftsteller, die Sprecher, die Texter, die dekonstruierenden Leser usw., deren eigenes Werk in den Kreislauf des Symbolischen eingreift.

Bevor Pädagogen dies zulassen können, klagen sie – fast immer mit Berechtigung – über die Hinderungen, die es nicht so weit kommen lassen. Sie führen – und wieder zu Recht – die strukturellen Hindernisse an: zu große Klassen, zu wenig Zeit, zu viel Stoff, zu heterogene Gruppen, zu viel Leistungsdruck oder Leistungsschwäche, zu viel oder zu wenig von allem, nur am wenigsten scheinen sie selbst darin vorzukommen. Dabei sind sie immer die Konstrukteure, und für alle Lernenden fängt immer alles mit ihnen an. Es kommt alles so sehr auf sie an, sie sind am wichtigsten, wenn es um das Symbolische geht, und auch wenn sie das imaginäre Selbst der Lerner oft nicht erreichen werden, so hängen doch alle Chancen des Lernens von ihrem Vor-Bild mit ab.

Selbstbegegnung

Schreiben und Lesen dienen somit der Selbstkonstruktion – eines Selbst, das sich als Ego und Alter, als Verdopplung erfährt, das im Moment der Entfremdung bei sich ist und sich in der Distanzierung erbaut. Dezentrierung und Distanzierung sind zentrale Prozesse der Konstruktion des Selbst, die als selbsttätige Prozesse Bildung zu nennen sind. Wenn man der These zustimmt, dass Schreiben Entfremdung ist, eine Spaltung oder besser Verdopplung des Ich in ein Ego und ein Alter, dann ist Schreiben auch stets ein Akt der Selbstbegegnung. Diesen Aspekt hatten Vertreter des Freien Schreibens wie *Freinet* oder auch *Reichen* mit seiner Konzeption, „Schreibanlässe zu schaffen", im Auge. In der schreibenden Selbstbegegnung – nicht nur in so genannten Ich-Texten – wird der Umgang des Ego mit diesem kulturell geformt und erhält in der Schrift einen Gestaltmodus, der eine kulturelle Norm symbolisiert. Diese Formung führt das Ego-Alter in die Intersubjektivität: Das Ich braucht nicht erst einen signifikanten Anderen als Vorlage seines Alters, sondern begegnet seinem Alter im Akt des Schreibens, formt ihn in diesem. Der generalisierte Andere ist Konstrukt im Prozess des Spiegelns. Im Schreiben verfügt das Ich über seinen Alter, indem es ihn entwirft (konstruiert) und verwirft (dekonstruiert).

Im kindlichen Schreiben herrscht das Wechselspiel von Konstruktion und Dekonstruktion vor. Für Kinder gibt es keine Rekonstruktion eines Ich aus der Reflexion von Erfahrungen und Erlebnissen wie in der Autobiografie eines Erwachsenen.

So auch der Junge, der sich mit „Jonas" ein Alter gibt, das weit genug von ihm weg ist, um daran den Streit mit der „Mama" abzuarbeiten. Er begegnet sich als Anderem, aber er rekonstruiert sich nicht. Er spaltet den streitenden Jungen durch einen anderen Namen ab bzw. verdoppelt sein Ego im Alter Jonas. Er setzt sich gegenüber und grenzt sich ab, indem er mit dem Boot weit weg fährt, in ein anderes Land. Doch die Selbstbegegnung macht Angst; es kann eben auch alles ganz anders sein. Und allein auf dem weiten Meer voller Haie – ist dies noch schlimmer als bei der streitenden Mama? Kontingenzerfahrung, Erfahrung von Alterität macht Angst: „Warum rettet mich denn keiner?" ruft Ego-Alter am Schluss. Der Erzähler verlässt seine auktoriale Position und schlüpft in die Perspektive des um Rettung flehenden Jonas.

Die kulturelle Formung der Geschichte ist unverkennbar: das Meer als weiter Ort der Sehnsucht, das Ruhe gibt, aber auch bedroht, und die Verarbeitung des Fluchtimpulses als romanhafte Emigration, als Aufbruch in eine anderes Land, sind klassische Topoi der (Kinder-)Literatur. Jonas läuft nicht einfach weg, sondern will wie Robinson mit einem Boot übers Meer in ein anderes Land. Außerdem sind die christlichen Anspielungen unübersehbar: die archaische Angst des Verschlungenwerdens wie Jonas im Walfisch, der Ausruf der Verlassenheit wie Jesus am Kreuz. Auch die formale Gestaltung lässt literarische Muster erkennen: ein klassischer Märchenbeginn des „Es war einmal ..." distanziert und verallgemeinert zugleich; der Wechsel von der auktorialen Erzählposition in die subjektivierte Binnenperspektive der Jonas-Figur ist ein bewährtes literarisches Instrument der Dramatisierung und des Spannungsaufbaus.

Die Geschichte arbeitet in jedem ihrer Teile mit kulturell geformten literarischen Versatzstücken und dennoch gerinnt die drängende Not des Schreibenden zur unmittelbaren Erfahrung des Lesers.

Logik und Ordnung

Lesen und Schreiben haben eine andere Logik als Leben, Denken, Fühlen usw. Die Simultaneität des Denkens z. B. ist uns aus Situationen vertraut, in denen man sich durchaus als denkend empfindet, jedoch ohne das Gedachte formulieren zu können. Wir sind nicht in der Lage, „einen klaren Gedanken zu fassen". Dieser wird erst fassbar, wenn er symbolisch rekonstruiert wird, in der sprachlichen Konkretisierung. Die sprachliche, textuelle Gestalt verleiht Ordnung; sie bringt Klarheit in unser Denken – und zwar indem sie intersubjektiv wird. Erst im Moment der Entzweiung und Verdopplung sind wir in der Lage, uns „klar zu werden". Ordnung der Sprache ist also immer soziale symbolische Ordnung. Klarheit entsteht durch die Ordnung der Sprache, ihre Logik der Anordnung von Zeit und Raum. (Wir sind durchaus in der Lage, ohne Zeit- und Raumkategorien zu denken und zu fühlen, aber wir können nicht ohne sie sprechen, schreiben und lesen.)[7] Nun fällt auf, dass kleine Kinder gerade mit dieser zeit-räumlichen Ordnung Schwierigkeiten haben: Es ist schwierig, das Nacheinander des Erzählens mit dem Nacheinander des Erzählten abzustimmen. Erwachsene verstehen häufig nicht, was Kinder genau sagen wollen. Und diese, durchaus das Problem empfindend, werden ungeduldig. Kinder im Grundschulalter tendieren dazu, wenn sie das grundlegende Schema verstanden haben, alles mit „und dann" aneinander zu reihen. Die parataktische Ordnung ist da, aber es fehlt noch die Differenzierung. Denn unsere Sprache besitzt durchaus Mittel, die Gleichzeitigkeit des Ungleichzeitigen, das Vergangene im Gegenwärtigen erscheinen zu lassen: in der hypotaktischen Konstruktion.

Die Ordnung von Parataxe und Hypotaxe, Linearität und Simultaneität, wird im Wesentlichen durch Lesen und Scheiben gebildet. In den ersten Jahren geht es erst einmal um die Ordnung des Nacheinander, ab etwa dem dritten Schuljahr geht es um komplexere Ordnungen. Lesen und Schreiben ordnen auf diese Weise konstruierend die Welt, die innere und die äußere, die Sach- und die Sozialwelt.

Die bildende Konstruktion des Selbst erfährt sich aus einer nicht endenden Spirale von Dekonstruktion und Konstruktion.

Last und Lust

Lesen- und Schreibenlernen schafft Last und Lust: „ich soll" und „ich will". Last ist der Zwang der Übernahme des Fremdsinns, die Logik der symbolischen Ordnung, die Zurichtung auf die Linie, die Verweigerung des Eigensinns und der Lust am Text, die Homogenisierung.

Kinder sind gezwungen, eine Phase der Unselbstständigkeit und Enteignung hinzunehmen, bevor man sie frei lässt, über Text zu verfügen. Die merkwürdige Strategie von Erwachsenen, ihren Kindern zunächst nur Großbuchstaben beizubringen, verhindert erst einmal einen eigenen lesenden Zugang zur Schriftwelt und entbirgt doch zugleich ihre Verlockungen: Kindern wird die für viele von ihnen durchaus faszinierende SchriftWelt gezeigt, aber gleichzeitig vorenthalten. Es ist die subtile Form des Bedürfnisaufschubs, die hier angewendet wird. „Das ist für Dich, aber das verstehst Du noch nicht!" „Das kannst Du, wenn Du größer bist und etwas gelernt hast!" In der Schule setzt sich das im ersten Schuljahr fort, wenn Kindern die Buchstaben nur portionsweise präsentiert werden – in solchen Portionen, dass sie tatsächlich nur das Lesen der restringierten Fibeltexte zulassen. Und viele LehrerInnen lieben es gar nicht, wenn die Kinder selbstständig in ihrer Fibel weiter lesen. Kinder lernen auf diese Weise sehr schnell, dass selbsttätiges Weiterlesen nicht opportun ist, dass das „Ich soll" das „Ich will" dominiert.

Neben die Strategie des Vorenthaltens und Portionierens tritt die Strategie der Homogenisierung: Auch Schüler, die bereits komplett lesen und schreiben können, werden in den unerbittlichen Ablauf des Fibellehrgangs hineingezwungen, wozu subtile Unterscheidungen von gesteuertem und ungesteuertem (Schrift-)Spracherwerb auch noch den Anschein wissenschaftlicher Legitimation geben. Die Unterschiedlichkeit der Kinder und ihrer Zugänge zum Lesen und Schreiben wird eingeebnet, homogenisiert. Besonders deutlich wird diese Strategie auch im

Deutschuntericht mit Kindern anderer Erstsprachen, wenn Homogenisierung in Nationalisierung einmündet. Symptomatisch erscheint der Fall eines iranischen Mädchens, das das Rotkäppchen-Märchen nur unvollständig und fehlerhaft aufschreiben konnte und auf der Rückseite des Blattes in wunderschöner sprachlicher Gestaltung eine Nacherzählung in Persisch darbot (Dehn 1999). Die eigentlich nicht zum Beschreiben vorgesehene Rückseite symbolisiert dessen Illegitimität.

Homogenisierung bedeutet Erziehung zur Affirmation: Im Nachvollzug des kulturell Vorgegebenen, in der stupiden Wiederholung des Fremdsinns von Schrift als dem Außen wird der/die Lernende zur Negation seines Selbst gezwungen; dieses ist nichts vor dem Allgemeinen der Kultur. Schreiblehrgänge zwingen Akkommodation auf und verhindern Assimilation; die Affirmation des Bestehenden bedarf eines rekonstruktiven Habitus. Rekonstruktion wird gefordert, Konstruktion unterbunden.

Warum das alles? Vielleicht sind selbsttätiges Lesen und Schreiben gefährlich für die Ordnung? Sie konstituieren zwar Ordnung, sind aber selbst beste Instrumente, Ordnung in Frage zu stellen. Die Lust scheint Chaos zu bedeuten, Subjektivität wird mit Willkür gleichgesetzt, und allem droht ein Kontrollverlust an Symbolischem, wenn man der Lust zu viel Raum lässt.

Doch stimmen unsere Bestimmungen der Lust überhaupt? Ist es nicht zur kulturellen Vereinfachung geworden, alle Lust auf die Freizeit, ein Nicht-Tun, ein Robinson-Glück, ein Klischee des reichen Genießens bei geringster Anstrengung zu verschieben? Ist Lust nicht vielmehr Energieaufwand, Eroberung, Gefahr, Zwang zum Besiegen des Üblichen, eine heiße gegenüber einer kalten Kultur?

Lust ist für uns nicht das Ablegen der Last, sondern ein gesteigerter Umgang mit ihr. Aber dies wird nur gelingen, wenn dies zur Vision werden kann, zu einem Geschehen, das als Beziehung lebendig werden kann zwischen Anerkennung als ermutigendem Antrieb und Zweifel an Anerkennung als Zwerifel daran, tief und weit genug hierbei gekommen zu sein. Wir müssten Zeit verlieren, um Zeit zu verlieren. Der Gewinn kann keine Zeit sein, sondern eine Eroberung: eine Erfindung der SprachWelt in einer Zeit und gegen sie.

3. Re/Konstruktion als Integration

Als LeserIn werden Sie nun fragen, was diese Bemerkungen, die Anregung und Verstörung zugleich sein könnten, für den Lese- und Spracherwerb genauer bedeuten. Pädagogen fragen hier gern nach einer methodischen Lösung, und damit meinen sie oft eine universelle Lösung, die für möglichst alle und zu unterschiedlichen Zeiten gilt.

Konstruktivisten bestreiten nun nicht, dass Methoden sinnvoll sind. In der neueren konstruktivistischen Diskussion wird vielmehr gerade darauf verwiesen, dass Methoden bei Rekonstruktionen unvermeidlich sind, weil in ihnen die Begründungen und Geltungen entwickelt sind, die wir in der Verständigung – auch über das Sprach-Lernen – benötigen. Aber der Konstruktivismus will mehr. Er begreift die Methoden in einem Spannungsverhältnis mit Konstruktionen und Praktiken, die sie umrahmen. Dieser erkenntniskritische Ansatz scheint uns auch für den Umgang mit Texten und Sprache in allen Formen zu gelten.

Um dies zu illustrieren, wollen wir eine vereinfachende Übersicht wählen. In ihr sind die drei Beobachterperspektiven der Konstruktion, der Methode und der Praxis eingenommen, die sich im Konstruktivismus für die Erkenntniskritik bewähren.[8] Sie lassen sich auf unser Thema übertragen:

Konstruktion	Methode	Praxis
Singularität Ereignis Pluralität	Begründung Geltung Verständigung	Viabilität
Kinder als Erfinder ihrer (Sprach)Welt	Symbolische Ordnungen als Wächter schon vorhandener (Sprach)Welt	Praktiken, Routinen und Institutionen von (Sprach)Welt
Ich will mir meine eigene (Sprach)Welt erschaffen	Ich soll eine (Sprach)Welt von anderen anerkennen	Ich kann die (Sprach)Welt finden, die zu mir passt

Wir bestreiten trotz unserer dekonstruktiven Bemerkungen nicht, dass die Methode wichtig ist, denn sie hilft mittels Verständigung, die Imaginationen zu begrenzen. Hier entstehen symbolische Ordnung und Struktur durch Wiederholungszwang, der allerdings niemals vollständig sicher ist. Auch Sprache benötigt die Wiederkehr des immer Gleichen, um sich als Gleiches, als Konvention, als Festlegung und Regel zu behaupten. Ändert man hier etwas an der Methode, wie z. B. in der Rechtschreibreform, dann geht es an den Grund des Zwangs, was insbesondere Zwangscharaktere zum Aufschreien bringt.

Wir wollen uns hier weniger dazu äußern, wie man methodisch Lesen und Schreiben lernt, denn darin liegt fast alle Bemühung der Forschung, die sich einseitig auf dieses Feld fixiert, sondern wie man diese Methoden relativiert, denn darin liegt die notwendige Offenheit, die die einseitige Betonung des „Ich soll" überschreitet. Wie kann dies geschehen?

Auf der einen Seite durch Konstruktionen. Sie sind die Erzeugungen von Versionen von SprachWelt, die ins eigene Erfinden reichen. Jedes Individuum erfindet singulär seine SprachWelt, und dieser ungeheure Vorgang, dieses Ereignis verschwindet, wenn man ausschließlich methodisch denkt. Dann ist das Kind immer schon eingeordnet und verstanden, obwohl man nichts von der Vielfalt möglicher Konstruktionenn mehr versteht, weil man gar nicht auf das schaut, was konstruktiv geschieht. Was ist hier zu schauen?

Das Kind ist singulär, das bedeutet: es ist einzigartig. Es ist in einem Hier und Jetzt und trägt nicht bloß einen Namen, mit dem wir es anderen gleichmachen können, sondern eine Unverwechselbarkeit, die wir in Ereignissen situiert sehen. Wir achten immer auf die Wiederholungen, auf das, was bei all diesen singulären Wesen gleich ist, um unser pädagogisches Gewissen hieran zu beruhigen: die Ereignisse scheinen kontrollierbar. Aber so übergehen wir sie leicht. So übersehen wir die Möglichkeiten, die in ihnen stecken, die wir wahr-nehmen könnten, wenn wir nur an das Ereignis selbst noch herankämen. Dann auch wäre Pluralität im Sinne einer Anerkennung unterschiedlicher Möglichkeiten lebbar. Im schnellen Rückzug auf ein methodisches Verfahren jedoch erscheint sie als problematisch und wir hängen ihr bloß noch theoretisch nach.[9]

Die Fibel ist schon Methode. Analyse und Synthese von Buchstaben, die auseinander- und zusammengetrieben werden, um diese Schafherde von Signifikanten in Bewegung zu bringen. Das sind alles methodische Bewegungen, die uns auf das konstruktive Ereignis und die Vielfalt, die Pluralität von Herangehensweisen nicht mehr schauen lassen. Der Konstruktivist aber will neu schauen lernen: in die Vielfalt der Möglichkeiten, wie (Sprach)Welt erfunden, gefunden, verwandelt, verwechselt wird. Wir haben keine Angst, dass uns dies methodisch verwirrt und die Kinder verstört hinterlässt, denn das Ausprobieren führt zu eigenen Regeln, die wir über kurz oder lang ohnehin ins Methodische treiben. Doch mag es nicht zugestanden sein, hierzu mehr singuläre, individuelle und auch lustvolle Wege zu erlauben? Hier bleiben wir so lange fantasielos, wie wir überwiegend methodisch vorgeformt denken und handeln.

Die Viabilität des Spracherwerbs auf der anderen Seite, die Praxis der (Sprach) Welt, wird meist ebenso unterschätzt. Wir erwarten gleichsam von einer elaborierten Sprachpraxis aus, die LehrerInnen symbolisieren, dass die SchülerInnen dieses Resultat anstreben. Darüber vergessen wir gerne den Prozess, den man nicht im Lexikon nachschlagen kann, der nicht eindeutig von vornherein feststeht und der alle Resultate – dies geben wir zu – verstört und unsere Beobachtungs- und Handlungserwartungen stört. Aber nur die Sprachpraxis vermag Passungsformen zu zeigen, die für Kinder viabel sind. Wäre es möglich, dass Kinder ihre eigene Kindheit verstärkt konstruieren (vgl. Reich 1998 f.), dass wir auf ihren Erfindungsreichtum setzen könnten, dann stiegen auch die Erwartungen an ein vermitteltes Symbolisches: Erfinder schauen in der Regel danach, was es schon gibt. Erst wenn solche Praxis – ein Tun, ein learning by doing im umfassenden Sinne –, im Sinne einer gelebten Praxis, erreicht wird, können wir erwarten, dass auch methodische Fragen eingesehen und sicherer beherrscht werden. So mag es gelingen, Last und Lust in eine Balance zu bringen, die eine (Sprach)Welt mit einer (Sprach)Praxis verbindet, in der das einzelne Spracherleben von „ich soll" zu „ich will" schwanken kann, um sich lebendig zu entfalten.

Wenn ich als LehrerIn in den Unterricht gehe, was kann ich dann tun? Ich muss mich offensichtlich jeden Tag neu erfinden und auch den SchülerInnen ihren Erfindungsraum lassen. Das ist mehr als ein passiver und kontemplativer Erfahrungsraum. Ich muss *Imaginationen entwickeln:* Über Imaginationen arbeite ich nicht allein kognitiv und distanziert, sondern aktiviere die Praxis der (Sprach)Welt und ihrer vielfältigen Konstruktionen. Da muss ich schon sehr gegen meine Studienerfahrungen ankämpfen. Erst wenn es mir gelingt, eine methodische Kultur des Imaginären zu entwickeln, werde ich ein Gespür für die Kräfte des Imaginären meiner SchülerInnen machen. Dann werde ich keinen Text mehr von ihnen bloß

nachvollziehen lassen, damit sie ihn schriftlich oder mündlich als etwas schon Vor-
gegebenes präsentieren, sondern alle KonTexte immer im Blick auf die be-
ziehungsmäßige (begehrende) Bedeutsamkeit von Einzelnen und Gruppen bearbeiten und szenisch oder künstlerisch auszudrücken versuchen. So entstehen für
mich didaktisierte KonTexte über Texten, die allen beteiligten Beobachtern vor-
führen, welche Bedeutsamkeit für die Darsteller vorliegt. Selbst an sich trockene
Themen könnten so zu Leben erweckt werden, wenn die Verwandlung von abstrakten Aussagen, z. B. in ein szenisches Spiel mit lebenden Akteuren, gelingt.
Aber dies darf kein Spiel um des Spielens willen sein, sondern müsste jenen Kon-
Text betreffen, der als Material bereit steht und neben der Rekonstruktion immer
auch Konstruktion durch die SchülerInnen ist. Dies muss ich neu schauen lernen.
Ich muss anders sehen: aus den Augen auch der Kinder, aus der Vielfalt ihrer An-
dersheit, Unterschiedlichkeit. So kehre ich zum Geheimnis des Anderen zurück,
das ich als LehrerIn so schnell verliere, wenn ich im Lehr-Gang bleibe.

Eine kalte Kultur, so argumentiert Baudrillard (1994), hat ihre Geheimnisse verloren und versucht, alles transparent zu machen. So wird alles in kaltes Wissen
verwandelt, mit dem nüchtern umgegangen werden soll. So wissen wir zunehmend mehr, dass irgendjemand alles dies, was wir für neu halten, schon weiß. Wer
mag in solchem Wissen noch ein zündendes Interesse finden? Wo bleibt unsere
Lust, im Erklärten stets das Ungeklärte zu sehen? Wo bleibt unsere konstruktive
Neugierde, wenn sie immer schon durch einfache und eindeutige Antworten virtueller anderer abgewürgt wird?

Dabei zeigt die Lebenswelt, dass gerade die einfachsten und scheinbar sichers-
ten Antworten nicht mehr funktionieren. Dies gilt auch für die SprachWelt. Je mehr
wir traditionelle, gewohnte und bevorzugte Wege verlassen, umso mehr erkennen wir in der Vielfalt von Beobachtermöglichkeiten die Lücken, die Risse, die Un-
gewissheiten und Ansätze zu neuen Lösungen, die wir nur dann übersehen, wenn
wir alles für SchülerInnen sicher erklären wollen. Wir benötigen die Rückkehr der
Unsicherheiten und der Geheimnisse, um uns vor der Naivität unserer bisherigen
Lösungen zu schützen. Wir benötigen den Mut, zu einer Unvollständigkeit des Er-
klärens zurückzukehren, um das Erklären selbst als ständige und nie vollständig
lösbare Herausforderung zu erkennen. Dies bedeutet keine Wende hin zur Eso-
terik, sondern zur neueren (nicht nur konstruktivistischen) Erkenntniskritik in der
Philosophie und den Sozialwissenschaften: Erklärungen und Geheimnisse müssen wir wieder als Spannungsfeld entdecken und erfinden lernen.

Ein solches Spannungsfeld sind unsere Beziehungen. Sie sind in die (Sprach)Welt
eingewoben und nur ein Rationalisierer kann dies aus der Sprachpraxis verban-
nen. Unsere Erklärungen aber werden besonders abstrakt, trocken und langweilig, wenn wir sie bloß kognitiv vermitteln und jegliche Expression verweigern. Dies
verhindert, dass die SchülerInnen eine Beziehung zum Stoff einnehmen und sich
in ihm und durch ihn auszudrücken lernen. Je weniger Expression möglich ist, desto weniger jedoch werden wir von der Notwendigkeit gerade dieses Stoffes und
dieser Re-Konstruktionen beeindruckt sein. So redet man uns nur ein, dass sich
das Wissen alle paar Jahre oder Monate verdoppelt – niemand weiß überhaupt,
was hier der Maßstab ist –, und wir erfahren dabei meist nur eine Zunahme un-

serer Vergessensraten. Wir sind kognitiv mit Informationen überflutet. Wir müssen erst wieder lernen, der Überflutung durch eigene Expressionen Herr zu werden. In diesen und über diese stellen wir uns in Beziehung. Hier verhandeln wir nicht nur Symbolisches, sondern auch unsere Imaginationen, unser Begehren. Und diese Expressionen in Sinn und Bedeutsamkeit zurückzuverwandeln, den sie in unseren Beziehungen einnehmen, dies ist der entscheidende Ausgangspunkt einer Wende im Unterrichtsgeschehen. Wenn damit ein Grund in der Grundschule gelegt werden könnte, dann ergeben sich daraus didaktische Veränderungen fast von selbst. Dann sind die LehrerInnen als Erfinder ihrer Didaktik herausgefordert. Und dies könnte eine notwendige didaktische Revolution sein: denn die je in akademischen Stuben ausgedachte und gemachte Didaktik war doch nur ein „Ich-soll-Exerzitium", das man nach dem Referendariat meist schnell vergessen hat.

Ein solch neuer Grund kostet Zeit. Beziehungsarbeit kostet immer mehr Zeit als Inhaltsarbeit. Aber gerade in der Grundschule haben wir Zeiträume gewonnen, von denen frühere LehrerInnen nur zu träumen wagten. Die Taktung nach einem 45-minütigen Zyklus erwies sich zunehmend als unbrauchbar, weil sie aus einer Zeit der bloß symbolischen Rekonstruktion von Lehr- und Lernvorgängen stammt. In dieser Taktung ist weder etwas von der Eigenzeit unterschiedlicher Individuen, der Unplanbarkeit eines „experience" mit Überraschungen für alle Beteiligten, der Erhaltung einer Spannung durch die Aufgabe selbst bedacht. Die Taktung erzeugt ein Bewusstsein von Lernen und Arbeit, das sich nicht nach Begehren, Interessen und Beteiligtsein richtet, sondern einer äußeren Disziplinierung folgt. Je mehr dann andererseits im beruflichen Leben nach Selbstverantwortung, Selbstregulation und eigenständiger Zeitplanung bei zu bewältigenden Aufgaben verlangt wird, desto stärker wird die Diskrepanz zum Schulalltag deutlich. Eine konstruktivistische Didaktik verlangt nach einem Aufbrechen starrer Zeitkonzepte und nach einer Flexibilisierung des Unterrichts, was zugleich Teamteaching und von der Gemeinschaft der Lehrenden und Lernenden eine gemeinsame, eigenverantwortliche Zeitplanung ermöglichen kann. Hier kann durchaus ein Zeitrahmen gegeben werden, der stundenmäßig den Ansprüchen eines fixierten Zeitbudgets entspricht, aber die Verwaltung dieses Budgets sollte dann in die verantwortliche Planung von Lernern und Lehrern gestellt werden. Noch nie in der Schulgeschichte war die Möglichkeit dafür so günstig wie in der Gegenwart.

Die Lust mit der Last

Für Kinder ist es ein großes Erlebnis, die ersten Buchstaben und Wörter zu schreiben und zu lesen. Sie entdecken eine neue Welt – vor ihnen tut sich ein virtuelles Reich auf, das ganz neue Erfahrungen, neue Lusterlebnisse verspricht, die sie nur erst ahnen und noch nicht wissen können. Die geistige Freiheit, die sie mit der Ablösung des Signifikanten vom Signifikat gewinnen, können sie vorerst nur erahnen, aber diese Ahnung ist eine mächtige. Sie wollen lesen lernen, sie wollen schreiben lernen: nicht nur, weil es kulturell üblich ist, sondern weil es den Zugang zur Erwachsenenwelt der Macht der Selbstbestimmung verheißt.

In einer Untersuchung in einem Kindergarten konnte einer der beiden Autoren (HJR) bei der Befragung der Vorschulkinder ein halbes Jahr vor Schuleintritt erfahren, dass alle befragten 35 Kinder als Erstes auf die Frage, was sie denn wohl in der Schule machen wollten, angaben, Lesen und Schreiben lernen zu wollen; danach folgte Rechnen, weit abgeschlagen: Spielen und Turnen. Viele Kinder wollten gern schon ihren Namen selbst aufschreiben. Für die Kinder stand der Autonomiezuwachs an herausragender Stelle. So antworteten sie auf die Frage, ob ein Kind allein zur Schule gehen sollte, bis auf wenige Ausnahmen positiv; einige wollten ihren Eltern noch ein paar Mal gestatten, sie zu begleiten. Dagegen war es nicht für alle so wichtig, sich allein die Schuhe zubinden und sich anziehen zu können. Im Gegensatz dazu meinten die Eltern mit großer Mehrheit, die Kinder wollten von ihnen begleitet werden, müssten aber in der Lage sein, sich die Schuhe zubinden zu können. Die Kinder legten übereinstimmend mehr Wert auf den Autonomiezuwachs, der sie von den Eltern wegführte, wohingegen die Eltern mehr Wert auf den Zuwachs an Selbstständigkeit in Bereichen legten, die sie entlasten (anziehen, Nase putzen, Schuhe binden usw.).

Im Willen zur Schrift schimmert der frühkindliche Glaube an die Allmacht der Eltern durch, nun häufig übertragen auf die LehrerIn, die als Gestalt gewordene Verheißung der Teilnahme am Mysterium der SchriftWelt zur übergroßen Projektionsfläche von Wünschen, Bedürfnissen, Trieben wird. Das sollte man ausnutzen: LehrerInnen sollen diese Projektionen nicht ertragen, sondern die Lust genießen, als Repräsentantin dieser mächtigen Welt zu fungieren. Sie sollten das Mysterium zelebrieren, das Lustvolle des Schreibens und Lesens herausstellen und den Kindern eröffnen – nicht als priesterliches Geheimwissen, sondern als Weg der Selbstständigkeit.

Maria Montessori hat die motivationale Kraft der Verbindung dieser ja weihevollen Tätigkeit mit sinnlicher Lust klar durchschaut. In ihrem Material lässt sich ein konstruktivistischer Grundzug deutlich erkennen. Für das Schreibenlernen sind ihre Samtbuchstaben bekannt, die Kindern die Gegenständlichkeit der Schrift vermitteln. Die Finger fahren über den Samt, suchen den Weg und spüren ihn: glatt fühlt es sich an, wenn sie die richtige Richtung einschlagen, rau, wenn sie falsch herum fahren. Aber es gibt hier im eigentlichen Sinne kein Richtig oder Falsch, sondern einen angenehmen oder einen weniger angenehmen Widerstand. Schreiben und Schrift werden auf diese Weise als konstruktiver Prozess sinnlich erfahren. Sie sind nicht einfach da, sondern werden selbst erzeugt, indem sich dem Schreibenden etwas entgegenstellt. Die Materialität des Schreibens wird zum Konstituens des Schreibprozesses; der gestaltende Aspekt richtet sich nicht nur auf Sinn, sondern auch auf Sinnlichkeit.

Célestin Freinet hat die produktive Kraft der Buchstaben erkannt, die er in der Druckerei zusammensetzen ließ, um den repräsentativen Charakter zu unterstreichen. Wir erstellen etwas Gedrucktes; dies kommt dem Geheimnis einer Welt der Erwachsenen auf die Spur und zeigt Schritt für Schritt eigene Mächtigkeit. Im Zeitalter der Computer hat sich nun die Welt der Erwachsenen verändert, aber das gedruckte Ergebnis hat seinen Reiz nicht verloren. Als Konstrukt ist es nur dann hinreichend wirksam, wenn es als Werk, als Ergebnis vollendet und ästhetisch erfahren, erlebt werden kann. Konstruktivistische Pädagogik ist hier niemals eine beliebige Pädagogik, sondern nimmt das Konstruieren ernster als jede andere Pädagogik: Sinnkonstruktion wird als sinnlicher Akt erfahrbar, der aktiv ausgeübt werden muss. Deshalb achten wir in den Schulen auch auf die Entwicklung einer individuellen Handschrift bei Kindern; sie sollen sich in ihrer Schrift auch wiedererkennen. Die Widerständigkeit der Welt, der Bearbeitung und Aneignung als Bildung bezeichnet wird, produziert die an früherer Stelle genannte Entfremdung: die Widerständigkeit des Papiers oder der Tafel markiert das sich bildende Abarbeiten in einer noch fremden Welt. Diese kann nicht im Handstreich erobert, sondern will erarbeitet werden. Die Subjektivität des kindlichen Wollens wird nicht von der LehrerIn, sondern schon vom Material abgebremst. Das war auch die Genialität der Maria Montessori den LehrerInnen die Verantwortung für das Ich-soll nicht als besserwissende Person aufzuerlegen, sondern auf das Material bzw. die Materialerfahrung umzulenken. Sie gab ihnen damit die Freiheit, das Ich-will anzuerkennen und wert zu schätzen, indem sie sie von der permanenten Beaufsichtigung für das Sollen entlastete. Diese Erfahrung des ,gegen etwas anschreiben' sollten wir bewahren, auch wenn das im Zeitalter der Entzerrung der Unmittelbarkeit von Motorik und Zeichenerzeugung durch die Computerarbeit oder früher die Schreibmaschine immer mehr in andere Bahnen gelenkt wird. Deshalb ist es auch wichtig, dass viele LehrerInnen in der Grundschule Arbeitsaufträge mit der Hand schreiben und sich nicht davon beirren lassen, bei Gymnasialkollegen als anachronistisch und prämodern abgestempelt zu werden. Grundschulkinder erfahren ihre Selbsttätigkeit und konstruierende Aktivität zunächst über sinnliche Anschaulichkeit und materiale Widerständigkeit. Deshalb kann man durchaus auch die Vorteile der alten Schiefertafel gegenüber dem glatt und widerstandslos über das Papier gleitenden Bleistift ins Auge fassen.

In der Sonderpädagogik gibt es auch eine Reihe von Techniken, die die sinnliche Qualität von Schriftlichkeit betonen und damit den konstruktiven Aneignungscharakter: LehrerInnen, die die Kinder auf Rollbrettern Buchstaben in den Klassenraum fahren lassen oder Schriftzeichen durch Wälzen erfahrbar machen, haben die Bedeutung dessen erkannt: die konstruktive Verbindung von Körper, Lust und Sinn. Wer möchte nicht auf diese kreative Weise schreiben lernen? Eine ganz eigene Erfahrung bietet auch das Malen der Buchstaben auf den Körper: Wer sich selbst einmal ein L auf die Wange gemalt hat oder raten sollte, welchen Buchstaben oder welches Wort gerade auf seinem Rücken produziert wird, erhält einen anderen Eindruck von Schriftlichkeit als den der sauber gezogenen Linie, die selbst die Abweichungen nach oben und unten noch regelt. Auch das inzwischen schon recht bekannte Suchdiktat erfüllt dieses Bedürfnis von Kindern, Schreiben und Lesen als sinnlich lustvolle Sinnprozesse zu erfahren.

Last und Lust – dies kennen alle LehrerInnen. Und auch den Zirkel von „ich will" und „ich soll". Nachdem wir diese sehr einfache Schematisierung als eine mögliche Rekonstruktion entwickelt haben, nachdem wir dann verstörende Bemerkungen über das Lesen und Schreiben gemacht haben (also dekonstruierten), bleibt als weiterer Schritt die Konstruktion. So wenig wir diese den SchülerInnen abnehmen sollten, so wenig wollen wir es gegenüber den LeserInnen. Dies ist übrigens die Falle, in die man gerät, wenn man konstruktivistisch zu denken anfängt. Es gibt keine Ausrede mehr, wenn man konstruktivistisch arbeiten will: Wir tun etwas, um andere noch mehr tun zu lassen. Eine solche Schule ist die einzige, die wir uns heute vorstellen, in die wir noch einmal mit Lust (bei zugestandener Last) gehen möchten.

Anmerkungen

[1] In einem Gespräch mit Kersten Reich regte sie das nachfolgende Schaubild „Ich will – ich soll" durch eigene Vorarbeiten an. Hierfür möchten wir ihr danken.

[2] Im radikalen Konstruktivismus ist dies teilweise überwiegend biologisch gedacht worden, aber wir verstehen Viabilität ausdrücklich als ein kulturelles Konstrukt.

[3] Vgl. hierzu als Einführung in eine solche konstruktivistische Pädagogik näher Reich (2000, ferner z. B. 1996, 1998 c, d, e).

[4] Wir haben die gemachten Fehler hier stillschweigend korrigiert, aber zu bedenken bleibt, dass dieser Junge schon etwas über Fehler weiß: der Soll-Anspruch ist bereits verinnerlicht und streitet mit dem „Ich will".

[5] Zur Unterscheidung von symbolisch, imaginär und real im Konstruktivismus vgl. Reich (2000, Kap. 4; Reich 1998 b, Kap. 3).

[6] Der Erfolg des Films „Club der toten Dichter" zeigt die Sehnsucht nach solcher Lehrerschaft; vgl. auch Reich (1998 c).

[7] Ein reflektierter Konstruktivismus muss daher auch die Kränkungsbewegungen der Vernunft, die insbesondere im 20. Jahrhundert entwickelt wurden, in seine Konzeption einarbeiten. Eine dieser Kränkungen erfolgte durch die Sprachphilosophie (vgl. Reich 1998 a).

[8] Die Unterscheidung der drei Ebenen findet sich z. B. bei Peter Janich in seinem kulturalistischen Ansatz oder bei Kersten Reich in neueren Publikationen; vgl. Burckhart/Reich (2000).

[9] John Dewey sieht darin die Krise der Demokratie: Wenn wir nicht demokratisch von Kindheit an mitbestimmen dürfen, Entscheidungen fällen dürfen, die tatsächlich bedeutsam sind, dann wird die Demokratie uns fremd bleiben, eine bloß äußere Wahl, die man auch irgendwann verraten kann.

Literatur

Baudrillard, Jean: Das Andere selbst. Wien (Passagen) 1994².

Baumann, Zygmunt: Das Unbehagen in der Postmoderne. Hamburg (Hamburger Edition) 1999.

Burckhart, Holger/Reich, Kersten: Begründung von Moral. Diskursethik versus Konstruktivismus. Würzburg (Könighausen und Neumann) 2000.

Dehn, M.: Sprache und Fremdverstehen: Mehrschriftigkeit. In: H. Decke-Cornill, M. Reichart-Wallrabenstein (Hrsg.): Sprache und Fremdverstehen. Frankfurt 1999, S. 71–88.

Reich, Kersten: Systemisch-konstruktivistische Didaktik. In: Voß, R. (Hrsg.): Die Schule neu erfinden. Neuwied (Luchterhand) 1996.

Reich, Kersten: Die Ordnung der Blicke. Perspektiven eines interaktionistischen Konstruktivismus. Bd. 1: Beobachtung und die Unschärfen der Erkenntnis. Neuwied (Luchterhand) 1998 a.

Reich, Kersten: Die Ordnung der Blicke. Perspektiven eines interaktionistischen Konstruktivismus. Bd. 2: Beziehungen und Lebenswelt. Neuwied (Luchterhand) 1998 b.

Reich, Kersten: Das Imaginäre in der systemisch-konstruktivistischen Didaktik. In: Voß, Reinhard (Hrsg.): Schul-Visionen. Heidelberg (Auer) 1998 c.

Reich, Kersten: Konstruktivistische Didaktik. In: Pädagogik, Heft 7/8 1998 d.

Reich, Kersten: Thesen zur konstruktivistischen Unterrichtsmethoden. In: System Schule, Heft 1/1998 e.

Reich, Kersten: Die Kindheit neu erfinden. In: Familiendynamik, Heft 1/1998 f.

Reich, Kersten: Interaktionistischer Konstruktivismus – ein Versuch, die Pädagogik neu zu erfinden. In: System Schule, Heft 3/1999.

Reich, Kersten: Systemisch-konstruktivistische Pädagogik. Neuwied u. a. (Luchterhand) 2000³.

Kinderäußerungen über den Lehrer

– So ist das nämlich immer mit den Lehrern! Wir Kinder haben tausend und eine Ideen, und dann kommt der Lehrer und hat auch eine. Wollen wir wetten, daß seine Idee gemacht wird?

– Wenn man was verkehrt macht, dann wird einem das stundenlang erzählt. Wenn man das dann nicht mehr verkehrt macht, also wenn man das gelernt hat inzwischen, dann redet kein Mensch mehr davon.

(Jonas, 3. Klasse)

Norbert Kruse

BÄCKA – *muss diese Schreibung in Klasse 1 korrigiert werden?*

Eine Antwort auf die Frage und Überlegungen zur Ausbildung von GrundschullehrerInnen im Fach Deutsch*)

1 Problemlösendes Rechtschreiblernen und modellorientierte Lehre als Ausbildungsproblem

Traditionell wird der Anfangsunterricht im Lesen und Schreiben vom weiterführenden Schreiben didaktisch abgetrennt. In dieser Entwicklungsphase der Anfangsdidaktik wäre die im Titel gestellte Frage von Lehrerinnen und Lehrern nicht verstanden worden. Denn Textschreiben war nach der herkömmlichen Auffassung erst dann möglich, wenn grundlegende kalligraphische und orthographische Voraussetzungen bei den Kindern geschaffen waren. Seitdem der Schrifterwerb als kognitiver Problemlöseprozess bei der Ausbildung von Textkompetenz betrachtet wird, können die Aktivitäten der Kinder auf dem Papier als Prozess interpretiert werden. Lehrende müssen nun Zwischenstufen verstehen, wie das Kind zu dieser oder jener Schreibung kommt und welche geistigen Prozesse beim Schreiben beobachtbar sind und als Ausdruck der Entwicklung selbst interpretiert werden dürfen. Das ist seit über einem Jahrzehnt und länger in der Grundschule bekannt. In der Unterrichtswirklichkeit aber entsteht aus der Einlösung des Anspruchs, dass einerseits alle Kinder orthographisch korrekt ‚Bäcker' schreiben können sollen, andererseits BÄCKA als Weg zur richtigen Schreibung betrachtet werden soll, oftmals ein unübersichtliches Handlungsfeld, auf dem sich große Unsicherheit darüber ausbreitet, wie die Kinder bei der Aneignung der Orthographie unterwiesen bzw. unterstützt werden können, welche Entscheidungen getroffen werden müssen und wie die Begründung für das unterrichtliche Handeln für die Initiierung der nächsten Lernschritte genutzt werden kann.

Didaktisch kann die Lehre nicht mehr als intentionale Unterweisung betrachtet werden, der das Lernen des Kindes zu folgen hat. Die Lehrenden können nicht mehr allein auf falsche oder richtige Resultate setzen. Ihre Hinweise, Aufgabenstellungen und Lernangebote müssen sich vielmehr auf Prozesse und auf die Rekonstruktion von Verfahren richten, die bei den Kindern zu beobachten sind. Die Lehre hat es mit Interpretationen zu tun, die sich auf stattgehabte Unterrichtsvorgänge beim Lehren und Lernen beziehen. Damit aber entsteht das Problem, dass die Initiierung von Lernprozessen nicht mehr aus Modellen stammen kann, die dem Unterricht vorgängig sind. Die Begründung unterrichtlicher Lehre ist vielmehr Bestandteil des unterrichtlichen Lehr- und Lernzusammenhangs. Die bisherige Debatte um den Schrifterwerb hat dieses didaktische Problem als Ausbildungsproblem von GrundschullehrerInnen bisher nicht oder zu wenig gesehen.[1] In der Ausbildung wurden theoretische Modelle entwickelt, die Orthographie und Schreibentwicklung in bestimmter Weise konstruieren, so dass Phänomene identifiziert werden können und Orientierungen für das Handeln möglich werden. Wer als Lehrperson verstanden hat, dass das Kind bei der Schreibung BÄCKA eine an der eigenen Lautung orientierte alphabetische Strategie angewandt hat und gleichzeitig mit dem <ck> schon orthographische Regeln verwendet, muss eine Entscheidung darüber, wie die Schreibweise von Reduktionssilben im Deutschen vermittelt werden kann, dennoch treffen.

Lehren und Lernen ist in situative Zusammenhänge eingebettet, die für die Strukturierung des didaktischen Prozesses genutzt werden müssen. Eine alltägliche Erfahrung jedoch ist, dass das Wissen und die Fähigkeiten, die in Unterrichtssituationen von Lehrenden angewandt werden, Schemata entstammen, die mit der eigenen Lehr- und Lernbiographie erworben wurden. Deshalb machen AusbilderInnen und HochschuldozentInnen immer wieder die Beobachtung, dass das in Seminaren erworbene Wissen ohne auffälligen Verlust verdrängt werden kann. Prozedurales Wissen um die Bewältigung von Lehr-/Lernsituationen wird meist aus der Erfahrung eigenen Unterrichts gewonnen, nicht aus den theoretischen Modellen, die den Seminaren entstammen. Wie aber kann theoretisches Wissen flexibel und situationsangemessen im Unterricht eingesetzt werden? Wie kann andererseits die Unterrichtserfahrung theoretisch durchdrungen werden, so dass sie für die Initiierung von Lernschritten genutzt werden kann? Es ließe sich auch – mit klassischer Begrifflichkeit – die Frage stellen, wie ein fachbezogener pädagogischer Takt zum Gegenstand der Ausbildung von GrundschullehrerInnen werden kann. Im Folgenden wird es zunächst darum gehen, zwei aktuelle Positionen zur Frage der Korrektur von BÄCKA herauszuarbeiten. Hier kommen gegenstandsbezogene und kindbezogene fachdidaktische Überlegungen zur Sprache, die auf die Bildung theoretischer Modelle drängen. Am Beispiel der Reflexion einer Unterrichtsszene soll anschließend gezeigt werden, wie die Analyse im Rückgriff auf gegenstands- und kindbezogene Wissensbestände Hinweise für die Strukturierung der nächsten Unterrichtsschritte zu geben vermag.

2 Zum unterrichtlichen Handlungsfeld bei der Frage nach der Korrektur: Lerner- oder Gegenstandsorientierung

Wie kann das Handlungsfeld des Unterrichtens nun in der Ausbildung übersichtlicher werden? Ein Kind schreibt BÄCKA auf das Papier. Für Lehrende müsste die Frage der Korrektur nach Lektüre von didaktischer Literatur entscheidbar sein. So heißt es beispielsweise in den Empfehlungen zur Neugestaltung der Primarstufe aus dem Jahr 1996: „Das rechtschriftliche Überarbeiten und Korrigieren der Kindertexte mit Hilfe der Lehrerin ist dann notwendig, wenn die Texte den Mitschülern oder Dritten als Lesestoff dienen sollen. Sobald die Kinder so kompetent mit Schrift umgehen können, dass andere ihre Verschriftungen verstehen können, sollten sie lernen, dass zum Verfassen von Texten als zweiter Schritt das Überarbeiten und Korrigieren gehört" (Faust-Siehl u. a. 1996, 81). Im Blick dieser didaktischen Überlegungen ist die Spezifik des kindlichen Lernens. Der Umgang mit Schrift soll auf die Lernmöglichkeiten des Kindes abgestellt werden. Zur Formulierung einer Lernaufgabe für die nächsten Schritte müsste also geklärt werden, ob das Kind will, dass andere das Geschriebene ‚BÄCKA' lesen können sollen, ob in der Schreibsituation ein Adressatenbezug zu entdecken ist, der dann die Aufforderung zur Korrektur und damit zur regelgeleiteten vollständigen Schreibung des Wortes nahe legt.

Unschwer ist zu erkennen, dass die Grundschul-Empfehlungen einer kognitionspsychologisch inspirierten Theorie der Spezifik des kindlichen Lernens folgen. Danach entwickeln Kinder von Anfang an Hypothesen über Funktion und Logik der Schrift. Sie verfolgen von den Vorformen des Kritzelns bis hin zu autonomen Umgang mit den Schriftkonventionen jeweils individuelle Strategien, die sich aus Sicht der Schreibkundigen als immer differenzierter erweisen. Didaktisch wird vor allem auf den Schreiber, seine Spracherfahrungen und den Prozess seiner Schreibentwicklung abgestellt, mit der Folge, dass der Rechtschreibung eine sekundäre Funktion gegeben wird. In den Grundschul-Empfehlungen heißt es: „In der Anfangsphase des Schrifterwerbs gehören Fehler also zum Lernen dazu und dürfen zunächst unkorrigiert stehen bleiben" (Faust-Siehl u. a. 1996, 81). So gesehen muss nicht korrigiert werden, im Blick muss vielmehr die Intention des Schreibers sein und im Kontext der Schreibsituation muss geklärt werden, ob das Kind zur Korrektur veranlasst werden soll oder die Lehrperson korrigiert. Didaktisch ist die Frage der Korrektur hier primär eine Frage der Schreibentwicklung des Kindes und seiner Problemsicht.[2]

Völlig anders beantwortet sich die Korrekturfrage für Lehrende, wenn sich der Blick auf die Spezifik des Gegenstands richtet. Die primäre Frage wäre dann nicht, wann bzw. zu welchem Zeitpunkt die Schriftkonvention eine Rolle spielen soll, sondern wie die Vermittlung der orthographischen Norm gelingen kann. Die Frage wäre, was genau in dem Moment geschehen muss, wenn BÄCKA nicht mehr unkorrigiert stehen bleiben soll. Mit einem sprachwissenschaftlich modellierten silbenphonologischem Hintergrund wird derzeit vom Gegenstand her der Schrifterwerb neu zu konzipieren versucht. Die Silbe ist danach eine suprasegmentale Einheit, mit der gegenüber der Analyse von Einzellauten vor allem das Problem orthographischer Regularien gezielt und problemlösend angegangen werden soll (vgl. Eisenberg 1989, Maas 1992).

Die silbenphonologische Analyse zum Zusammenhang von gesprochener und geschriebener Sprache definiert „Schrift als regelhaftes Zeichensystem, das die jeweiligen (sinntragenden / unterscheidenden) phonetischen Elemente einer Sprache repräsentiert" (Röber-Siekmeyer 1998). Die Schrift zeige sich zwar, so diese Auffassung, als Buchstabenschrift, weil dies die kleinsten isolierbaren Zeichen seien. In Wirklichkeit aber sei die Schrift eine Silbenschrift, die gemäß den gesprochenen Einheiten, die Sprache liefere, nicht durch lautbezogene, sondern durch silbenbezogene Markierungen strukturiert seien.

Von dieser gegenstandsbezogenen Konstruktion her stellt sich nun die Frage, ob BÄCKA korrigiert werden soll, erst gar nicht. Denn zunächst hat das Kind richtig gehört, weil in der Reduktionssilbe, der unbetonten Silbe also, das <r> Teil des Vokals ist. An einer didaktischen Umsetzung dieses Modells zur Beschreibung des

Zusammenhangs von geschriebener und gesprochener Sprache arbeitet vor allem Röber-Siekmeyer (vgl. z. B. 1993, 1998, 1998 o. J.). Entscheidend ist, dass das Kind Informationen darüber bekommt, welche Silbenstruktur das Wort hat. Ein erster Schritt dazu wäre z. B. nach dieser Position eine unterrichtliche Einheit, bei der Kinder lernen, zwischen betonter Silbe und Reduktionssilbe zu unterscheiden, so dass sie wissen, welche phonetischen Operationen aus der Schreibung <er> folgen. Dabei müssen sie, so die didaktische Position, darauf hingewiesen werden, dass Reduktionssilben im Deutschen immer mit einem <e> markiert sind, so dass dann Übungen mit wechselnden Reduktionssilben <er>, <en> und <el> folgen können.

Didaktisch hat eine solche gegenstandsbezogene Formulierung der unterrichtlichen Aufgaben ein anderes Verständnis des Lehrens und Lernens zur Folge. Ossner schreibt unmissverständlich: „Im Gegensatz zum natürlichen Spracherwerb ist der Schriftspracherwerb immer das Ergebnis direkter und strukturierter Unterweisung. Der Schriftspracherwerb kann für sich kein ‚Sprachorgan' reklamieren, das nur der interaktionellen Stimulation bedürfte. Man kann zwar annehmen, dass die affektive Komponente nützlich ist und daher der emotionale Faktor bei der Erlernung nicht zu kurz kommen darf, dass aber Vereinfachung und Klarifizierung nicht die Kommunikationssituation betreffen müssen wie beim natürlichen Spracherwerb, sondern den Gegenstand selbst" (Ossner 1998, 14). Deutlich ist, wie das, was in den Empfehlungen zur Neugestaltung der Primarstufe noch der Spezifik des kindlichen Lernens zugestanden wird, nun zur „affektiven Komponente" und zum „emotionalen Faktor" gerinnt aus der Angst heraus, der umfassende Anspruch der Schriftnorm könnte in kuscheligen Schreibsituationen untergehen. Ausgerichtet wird der Kontext des Lehrens und Lernens nicht auf den Schreiber, sondern auf den Leser. „Schrift ist für Leser da" (vgl. Röber-Siekmeyer 1998) lautet die Maxime mit der Folge, dass die Schriftkonventionen, das Regelhafte des Zeichensystems das entscheidende Problem ist. Damit wird zwar auf die Ebene der Verständigung und Kommunikation gezielt, aber was gegenstandsorientiert ausgearbeitet wurde, wird mit diesem Anspruch nicht wirklich vermittelt.

Recht zielstrebig wird von Anfang an allein am Problem der Langvokale bzw. Kurzvokale und ihrer Zeichen gearbeitet. Im Unterricht ergibt sich eine immer differenziertere Präsentation des Gegenstands. Röber-Siekmeyer beispielsweise schlägt vor, mit der silbischen Gliederung von Wörtern mit Langvokalen zu beginnen. <Bäcker> dürfte also noch gar keine Rolle spielen, sondern lediglich Wörter wie ‚geben', ‚Hefe', ‚leben' etc. Es folgt dann die silbische Gliederung von Wörtern mit „Kurzvokalen" in geschlossenen Silben (gelben, Hefte); dann ein Vergleich mit der Silbenstruktur bei Vokalen, die mit dem gleichen Buchstaben dargestellt werden, also ‚geben: gelben', ‚Hefe: Hefte' etc. Schließlich soll es um die Vermittlung der Einsicht in die graphische Markierung bei Wörtern mit „gequetschtem" Vokal in offener Silbe auf Grund von Minimalpaarbildung gehen: ‚beten: Betten', ‚Hüte: Hütte' (vgl. dazu Röber-Siekmeyer 1998 o. J.).

Wesentlich für die didaktischen Einsichten sind hier die unterschiedlichen Perspektiven auf die Lehr-/Lernprozesse, die sich aus dieser Bestimmung des Lerngegenstands ergeben und die widersprüchlichen Anforderungen, die aus gegenstands- bzw. lernerorientierten Perspektiven erwachsen. Zur Verdeutlichung des Problems sei eine Formulierung Röber-Siekmeyers aus dem zweiten Lernschritt angeführt, wo es um die Unterscheidung von betonter und unbetonter Silbe geht. Dort heißt es: „Gleichzeitig werden sie (die Kinder, N. K.) auf die Schrift hingewiesen, die Reduktionssilben immer mit einem <e> markiert" (Röber-Siekmeyer 1998, 35). Eben dieses „Hinweisen" ist in dem kindorientierten bzw. dem Modell, das auf die Schreibentwicklung abzielt, das Problem, weil es nicht so selbstverständlich funktioniert. Das Lernen muss nicht unbedingt dem Lehren folgen, es geht häufig eigene Wege. In den Empfehlungen heißt es: „Fehler sind individuelle Konstruktionen der Kinder, die nicht länger als Defizite missverstanden werden dürfen, sondern als notwendige Zwischenschritte auf dem Weg zu orthographisch richtigem Schreiben begriffen werden müssen" (Faust-Siehl u. a. 1996, 81). Fehler, so würde dagegen die gegenstandsorientierte Sicht der Dinge sagen, entstehen vor allem dadurch, dass den Kindern Schrift als Buchstabenschrift präsentiert wird, die eine prinzipielle Korrespondenz von Graphemen und Phonemen unterstellt.

Die Kinder machen also notwendig Fehler, weil sie falsch unterrichtet werden (vgl. dazu auch Huneke 2000). Das ist der Stand der aktuellen didaktischen Diskussion, in der die Formseite ständig gegen die Verständigungsseite (und umgekehrt) ausgespielt wird.

Rechtschreibmethodik als Theorie rechtschriftlichen Lehrens und Lernens im Unterricht

In der Logik der jeweiligen kognitionspsychologischen bzw. sprachwissenschaftlichen Kategorien ist die Frage, ob korrigiert werden soll, relativ einfach zu beantworten. Das Konzept, das auf die Spezifik des kindlichen Lernens abstellt, sagt, dass die Schreibung in Abhängigkeit von der Schreibintention und der Schreibsituation zu korrigieren ist. Die gegenstandsspezifische Version der Schrifterwerbsdidaktik fordert die gezielte und gestufte Bereitstellung von Informationen, die sicher stellen, dass das Kind die orthographisch korrekte Schreibweise erwerben kann. Für die Ausbildung von Grundschullehrerinnen aber ist problematisch, dass mit der Kindorientierung ein sehr offener Raum unterrichtlichen Handelns zur Verfügung gestellt wird, aus dem sich zwar weitreichende Vorgaben ableiten lassen, etwa die Schreibmotivation nicht zu zerstören, die angewandte Strategie zu nutzen, um dem Kind dabei zu helfen, seinen Anspruch beim Schreiben einzulösen. In diesem Rahmen aber lässt sich die Begründung für eine Methodik, die aus den unterrichtlichen Handlungen heraus die Angabe einer Thematik oder einer Lernaufgabe erlaubte, nicht ersehen. Auf der anderen Seite ist mit der Gegenstandsorientierung die Thematik und mögliche Aufgabenstellungen so deutlich formuliert, dass in einem engen Raum allenfalls methodische Fantasie erforderlich ist, darüber aber die weitreichende semantische Vorgabe der Bedeutung des Aufgeschriebenen verloren geht. Wie aber lässt sich im Zuge der Ausbildung lernen, methodische Entscheidungen, inhaltliches Verständnis und gegenstandsadäquate Problembeschreibung als ein abgestimmtes unterrichtliches Vorgehen zu reflektieren?

In beiden didaktischen Positionen geht es darum, das Thema des Kindes zur Geltung zu bringen. Die kindbezogene und die gegenstandsorientierte Auffassung enthalten Vorstellungen über die wechselseitige Bearbeitung von kindlicher Thematik und orthographischer Problemstellung. So ist in dem linguistischen Argument, die Silbe sei eine „Gliederungsgröße, die der orate Sprecher ohne Kenntnis der Schrift zur Unterteilung des Lautstroms nutzen kann" (Rigol 1998, 19) eine Sicht auf die Situation des Schreibenlernens am Schulanfang aufgehoben. Das silbenphonologische Argument zielt geradezu auf die besondere Situation des spracherfahrenen Schreiblerners, der noch nicht schriftkundig ist, weil die meisten Kinder eine zur Sprachanalyse brauchbare Fähigkeit, nämlich das Sprachgefühl für Silben und die damit verbundene Segmentierungsfähigkeit, schon mit zur Schule bringen. Gleichzeitig ist aber auch deutlich, dass aus diesem Ansatz Unterrichtsvorschläge folgen, die in ihrem Eifer für die sachgerechte Aufbereitung des Gegenstands die semantische Dimension der Schrift aus dem Blick verlieren. Die Frage, warum Kinder ein Wort schreiben wollen oder welche Schreibintention die Schreibung von BÄCKA motiviert, ist hier kein Problem. Aufgabenstellung, Schreibprozess und erstellter Text sind didaktisch abgetrennt von den erzählerischen bzw. narrativen Dimensionen des Schreibenlernens. Kein Kind schreibt indes, um betonte und unbetonte Silben unterscheiden zu können oder um Minimalpaare zu bilden. Allenfalls der freundlichen Lehrerin zuliebe oder weil es durch ihren Zuspruch und die institutionalisierte Struktur von Aufgabenstellung und Bewertung einen vermeintlichen Könnensgewinn hat, operiert es mit den Schreibungen auf der Ebene der Beziehung der Zeichen zueinander. Kinder schreiben aber vor allem, weil sie etwas mitteilen wollen, dabei kann Schrift als Distanz- bzw. Repräsentanzmedium die wesentliche ‚Lernfolie' sein.

Aber auch die kindorientierte Position schließt keineswegs aus, dass Spracherfahrungen auf Schrift als regelhaftes Zeichensystem bezogen werden, das der Repräsentation der phonetischen Elemente einer Sprache dient. Über die gegenstandsspezifische Verfasstheit der geschriebenen Sprache ist in den Grundschulempfehlungen allerdings nichts gesagt. Das ist aber auch gleichzeitig das Problem, weil damit die Frage umgangen wird, wie denn der Lerngegenstand umfassend, also in seinen Normen, angeeignet werden soll. Didaktisch muss gefragt werden, wodurch sich der lernerseitige Konstruktionsprozess mit Blick auf die Schriftkonvention in seiner Passung zwischen Schemata und verfügbarer Information für die Schreiblerner als sinnvoll erweist.

Dieses Problem kann weder mit losgelösten Modellen zur Schreibentwicklung noch mit einer methodischen Modellierung von sprachwissenschaftlichen Einsichten in den Grundaufbau der Sprechsilbe angegangen werden. Denn die Vorstellung zur Ausbildung fachbezogener Fähigkeiten, wie denn Schreiblernprozesse bei Kindern initiiert werden könnten, folgen in beiden Fällen einem Prinzip von Modell und Ausführung, das der komplexen Situation nicht gerecht wird. Die Relation von Modell und Ausführung erscheint vielmehr als eine scholastische didaktische Sicht, bei der mit Hilfe des Modells Unterricht akademisch isoliert wird. Die Funktionen des Sagens, Zeigens, Hinweisens, Aufmerksam-Machens u. a., die die Lehre im gewöhnlichen Unterricht ausmachen, werden so neutralisiert zu Gunsten sauberer didaktischer Modelle. Mit der theoretischen Beherrschung des Codes ist aber nicht auch schon die praktische Beherrschung des Gebrauchs vermittelt. Das Paradoxe besteht darin, dass das Modell-Ausführungs-Konzept ein solches Verständnis nahe legt, indem es Praxis als ein umgesetztes theoretisches Modell missversteht und eben dadurch unterrichtliche Handlungen von theoriebezogenen Begründungen abtrennt.[3]

Wenn diese Kritik an einer fachbezogenen Didaktik von Modell und Ausführung in die richtige Richtung geht, dann müssen Möglichkeiten geschaffen werden, um das Reflexions- und Interpretationspotenzial der Studierenden herauszufordern, Vorstellungen von Lehren und Lernen zu thematisieren und auf gegenstands- wie lernspezifische Aspekte hin auszurichten.

Beispiel: Reflexion einer „Schlüsselszene"

Wenn nun ein Unterrichtsausschnitt – hier in Form eines Unterrichtsprotokolls – thematisiert und dieser Unterricht in Beziehung zu Reflexionsprozessen gesetzt werden soll, dann ist klar, dass hier nicht die ganze Lehrerausbildung in der ersten oder zweiten Phase angesprochen wird. Probleme der Unterrichtsplanung, -organisation und -durchführung bleiben unerwähnt. Ebensowenig ist die Frage diskutiert, wie denn welche Studieninhalte das Lehrwissen von Studierenden strukturieren könnten. So ist wohl unbestritten, dass Studierende beispielsweise um die Schrifterwerbsdebatte, wie sie eben dargestellt wurde, wissen müssen. Und dass mit der Diskussion des Unterrichtsausschnitts im Seminar schon die Gesamtproblematik grundschulorientierter DeutschlehrerInnenausbildung zwischen Fachdidaktik, Fachwissenschaft und Schulstufenspezifik hochschuldidaktisch gelöst wäre, soll schon gar nicht nahegelegt werden.[4]

Warum also ist die Frage nach der Korrektur in der Reflexion auf Ausbildung so schwer zu beantworten? Wird das Kind wirklich zu sehr verschreckt, wenn es gesagt bekommt: Hör zu, du hörst ein / A /, aber schreiben musst du <er>, das ist bei vielen Wörtern so. Möglicherweise scheint auch folgende Interpretation sinnvoll: Das Kind hat bereits ein Schärfungszeichen erarbeitet und geschrieben, das <c>. Zwar gibt es noch keine Regel dafür, aber doch eine Aufmerksamkeit auf rechtschriftliche Markierungen. Bald wird es während des Brötchenkaufs beim „Lecker-Bäcker" auch das <er> und den Bezug zur phonetischen Operation entdecken.

Das sind mögliche Interpretationen solcher oder ähnlicher Schreibsituationen. Aber welche lernspezifischen und gegenstandsbezogenen Vorstellungen liegen den in diesen Interpretationen liegenden Handlungsintentionen zu Grunde? Darin verborgen liegen Erklärungen dafür, warum das Kind so schreibt wie es schreibt und wie es auf dem Weg zur umfassenden Nutzung der Schrift unterstützt werden kann. Diese Gründe könnten als Lehrgründe die Prämissen für die Lehrhandlungen darstellen.

Die folgende Szene kann solche Lehrgründe vielleicht bestätigen, aber auch zur Disposition stellen und in eine andere Richtung lenken.

„Schreibst du mir mal Bäcker hin?"
Die Kinder haben ICH und WIR geschrieben und dazu auch inhaltliche Vorstellungen graphisch gestaltet. Daniela hat einen Bäckerladen gemalt. In Danielas Bäckerladen hängen »Wir«-Brötchen.

Daniela: Schreibst du mir mal Bäcker hier hin? (vorn auf den Laden)
St.: Kennst du welche daraus?
Daniela: Ja, B.
St.: Dann schreib. (Daniela schreibt B.)
St.: Ich schreib' dir den nächsten, das ist ein Ä. (Die Studentin schreibt ein Ä.)
Daniela. Dann kommt K.
St.: Ja, aber da kommt noch einer dazwischen, wie ICH.
Die Studentin schreibt ICH auf einen Zettel.
Daniela: (zeigt auf das C) Der kommt dazwischen.
Daniela schreibt CK.
Daniela: Und dann A.
St..: (zögernd) Hm.
Die Lehrerin kommt dazu und sagt zu Daniela: Ja!
L (zur St):die muß noch A schreiben.
Klasse 1, 31. 3. 1990. Hospitationsprotokoll: Juliane Maintz (Dehn 1994, 116)

Fraglos ist mit dieser Szene ist kein Modell vorgestellt, das zur Ausführung drängt. Weder die Art und Weise, wie die Studentin auf die Schärfungsmarkierung hinweist, noch das Konterkarieren der Erarbeitungssituation durch die Lehrerin scheint für die Initiierung rechtschriftlicher Lernprozesse sinnvoll. Was ist lernbezogen dazu zu sagen? Dehn (1994) entwickelt folgende Überlegungen: Das Kind hat die Initiative; es bittet die Studentin, das Ladenschild zu schreiben. Die Aufforderung enthält die Intention, die korrekte Schreibung zur Verfügung zu haben, gleichzeitig aber hat Daniela kein Zutrauen darin, die Schreibung selbst zu produzieren. Die Studentin agiert mit einem Erarbeitungsschema, wie sie es in unzähligen Lehr-/Lernsituationen vielleicht selbst erfahren hat: wir teilen uns das

Problem scheint sie zu sagen; du einen Buchstaben, ich einen. Aber: Ist die Erarbeitung sinnvoll? Welche Lernprozesse lassen sich auf diese Weise initiieren? Wie strukturiert sich dabei die Interaktion zwischen den Beteiligten? Im zweiten Abschnitt der Szene übernimmt die Lehrerin die Initiative. Sie bestätigt die Schreibung. Sie deutet, wie Dehn interpretiert, die Situation als typisch für eine bestimmte Erwerbsphase, nämlich die Verschriftung der eigenen Artikulation. Aber: wird die Artikulation überhaupt verschriftet? Ist Schrift verschriftete gesprochene Sprache? Schreiben wir, wie wir sprechen? Mit diesen Fragen wären bereits gegenstandsbezogene Probleme thematisiert. Hier wäre auch zu fragen, warum die Studentin auf so umständliche Weise korrigiert. Ist die Korrektur zu rechtfertigen? Kann die Schärfungsmarkierung <c> mit dem zweigliedrigen Graphem <ch> gleichgesetzt werden?

Insgesamt dürfte klar sein, dass es die Situation erfordert, Daniela die vollständige und richtige Antwort zu geben, vielleicht auf einem separatem Blatt. Daniela könnte auch aufgefordert werden, auf dem Nachhauseweg beim „Lecker-Bäcker" mal auf das Schild zu achten, schließlich könnte sie auch einen Zettel mit der richtigen Schreibung erhalten, könnte sich im nachträglichen Erarbeiten die Besonderheiten der Schreibung klarmachen.

Studentin oder Lehrerin interpretieren die Situation anders, die Studentin als Aufforderung für eine Erarbeitungssituation in gegenstandsbezogener Hinsicht, die Lehrerin als bestimmte Phase der Schreibentwicklung, also in lernspezifischer Weise. Interpretationen setzen Unterrichtsprozesse in Beziehung zu den kognitiven Strukturen der Lehrenden. Die bloße Beschreibung des Wahrgenommenen wird also immer überschritten zugunsten von Erklärungen: hier zur Erklärung der Schreibung des Kindes bzw. der Lehrsituation.

Ziel einer reflexiven Didaktik wäre es, beobachtete Unterrichtsprozesse in Beziehung zu kognitiven Strukturen zu sehen, die die Betrachtungen leiten, Möglichkeiten einer kognitive Distanz zu schaffen und das zugrundeliegende Wissen zu thematisieren. Die Reflexion bezöge sich auf die Analyse der jeweiligen Lehrgründe. Sie bilden die Brücke zwischen der Reflexion über Lehr-Lern-Prozesse und den Lehr-Lern-Prozessen selbst, die sich in ihrer Bezogenheit auf die Beschreibungsmöglichkeiten des Lerngegenstands „Schrift" und in den kindspezifischen Gründen für das Schreiben ereignen. Die Primardidaktik im Fach Deutsch muss diese Brücke in ihrer Struktur und Funktion thematisieren, wenn sie ihr praktisches Ausbildungsziel, sprachliche (und literarische) Lernprozesse zu verstehen und ihnen eine Struktur zu geben, nicht verfehlen will.

Anmerkungen
[*)] Bei dem folgenden Artikel handelt es sich um eine stark überarbeitete Fassung des 4. Kapitels meiner Habilitationsschrift „Schrift- und Sprachgebrauch in der Grundschule". Ich danke Margita Pätzold für Hinweise und für die Diskussion über die in diesem Zusammenhang anstehenden Fragen.
[1] Das Problem, wie Unterrichtsvorgänge thematisiert und für didaktisches Handeln genutzt werden können, wird im allgemeindidaktischen Diskurs seit längerem gesehen. Vgl. dazu Herrlitz 1998, Meyer 1993. Meyer macht darauf aufmerksam, dass die metaphorische Rede über Lehr-Lern-Prozesse eine bestimmte Verbindung zu Unterrichtsmethoden nahe legt, aber die handlungsleitende Qualität dieser Verbindung für den Unterricht nicht genügend erkannt wird. In dieser Frage mit ethnographischen Verfahren weiterzukommen wird bei Fröhlich 1998 versucht, für die Grundschule vgl. Beck/Scholz 1995, Dehn 1994. Insgesamt wäre eine Traditionslinie zur Handlungs- und Aktionsforschung am Beginn der 70er Jahre zurück-

zuverfolgen (vgl. Altrichter/Posch 1992). Der Handlungs- und Aktionsforschung ging es u. a. darum, sozialwissenschaftliche Methoden für veränderndes alltägliches Unterrichtshandeln fruchtbar zu machen. Vgl. aktuell Eberwein/Mand 1995, hier insbes. die Beiträge von Buschbeck, Knauer, Hensel, Benkmann, Schöler, Kormann. Zur deutschdidaktischen Diskussion um die Analyse von Unterricht vgl. Wieler 1989, Der Deutschunterricht, H. 1, 1998.

[2] Modelle zur Entwicklung der Textkompetenz sind versucht bei Feilke 1995, Zur Bedeutung der Schreibentwicklungsmodelle für die Begründung einer Schreibdidaktik vgl. z. B. Baurmann/Ludwig 1986. Zur Kritik an Schreibentwicklungsmodellen vgl. Ossner 1996.

[3] Hier liegt eine Hauptgefahr dafür, dass etwa den vor längerer Zeit ausgegebenen Empfehlungen des Wissenschaftsrates, nach denen die GrundschullehrerInnen doch an einer Fachhochschule im Rahmen eines sechssemestrigen Studiums auszubilden seien, nur eine schwach begründete Argumentation entgegengehalten werden könnte. Vgl. zu dieser Debatte im Rahmen der DeutschlehrerInnenausbildung Hurrelmann 1998, die u. a. für ein achtsemestriges Studium aller Lehrämter plädiert.

[4] Vgl. aber zur Funktion der Entwicklung interpretativer Fähigkeiten im Rahmen der Deutschlehrer(innen)ausbildungen Spinner 1998a, vgl. auch Spinner 1998b. Dort wird mit Blick auf eine konstruktivistische Begründung der Lehrerausbildung die Ausbildung interpretativer Fähigkeiten für Lehr-/Lernsituationen in Beziehung zur beratenden und Lernprozesse begleitenden Lehrtätigkeit gesetzt. Dieser Bezugsrahmen wäre indes auf der Grundlage einer zureichenden Lerntheorie (etwa Holzkamp 1993) noch eingehend zu diskutieren. – Von Lehrgründen wird in diesem Beitrag gesprochen, weil interpretative Fähigkeiten weniger als Qualifikationsmerkmal etwa eines „professionalen Lernverhaltens" (vgl. dazu die frühe „Einführung von Döring 1971") betrachtet werden, die „erzeugt" werden könnten, sondern vielmehr als immer schon vorhandenes Potenzial, das sich mit Blick auf problematische Lehr-/Lernsituationen herausgefordert sieht.

Literatur

Altrichter, Herbert/Posch, Peter (1972): Lehrer erforschen ihren Unterricht. Eine Einführung in Methoden der Aktionsforschung, Bad Heilbrunn: Klinkhardt.
Baurmann, Jürgen/Ludwig, Otto (1986): Aufsätze vorbereiten – Schreiben lernen. Praxis Deutsch H. 80, 16–22.
Beck, Gertrud/Scholz, Gerold (1995): Beobachten im Schulalltag. Ein Studien- und Praxisbuch, Frankf./M.: Cornelsen/Scriptor.
Benkmann, Rainer (1995): Diagnose und Förderung in lern- und erziehungsschwierigen Situationen – Zur Bedeutung teilnehmender Beobachtung und problemzentrierter Gespräche im binnendifferenzierten Unterricht, in: Eberwein, Hans/Mand, Johannes (Hrsg.), 344–363.
Buschbeck, Helene (1995): Das Pädagogische Tagebuch – ein Not-wendiges Handwerkszeug im Schulalltag, in: Eberwein, Hans/Mand, Johannes (Hrsg.), 271–288.
Brügelmann, Hans (1983): Kinder auf dem Weg zur Schrift, Konstanz: Faude.
Dehn, Mechthild (1994): Schlüsselszenen zum Schrifterwerb, Weinheim und Basel: Beltz.
Der Deutschunterricht 1998, H. 1.
Döhring, Klaus W. (19712): Lehrerverhalten und Lehrerberuf. Zur Professionalisierung erzieherischen Verhaltens. – Eine Einführung –, Weinheim u. a.: Beltz.
Eberwein, Hans/Mand, Johannes (1995): Forschen für die Schulpraxis. Was Lehrer über Erkenntnisse der qualitativen Sozialforschung wissen sollten, Weinheim: DSV.
Eisenberg, Peter (1989): Die Schreibsilbe im Deutschen, in: Peter Eisenberg/Hartmut Günther (Hrsg.): Schriftsystem und Orthographie, Tübingen: Niemeyer, 57–84.
Faust-Siehl, Gabriele u. a. (1996): Die Zukunft beginnt in der Schule. Empfehlungen zur Neugestaltung der Primarstufe, Frankf./M.: AK Grundschule.
Feilke, Helmuth (1995): Auf dem Weg zum Text. Die Entwicklung der Textkompetenz im Grundschulalter, in: Gerhard Aust (Hrsg.): Frühes Schreiben, Essen: Die blaue Eule, 69–84.
Fröhlich, Angelika (1998): Von „glücklichen Zufällen" und „unvorhersehbaren Einsichten". Was vergleichen wir eigentlich, wenn wir Unterricht in der Standardsprache vergleichen? in: Heinz Giese/Jakob Ossner (Hrsg.), 191–204.
Giese, Heinz/Ossner, Jakob (1998): Sprache thematisieren. Fachdidaktische und unterrichtswissenschaftliche Aspekte, Freiburg: Fillibach.
Hensel, Inken (1995): Förderdiagnostik in der Schule, in: Eberwein, Hans/Mand, Johannes (Hrsg.), 307–322.
Herrlitz, Hans-Georg (1998): Zum Denkstil der Sprachdidaktik. Elemente eines komparativ inspirierten Forschungskonzepts, in: Giese, Heinz/Ossner, Jakob (Hrsg.), 167–190.
Holzkamp, Klaus (1993): Lernen. Eine subjektwissenschaftliche Grundlegung, Frankfurt/Main u. New York: Campus
Huneke, Hans-Werner (2000): Intuitiver Zugang von Vorschulkindern zum Silbengelenk. Didaktik Deutsch H. 8, 4–17.
Hurrelmann, Bettina (1998): Deutschdidaktik – Kein Ort nirgends? Didaktik Deutsch, Sonderheft 1998, 13–38.
Knauer, Sabine (1995): Teilnehmende Beobachtung im Zwei-Lehrer-System am Beispiel integrativen Unterrichts, in: Eberwein, Hans/Mand, Johannes (Hrsg.), 289–306.
Kornmann, Reimer (1995): Was nur Lehrerinnen und Lehrer über Lernprobleme ihrer Schülerinnen und Schüler wissen können: Inventare zur Evaluierung eigenen Unterrichts, in: Eberwein, Hans/Mand, Johannes (Hrsg.), 364–376.

Maas, Utz (1992): Grundzüge der deutschen Orthographie, Tübingen: Niemeyer.

Meyer, Meinert (1993): Methode und Metapher: Zur Analyse der Rede über Unterricht, in: Adl-Amini, Bijan/Schulze, Theodor/Terhart, Ewald (Hrsg.): Unterrichtsmethoden in Theorie und Forschung. Bilanz und Perspektiven, Weinheim u. Basel: Beltz.

Ossner, Jakob (1996): Gibt es Entwicklungsstufen beim Aufsatzschreiben, in: Helmuth Feilke/P. R. Portmann (Hrsg.): Schreiben im Umbruch. Schreibforschung und schulisches Schreiben, Stuttgart: Klett, 74–85.

Ossner, Jakob (1998): Rechtschreibsprache. Die Modellierung der Orthographie für den eigenaktiven Erwerb, in: Rüdiger Weingarten/Hartmut Günther (Hrsg.): Schriftspracherwerb, Hohengehren: Schneider, 5–18.

Rigol, Rosemarie M. (1998): Alphabet und Silbe. Erfahrungen mit dem Anfang der Schriftlichkeit, in: Rüdiger Weingarten/Hartmut Günther (Hrsg.): Schriftspracherwerb, Hohengehren: Schneider, 19–35.

Röber-Siekmeyer, Christa (1993): Rechtschreibung im offenen Unterricht, Weinheim: Beltz.

Röber-Siekmeyer, Christa (1998): DEN SCHBRISERIN NAS. Was lernen Kinder beim „Spontanschreiben", was lernen sie nicht? Didaktische Überlegungen zum Verhältnis zwischen gesprochener und geschriebener Sprache, dargestellt am Problem der Wortabstammungen, in: Hartmut Günther/Rüdiger Weingarten (Hrsg.), 116–150.

Röber-Siekmeyer, Christa u. a. (o. J.): Was macht ein Bagger in der Orthographie? Die sprachstrukturierte Einführung der Schärfungsschreibung im 2. Schuljahr. Bericht über eine empirische Untersuchung eines computergesteuerten Orthographieunterrichtsprojekts, Broschüre: PH Freiburg (Sept. 1998).

Schöler, Jutta (1995): Fallanalyse Nurgül – Der Duft der Rose kehrt zurück, in: Eberwein, Hans/Mand, Johannes (Hrsg.), 323–343.

Spinner, Kaspar (1998a): Wissenschaftliche Ausbildung von Deutschlehrer(innen), in: Didaktik Deutsch, Sonderheft 1998, 39–52.

Spinner, Kaspar (1998b): Konstruktivistische Grundlagen für eine veränderte Deutschlehrerausbildung, in: Volker Frederking (Hrsg.): Verbessern heißt verändern. Neue Wege, Inhalte und Ziele der Ausbildung von Deutschlehrer(inne)n in Studium und Referendariat, Hohengehren: Schneider, 15–25.

Weingarten, Rüdiger/Günther, Hartmut (1998): Schriftspracherwerb, Hohengehren: Schneider.

Weisgerber, Bernhard (1985): Vom Sinn und Unsinn der Grammatik, Bonn: Dürr

Wieler, Petra (1989): Sprachliches Handeln im Literaturunterricht als didaktisches Problem, Bern u. a.: P. Lang.

Die freie Wahl

Eine andere Beobachtung deckte zum ersten Mal eine höchst einfache Tatsache auf. Die Kinder benutzten das Unterrichtsmaterial, aber die Lehrerin verteilte es und räumte es am Ende der Stunde wieder fort. Nun erzählte sie mir, daß bei dieser Verteilung die Kinder von ihren Plätzen aufsprangen und sich an sie herandrängten. So oft die Lehrerin sie auch zurückschickte, sie näherten sich ihr immer wieder. Daraus hatte die Lehrerin den Schluß gezogen, die Kinder seien ungehorsam.

Als ich mir die Sache selbst ansah, begriff ich, daß die Kinder den Wunsch hatten, die Gegenstände selber wieder an ihren Platz zu bringen, und ich ließ sie gewähren. Das führte zu einer Art von neuem Leben: die Gegenstände in Ordnung zu bringen, Unordnung zu beheben, erwies sich als ungemein anziehende Beschäftigung. Wenn ein Kind ein Glas mit Wasser fallen ließ, eilten sogleich andere herbei, die Scherben aufzulesen und den Fußboden trockenzuwischen.

Eines Tages aber entglitt der Lehrerin eine Schachtel, in der sich etwa achtzig Täfelchen in verschieden abgestuften Farbenschattierungen befanden. Ich sehe noch ihre Verlegenheit vor mir, denn es war schwierig, diese vielen Abstufungen von Farben wieder in die richtige Reihenfolge zu bringen. Doch schon eilten die Kinder herbei und brachten zu unserem großen Staunen alle Täfelchen schleunigst wieder in Ordnung, wobei sie eine wunderbare, der unseren weit überlegenen Sensibilität für Farbennuancen bewiesen.

Eines Tages kam die Lehrerin verspätet zur Schule. Sie hatte vergessen, den Schrank mit den Lehrmitteln abzuschließen, und fand jetzt, daß die Kinder ihn geöffnet hatten und sich davor drängten. Einige von ihnen hatten bestimmte Gegenstände ergriffen und fortgetragen. Dieses Verhalten erschien der Lehrerin als Ausdruck diebischer Instinkte. Sie meinte, Kinder, die Dinge wegtragen, die es an Respekt gegenüber der Schule und der Lehrerin fehlen lassen, müßten mit Strenge und moralischen Ermahnungen behandelt werden. Ich hingegen glaubte die Sache so deuten zu sollen, daß die Kinder diese Gegenstände nun bereits gut genug kannten, um selber ihre Wahl unter ihnen treffen zu können. Und so war es auch.

Damit begann eine lebhafte und interessante Tätigkeit. Die Kinder legten verschiedene Wünsche an den Tag und wählten dementsprechend ihre Beschäftigungen. Seit damals sind wir zu den niedrigen Schränken übergegangen, in denen das Material in Reichweite der Kinder und zu deren Verfügung bleibt, so daß sie es gemäß ihren inneren Bedürfnissen selber wählen können. So fügte sich an den Grundsatz der Wiederholung der Übungen der weitere Grundsatz der freien Wahl.

Aus dieser freien Wahl haben sich allerlei Beobachtungen über die Tendenzen und seelischen Bedürfnisse der Kinder ergeben. Eines der ersten interessanten Ergebnisse bestand darin, daß die Kinder sich nicht für das ganze von mir vorbereitete Material interessierten, sondern nur für einzelne Stücke daraus. Mehr oder weniger wählten sie alle dasselbe: einige Objekte wurden sichtlich bevorzugt, während andere unberührt liegen blieben und allmählich verstaubten.

Ich zeigte den Kindern das gesamte Material und sorgte dafür, daß die Lehrerein ihnen den Gebrauch eines jeden Stückes genau erklärte; aber gewisse Gegenstände wurden von ihnen nicht wieder freiwillig zur Hand genommen.

Mit der Zeit begriff ich dann, daß alles in der Umwelt der Kinder nicht nur Ordnung, sondern ein bestimmtes Maß haben muß, und daß Interesse und Konzentration in dem Grade wachsen, wie Verwirrendes und Überflüssiges ausgeschieden wird.

aus: Maria Montessori: „Kinder sind anders", Stuttgart 1971

... über Sprachbetrachtungen

Klaus Wilhelm

Die Macht der Grammatik

Mit neuen bildgebenden Verfahren können Forscher dem Gehirn zusehen, wie es Sprache verarbeitet. Dabei zeigt sich: Nicht eine möglichst große Vielfalt von Wörtern, sondern erst deren sinnvolle Verknüpfung zu Sätzen, die Syntax, bildet den Kern der menschlichen Sprache.
Samstag nachmittag. 15.05 Uhr bis 18.05 Uhr: Heute im Stadion. Par excellence erleben wir live in der legendären „Schaltkonferenz" im ARD-Radio Macht und Rasanz der Sprache. Zeitgleich zum Geschehen in den Stadien der Fußball-Bundesliga zeichnen die Besten der Hörfunkreporterzunft mit einem Schwall von Worten ein Bild, das den Hörer zu Höchstleistungen der Vorstellungskraft animiert – als wäre er selbst dabei. Schneller als der Torhüter bei einer Parade das Leder aus dem Winkel fischt, reihen die Reporter die Worte zu Sätzen. Schneller als das runde Leder fliegt, verarbeiten wir die eingehenden akustischen Informationen des Sprachstroms. Was das heißt, macht Angela Friederici, Direktorin am Max-Planck-Institut für neuropsychologische Forschung in Leipzig, klar. „In einer guten halben Sekunde dekodiert das Gehirn die Laute, schafft eine grammatikalische Struktur, erkennt die Wörter, weist thematische Rollen zu (wer was wem tut) und interpretiert letztlich das Gesprochene." Eine verarbeitungstechnische Meisterleistung.
Mögen Schimpansen auch Ansätze von Kultur und Denkvermögen haben – die komplexe, grammatikalisch strukturierte Sprache ist die letzte exklusive Bastion des Menschen. Wie kein anderes Merkmal kennzeichnet sie die Spezies, die den Planeten Erde eroberte, und dies nicht zuletzt dank ihrer einzigartigen Form der Kommunikation. Zwar beherrschen auch Menschenaffen wahrscheinlich eine primitive Form der Sprache; doch ein echtes, inhaltsreiches und vielschichtiges Gespräch können sie nicht führen.
Es wäre vermessen zu glauben, der Mensch würde im Zeitalter der modernen Wissenschaft vollends begreifen, was Sprache ist und wie das Gehirn Worte produziert, die nach bestimmten Regeln aneinandergefügt werden. Doch die Forscher sind dem Phänomen auf der Spur. Aus praktischen Gründen unterscheiden sie zwischen Sprachproduktion und Sprachverstehen.
Angela Friederici untersucht die Prozesse im Gehirn beim Sprachverstehen. Ihre Ergebnisse belegen erstmals, dass das Gehirn mit unglaublicher Geschwindigkeit zunächst die Grammatik des Gehörten verarbeitet, ehe es die Bedeutung von Wörtern und Sätzen analysiert – und zwar hoch automatisiert, fern jeder bewussten Kontrolle. „Für den Laien ist das überraschend", glaubt die Linguistin, „jeder würde vermuten, man guckt zunächst mal auf den Inhalt." Doch ihre Arbeiten zeugen davon, dass die Grammatik, die Syntax, den eigentlichen Kern menschlicher Sprache ausmacht: „Worte", sagt Frau Friederici, „können auch Affen und Papageien lernen".

Dass Gehirnleitung und Sprache eng zusammenhängen, ist schon länger bekannt. Weich wie gekochter Porree und gerunzelt wie eine Fingerkuppe nach einem heißen Bad ist das Gehirn. Die bis zu anderthalb Kilo schwere, äußerlich homogen wirkende, hellgraue Masse besteht aus ineinanderfließenden Gebieten – jede Region bestückt mit etlichen hundert Millionen Nervenzellen. Funktionell gesehen ist sie jedoch keineswegs einheitlich. Bahnbrechende Ergebnisse der Sprachforschung belegten schon im 19. Jahrhundert, dass verschiedene Hirnareale bei unterschiedlichen Leistungen aktiv sind.

1861 sezierte der französische Arzt Paul Broca das Gehirn eines verstorbenen Patienten, der von Mitarbeitern des Krankenhauses den Spitznamen „Tan" erhalten hatte. „Tan" war die einzige Silbe, die er sprechen konnte. Durch eine unterschiedliche Intonation der Silbe signalisierte Tan, ob er eine Frage bejahte oder verneinte. Broca entdeckte eine große Zyste im linken Frontallappen der Großhirnrinde, also im vorderen Teil der linken Hirnhälfte. „Genauer gesagt, am unteren Teil der dritten Stirnwindung", präzisiert Angela Friederici. Als die nächsten acht von ihm untersuchten sprachbehinderten Patienten ebenfalls genau dort Schäden aufwiesen, schloss Broca, „die Fähigkeit zu artikulierter Sprache" sei in der linken Hirnhälfte lokalisiert. Kurze Zeit später berichtete der deutsche Mediziner Carl Wernicke über etliche Patienten mit massiven Defiziten im Sprachverstehen, obwohl sie relativ gut sprechen konnten. Die Gehirne dieser Menschen zeigten ebenfalls Schäden in der linken Hemisphäre, allerdings im seitlich liegenden Schläfenlappen. Fortan galt dieses „Wernicke-Areal" als Zentrum des Sprachverständnisses.

Weiße Flecken auf der neuronalen Landkarte

Als der einflussreiche amerikanische Linguist Noam Chomsky in den 50er Jahren seine Theorie von der angeborenen Universalgrammatik postulierte, spekulierte er, dass sie irgendwie im menschlichen Gehirn repräsentiert sein müsse: „Aber bitte fragen Sie mich nicht wie und warum", fügte er achselzuckend hinzu.

Mit dem „Warum" setzt sich Angela Friederici weniger auseinander, wohl aber mit dem „Wie" und, anknüpfend an die Forschungen Brocas und Wernickes, auch mit dem „Wo". Das Sprachverstehen hat sie deshalb im Visier, weil es in Experimenten viel einfacher zu handhaben ist. „Ich will bei den Untersuchungen ganz bestimmte Parameter der Sprache systematisch verändern." Beispiele: „Die hungrige Katze jagt die flinke Maus" ist ein korrekter Satz. „Das mumpfige Fölöfel fänget das apoldige Trekun" ist ein grammatikalisch richtiger Satz, aber mit sinnleeren Wörtern. „Der Koch stumm Kater Geschwindigkeit doch Ehre" enthält zwar sinnvolle Wörter, hat aber keine grammatikalische Struktur. „Der Norp Bruch Orlout Kinker Defifei Glauci, Leigerei" schließlich ist völlig unverständlich.

Die Arbeitsgruppe der Wissenschaftlerin interessiert vor allem, wie erwachsene Versuchspersonen auf solche Sätze reagieren. Im Moment des Verstehens analysieren die Forscher die Gehirne der Probanden mit bildgebenden Verfahren. Zur Analyse des „Wo" dient beispielsweise die funktionelle Magnetresonanztomographie (fMRT). Auf bunten Bildern lässt sich mit dieser Methode das Gehirn gesunder Menschen bei der Verarbeitung von Sprache beobachten. Grell aufflackernde Areale verraten, welches Nervengewebe gerade beschäftigt ist, wenn wir denken und fühlen, lesen und schreiben – oder eben Sätze hören. Damit lässt sich das Netz jener Nervenzellen dechiffrieren, die im Gehirn unsere Sprachtalente steuern.

Friedericis jüngste Experimente mit dieser Technik, die sie in Zusammenarbeit mit ihrem Leipziger Kollegen Yves von Cramon durchführte, verfeinern die neuronale Landkarte der Sprachverarbeitung im Gehirn. Bei allen vier Satztypen läuft der hintere und mittlere Teil des linken Schläfenlappens auf Hochtouren. Der vordere Teil ist vor allem bei der Verarbeitung der Grammatik aktiv. „Diese Hirnregion kommt offenbar dann ins Spiel, wenn von normalen Sätzen abweichende Sprache analysiert werden muss", sagt Angela Friederici. Zudem ist bei sinnleeren Sätzen mit ausschließlich grammatikalischer Verarbeitung das „frontale Operkulum" nahe des Broca-Areals aktiv – eine Art Syntax-Zentrum für ungewöhnliche Fälle. Seitliche und vordere Anteile der linken Hemisphäre bilden also offenbar das neuronale Netzwerk für die Verarbeitung gesprochener Sprache.

Entgegen den Erkenntnissen aus Studien mit sprachgestörten Patienten zeigten die Untersuchungen, dass auch die entsprechenden Areale der rechten Hirnhälfte stets mitaktiviert werden – wenn auch nur schwach. Die Sprachwissenschaftlerin und Psychologin vermutete, dies könne mit der Analyse der Prosodie – also der Sprachmelodie – zu tun haben. Erst ein weiteres Experiment konnte Klarheit bringen. Die Testpersonen bekamen drei verschiedene Satztypen zu hören: zum einen normal gesprochene Sätze, dann Sätze, in denen Inhaltswörter durch sinnlose Wörter ersetzt waren, die aber mit normaler Sprachmelodie gesprochen wurden. Zum Schluss hörten die Probanden Sätze, bei denen alle Wörter durch ein Filterverfahren unkenntlich gemacht wurden: die Satzmelodie allerdings blieb erhalten. Resultat: Vor allem dieser dritte Satztyp aktivierte die rechte Hemisphäre stärker als üblich.

Die Bedeutung von Rhythmus und Melodie

Überhaupt gewinnt die Erforschung der Prosodie in letzter Zeit erheblich an Bedeutung. Bislang wurde sie von der Psycholinguistik weitgehend vernachlässigt. Colin Brown vom Max-Planck-Institut für Psycholinguistik in Njimwegen hält sie für ein entscheidendes Informationselement gesprochener Sprache: „Der Rhythmus, die Betonungen, die Tonhöhe, die Pausen – all das verrät uns viel über das, was gesagt wird." Zum Beispiel, ob ein Satz eine Frage ist oder ob er ironisch gemeint ist. Die Prosodie kann dem Gehirn offenkundig entscheidend dabei helfen, sprachliche Zweideutigkeiten zu entschlüsseln, wie jüngste Untersuchungen von Browns Arbeitsgruppe „Neurokognition der Sprachverarbeitung" zeigen.

Um mehr über die Zusammenhänge zwischen prosadischer, semantischer und syntaktischer Information zu erfahren, wurde Versuchspersonen ein zweideutiger englischer Satz in unterschiedlichen Betonungen vorgespielt: „The tourist photographs the waiter and the guide films the church." Im normalen Satzfluss ist für den Bruchteil einer Sekunde nicht klar, ob der Tourist den Kellner und den Führer fotografiert oder ob der Tourist den Kellner und der Führer die Kirche fotografiert. Durch die Sprachmelodie und eine kurze Pause nach „waiter" aber wird der Sinn eindeutiger. An dieser entscheidenden Stelle registrieren die Forscher mit

der Elektroenzephalographie (EEG), die Millisekunde für Millisekunde die Hirn-
ströme beim Sprachverstehen aufzeichnet, eine deutlich erhöhte Aktivität: Das Gehirn interpretiert die Satzmelodie schnell und sofort", erklärt Brown, „und nutzt
die Informationen für die Entzifferung der grammatischen Informationen". Die
Resultate müssen allerdings noch überprüft werden. „Doch wenn sie sich bestätigen", so Brown, „heißt das, dass die Prosodie von unseren Hirn sehr schnell
und in einigen Fällen noch vor der Grammatik verarbeitet wird".

Ähnliches hatte kurz zuvor auch die Arbeitsgruppe von Angela Friederici herausgefunden. Sie untersucht die zeitliche Sprachverarbeitung ebenfalls mit dem
EEG. Was das Gehirn wann verarbeitet, ist seit längerem ein Streitpunkt in der Linguistik. Vergleichsweise klar war lediglich, dass das Erkennen einzelner Sprach-
laute bereits nach etwa 100 Millisekunden abgeschlossen ist. Was aber ist mit Syntax und Semantik? Sogenannte serielle Modelle gehen davon aus, dass das Gehirn
beim Sprachverstehen in einem ersten Schritt zuerst eine syntaktische Struktur der
einlaufenden Informationen erstellt: (Der Mann) (begrüßt) (die Frau). „Das bringt
eine unglaubliche Entlastung für das Verarbeitungssystem", sagt die Linguistin.
Denn unser Kurzzeitgedächtnis vermag immer nur sieben Einheiten zu verarbeiten,
bevor der Speicher voll ist. Sieben Einheiten – das können sieben Wörter, sieben
Phrasen oder sieben Sätze sein.

„Das ist der Trick an dem Ganzen", glaubt Angela Friederici. Würde das Gehirn nur einzelne Wörter verarbeiten, wäre der Kurzzeitspeicher rasch gefüllt, ohne dass wir viele Informationen gewonnen hätten. Unbewusst teilen wir deshalb
den eintreffenden Sprachbrei in grammatische Häppchen. Was das bringt, macht
ein Beispiel deutlich: Für Linguisten ist ein Artikel wie „der" der Beginn einer „No-
minalphrase". Das bedeutet: irgendwann danach wird ein Substantiv wie „Mann"
im Satz kommen. Man kann also sagen: der Mann. Oder: der schöne, eitle Mann.
Oder aber: der schöne, eitle, aber trotzdem noch nette Mann. Obwohl sich der Satz
beliebig ausdehnen lässt, weiß das Gehirn immer: Hier ist der Anfang, und dort
ist das Ende. Und dann erst packt es die Phrase ins Kurzzeitgedächtnis. „Das System", betont Friederici, „schaut also nicht erst nach Inhalten, sondern muss das
Gesagte zunächst strukturieren, um damit zurecht zu kommen". Kurz danach beginnt die semantische Interpretation. Das postulierte schon in den achtziger Jahren die Linguistin Lyn Frazier. Erst dann analysiert das Gehirn also, wer wem was
tut. Doch etliche Reaktionszeitexperimente haben seitdem Hinweise dafür geliefert, dass semantische und syntaktische Informationen auch zeitgleich verarbeitet werden können. Was also stimmt?

„Beides", resümiert Friederici nach ihren Untersuchungen. Ihr Team hatte Probanden zunächst Sätze vorgespielt, die entweder richtig („Der König wurde ermordet"), semantisch falsch („Der Honig wurde ermordet") oder grammatisch falsch
waren („Der König wurde im ermordet"). Das Gehirn sollte bei jedem Fehler sozusagen „aufschreiben". Gemessen wurde das ereigniskorrelierte Hirnpotenzial,
und zwar immer dann, wenn das Wort „ermordet" auftauchte. Die Wissenschaftler
beobachteten, dass das Vorderhirn im Falle syntaktisch falscher Sätze nach etwa
200 Millisekunden mit einem typischen Aktivitätsmuster, abgekürzt ELAN, reagiert. Bei semantisch inkorrekten Beispielen „protestiert" das Gehirn erst nach et-

wa 400 Millisekunden (N400), diesmal aber in hinteren Hirnregionen. Das interne Lexikon ist also längst nicht so schnell. Interessanterweise reagiert das Gehirn bei syntaktischen Fehlern nochmals nach 600 Millisekunden (P600), und zwar wiederum in hinteren Hirnabschnitten. Hier treten offenbar die semantischen und syntaktischen Systeme in Kontakt, um gemeinsam das Gehörte zu analysieren und Fehler zu beseitigen.

Wie Grammatik Inhalte strukturiert

„Die grammatischen Informationen", betont Friederici, „bilden ein fest geschlossenes, sich abertausendmal wiederholendes System. Das Gehirn tut gut daran, dieses Wissen sozusagen in seiner Hardware zu schreiben und nicht mehr darüber nachzudenken." In der Tat ist gerade die ELAN-Aktivierung hochautomatisiert und keiner bewussten Kontrolle zugänglich.

Die Leipziger Forscher haben das in einem Test überprüft: Ist ein Prozess wirklich automatisch, dann sollte er stets unter allen möglichen Umständen ausgelöst werden, unabhängig davon, ob ein syntaktischer Fehler in einem Experiment häufig oder selten vorkommt. Nach dem Motto: „Wenn dauernd falsche Sätze kommen, muss ich gar nicht mehrt darauf reagieren." Doch offenbar spielt das bei der ELAN-Aktivierung keine Rolle, egal ob in einem Versuch nun 20 Prozent der Sätze falsch waren oder 80 Prozent. Selbst wenn man die Probanden instruiert, sie sollen die grammatischen Fehler in den nächsten Sätzen vergessen, spult das Gehirn unbeirrt sein ELAN-Programm ab. Dazu Friederici: „Diese Reaktion kriegen Sie immer."

Anders bei der semantischen Verarbeitung: Eine Schar Probanden sollte zum Beispiel angeben, ob es sich bei einfachen Wörtern um abstrakte Begriffe (wie „Liebe") oder konkrete Nomen (wie „Haus") handelt oder um Funktionswörter (wie „über") oder Inhaltswörter (wie „Auto"). „Schon als Folge der unterschiedlichen Aufgabenstellung reagiert das Gehirn verschieden", erklärt Friederici. Interessanterweise zeigen Menschen, die nach der Pubertät Deutsch als zweite Sprache gelernt haben, ähnliche Hirnreaktionen wie Muttersprachler – aber nur bei der semantischen Verarbeitung. Denn als ihnen die Forscher grammatisch falsche Sätze vorspielten, beobachteten die Wissenschaftler keine ELAN-Aktivierung bei den Hirnströmen.

„Diese Reaktionsmuster legen nahe, dass grammatische Verarbeitungsprozesse selbst bei guten Zweitsprachlern nicht automatisch sind", sagt Friederici. Das macht das Erlernen fremder Sprachen zur Zerreißprobe. Scheinbar um das elementare Defizit auszugleichen, reagiert das Gehirn mit starken N400- und P600-Antworten. Vermutlich versuchen die Lernenden, auf lexikalischer Ebene mitzubekommen, was im Satz eigentlich gesagt worden ist.

Erste Hinweise auf ähnliche Verschiebungen der typischen EEG-Potenziale bei Patienten mit hirnbedingten Störungen liefert Colin Browns Arbeitsgruppe. Hören Menschen mit leichten Sprachbehinderungen grammatisch falsche Sätze, arbeitet zum Zeitpunkt des Fehlers ihr P600-System auf Hochtouren. Nicht so bei schweren Fällen der Behinderung, bei denen diese Reaktion komplett ausfällt. Dafür springt am Punkt des grammatischen Fehlers das lexikalische Wissen ein, im Gehirn repräsentiert durch die N400-Komponente. Noch ist sich Brown nicht sicher, ob er damit wirklich einen Beleg für einen Kompensationsmechanismus für die fehlende grammatische Verarbeitung gefunden hat – und letztlich für die immense Plastizität des Gehirn.

Im menschlichen Gehirn sei vermutlich tatsächlich eine angeborene Universalgrammatik festgeschrieben, sagt Angela Friederici in Anlehnung an Noam Chomsky. Genauer: die Fähigkeit, ein solches Regelsystem zu lernen. Die These – bislang unbewiesen, aber durch etliche Indizien gestützt – entzweit die Experten bis heute. Chromskys Kritiker vergleichen das Gehirn vielmehr mit einem höchst lernfähigen Computer. Wenn die Umwelt Babys mit sprachlichen Informationen füttert, erkenne das Gehirn rasch Regelmäßigkeiten im Datenstrom – angeblich ohne angeborene Vorgaben.

Um in dieser Frage Klarheit zu bekommen, hat sich die Leipziger Max-Planck-Forscherin entschlossen, ihre Studien auf Kinder auszuweiten. Denn bei Kindern könne man beobachten, wie sich die richtige grammatische Struktur nach und nach entwickle und formiere. Solche Experimente sind jedoch nicht leicht durchzuführen. Sie erfordern viel Geduld und Fantasie. Doch erste Ergebnisse mit Fünf- bis Achtjährigen brachten erstaunliche Ergebnisse. „Wir können zwar eine ELAN-Aktivierung im linken Vorderhirn sehen", erläutert Friederici, „aber sie ist verzögert". Achtjährige reagierten mit diesem Aktivierungsmuster bei rund 250, Siebenjährige bei rund 400 Millisekunden und Fünfjährige noch später. „Das System ist bereits installiert", glaubt die Wissenschaftlerin, „es muss aber noch schneller und automatisiert werden." Bei noch jüngeren Kindern dürfte die grammatikalische Verarbeitung noch weiter verzögert sein. Offenbar lernen wir Sprechen wie Schwimmen oder Fahrradfahren: Es wird schrittweise optimiert, und wenn es einmal „sitzt", denken wir nicht mehr darüber nach. Das Erlernte läuft dann unbewusst ab.

Der Vorteil der zweisprachigen Erziehung

Die Ergebnisse liefern Zündstoff für eine Dauerdiskussion der Experten über zweisprachige Erziehung. „Wo immer es möglich ist, sollten Kinder zweisprachig aufwachsen", unterstreicht Angela Friederici, „etwas Besseres kann man für sie nicht tun". Viele Pädagogen indes kritisieren, in diesem Fall würden die Mädchen und Jungen keine Sprache richtig lernen. Doch nach den Erkenntnissen der Leipziger Forscher können Kinder die Sprachen sehr wohl auseinanderhalten. Es sei zwar richtig, dass ihnen beim Deutschsprechen zuweilen ein Wort nicht einfalle und sie stattdessen die entsprechende anderssprachige Vokabel benutzen, doch „sie vermengen niemals die Grammatik".

Trotzdem sollten Eltern darauf achten, dass etwa eine deutschsprachige Mutter nur Deutsch mit dem Sprössling redet und der englischsprachige Vater nur Englisch. Derart feste Ansprechpartner helfen offenbar bei der Installation der Grammatik, die im Alter von zweieinhalb Jahren nahezu abgeschlossen ist.

„Kinder dieses Alters wissen", erläutert Friederici, „dass man im Deutschen im Nebensatz das Verb ans Ende setzt". Zwischen dem sechsten und neunten Lebensmonat – bevor das Kind irgendein Wort hervorbringt – wird das Gehirn auf die Lautstruktur seiner Muttersprache geeicht. Mit sechs Monaten wissen die Kleinen noch sehr wenig, mit neun Monaten hingegen kennen sie schon die typischen Wörter.

Die Arbeitsgruppe von Anne Cutler, ebenfalls vom MPI für Psycholinguistik, hat in den vergangenen Jahren systematisch untersucht, welchen Input ein Baby in dieser Phase erhält – von Mutter, Vater und anderen Bezugspersonen. „Wir haben drei Monate lang alles aufgenommen, was ein Baby gehört hat. Wirklich alles", betont Cutler.

Zwar wird demnach im Laufe eines Tages nur 23 Minuten lang direkt zum Baby gesprochen. Doch diese Essenz unterscheidet sich fundamental vom normalen Sprachbrei der Erwachsenen – weniger und kürzere Äußerungen mit viel deutlicherer Aussprache und fast musischer Melodie. Der einzige Zweck des Sprechtheaters: „Intuitiv motivieren wir das Kind, zuzuhören", so Cutler, „wir lassen Sprache attraktiv erscheinen". Und die kleinen Sprachlernmaschinen begreifen rasend schnell. Die Psycholinguistin spielte neun Monate alten amerikanischen Babys Worte aus dem Holländischen vor. In einer zweiten Phase mussten die Kleinen zwei englischen Geschichten zuhören – in der einen kamen immer wieder die zuvor gehörten holländischen Laute vor, in der anderen nicht. Resultat: Die Kinder lenkten ihre Aufmerksamkeit stärker auf die Geschichte mit den holländischen „Fremdgängen", was zeigt, dass ihr Gehirn in dieser Phase auch die Laute anderer Sprachen erkennt.

Zuhören, unterstreicht Anne Cutler, sei ein entscheidender Schlüssel, um Sprache zu lernen. Sie und ihr Team haben vor kurzem ein großangelegtes Projekt mit Babys und Kleinkindern gestartet. Und auch Angela Friederici will demnächst zusammen mit Kollegen der Universitäten Konstanz und Potsdam die sprachliche Entwicklung im Gehirn bis hinunter ins Brabbelalter beleuchten. Langfristiges Ziel: Die einzelnen Prozesse der Sprachverarbeitung sollen detailliert aufgeklärt werden, um künftige Störungen bei der Sprachentwicklung früher entdecken und therapieren zu können. Denn besorgt beobachten die Wissenschaftler seit einigen Jahren eine deutliche Zunahme der Sprachstörungen.

Nach jüngsten Untersuchungen in Rheinland-Pfalz, Nordrhein-Westfalen und Schleswig-Holstein haben rund 20 Prozent der Kindergartenkinder deutliche Mängel bei Sprachverständnis, Wortschatz, Artikulation und Grammatik. 1982 ergaben vergleichbare Studien gerade einmal vier Prozent. Die Gründe für diesen dramatischen Anstieg sind allerdings noch weitgehend unklar. Entweder die Fachleute diagnostizieren heute einfach nur wesentlich aufmerksamer als früher oder aber – und dahin tendieren viele Expertenmeinungen – die Kinder werden insgesamt weniger zum Sprechen angeregt. Ein Grund dafür sei der verstärkte Fernsehkonsum schon ab dem Kleinkindalter. Also letztlich ein Anwachsen der Sprachlosigkeit inmitten der Informations- und Multimedia-Gesellschaft?

Abdruck aus: MAX-PLANCK-FORSCHUNG 1/2000, Faszination Forschung.
Dort finden sich farbige Fotos.

Warum verteidigt ihr noch immer die Noten

Ihr sagt
Noten seien nötig,
nur weil ihr sie braucht.

Ihr sagt
Noten seien wichtig für die Kinder,
nur weil ihr sie gegen die Kinder mißbrauchen könnt.

Ihr sagt
Noten seien wichtig für Eltern,
nur weil ihr sie gemeinsam braucht, um Kinder zu disziplinieren.

Warum verteidigt ihr
noch immer die Noten?

Peter Schiestl

Böser Verdacht

Wir entpuppen uns
als Erbsenzähler
ihrer Verfehlungen
unter dem Kokon
des Helfers und Anwaltes des Kindes
verbergen wir unser Polizisten- und Detektivengehabe.

Peter Schiestl

Eine folgenreiche Geschichte

Als er Johannas erste Geschichte sah,
sah er nur Fehler.

Als er Johanna ihre Geschichte zurückgab,
sah sie nur rot.

Johannes zweite Geschichte
bekam er nie zu sehen.

Peter Schiestl

Karl Holle

Welchen Nutzen hat die Rekonstruktion von antiken sprachtheoretischen Ansätzen für das Verständnis von kindlichen vorgrammatischen Konzepten?

So ist ein GR ohne A eine Silbe als auch ein GR mit A, also GRA.

Aristoteles: De arte poetica

I

Ein Kind im Vorschulalter soll aus schriftlichen und bildlichen Vorlagen diejenigen herausfinden, die einen einzigen ‚Buchstaben' haben. Es erklärt die Vorlage ‚SCH' zum ‚Buchstaben'.

Ein Kind im ersten Schuljahr schreibt ‚*icabhoitkepuatstakunt /ainrotisauto / kekrct'* (/ bedeutet Zeilenwechsel).

Ein Kind im zweiten Schuljahr formuliert den Satz ‚*Und dann hab ich ein Tuam gebaut.'*

In allen diesen Fällen kann man zum einen feststellen, dass die Kinder ein unterschiedliches Verständnis von den „basalen" Elementen der Sprache haben: von den Lauten und den Buchstaben und von den Beziehungen zwischen beiden. Sie wählen an Stelle eines einzelnen Buchstaben ein Segment mit mehreren Buchstaben aus, verschriften ihre Mitteilungen ‚phonetisch' und wenden diese Strategie auch dann weiter an, wenn sie andere Wörter schon orthographisch bewältigen können. Zum anderen kann man feststellen, dass bei den Kindern eine weitere grundlegende Einheit ‚der Sprache' erst allmählich zu Bewusstsein gekommen ist, nämlich das ‚Wort'.

Beide Aspekte zusammen führen auf ein Problem, das seit mehr als 2000 Jahren diskutiert wird: Mit welchen Methoden lässt sich der kontinuierliche Sprechfluss sinnvollerweise segmentieren? In welche Kategorien lassen sich die gefundenen Segmente einordnen? Wie hängen sie zusammen und – welches sind eigentlich die ‚basalen' Elemente?

Ein Blick auf die Phonem-Graphem-Beziehungen, auf die Struktur derzeitiger Wortartensysteme oder die Regelungen zur Zeichensetzung belehrt, wie schwierig das Segmentierungsproblem im Detail ist. Die Beurteilung und Erklärung der Lösungen, welche die Kinder anbieten, wird aber von uns auf dem Hintergrund einer bestimmten allgemeinen *Lösung* des Segmentierungsproblems vollzogen. Diese Lösung stellt alle diejenigen vor keine allzu großen praktischen Probleme, die Erfahrungen mit einem Schriftsystem haben, das genau diese Segmentierungsoperationen verlangt. *Wir* denken uns ‚die Sprache' normalerweise als ein in ‚Sätze', ,Satzglieder', ,Wörter', ,Silben' und ,Buchstaben' gliederbares Phänomen und sehen durch diese Brille ,die Sprache' unter einer literalen Perspektive.

Bei der Erklärung, wie die Kinder zu ihren Lösungen gekommen sind, stehen wir nicht selten vor einem schriftkulturellen Einschnitt: Uns, den Mitgliedern des *literacy language clubs*, ist eine praktische Vorstellung von der Sprache verloren gegangen, wie sie in schriftferner Mündlichkeit wahrgenommen wird (Weinhold 2000). Sind wir zudem Angehörige der *guild of language professionals* innerhalb des *literacy language clubs*, dann geraten wir ziemlich schnell in linguistische und grammatische Sinnsysteme, deren Bezugspunkt eine im Modus der Schriftlichkeit fixierbare und fixierte Sprache ist.

Für die Sprachbewusstheitsforschung kommt erschwerend hinzu, dass Kinder erst nach ihrem Schuleintritt mit grammatischen Begriffen umzugehen lernen. Diese Art Sprachbewusstheit, in der die Sprache selbst als ein Objekt begreifbar wird, ist nach den einschlägigen Forschungsergebnissen zumindest ein Nebeneffekt – wenn nicht sogar ein Haupteffekt – des Schriftspracherwerbs (vgl. Andresen 1985, Garton-Pratt 1990, Gombert 1990, Holle 1999).

Es liegt auf der Hand, dass unter diesen Umständen eine Gefahr besteht, in zirkuläre Erklärungen zu verfallen, wenn unsere literale Perspektive sowohl in der Vorstrukturierung des Materials als auch in dem wiedererkennenden Interpretieren der jeweiligen alternativen Lösungen dominant bleibt.

Eine psycholinguistische Aufarbeitung der Sprachreflexionen, wie sie von den Autoren insbesondere der klassischen griechischen Antike überliefert sind, verspricht Auskünfte darüber geben zu können, wie sich das Segmentierungsproblem auf seinen verschiedenen Ebenen unter einem noch praktizierten oralen sprachlichen Erfahrungsfeld überhaupt stellt. Diese Möglichkeit liegt vor allem in den folgenden drei Besonderheiten des linguistischen Umfeldes dieser Autoren begründet:

a) Der sprachliche Erfahrungsraum ist trotz literaler Praxis noch oral geprägt, weil die literale Perspektive mit einem nur minimal linguistisierten Schriftsystem verbunden ist *(scriptio continua).*

b) Die sprachtheoretische Terminologie wird erst noch entwickelt und die antiken Autoren kommen deswegen für das Segmentierungsproblem zu eigenständigen und „eigentümlichen" kategorialen Systemen, die mit den Begriffen eines literalisierten Begriffsinventars kaum zu fassen sind.

c) Die Autoren der klassischen Antike beziehen sich bereits auf einen sprachwissenschaftlichen Diskurs. Deswegen entwickeln sie ihre Lösungsalternativen häufig in Abgrenzung zu anderen und suchen auch die Voraussetzungen ihrer Vorgehensweisen zu verdeutlichen.

Aus diesen Gründen lassen sich ihre Methoden und kategorialen Entscheidungen nicht nur in Differenz oder als ,Vorstufe' zu derzeitigen Verfahrensweisen lesen, sondern auch als Möglichkeit nutzen, die (literalen) Voraussetzungen unserer Denkgewohnheiten zu problematisieren. Die antiken Autoren eröffnen eine Chance, den schriftkulturellen Einschnitt vom Standpunkt einer andersartigen Literalität her zu sehen. Dies ist ihr erster Nutzen.

II

Der zweite Nutzen hängt mit einem weiteren Perspektivenwechsel zusammen und soll im Folgenden mit einem antiken Ansatz konkretisiert werden, wie die ‚Grundelemente der Sprache' zu bestimmen sind.

Gewöhnlich bezeichnen wir die ‚Grundelemente' als *Phoneme* und *Grapheme,* teilen sie in *Vokale* und *Konsonanten* ein und unterrichten sie in der Grundschule als *Buchstaben* und *Buchstabengruppen* sowie als *Selbstlaute* und *Mitlaute.* Diese Praxis erscheint uns so selbstverständlich, dass uns kaum noch bewusst ist, dass wir didaktisch und methodisch häufig von einem für uns ‚gültigen' Endergebnis her denken. Erst die ‚eigentümlichen' Lösungsvorschläge von Kindern, wie sie zu Anfang dieses Aufsatzes beispielhaft genannt wurden, vermag unsere diesbezügliche Sicherheit etwas zu erschüttern und uns auf die Idee zu bringen, dass sich für Kinder das Problem der Identifikation von ‚basalen Elementen' in der Art stellt, dass sie es in Richtung auf einen ihnen unbekannten Ausgang lösen müssen.

Verfolgen wir diese Idee im Rahmen einer ‚prozessorientierten Didaktik', dann müssen wir als Unterrichtende mit einem doppelten Perspektivenwechsel zurechtkommen, wenn wir die Kinder adäquat unterstützen wollen: Der erste Wechsel ist mit einer Abschwächung der literalen Dominanz unserer linguistischen Denkfiguren verbunden; der zweite Wechsel besteht in einer Ausweitung unserer imaginativen Potentiale für ‚noch nicht gültige', eben „eigentümliche" Lösungen. Hier haben wir wegen des schriftkulturellen Einschnittes ein Informationsdefizit, für dessen Abbau die antiken Autoren hilfreich sein können. Dies kann ihr zweiter Nutzen sein, wenn wir die interne Schlüssigkeit ihrer Lösungen in den Vordergrund stellen. Machen wir eine Probe.

Im 20. Kapitel der *Poetik des Aristoteles* gibt es eine kurze Passage über die Grundelemente der Sprache:

Ein Buchstabe ist ein unteilbarer Laut, nicht jeder beliebige, sondern ein solcher, aus dem sich ein zusammengesetzter Laut bilden lässt. Denn auch Tiere geben unteilbare Laute von sich, von denen ich jedoch keinen als Buchstabe bezeichne.

Die Arten der Buchstaben sind der Vokal, der Halbvokal und der Konsonant.

Ein Vokal ist, was ohne Gegenwirkung der Zunge oder der Lippen einen hörbaren Laut ergibt;

ein Halbvokal ist, was mit einer solchen Gegenwirkung einen hörbaren Laut ergibt, wie das S und das R;

ein Konsonant ist, was mit dieser Gegenwirkung für sich keinen Laut ergibt, wohl aber in Verbindung mit Buchstaben hörbar wird, die für sich einen Laut ergeben, wie das G und das D.

Diese Buchstaben unterscheiden sich je nach der Formung des Mundes und nach der Artikulationsstelle, nach der Aspiration und deren Fehlen, nach Länge und Kürze, ferner nach Höhe, Tiefe und mittlerer Lage. Diese Dinge im Einzelnen zu untersuchen, ist Aufgabe metrischer Abhandlungen. (*De arte poetica* 20.1456b22–34; Fuhrmann 1982, 63, Absatzgliederung K. H.).

Folgt man dieser Übersetzung, dann scheint es *Aristoteles* um eine Einteilung der Buchstaben des griechischen Alphabetes bezüglich ihrer Lautwerte zu gehen, wobei er nach Vokalen, Halbvokalen und Konsonanten unterscheidet. Unter *Halb-*

vokalen versteht man aber heutzutage etwas anderes als die Definition und die Beispiele des *Aristoteles* zum Ausdruck bringen. *Aristoteles* meint offensichtlich etwas anderes als es die Terminologie der Übersetzung vermuten lässt. Schauen wir genauer hin.

Der Einteilung der „Buchstaben" ist eine Definition[1] vorgeschaltet, die im Gegensatz zur modernen Übertragung Fuhrmanns auch schon weniger literal pointiert übersetzt worden ist: „Das Sprachelement ist ein unzerlegbarer Laut." (Gomperz 1897, 42) Bezieht man sich auf eine weitere wichtige Bedeutung des Begriffs stoicheion, dann führt diese Entscheidung zur Übersetzung „Grundelement ist der nicht weiter teilbare Laut". Folgt man dieser letzten Lesart, dann geht es in dieser Passage um eine Einteilung der „Grundelemente der Ausdrucksseite sprachlicher Äußerungen", um die *stoicheia phônês:* die Einzellaute.

Psycholinguistisch interessant ist die Frage, wie man zu einzelnen Basiselementen gelangt, wenn man kein Strukturalist ist und die Methode der Minimalpaarbildung nicht kennt.

Aristoteles bringt das Merkmal „nicht weiter teilbar" in Anschlag. Methodisch bedeutet dies, dass man von einer „zusammengesetzten Lautkette" *(phônê synthetê)* wie z. B. der Silbe *GRA* sprechtechnisch das A abtrennen kann. Das A ist nicht weiter teilbar. Man kann es wohl als ein langes A sprechen und dieses lange A in mehrere kurze A´s aufteilen. Man hätte aber auf diese Weise etwas erreicht, was man nach *Aristoteles* auch bei der Teilung von Wasser, einem physikalischen *stoicheion,* erreichen würde: Man bekäme nichts anderes als immer wieder Wasser. Es gibt hier keinen qualitativen Unterschied mehr, sondern nur noch einen quantitativen (vgl. hierzu *Metaphysica* 5.1014 a 26–31).

Nach der Abtrennung des A bliebe das Segment GR zurück. Bei dieser „zusammengesetzten Lautkette" *(phônê synthetê)* führt eine weitere artikulatorische Trennungsoperation auf die *stoicheia* G bzw. R, weil diese beiden Segmente wie das A artikulatorisch „nicht weiter teilbar sind".

Die einschränkende Bemerkung des *Aristoteles,* dass nicht alle auf diese Weise erreichbaren „nicht weiter teilbaren Laute" *stoicheia* sind, bedarf einer ausführlichen Diskussion seiner Bemühungen, den Begriff *phônê* von anderen Begriffen des akustischen Wortfeldes zu unterscheiden. *Aristoteles* bezeichnet mit dem Begriff *phônê* alle diejenigen Lautäußerungen, die von Lebewesen hervorgebracht werden können, die über Atmungs- und Artikulationsorgane verfügen (Ax 1986). Die Differenz der menschlichen *stoicheia phônê*s zu den *phônai,* die auch bestimmte Tierarten produzieren können, liegt darin, dass die Einzellaute für das menschliche Sprechen frei kombinierbar sind und somit wegen ihrer Unabhängigkeit von einer Anzeichenfunktion die Bezeichnungsfunktion von sprachlichen Lautketten gewährleisten. Sie sind „Grundelemente" auch im Sinne einer Ursache für diese spezifische Funktion des menschlichen Sprechens.

Dieser einleitenden Festlegung folgt die Bestimmung der drei Kategorien. Für dieses Definitionsgefüge (vgl. Abbildung 1) sind zwei Begriffe von zentraler Bedeutung, die in den biologischen Schriften des *Aristoteles* genauer eingegrenzt werden:
a) Der Begriff *phônêen.* In *Historia animalium* (Tiergeschichte) findet sich die folgende Bemerkung: „*Dialektos* ist die Artikulation einer Lautäußerung mit Hilfe der Zun-

ge. Die *phônêen* erzeugen die Stimme und der Kehlkopf, die *aphôna* die Zunge und die Lippen." (534 a31–b1). Für die Elementklasse der *phônêen* wird somit anatomisch die Aktivierung der Stimmlippen in Anschlag gebracht.

b) Der Begriff *prosbolê* (Widerstand). In *de partibus animalium* (Die Teile der Lebewesen) findet sich diese Bemerkung: „Zwar ist die Rede *(logos)* etwas, das mit Hilfe der Stimme *(dia tês phônês)* aus artikulierten Lauten *(grammata)* besteht, doch könnte man die meisten artikulierten Laute *(grammata)* nicht äußern, wenn nicht die Zunge und die feuchten Lippen von dieser besonderen Art wären. Denn [die Funktion] der Zunge ist das Anstoßen [an die Zähne oder den Gaumen] *(prosbolai)*, das Zusammenschließen *(symbolai)* dagegen die [Funktion] der Lippen" (659 b34–660 a5).

Die für die *Poetik*-Stelle wichtige Bestimmung ist eindeutig: *Aristoteles* unterscheidet Lautklassen nach artikulatorischen Gesichtspunkten, und zwar nach den Funktionen der anatomischen Gegebenheiten: die Zunge ist für das Anstoßen, die Lippen sind für das Zusammenschließen da. In der *Poetik* werden die Funktionen beider Artikulationsorgane mit dem Begriff *prosbolê* als „artikulatorischer Widerstand" zusammengefasst. Laute werden „mit oder ohne artikulatorischen Widerstand" produziert.

Insofern kann man für die *phônêen* (die stimmhaften Einzellaute) nach *Aristoteles* definieren, dass sie „mit einem Stimmeinsatz" und „ohne einen artikulatorischen Widerstand" produziert werden, und für die *hêmiphôna* (die halbstimmhaften Einzellaute) gilt die Festlegung, dass sie „mit einem Stimmeinsatz" und „mit einem artikulatorischen Widerstand" produziert werden. Mit letzteren sind also u. a. die stimmhaften Konsonanten gemeint, wie das auch die Beispiele verdeutlichen: S (phonetisch /z/) und R.

Die Elemente der dritten Kategorie, die *aphôna* (die stimmlosen Einzellaute), werden in zwei Schritten bestimmt: Im ersten Schritt wird festgelegt, dass ein *aphônon* „keinen Stimmeinsatz hat", aber mit einem „artikulatorischen Widerstand" produziert wird, wie das auch aus der Übersetzung M. Fuhrmanns hervorgeht.

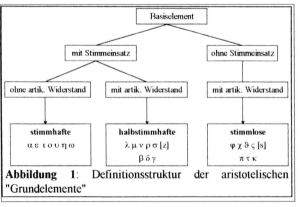

Abbildung 1: Definitionsstruktur der aristotelischen "Grundelemente"

Abbildung 1: Definitionsstruktur der aristotelischen „Grundelemente"

Der zweite Schritt ist eine Einschränkung, die zu einem definitorischen Widerspruch führt, wenn man der Übersetzungstradition folgt: Die Einschränkung, dass ein stimmloser Laut „aber in Verbindung mit Buchstaben hörbar wird, die einen hörbaren Laut ergeben, wie das G und das D" (Fuhrmann, a. a. O.) hätte nämlich die Konsequenz, dass ein *aphônon* nicht mehr ein „nicht weiter teilbares Grundelement" wäre, weil es nur in Kombinationen wie *GR, GA* oder sogar *GRA* usw. vorkäme. Solche Segmente sind aber nach Aristoteles keine *stoicheia phônês*, sondern „zusammengesetzte Laute" vom Typ *sullabê* (etwas „Zusammengefasstes"; eine „Sprech-Silbe"). Einige Zeilen weiter formuliert er nämlich in terminologischer Konsequenz seines artikulatorischen Ansatzes den unter einer literalen Perspektive sinnlos wirkenden Hinweis, dass „sowohl ein *GR* ohne *A* eine *sullabê* ist als auch ein *GR* mit *A*, also *GRA*." (*De arte poetica* 20.1456 b36–37). Zudem werden die stoicheia *D* und *G* „mit einem Stimmeinsatz" artikuliert.

Aus diesen Gründen erscheint es sinnvoller, für diese Einschränkung einer Lesart zu folgen, die der griechische Text ebenfalls zulässt: „Es tritt aber auf die Seite derjenigen *[stoicheia]*, die einen Stimmeinsatz haben, ein hörbares *[stoicheion]* wie z. B. *D* und *G*."[2]

Diese Lesart hat zur Folge, dass „stimmhafte Okklusiva" wie *D* und *G* in die Kategorie der *hêmiphôna* eingeordnet werden müssten. Die Einschränkung des *Aristoteles* bekäme auch deswegen eine besondere Bedeutung, weil er dann eine spezifische Differenz zu anderen Einteilungssystemen seiner Zeit setzen würde: So unterscheidet z. B. *Platon* die *stoicheia phônês* nicht nur nach artikulatorischen, sondern nach einer Mischung aus artikulatorischen und akustischen Merkmalen (vgl. hierzu Platon *Kratylos* 393e, 424c, *Theaitetos* 203b, *Sophistes* 253a und weitere Belegstellen).

Die Abbildung 1 fasst die Zuordnung der Einzellaute zusammen, wie sie nach dieser Lesart der aristotelischen Definitionen durch die Buchstaben des griechischen Alphabetes repräsentiert werden können. In diesem Zusammenhang ist festzuhalten, dass drei Buchstaben dieses Alphabetes nicht vorkommen, nämlich das ξ, ζ und das ψ (Xi, Zeta, Psi), weil diese Buchstaben, wie es auch Aristoteles aufgefallen ist, „*zusammengesetzte* Laute" repräsentieren, die jeweils mit dem Laut S gebildet werden, und zwar in seiner *aphonen* Variante (phonetisch /s/): /ks/, /ts/ und /ps/ (*De arte poetica* 21.1458 a8–17).

Vergleicht man diese aristotelische Einteilung der „Grundelemente der Ausdrucksseite sprachlicher Äußerungen" mit der Theorie der IPA-Notation (Internationale Lautschrift), dann ergeben sich bedeutsame Unterschiede, welche die *literale* Basis einer weithin akzeptierten Variante der artikulatorischen Phonetik bewusst werden lassen.

Der eine, methodisch bedeutsame Unterschied liegt darin, dass die aristotelische Beobachtung auf die *Artikulationsvorgänge* beim Sprechen ausgerichtet ist und nicht bei den *akustischen* Phänomenen stehen bleibt, die das Lautieren einzelner Buchstaben oder bereits definierter „Phoneme" begleiten. Denn nur das unbefangene Lautieren eines Buchstabens wie G führt zu der *auditiven* Wahrnehmung eines /ge/, und diese kann sich in der allgemeinen Überzeugung verfestigen, dass nicht nur solche Buchstaben, sondern auch die durch diese Buchstaben repräsentierten „Laute" nicht isoliert wahrgenommen werden können (*con-sonare*). Der weiter gehende artikulatorische Ansatz, „Einzellaute" als „nicht weiter teilbar" zu bestimmen, führt aber z. B. bei einem lautierten /ge/ dazu, dass bei einer Zurückhaltung des /e/ der artikulatorische Widerstand der Zunge und die Aktivierung der Stimmlippen weiterhin spürbar bleiben, wenn man die Fingerspitzen an den Kehlkopf legt. Die gleiche Operation führt bei einem /ke/ dagegen auf die Spürbarkeit nur noch des artikulatorischen Widerstandes.

Wir haben es somit bei *Aristoteles* mit einem sprachtheoretischen Ansatz zu tun, bei dem vor allem die Körperlichkeit des eigenen *Sprechens* die Systematik der ‚Grundelemente' fundiert im Unterschied zu visuellen und auditiven Wahrnehmungen, die eher das *(Er-) Lesen von Texten* begleiten.

Der andere, theoretisch bedeutsame Unterschied zwischen beiden Ansätzen besteht darin, dass das aristotelische System es zulässt, dass für jede der drei Lautklassen *phôneen*, *hêmiphônon* und *aphônon* neben ihren konstitutiven Merkmalen, die sie als eine bestimmte Lautklasse ausweisen, weitere Merkmale in Anschlag gebracht werden können, die sie im aktuellen Sprachgebrauch trotz unterschiedlicher Lautklassenzugehörigkeit *gemeinsam* haben.

Diese Eigenschaft weist die Theorie der IPA-Notation nicht auf. Hier sind z. B. die Stimmhaftigkeit und das Nasale theoretisch nicht als Merkmale von *Vokalen* zugelassen; die diakritische Kennzeichnung etwa eines nasalierten [õ] umgeht dieses prinzipielle Problem nur elegant. Im aristotelischen dreiteiligen System würde ein [õ] unter die *hêmiphôna* fallen und wäre dann über die Kombination von Merkmalen wie Artikulationsort etc. eindeutig und theoretisch kohärent identifizierbar, was in dem zweiteiligen IPA-System mit *Vokal* und *Konsonant* nur durch die Einführung zusätzlicher Ausnahmeregelungen erreichbar ist.

Auch wenn das IPA-System die anatomischen Gegebenheiten differenzierter berücksichtigt als der auf die Eigenwahrnehmung bezogene aristotelische Ansatz, macht der Vergleich deutlich, dass das IPA-System seine primäre Einteilung in *Vokale* und *Konsonanten* einer Perspektive verdankt, die auf einer langen *schriftorientierten* grammatischen Tradition aufruht, für die das Lautspektrum einer Sprache auf die Prototypen reduzierbar war, welche die Buchstaben des Alphabetes ‚lautlich' kennzeichnen. Wie man an *Aristoteles* sehen kann, hätte eine konsequente artikulatorische Theorie zu einer anderen Systematik sowie zu einer anderen Begrifflichkeit führen können.

Unter didaktischen Gesichtspunkten führt dieser Vergleich zu der kritischen Frage, ob der körpernahen artikulatorischen Eigenwahrnehmung ein angemessener Platz im Unterricht zukommt, der über die im Erstunterricht getroffenen Unterscheidungen zwischen ‚lang' und ‚kurz' zu sprechenden ‚Buchstaben' (Ofen-Ordner; Fisch-Tisch) hinausgeht. Es ist kein Zufall, dass eine sorgfältigere Beachtung artikulatorischer Aspekte eine lange Tradition vornehmlich in der Sonderpädagogik hat und die sinnstiftende Wirkung der Artikulation erst seit relativ kurzer Zeit über den Umweg des Zweitspracherwerbs auch in das allgemeine Bewusstsein dringt (Röber-Siekmeyer 1997).

III

Der dritte Nutzen einer Rekonstruktion antiker Ansätze beruht auf der Besonderheit, dass die antiken Autoren das Segmentierungsproblem auf den ‚höheren' sprachlichen Ebenen unter semantisch-logischen und rezitatorisch-rhetorischen Gesichtspunkten entwickeln, mit denen auch die Spezifika der Rezeptionsanforderungen zum Ausdruck kommen, die mit einer *scriptio continua* verbunden sind (Holle i. Vorber.). Hierdurch wird ‚die Sprache' innerhalb eines Spannungsverhältnisses zwischen Mündlichkeit und Schriftlichkeit thematisierbar. Dies führt wiederum zu ‚eigentümlichen' Lösungen des Segmentierungsproblems, die weniger auf die Belange einer formalen Sprachrichtigkeit hin angelegt sind, sondern auf die Funktion sprachlicher Konzepte für eine ‚verständliche Rede'.

Diese semantisch-pragmatische Ausrichtung der sprachlichen Analysen hat wegen der Berücksichtigung des rezitatorisch-rhetorischen Poles zudem die Auswirkung, dass auch grundlegende Handlungen wie das ‚Lesen' und ‚Schreiben' selbst als ‚literale Konzepte' beobachtbar werden. Eine sprachhistorische Fundierung gerade auch der Sprachbewusstheitsforschung könnte eine vornehmliche Ausrichtung auf die ‚grammatischen' Aspekte und die ‚gültigen' Lösungen zu relativieren helfen, wenn es gelänge, die diachronen und synchronen Modalitäten der ‚Genese literaler Konzepte' soziopsycholinguistisch zusammenzudenken.

Anmerkungen

[1] Der griechische Text lautet: στοιχειον εστι φωνη αδιαιρετος (stoicheion esti phônê adiairetos).

[2] Die Textstelle lautet: μετα δε των εχοντων τινα φωνην γινομενον ακουστον, οιον το Γ και το Δ. Man kann das meta tinoV gignomai nicht nur als „in Verbindung mit etwas werden", sondern auch als „auf jemandes Seite treten", „jemandem zugehörig sein" lesen. Eine dritte Variante bestünde darin, das meta im Sinne von „gemäß" zu lesen.

Literatur

Andresen, H.: Schriftspracherwerb und die Entstehung von Sprachbewusstheit. Westdeutscher Verlag: Opladen1985

Aristoteles: Aristotelis Opera. Bd.1 und Bd. 2 (=Bekker-Ausgabe, neu herausgegeben v. O. Gigon). De Gruyter: Berlin 1960

Aristoteles: Aristoteles´ Poetik. Übersetzt und eingeleitet von Th. Gomperz. Van Veit & Comp.: Leipzig 1897 (=Gomperz 1897)

Aristoteles: Poetik. Griechisch / Deutsch. Übersetzt und herausgegeben von M. Fuhrmann. Reclam: Stuttgart 1982 (= Fuhrmann 1982)

Ax, W.: Laut, Stimme und Sprache. Studien zu drei Grundbegriffen der antiken Sprachtheorie. Vandenhoeck & Ruprecht: Göttingen 1986

Garton, A. / Pratt, Chr.: Learning to be Literate. The Development of Spoken & Written Language. Blackwell: Oxford, Cambridge 1990

Gombert, J. E.: Le développement métalinguistique. Paris 1990

Holle, K.: Wie lernen Kinder, sprachliche Strukturen zu thematisieren? Grundsätzliche Erwägungen und ein Forschungsüberblick zum Konstrukt literale Sprachbewusstheit (metalinguistic awareness). In: Ders. (Hrsg.): Konstruktionen der Verständigung. Die Organisation von Schriftlichkeit als Gegenstand didaktischer Reflexion. (=DidaktikDiskurse Bd. 1). Universität Lüneburg: Lüneburg 1999, 2. Aufl.

Holle, K.: Die Genese literaler Konzepte – Merkmale eines Forschungsfeldes. In: Rossbach, H. G. et al (Hrsg.): Forschungen zu Lehr- und Lernkonzepten für die Grundschule (= Jahrbuch Grundschulforschung Bd. 4). Leske u. Budrich: Opladen 2000, in Druck

Holle, K.: Μερη της λεξεως απασης. Die Schlüssigkeit der aristotelischen Redeteile. Untersuchungen zur Methodik sprachlichen Segmentierens bei Aristoteles unter psycholinguistischer Perspektive. In Vorbereitung.

Platon: Werke in acht Bänden. Griechisch / Deutsch (Hrsg. G. Eigler). Wissenschaftliche Buchgesellschaft: Darmstadt 1990, 3. unv. Aufl.

Röber-Siekmeyer, Chr.: Die Bedeutung der Schrift für die unterrichtliche Spracharbeit mit Kindern nichtdeutscher Muttersprache. In: Balhorn, H. / Niemann, H. (Hrsg): Sprachen werden Schrift. Mündlichkeit, Schriftlichkeit, Mehrsprachigkeit. Libelle: Lengwil 1999

Weinhold, S.: Text als Herausforderung. Zur Textkompetenz am Schulanfang. Mit 296 Schülertexten aus Klasse 1. Fillibach: Freiburg 2000

Günther Thomé

Silbe oder Morphem?

Ein Beitrag aus der vergleichenden Schriftgeschichte zur Frage der Silbenorientierung unserer Schrift

Auf der Grundlage zahlreicher Arbeiten zur Silbenphonologie (vgl. Vennemann 1982, 1986; Wiese 1988; Eisenberg / Ramers / Vater 1992) und über die Bedeutung der Silbe in der Schriftlinguistik (vgl. Eisenberg 1989, 1993, 1995a, 1995b; Butt / Eisenberg 1990; Augst 1991; Maas 1992) werden in jüngster Zeit verschiedene Konzepte entwickelt, die auch in der Schriftspracherwerbs-Didaktik der Silbe eine besondere Stellung – zumindest für einige Rechtschreibbereiche – zuweisen (vgl. Röber-Siekmeyer 1993; Hinney 1997; Hinney / Menzel 1998). Vergleichende Untersuchungen und Übersichten aus sprachwissenschaftlicher Perspektive finden sich bei Ramers (1999) und August (2000) und aus didaktisch-lernpsychologischer Sicht bei Klicpera / Gasteiger-Klicpera (1995, S. 329 f., 365 f.), Ossner (1998), Hanke (1999) und Huneke (2000).

Die meisten Schreibungen in der deutschen Orthographie kann man entweder mit einfachen Phonem-Graphem-Korrespondenzen oder mit dem Bestreben nach einer gewissen Morphemkonstanz – also nicht *Beume*, sondern *Bäume* wegen *Baum* – erklären. Daneben bleiben aber einige Bereiche, deren Schreibungen man weder auf die eine noch auf die andere Weise begründen kann: beispielsweise die Konsonantenverdopplung, das Dehnungs-h, die tz-Schreibung, das ck, der Wechsel von ss und ß.

Für die Konsonantenverdopplung entwickelt Peter Eisenberg (1989; 1995a, 1995b) einen silbenbasierten Erklärungsansatz, in dem er den Silbengelenken in den gesprochenen Wortformen – Konsonanten, die gleichzeitig zu zwei Silben gehören wie etwa das /n/ in *rennen* oder das /t/ im *Mutter* – die Konsonantenverdopplung in der geschrieben Form gegenüberstellt. Allerdings kann man die Doppelkonsonanz auch auf anderem Wege und ebenso schlüssig erklären, wie Gerhard August (1991) mit einem Modell zeigt, das die Konsonantenverdopplung abhängig vom semantischen Typ des jeweiligen Morphems beschreibt (zur Darstellung unterschiedlicher Entwürfe vgl. a. August 2000; Ramers 1999).

Zweifel an der Bedeutung sprachwissenschaftlicher Ergebnisse für die Schriftspracherwerbs-Didaktik angesichts alternativer Beschreibungskonzepte für dasselbe Orthographiephänomen, die Eisenberg (1993) zu Recht kritisiert, sind unangebracht und nur aus einem verkürzten Verständnis des Verhältnisses von Sprachwissenschaft und Didaktik zu erklären. Gerade im Bereich der Schrift zeigt sich, dass die Didaktik kein Hilfsorgan der Linguistik ist, deren Aufgabe darin besteht, die neuesten sprachwissenschaftlichen Entwürfe für die schulische Umsetzung aufzubereiten, was meistens reduzieren bedeutet. Die Didaktik des Schrift-spracherwerbs ist längst zu einer Disziplin geworden, die u. a. grundlegende Forschungen über das sprachliche Lernen und die mentale Repräsentation (schrift-)sprachlichen Könnens betreibt. Und gerade hier ist die Didaktik auf die Sprachwissenschaft angewiesen. Wie soll man methodisch nachvollziehbar das innere Regelsystem der orthographischen Kompetenz erforschen, wenn man keine expliziten Modelle der Orthographie zur Verfügung hat? Empirische Forschung kann ja nicht nach irgendetwas suchen, sondern braucht stets Hypothesen, die sich nach einer Überprüfung als eher richtig oder eher falsch erweisen. Solche Hypothesen können etwa in der Annahme bestehen, dass sich zu einem schriftlinguistischen Modell in den Konzepten der Lerner gewisse Entsprechungen oder vergleichbare Strukturen nachweisen lassen. Das bedeutet also, je mehr – auch unterschiedliche und miteinander konkurrierende – Erklärungsansätze für einzelne Rechtschreibphänomene die Sprachwissenschaft bereitstellt, desto besser kann die didaktische Grundlagenforschung vorankommen. Schriftlinguistische Forschung schafft unverzichtbare Voraussetzungen für jede schriftsprachdidaktische Arbeit.

In diesem Sinne soll nun versucht werden, in einem kleinen schrifthistorischen Exkurs die Rolle der Silbe auf der schriftlichen Ebene und grundsätzlich das Verhältnis zwischen lautlichen und semantischen Bezügen in verschiedenen Schriftsystemen zu beleuchten (zur Gegenüberstellung verschiedener Schriftsysteme vgl. auch Meisenburg 1998). Schon Egon Weigl hat ausdrücklich auf die Relevanz einer schrift- und sprachhistorischen Perspektive für ein umfassendes Verständnis des kindlichen Schriftspracherwerbs hingewiesen: „Die Lehren der Schriftgeschichte dürften für das Studium des Erwerbs der Schriftsprache nicht weniger wichtig sein als für die Theorie des Lesens und Schreibens" (Weigl 1979, S. 16).

Wort- und Silbenschriften am Beispiel der sumerisch-akkadischen Keilschrift

Sumerisch – Schematisierung der Zeichen bis zur Keilschrift

Die Sumerer, Träger einer isolierten Sprache, entwickelten im frühen 3. Jahrtausend v. Chr. eine Schrift, deren Zeichen infolge konsequenter Schematisierung im Laufe einiger Jahrhunderte aus wenigen Keilformen zusammengesetzt war, was ihr in unserer Zeit den Namen Keilschrift eintrug (s. Abb. 1). Die sumerische Sprache kennt keine Wurzelflexion. Alle grammatischen Bezüge werden durch Prä- und Suffixe (dem Wortstamm voran- oder angehängte Morpheme) ausgedrückt. Alle Morpheme bilden mindestens eine Silbe. Dadurch erklärt sich teilweise die Grundstruktur der sumerischen Schrift als Silbenschrift, d. h. da in der Sprache keine kleineren lautlichen Elemente als Silben irgendwelche Funktionen haben, braucht auch die Schrift keine kleineren Einheiten abzubilden.

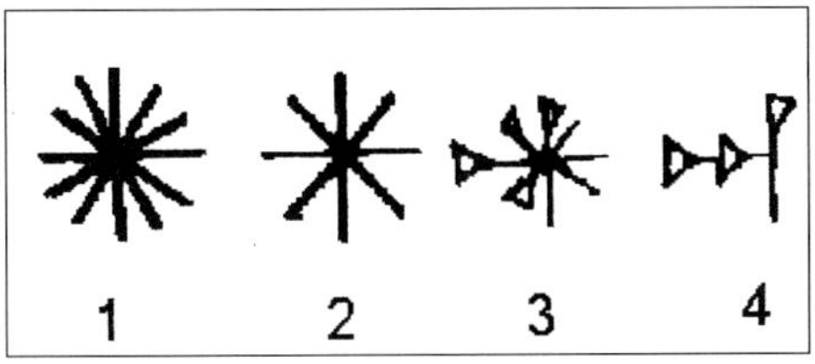

Abb. 1: Entwicklung der Keilschrift

Andererseits können natürlich die in der sumerischen Sprache zahlreichen einsilbigen Nomen und Verben mit jeweils einem Schriftzeichen geschrieben werden. Die Annahme, die sumerische Schrift sei eine reine Wortschrift oder eine begrifflich orientierte Schrift, in der nur Wörter und Morpheme geschrieben würden, ist falsch.

Die Abbildung 2 zeigt eine Inschrift des Königs Eannatum. Betrachten wir nun das Zeichen eines Sterns, das im ersten und im dritten Feld steht. Es wird gelesen als AN *(Himmel)* oder DINGIR *(Gott)*. Im ersten Feld unseres Textes dient es zur Schreibung der Silbe AN im Königsnamen É-*AN*-NA-TÚM. Der Stern fungiert also als reines Lautzeichen ohne semantischen Gehalt. Im dritten Feld ist der Stern ein reines Bedeutungszeichen, ganz ohne Lautwert, da es beim Lesen nicht mitgesprochen wird. Das Zeichen wird hier als Determinativ für einen Gottesnamen verwendet, d. h., es zeigt an, dass das folgende Zeichen als Name eines Gottes zu lesen ist, in unserem Text UTU, der *Sonnengott*.

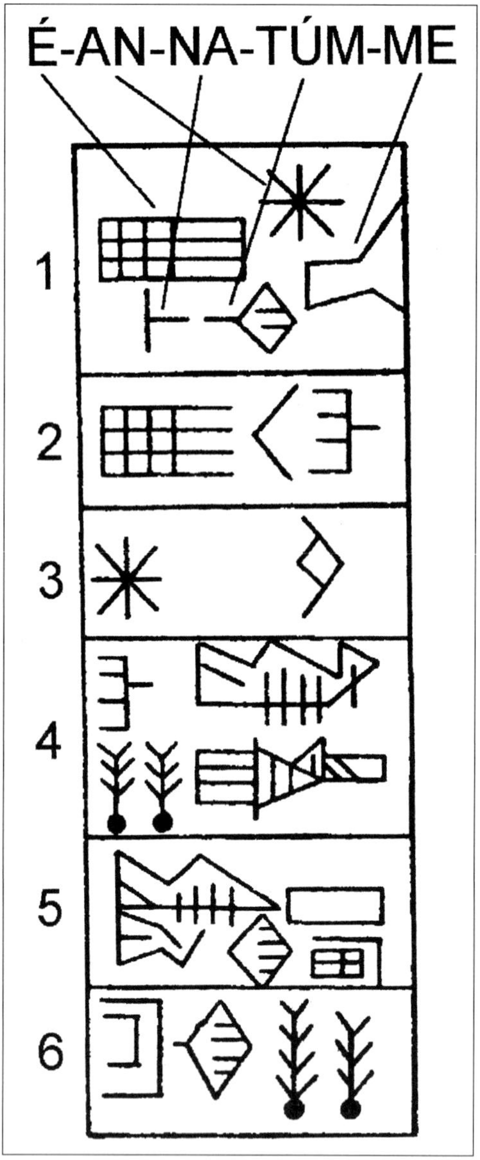

Abb. 2: Sumerische Inschrift

Wir sehen bereits in diesem kleinen Text, dass schon im Sumerischen die Schriftzeichen durchaus unterschiedliche Funktionen haben konnten.

Akkadisch

Die Akkader (die Babylonier und Assyrer), die in derselben Gegend wie die Sumerer wohnten, und in vielen Bereichen die Kultur der Sumerer übernahmen, verwendeten die sumerische Keilschrift für ihre Sprache, die zur semitischen Sprachfamilie gehört und vollkommen verschieden von der sumerischen war. Sie schrieben also ihre Sprache mit der sumerischen Schrift (über einen Zeitraum von rund 2.500 Jahren).

a) [Keilschriftzeichen]
b) *wa-ar-du-um* / *be-el-šu* / *i-da-ak-ma* /ᵍⁱˢGU.ZA-am/*i-ṣa-ba-at*
c) *wardum*   *bēlšu*   *idâkma*   *kussiam*   *iṣabbat*
d) **Diener (Nom.) Herr, sein tötet und Thron (Akk.) ergreift**

Abb. 3: Akkadischer Keilschrifttext mit Transliteration, Transkription und Übersetzung (nach Riemschneider 1973, S. 20)

Da das Akkadische eine komplexere Morphologie aufweist, konnte auch die Schriftverwendung nicht wie im Sumerischen erfolgen. So konnten einerseits Langvokale durch das entsprechende Vokalzeichen als lang markiert werden, z. B. langes a im Inlaut, ka-a-nu *(dauerhaft, beständig)* oder langes u im Auslaut, ma-lu-u *(voll sein)*. Neben der Vokallänge wurden auch Konsonantenverdopplungen geschrieben. In der akkadischen Grammatik heißt es dazu: „Konsonantenverdoppelungen im Wortinneren können an sich immer geschrieben werden … Wechseln in den älteren Dialekten Schreibungen mit einfachem und verdoppeltem Konsonanten in bestimmten Formen, darf die letztere wohl immer als die korrekte gelten. In späten Texten hingegen wird sehr oft auch da eine Doppelkonsonanz geschrieben, wo sie nach unserer bisherigen Kenntnis sprachlich unmotiviert ist. Ob solche Schreibungen wirklich nur Zeichen orthographischer Verwilderung sind, bedarf noch der Prüfung." (v. Soden 1969, S. 9 f.)

Die Schreibung von Langvokalen und Doppelkonsonanz macht deutlich, dass im akkadischen Schriftsystem, das gern als Paradebeispiel einer reinen Silbenschrift angeführt wird, eine lautliche Analyse aller Wörter mindestens bis auf die Phonemebene zum Ausdruck kommt.

Man kann wohl ohne zu übertreiben behaupten, dass die akkadische Keilschrift eines der explizitesten Schriftsysteme war, das es je gab. Die akkadische Keilschrift ist:

1. eine *Begriffsschrift,* weil sie echte Wort- und Morphemzeichen (Logogramme) und Determinative ohne Lautwert als semantische Hinweise verwendet,
2. gleichzeitig eine vollentwickelte *Silbenschrift,* weil sie eine große Zahl von Silbenzeichen mit lautlichem Gehalt bereitstellt,
3. außerdem eine *Phonemschrift* (mit phonetischen Komponenten), weil sie Langvokale durch das Einfügen eigener Vokalzeichen von den Kurzvokalen unterscheidet und durch besondere Kombinationen der Silbenzeichen gezielt Doppelkonsonanz schreiben kann.

Alphabetschriften am Beispiel des Phönizischen und Griechischen

Phönizisch

Die erste Alphabetschrift (die phönizische) war keine Schrift, die das Lautliche genau reproduzieren, sondern die im Gegenteil von einer expliziten Lautschreibung, wie es in der akkadischen Silbenschrift schon seit Jahrhunderten praktiziert wurde, wegkommen wollte, indem sie Wortwurzeln und Flexionsmorpheme unmissverständlich, möglichst in der gleichen Form auf der schriftlichen Ebene abbildete. Der lautliche Bezug war ganz untergeordnet.

Abb. 4: Phönizische Inschrift, von rechts nach links zu lesen. Die senkrechten Striche habe ich zur Markierung der Wortgrenzen eingefügt, G. T.

Durch die vielfältigen Möglichkeiten aber auch Beschränkungen der akkadischen Schrift konnte beispielsweise ein Wort wie maru(m) (Sohn) auf unterschiedliche Weise geschrieben werden (s. Abb. 5).

Abb. 5: Verschiedene Schriftbilder für dasselbe Wort

Das sumerische Zeichen DUMU (Sohn) kann man akkadisch "maru" lesen.

Die Kombination der Zeichen ma + ru ergibt auch "maru".

Der Genetiv "mari" muss ma + ri geschrieben werden.

Die phönizische Alphabetschrift hat gerade durch den Verzicht auf lautliche Explizitheit eine besondere Eindeutigkeit auf der schriftlichen Ebene erreicht. Das Wort für „Sohn", *ben* oder *bin*, erscheint schriftlich immer in derselben Form, nämlich als die Folge der beiden Konsonantzeichen *b* und *n*. Hierdurch wird eine, im Akkadischen eigentlich nie vorhandene, „Resemantisierung der Schrift" (Günther 1988, S. 37) erreicht (s. Abb. 6).

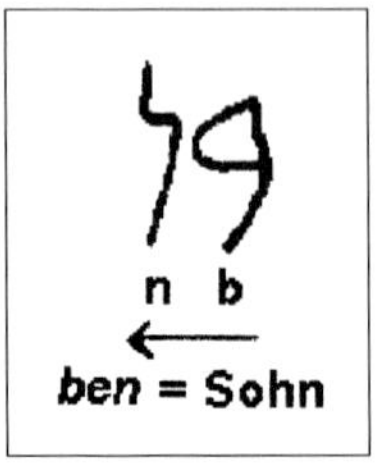

Abb. 6: Ein stabiles Schriftbild für das Wort ben und den Begriff „Sohn")

n b
←
ben = Sohn

Griechisch

Wenn man das Griechische mit einer reinen Konsonantschrift schreiben wollte, könnten nicht alle Wortwurzeln eindeutig wiedergegeben werden, weil in der griechischen Sprache, wie in allen indogermanischen Sprachen, auch Vokale Bestandteile einer Wurzel sein können. Einige Beispiele aus dem Deutschen sollen dies verdeutlichen. Neben den rein konsonantischen Wurzeln, wie *schrb* (schreiben) oder *frg* (fragen), gibt es auch solche, die einen Vokal als Wurzelbestandteil aufweisen. Die Verben *laben, leben, lieben* und *loben* haben dieselben Konsonanten in ihrer Wurzel, nämlich *lb.* Aber erst durch die Schreibung des Wurzelvokals werden die Wurzeln komplett und die Formen identifizierbar: *lab, leb, lieb und lob.*

Es hätte im Griechischen für die Beibehaltung des phönizischen Schriftprinzips der Wurzelschreibung genügt, nur die Wurzelvokale zu schreiben. Stattdessen hat man alle Vokale geschrieben und damit einen neuen Schrifttyp geschaffen, der sich in der lateinischen und kyrillischen Schrift fortgesetzt hat.

Durch die vollständige Vokalschreibung ist das altgriechische eines der *lautgetreuesten Schriftsysteme,* die wir kennen, mit all seinen Nachteilen für das Lesen, die der weitgehende Verzicht auf eine Morphemkonstanz im Geschriebenen mit sich bringt. Einige Auswirkungen dieses weitgehend phonetischen Schriftsystems können wir noch an manchen griechischen Fremdwörtern erkennen, wie in *Praxis, Pragmatik* und *Praktik,* die alle vom griechischen Verb *pratto (ich tue oder ich mache)* abgeleitet sind.

Mit seiner extrem lautgetreuen Schreibung hat das altgriechische Schriftsystem genau das wieder aufgegeben, was in der phönizischen gegenüber der akkadischen Schrift so großartig gelungen war, nämlich die Sichtbarmachung der Morpheme auf der schriftlichen Ebene.

Fazit

Unser Blick auf verschiedene Schrift- und Sprachsysteme hat gezeigt, dass bei der Schriftverwendung grundsätzlich neben der *lautlichen* Ebene einerseits und der *semantischen* andererseits stets noch eine dritte Ebene als potentielle Ursache für bestimmte Erscheinungen im Schriftsystem in Frage kommt, nämlich die *graphematische,* mit ihren verschiedenen Möglichkeiten und Restriktionen, die sich durch die Art der Schriftzeichen ergeben.

Zwar suggeriert der Begriff *Silbenschrift* vordringlich eine zentrale Bedeutung der Silbe in den Schriftsystemen dieses Schrifttyps. Bei genauerer Betrachtung wird jedoch deutlich, *dass nicht die Silben als lautliche Einheiten geschrieben werden, sondern dass auf der schriftlichen Ebene Silbenzeichen zur Verfügung stehen,* die auf sprachliche Inhalte referieren können. Diese Inhalte können, wie das akkadische Schriftsystem zeigt, Begriffe, Wörter, Morpheme, Silben und Phoneme (teilweise auch Laute) sein.

Lehren aus der Schriftgeschichte sind als diachrone (historisch vergleichende) Befunde nicht als Argumente gegen synchrone (auf einer zeitlichen Ebene liegenden) Ansätze, wie die Erklärung der Konsonantenverdopplung durch das Silbengelenk u. a., zu verwenden.

Auch wenn es sicherlich überzogen wäre zu behaupten, die Schreibung der lautlichen Silbe sei eine Illusion, denn sie sei nur dort nachzuweisen, wo die Silbe auch gleichzeitig ein Morphem ist, wie etwa im Sumerischen oder Ungarischen, kommt man nicht umhin, die weit verbreitete Ansicht von der Entwicklung der Schrift zu korrigieren, besonders in dem Sinne, dass die Schrift in fortschreitender Vervollkommnung immer kleinere und abstraktere Spracheinheiten abgebildet hätte. Bruno Meißner und Karl Oberhuber betonen, „daß es keine Entwicklungsfolge Bildschrift – Wortschrift – Silbenschrift – Lautschrift gibt, sondern daß, wie die Schriftgeschichte des Vorderen Orients zeigt, die Lautschrift vollends selbständig neben und unabhängig von der Silbenschrift entsteht und daß z. B. die altmesopotamische Keilschrift als Silbenschrift ihr Ende gefunden hat." (Meißner / Oberhuber 1967, S. 50)

Da es offensichtlich in dem uns tangierenden kulturellen Kontext nie eine reine Silbenschreibung im Sinne einer Verschriftlichung von lautlichen Silben gegeben hat und eine solche auch keine Voraussetzung für die Entwicklung einer Alphabetschrift ist, sollte zumindest der Gedanke, eine silbisch orientierte Phase stelle auf der Grundlage des oft zitierten Gedankens von der Parallelität von Ontogenese und Phylogenese (Einzelentwicklung und Gesamtentwicklung) eine natürliche und notwendige Entwicklungsstufe im Schriftspracherwerbs-Prozess dar, aufgegeben werden.

Das heißt aber nicht, dass die Silbe als ein möglicher Zugang zur Schrift für Schreiblerner keine unterstützende und lernfördernde Funktion haben könnte. Ganz im Gegenteil. Jegliches Sprachlernen ist vielschichtig und nutzt unterschiedlichste Strategien und Zugänge (vgl. Thomé / Eichler 2000). Solche Zugänge sind u. a.:

- die Bedeutung der Wörter (semantischer Bereich);
- die Morpheme (Stamm- und Wortbildungsmorpheme): „Fällt kommt von fallen", „-ung, -heit, -keit bilden Substantive" etc.;
- lexikalische Informationen: „Wasser schreibt man mit Doppel-s, Sonne mit Doppel-n.";
- Sonderregeln bei den Graphemen: „Für scht- und schp- schreibe immer st- und sp-.";
- grundlegende Phonem-Graphem-Relationen: „Den Laut m schreibe ich mit dem Buchstaben m" und
- wahrscheinlich noch einige Zugänge, von denen wir bisher noch nichts wissen.

Kurz gesagt: Auch wenn eine schrifthistorisch und auf eine gewisse Natürlichkeit orientierte Begründung des Silbenansatzes eher abzulehnen ist, kann der Silbe neben anderen Einheiten in der Unterrichtspraxis eine wichtige Funktion zukommen. Gerhard Augst bemerkt hierzu treffend: „Es gibt m. E. keinen Grund sich umzuorientieren, sondern die Rechtschreibdidaktik sollte verschiedene Ansätze miteinander verbinden." (Augst 2000, S. 143)

Literatur

Augst, Gerhard: Alternative Regeln zur graphischen Kennzeichnung des kurzen Vokals im Deutschen: Ein historischer Vergleich. In: Augst, Gerhard; Ehrismann, Otto; Ramge, Hans (Hrsg.): Festschrift für H. Engels zum 65. Geburtstag. Göppingen 1991, S. 320–344.

Augst, Gerhard: s-ss-ß: Die s-Schreibung im Deutschen – linguistische und pädagogische Überlegungen zu ihrer Reform. In: Schaeder, Burkhard (Hrsg.): Neuregelung der deutschen Rechtschreibung: Beiträge zu ihrer Geschichte, Diskussion und Umsetzung. Frankfurt/M. u. a. 1999. S. 75–92.

Augst, Gerhard: „Den Rechtschreibunterricht umorientieren?" wirklich? Stellungnahme zu einem Aufsatz von A. Schübel in Heft 4/1999. In: Deutschunterricht 53 (2000) Heft 2, S. 138–143.

Augst, Gerhard; Dehn, Mechthild: Rechtschreibung und Rechtschreibunterricht. Können – Lehren – Lernen. Eine Einführung für Studierende und Lehrende aller Schulformen. Stuttgart, Düsseldorf, Leipzig 1998.

Augst, Gerhard; Stock, Eberhard: „Laut-Buchstaben-Zuordnung". In: Augst, Gerhard u. a. (Hrsg.): Zur Neuregelung der deutschen Orthographie. Begründung und Kritik. Tübingen 1997. S. 113–134.

Butt, Matthias; Eisenberg, Peter: Schreibsilbe und Sprechsilbe. In: Stetter, Christian (Hrsg.): Zu einer Theorie der Orthographie. Tübingen 1990. S. 34–64.

Thomé, Günther; Eichler, Wolfgang: Über unterschiedliche Lernwege im Orthographieerwerb. In: Grundschule, 32 (2000) H. 5, S. 12–14.

Eisenberg, Peter: Die Schreibsilbe im Deutschen. In: Eisenberg, Peter; Günther, Hartmut (Hrsg.): Schriftsystem und Orthographie. Tübingen 1989. S. 57–84.

Eisenberg, Peter: Linguistische Fundierung orthographischer Regeln: Umrisse einer Wortgraphematik des Deutschen. In: Baurmann, Jürgen; Günther, Hartmut; Knoop, Ulrich (Hrsg.): homo scribens: Perspektiven der Schriftlichkeitsforschung. Tübingen 1993. S. 67–93.

Eisenberg, Peter: Der Buchstabe und die Schriftstruktur des Wortes. In: DUDEN: Grammatik der deutschen Gegenwartssprache. 5., völlig neu bearb. u. erw. Aufl. Mannheim u. a. 1995a. S. 56–84.

Eisenberg, Peter: Der Laut und die Lautstruktur des Wortes. In: DUDEN: Grammatik der deutschen Gegenwartssprache. 5., völlig neu bearb. u. erw. Aufl. Mannheim u. a. 1995b. S. 21–55.

Eisenberg, Peter; Ramers, Karl H.; Vater, Heinz (Hrsg.): Silbenphonologie des Deutschen (= Studien zur deutschen Grammatik. 42). Tübingen 1992.

Günther, Hartmut: Schriftliche Sprache. Strukturen geschriebener Wörter und ihre Verarbeitung beim Lesen. Tübingen 1988.

Günther, Hartmut: Sprachwissenschaft und Sprachdidaktik. Am Beispiel kleiner und großer Buchstaben im Deutschen. In: Didaktik Deutsch 3 (1998) H. 4, S. 17–33.

Hanke, Petra: Mit Kindern über Sprache nachdenken. In: Büchner, Inge (Hrsg.): Lust und Last und Leistung. Hamburg 1999. S. 110–125.

Hinney, Gabriele: Neubestimmung von Lerninhalten für den Rechtschreibunterricht. Ein fachdidaktischer Beitrag zur Schriftaneignung als Problemlöseprozeß. Frankfurt/M. u. a. 1997.

Hinney, Gabriele; Menzel, Wolfgang: Didaktik des Rechtschreibens. In: Lange, Günther; Neumann, Kurt; Ziesenis, Werner (Hrsg.): Taschenbuch des Deutschunterrichts. Band 1. 6., vollst. überarb. Aufl. Hohengehren 1998. S. 258–304.

Huneke, Hans W.: Intuitiver Zugang von Vorschulkindern zum Silbengelenk. In: Didaktik Deutsch 5 (2000) H. 8, S. 4–17.

Jensen, Hans: Die Schrift in Vergangenheit und Gegenwart. Reprint der 3. Aufl. von 1935. Berlin 1969.

Klicpera, Christian; Gasteiger-Klicpera, Barbara: Psychologie der Lese- und Schreibschwierigkeiten. Entwicklungen, Ursachen, Förderung. Weinheim 1995.

Maas, Utz: Grundzüge der deutschen Orthographie. Tübingen 1992.

Meisenburg, Trudel: Zur Typologie von Alphabetschriftsystemen anhand des Parameters der Tiefe. In: Linguistische Berichte (1998) H. 173, S. 43–64.

Meißner, Bruno; Oberhuber, Karl: Die Keilschrift. 3., völlig neu bearb. Aufl. Berlin 1967.

Ossner, Jakob: Rechtschreibsprache. Die Modellierung der Orthographie für den eigenaktiven Erwerb. In: Weingarten, Rüdiger; Günther, Hartmut (Hrsg.): Schriftspracherwerb. Hohengehren 1998. S. 5–18.

Ramers, Karl H.: Vokalquantität als orthographisches Problem: Zur Funktion der Doppelkonsonanzschreibung im Deutschen. In: Linguistische Berichte (1999) H. 177, S. 52–64.

Riemschneider, Kaspar K.: Lehrbuch des Akkadischen. Leipzig 1973.

Röber-Siekmeyer, Christa; Pfisterer, Katja: Silbenorientiertes Arbeiten mit einem leseschwachen Zweitkläßler. In: Weingarten, Rüdiger; Günther, Hartmut (Hrsg.): Schriftspracherwerb. Hohengehren 1998. S. 36–61.

Röber-Siekmeyer, Christa: Die Schriftsprache entdecken. Rechtschreiben im offenen Unterricht. Weinheim 1993.

Soden, Wolfram von: Grundriss der akkadischen Grammatik. 2. unveränd. Aufl. Rom 1969.

Thomé, Günther: Orthographieerwerb: Qualitative Fehleranalysen zum Aufbau der orthographischen Kompetenz. Frankfurt/M. u. a. 1999.

Vennemann, Theo: Zur Silbenstruktur der deutschen Standardsprache, Silben, Segmente, Akzente. Tübingen 1982. S. 261–305.

Vennemann, Theo: Neuere Entwicklungen in der Phonologie. Berlin, New York, Amsterdam 1986.

Weigl, Egon: Lehren aus der Schriftgeschichte für den Erwerb der Schriftsprache. In: Osnabrücker Beiträge zur Sprachtheorie (OBST), Band 1 (1979) H. 11, S. 10–25.

Wiese, Richard: Silbische und lexikalische Phonologie: Studien zum Chinesischen und Deutschen. Tübingen 1988.

Carl Ludwig Naumann

Grammatikalität der Orthografie[1]

Rechtschreibung – so die immer noch landläufige Sicht ihrer Benutzer und vieler LehrerInnen – ist in einem Wörterbuch festgehalten; sie gehört zu jedem Wort hinzu und hat – vermeintlich deswegen? – keine Struktur. Gegen diese Ansicht haben sich in den letzten 25 Jahren m. W. alle orthografie-theoretischen AutorInnen gewendet und die Notwendigkeit eines breiteren Zugangs betont.[2] Kohrt resümierte, dass das „... ‚orthographische chaos‘ nicht zuletzt das Chaos der Darstellung selbst ist" (Kohrt 1979, 5). Es war auch Kohrt, der in der orthografie-theoretischen Diskussion überzeugend und erfolgreich von einer ‚doppelten Kodifikation‘ gesprochen hat.[3] Das Wörterbuch ist demnach nur eine der beiden Darstellungsformen von Orthografie als Normsystem; die andere ist ein zwar nicht perfekter, aber ziemlich ordentlicher Regelapparat. Diese Doppelheit von Wort- und Strukturbezug zeigt sich auch an den empirischen Befunden über Stufenmodelle für den Schrifterwerb: Scheerer-Neumann (1998) stellt ausdrücklich die ‚Lernwörter‘ in durchgehender Linie neben die – in der didaktischen Diskussion nachgerade modisch gewordenen – Entwicklungsstufen (Frith 1986 und K.-B. Günther 1986).

Seit den 90-er Jahren werden auch in der didaktischen Diskussion Ansätze vertreten, die diese Strukturiertheit als ‚Grammatikalität der Orthografie‘ hervorheben.[4] Bei der Rezeption der Strukturorientierung könnte der Rechtschreib-Unterricht womöglich im Schwunge der Entdeckung und der Begeisterung über die Struktur nun wieder einmal wie schon öfter in seiner Geschichte, wenn auch etwas anders, vereinseitigt und das lexikalische Kind sozusagen mit dem Bad der Grammatikalität ausgeschüttet werden.

Demgegenüber werden hier zwei Punkte herausgehoben, die für didaktische Theorie und Praxis differenziert gesehen werden müssen:

- Beim historischen Prozess der Grammatikalisierung der Orthografie lohnt eine kritische Betrachtung, wieweit sich in ihm wirklich nur die Bedürfnisse von Schreibern und Lesern auswirkten. Zwar das meiste, aber nicht alles am Normsystem verdankt sich dem blinden Wirken der ‚dritten Hand‘ (siehe unten). – Dies will ich in einigen kürzeren Abschnitten zeigen.

- Deswegen, aber auch weil bestimmte typische Fehler dafür sprechen, ihren Zugang zu ‚Grammatik‘ gemäß Alter bzw. Entwicklung abzustufen, ist für Schüler der Grammatikbegriff zu bedenken. – Darauf geht der letzte, etwas längere Abschnitt ein.

Hier sind vorrangig die grammatikalischen Aspekte des Rechtschreiblernens gemeint; für den Grammatikunterricht als solchen wäre noch mehr zu bedenken.

Grammatische Züge haben sich in der orthografischen Praxis durchgesetzt

Seit der Erfindung des Buchdrucks und vor allem seit der Massenalphabetisierung gibt es im Deutschen eine historische Entwicklungslinie, die als Grammatikalisierung gedeutet werden kann.

(1) Das Morphem- oder Stammprinzip („Schreibe Morpheme möglichst gleich / schreibe gemäß der Herkunft des Wortes") hat sich durchgesetzt. Wir schreiben unterschiedlich klingende Formen stark vereinheitlichend; hier im Beispiel stehen den vier Ausspracheformen nur zwei Schreibformen gegenüber (wobei obendrein <a> und <ä> einander ähnlich sind):

Beispielkontext	Aussprache	Schreibung
Er <u>band</u> es fest.	<bant>	/band/
Zungen<u>bänd</u>chen	<bent>	/bänd/
an<u>band</u>eln	<band>	/band/
Ein<u>bänd</u>e	<bend>	/bänd/

(2) Die Groß- / Kleinschreibung folgt zunehmend den Wortarten und macht syntaktische Bezüge erkennbar.

Er <u>band</u> es fest. – Das <u>Band</u> hielt fest.

(3) Die Getrennt- und Zusammenschreibung wird z. T. auf grammatische Operationen bzw. Kenntnisse gegründet. „Bei den verschiedenen Wortarten sind … spezielle Bedingungen zu beachten." (Amtliche Regelung, B 0) „Partikeln, Adjektive und Substantive können mit Verben trennbare Zusammensetzungen bilden. Man schreibt sie nur im Infinitiv, im Partizip I und Partizip II sowie im Nebensatz bei Endstellung des Verbs zusammen." (Amtliche Regelung, § 34.)

(4) Die Zeichensetzung, früher eine Lesepausen-Kennzeichnung, verdeutlicht zunehmend Satzstrukturen.[5]

Allerdings ist die sogenannte lautschriftliche Basis unserer Schrift (auch alphabetischer Grundcharakter genannt) damit nicht beseitigt. Vielmehr wirken lautschriftliche und grammatikalische Elemente geordnet zusammen.

Die Grammatikalisierung macht heutigen Lesern das Lesen leichter. Wir könnten laut (wie es bis zur Massenalphabetisierung üblich war) nicht mit der heutigen hohen Geschwindigkeit lesen, wie wir das in einer Welt mit Arbeitsteilung, Informationsflut und lebenslangem Lernen brauchen. Verlierer dieser Entwicklung sind die Schreiber: Sie müssen mehr nachdenken und wissen.

Wieweit ist die Orthografie tatsächlich grammatikalisiert?

Schaut man zunächst auf die Praxis der Schreibenden, so zeigt sich, dass die Grammatikalisierung nicht perfekt durchgeführt ist. Man muss dazu die Fehler betrachten, die viele machen – allerdings nicht Schüler, weil sie z. T. noch lernen, sondern die professionellen Schreiber.[6]

(1) Verstöße gegen das Morphem- oder Stammprinzip gelten als wirkliche Fehler. Insoweit ist die Grammatikalisierung voll durchgesetzt.

(2) Schon bei der Groß- / Kleinschreibung ist das anders: Die sogenannten Wortartübertritte machen Probleme. Man wird Schwierigkeiten mit der Nominalisierung *(viel Schönes, kein Wenn und Aber)* nur bei Schülern akzeptieren. Schwierigkeiten mit der Denominalisierung haben aber auch sehr erfahrene Schreiber und müssen immer mal nachschlagen. *(Ich habe Angst. – Mir ist angst.* Deutlicher noch § 58 der Amtlichen Regelung: „In folgenden Fällen schreibt man Adjektive, Par-

tizipien und Pronomen klein, obwohl sie formale Merkmale der Substantivierung aufweisen.")

(3) Bei der Getrennt- und Zusammenschreibung scheint die öffentlich praktizierte Toleranz ziemlich groß zu sein, jedenfalls zeigt das eine aufmerksame Zeitungslektüre. (Im Gegensatz dazu die debattierenden Fachleute im Zuge des Reformstreits.) Möglicherweise war der Versuch, im Zuge der Rechtschreibreform hier (zum ersten Mal!) eine Systematisierung zu versuchen, jedenfalls heilsam. Es könnte sich nämlich herausstellen, dass sie – selbst wenn eine perfektere Formulierung der Regeln möglich sein sollte – unbrauchbar ist, weil nicht anwendbar.

(4) Genau dies hat sich ja bei der Zeichensetzung abgespielt. Ebenfalls erst im 20. Jahrhundert entstand eine Regelung,[7] an deren verzwicktere Teile sich nicht einmal professionelle Schreiber hielten. Dies war ebenfalls bei aufmerksamer Lektüre zu bemerken und wurde (von Rössler 1977) empirisch untermauert. Ziemlich genau zwei Drittel der über 1000 Fehler sind durch die Reform beseitigt worden (vgl. Naumann 1999a), indem die ihnen zu Grunde liegenden obligatorischen Regeln zu leserorientierten Stilempfehlungen umgewandelt wurden und so in die Verfügung der Schreibenden kamen.

Wer war's? Und warum?

Fragt man nach den ‚Agenten' der Grammatikalisierung, so findet man anscheinend niemanden – dennoch ist sie geschehen. Mancher ist daher versucht, mit Keller die ‚unsichtbare Hand' zu sehen, die sich in vielen anderen sprachhistorischen Prozessen zeigt (so Eisenberg 1990, Munske 1993). Bei genauerer Betrachtung zeigen sich aber neben der unsichtbaren Hand andere Hände im Spiel.

a) Das Druckgewerbe hatte und hat das Interesse, verkaufbare Produkte herzustellen. Das forderte Einheitlichkeit (schon bevor die Einheitlichskeitserwartung, die Norm, eingespielt war). Denn so lassen sich im Herstellungsprozess Kosten minimieren. Damit wurden die Drucker zu starken Kräften bei der Entstehung der Vereinheitlichung der Schrift und halfen so, die – bei Erfindung des Buchdrucks noch starke – Gliederung des deutschen Sprachraums in Dialekte zu überwinden, die sich sogar in den frühen Druckwerken noch niedergeschlagen hatte.

b) Lehrerschaft und Schulverwaltung entwickelten im 19. Jahrhundert, dem langsam in Schule und Gesellschaft wachsenden Leistungsprinzip Rechnung tragend, ein großes Interesse, die damals noch bestehenden restlichen Schreibunterschiede zu beseitigen. Neben einigen Aspekten der Grammatik ist vor allem die Rechtschreibung derjenige Bereich im Deutschunterricht mit der striktesten Normierung. (Der hohe Normierungsgrad folgt übrigens aus kommunikativen Notwendigkeiten – vgl. Naumann 1998.) Rechtschreibnoten sind also besonders gut begründbare Noten. Allerdings hatte die 2. Berliner Orthografische Konferenz von 1901 zunächst eben keinerlei allgemeine Regeln für die Getrennt- und Zusammenschreibung und für die Zeichensetzung verabschiedet, und die Einzelregelungen hierzu schwankten auch während der Auflagen des Dudens im 20. Jahrhundert.

c) Grammatikforscher suchten und suchen nach Regeln zur Beschreibung der ‚naturwüchsigen' Grammatikalisierungsvorgänge in der Schriftgeschichte. Dass sie dabei – branchengerecht – nur auf grammatische Aspekte der Geschichte schauten, hat der Entwicklung der Rechtschreibung wohl nicht nur genützt.

d) Denn die Duden-Redaktion hat diese Beschreibungen aufgegriffen, dabei aber womöglich ihre Hauptaufgabe, den bestehenden Gebrauch festzuhalten, z. T. verfehlt, indem sie der ‚grammatikalistischen Voreingenommenheit' auch da folgte, wo sie über die praktizierte Norm hinausging. Schon durch die Hineinnahme des Buchdruckerdudens in den allgemeinen im Jahre 1915, mehr noch durch die z. T. überschießende Grammatikalisierung ist eine letztlich überzogene Festlegung entstanden.

Ist die Leseerleichterung mit der Grammatikalisierung identisch?

Überzogen muss man diese Festlegung nennen, weil sie auch Bereiche regeln wollte und will, die gar nicht sicher der Leseerleichterung dienen. (Leider hat die Reformkommission mit dieser Tradition nicht konsequent gebrochen.) Im Einzelnen, in variierter Reihenfolge:

Zu (1) Die Grammatikalisierung ist als lesenützlich nur für die Morphem- oder Stammschreibung wirklich plausibel zu machen. Die festgelegte Schreibung von Morphemen und Buchstabenfolgen (die im Deutschen meist kurz, deutlich kürzer als 10 sind) scheint dem schnellen Erkennen der Bedeutung zu nützen (vgl. Eisenberg 1996; H. Günther 1983, 1996b).

Zu (4) In der Zeichensetzung haben wir zwei markante Beispiele für einen letztlich misslungenen Versuch der Grammatikalisierung, nämlich die erwähnten Finessen in der Kommasetzung bei Infinitivkonstruktionen und Hauptsatzverbindungen. Der Lesenutzen der hochgrammatikalisierten Kommaregeln wird zwar vielfach behauptet, ist aber noch nicht empirisch nachgewiesen worden. (Diejenigen, die die nicht seltenen Verstöße auch in gedruckten Texten entdecken, stören sich meist nicht an einer schlechteren Lesbarkeit, sondern am Verstoßen.) LehrerInnen, auch solche, die die Finessen kannten, haben sie als Unterrichtsgegenstand weit nach hinten geschoben oder ganz ausgelassen. Dieses jetzt, nach der Freigabe von Kommas zwischen verbundenen Hauptsätzen und bei Infinitivkonstruktionen, mit besserem Gewissen tun zu können, gehört zum Charme der Reform.

Zu (2) Ähnlich steht es anscheinend mit den Regeln der Getrennt- und Zusammenschreibung, die eine noch größere Zone schwieriger Entscheidungen zeigen. Daher verfuhren viele Lehrerinnen und andere Menschen mit ihnen ebenfalls vernünftig liberal, allem Anschein nach auch hier ohne negative Folgen für die Verständlichkeit ihrer Texte oder tiefergehendem Schaden für die Schriftkultur. Leider konnte hier die Stufe der Gelassenheit von der Reformkommission noch nicht erreicht werden.

Zu (3) Als wichtiger für die Schule gilt die Großschreibung, besonders an ihren Rändern, die als Wortartübertritte von Schülern gefürchtet werden. Wie die Regelung der Getrennt- und Zusammenschreibung ist die Großschreibung im Kern zwar möglicherweise lesenützlich, aber auch das ist bislang nicht annähernd so plausibel gemacht worden wie beim Morphemprinzip.[8] Immerhin mag es bei der relativ freien Wortstellung des Deutschen nützlich sein, für die Kerne der umfangreichen Nominalkonstruktionen eine graphische Markierung zu haben.[9]

Was kann ‚Grammatik' für den Rechtschreibunterricht heißen?

In der Fachsprache der Grammatiker hat ‚Grammatik' eine doppelte Bedeutung:
a) Bezeichnung für die morphologischen und die syntaktischen Regelmäßigkeiten einer Sprache.
b) Bezeichnung eines Regelsystems, das allen sprachlichen Prozessen zugrunde liegt. Dies schließt z. B. auch die Phonologie ein.

Ansatz b) verfolge ich nicht weiter; wenn allerdings ‚Grammatikalisierung' gemäß dieser Auffassung gemeint wird, gehen Unterscheidungen verloren und müssen zurückgeholt werden. So wäre bei einem Einbezug der Phonologie darauf zu achten, dass das Verarbeiten von Einheiten auf dieser Ebene eine deutlich höhere Geschwindigkeit erfordert als die anderen.

Für Grammatikforscher hat ein möglichst umfassender Begriff von Grammatik Reiz, weil so die Strukturiertheit aller Aspekte der Sprache erfasst und diese Aspekte miteinander in Beziehung gesetzt werden können. Aber für SchülerInnen und was man über ihren Lernprozess beim Rechtschreiben weiß, also für den Unterricht, lohnt sogar eine zeitweilige Teilung innerhalb von a), also in Morphologie und Syntax.

* Dies wird durch die angeführten historischen Linien nahegelegt: Nur die Morphologie bietet eine klar abgesicherte Leseerleichterung.
* Die Teilung wird durch die derzeitige Schreibpraxis sogar kompetenter SchreiberInnen gerechtfertigt: Viele von ihnen zeigen Fehler und Unsicherheiten bei den genannten verschiedenen Finessen von Groß- und Klein-, Getrennt- und Zusammenschreibung und Zeichensetzung – alle Regeln überschreiten die Morphologie und müssen syntaktische Aspekte aufnehmen.
* Und sie entspricht letztlich einem herkömmlichen, etwas anderen schulüblichen Grammatikverständnis als bei den den Grammatikforschern:[10]

> GrammatikerInnen betonen die übergreifende Einheit von a): Morphologie und Syntax wirken als eine Art von Algebra zusammen und sind die Haupt-Struktur-Züge der Sprache. Demgegenüber trennt der praktische Rechtschreibunterricht nach meinem Eindruck zwischen Morphologie und Syntax. Und er tut dies aus, wie mir scheint, guten Gründen, allerdings wohl kaum reflektiert. Jedoch: Der Sprachhorizont der Kinder ist anfänglich das Wort; sie können lernen, es in Silben und Laute zu zerlegen, und sie können sich an unmittelbaren Wort-Nachbarschaften, sozusagen lokaler oder kleinsträumiger Syntax orientieren, z. B. an Konjunktionen oder Nominalgruppen. Wenn grundschulische Versuche diesen Rahmen mit einer breiteren syntaktischen Orientierung zu überschreiten versuchen, entstehen nicht selten Fehler: Die Artikel-Regel für die Großschreibung wird allzu wörtlich genommen (der *Bissige Hund, die *Große *angst – ‚Nomina erkennt man am voranstehenden Artikel'), und die Zeichensetzung gelingt wortbezogen (häufige unterordnende Konjunktionen werden mit vorangehendem Komma assoziiert; das und aber nicht – ‚großräumigere' Strukturargumente sind halt noch schwer zu begreifen).

Eine verwandte Ursache trägt wohl dazu bei, dass Nomina Abstrakta von Viertklässlern deutlich häufiger klein geschrieben werden als Nomina Konkreta (Balhorn u. a. 1983, Menzel 1985). Vermutlich weil Kinder in diesem Alter noch keine sichere Vorstellung von der syntaktischen Fundiertheit der Wortartbestimmung haben (können?), müssen sie sich mit der semantisch-pragmatischen ‚Anfass-Regel' behelfen. Die nützt ja auch für die vielen auf, anfänglich sicher weit vorherrschenden Nomina Konkreta. Sie führt aber bei den Abstrakta in die Irre und müsste in einer syntaktischen Neubegründung besser gefasst werden (vgl. Naumann u. a. 1999). Spontan scheinen nicht alle Kinder diesen Zugang zu finden.

Eine ähnliche Schwierigkeit mit den Bezügen im Satz belegen zwei neue empirische Untersuchungen zum Erwerb der Zeichensetzung: Jüngere GymnasialschülerInnen geben falsche syntaktische Begründungen zur Kommasetzung, selbst wenn sie korrekte Kommas setzen (Afflerbach 1997). Und RealschülerInnen in der 8. Klasse zeigen eine schwache Übereinstimmung zwischen ihrer Fähigkeit, Kommas zu setzen, und ihrem Wissen über kommarelevante Grammatikfragen (Melenk 1998).

Diese Schwierigkeiten lassen sich mit den Unterschieden zwischen Morphologie und Syntax zusammenbringen: Morphologie trägt zwar, wie die Syntax, wesentlich mit an der Struktur der Sprache. Aber die Morphologie repräsentiert zugleich die semantischen Grundelemente einer Sprache, die handhabbaren Bedeutungsbausteine, die in Lexika aufgelistet werden (und die ja eigentlich nicht Wörter-, sondern Morphembücher heißen müssten). Infolge ‚grammatikalistischer Voreingenommenheit' übersehen gerade Fachleute leicht diesen Teil der Sprache und damit übrigens große Teile von deren historisch-kulturellen und pragmatischen Verflechtungen. Der durchschnittliche Sprachteilhaber sieht eher die andere, semantische Seite, denn sie hängt mit seiner bewussten Erfahrung zusammen, und Wörter erwirbt er ja immer weiter, während sich die praktizierte, die Grammatik des Gebrauchs[11], schon im Schulalter vergleichsweise wenig zu entwickeln scheint.

Aus dieser Perspektive ist die Trennung der Morphologie von der übrigen Grammatik sinnvoll und für die Schule vernünftig. Der Rechtschreibunterricht in der Grundschule ist zu Recht auf das Wort zentriert. Allerdings ist dies nur approximativ gültig (Naumann 1993). Denn nach dem Ende der Grundschule kann – der Entwicklung des Sprachbewusstseins folgend – und muss – die Struktur der Orthografie umfassender anzielend – die Morphologie nun doch mit der übrigen Grammatik verbunden werden. Und wenn gegen Ende der Sekundarstufe I die ‚überstehenden Spitzen der Entwicklung' gekappt werden, wenn also der (kleine!) Teil der Grammatikalisierung, der von den Grammatikern und Lexikographen auf den Leserbedarf ‚draufgesattelt' wurde, am Rande bleibt, oder gar außen vor, dann dürfen LehrerInnen dabei ein gutes Gewissen haben.

Anmerkungen
1 Die Argumentation folgt in einigen Punkten dem Abschnitt 2. in Naumann 1999b.
2 August 1974, Kohrt 1987, Nerius 1980, 1989, Eisenberg mehrfach, am differenziertesten 1995.
3 Kohrt 1987, 467 ff.; zum Erfolg vgl. z. B. Augst/Schaeder 1991.
4 Maas 1988/1992, Röber-Siekmeyer 1993. Bes. pointiert H. Günther 1995, 1996a.

5 Aus Platzgründen können hier keine Beispiele geboten werden, zum Übergang von ‚rhetorischer' (d. h. intonatorischer) zu grammatikalischer Kommasetzung vgl. Baudusch, d. h. Nerius u.a. 1980, 1989: Menzel/Sitta 1982; Naumann 1995; 1999a.
6 Schülerfehler spielen in anderem Zusammenhang eine Rolle, siehe letzter Abschnitt.
7 1903 erschien der später so genannte ‚Buchdruckerduden'; er wurde 1915 in die 9. Aufl. des Allgemeinen Dudens eingearbeitet; die Kommaregeln, vor allem zum erweiterten Infinitiv, erfuhren in den nachfolgenden Jahrzehnten ihre bis zur Reform gültige Feinkörnigkeit.
8 Vgl. z. B. Bock, Augst, Wegner 1985. – Eine wirklich überzeugende empirische Prüfung ist aus praktischen und ethischen Gründen nicht möglich, weil man dafür eine große Zahl von Kindern vollständig mit alternativen Großschreibungsregeln aufwachsen lassen müsste. Es kann also nur um Plausibilitäts-Argumente gehen.
9 Vgl. Hotzenköcherle 1955, Maas 1992. Jedoch: Ausgerechnet Pronomina werden nicht groß geschrieben; und andererseits bestehen gerade die zahlreichen Genitiv-Attribute aus Nomina. – Hotzenköcherle erwähnt übrigens die Denominalisierungen nicht einmal.
10 Anscheinend hat die Unklarheit hierüber die Rezeption der Günther-Thesen (1995,1996a) in der DGLS beeinflusst.
11 Davon zu unterscheiden ist Grammatik-Wissen.

Literatur
Afflerbach, Sabine: Zur Ontogenese der Kommasetzung vom 7. bis zum 17. Lebensjahr. Frankfurt am Main u. a.: Peter Lang 1997 = Theorie und Vermittlung der Sprache, hrsg. von G. Augst, R. Beier und W. Forner, Universität GH Siegen, Bd. 26.
Augst, Gerhard (Hrsg.): Deutsche Rechtschreibung mangelhaft? Heidelberg: Quelle & Meyer 1974.
Augst, Gerhard (Hrsg.): New Trends in Graphemics and Orthography. Berlin: de Gruyter, 1986.
Augst, Gerhard; Schaeder, Burkhard (Hrsg.): Rechtschreibwörterbücher in der Diskussion. Frankfurt am Main u. a.: Peter Lang 1991.
Boc, Michael; Augst, Gerhard; Wegner, Immo: Groß oder klein? Zur Funktion des Wortanfangs für den Leseprozeß. In: Augst, Gerhard (Hrsg.) (1985) Graphematik und Orthographie. Frankfurt am Main u. a.: Peter Lang (Theorie und Vermittlung der Sprache), 271–292
Eisenberg, Peter: Die Sprache und die Schrift. Warum es so schwierig ist, unsere Orthographie zu reformieren. In: Praxis Deutsch 103 (1990), 4–7.
Eisenberg, Peter: Kapitel ‚Der Laut und die Lautstruktur des Wortes', ‚Der Buchstabe und die Schriftstruktur des Wortes'. In: Drosdowski, Günther u. a. (Hrsg. und Bearb.): Duden-Grammatik. Mannheim: Bibliographisches Institut, 5. Aufl. 1995, 21–84.
Eisenberg, Peter: Die Schrift ist zum Lesen da. Orthographiereform und historische gewachsener Sprachbau. In: Wirtschaft & Wissenschaft 4 (1996), 22–29.
Frith, U. (1986): Psychologische Aspekte orthographischen Wissens. In: Augst, Gerhard (Hrsg.) (1986), 218–233.
Günther, Hartmut: Studien zur visuellen Worterkennung. In: Forschungsberichte des Instituts für Phonetik und Sprachliche Kommunikation der Universität München 18 (1983), 1–190
Günther, Hartmut: Die Schrift als Modell der Lautsprache. In: OBST Osnabrücker Beiträge zur Sprachtheorie 51, Mai 1995, 15–32.
Günther, Hartmut: Die Grammatik der Schrift und die Schrift der Grammatik – Einige Thesen. In: Bücher – eine Welt zum Lesen, Schreiben, Träumen, .../Grammatik [Tagungen der Deutschen Gesellschaft für Lesen und Schreiben, Vechta 1994, Rauischholzhausen 1995] Hamburg 1996a, 109 – 110. [Auch in Grundschulunterricht 4/1995]
Günther, Hartmut: Historisch-systematischer Aufriß der psychologischen Leseforschung. In: H. G; Otto Ludwig u. a. (Hrsg.) Schrift und Schriftlichkeit ... Handbücher zur Sprach- und Kommunikationswissenschaft, Bd. 10.2, Berlin: de Gruyter 1996b, 918–931.
Günther, Klaus-B.: Entwicklungs- und sprachpsychologische Begründung der Notwendigkeit spezieller Methoden für den Erwerb der Schriftsprache bei sprachentwicklungsgestörten, lernbehinderten und hörgeschädigten Kindern. In: Augst, Gerhard (Hrsg.) (1986), 354–382.
Hotzenköcherle, Rudolf: Großschreibung oder Kleinschreibung? Bausteine zu einem selbständigen Urteil. In: Der Deutschunterricht 7 (1955), H. 3, 30–49
Kohrt, Manfred: Rechtschreibung und ‚phonologisches Prinzip'. Anmerkungen zu einer ‚Standarddarstellung' der Beziehungen zwischen Laut- und Schriftsprache. In: OBST Osnabrücker Beiträge zur Sprachtheorie, Bd. 13: Schriftspracherwerp [!], hrsg. von H. Andresen, H. W. Giese, F. Januschek, 1979, 1–27
Kohrt, Manfred: Theoretische Aspekte der deutschen Orthographie. Tübingen: Niemeyer 1987
Maas, Utz: Grundzüge der deutschen Orthographie. Osnabrück: Universität 1. Aufl. o. J. [1988]; 2. korrigierte und erweiterte Aufl. 1989; Grundzüge der deutschen Orthographie. Tübingen: Niemeyer [3. überarbeitete Aufl.] 1992.
Melenk, Hartmut: Aspekte der Kommasetzung in der 8. Klasse. Ergebnisse eines Forschungsprojekts. In Didaktik Deutsch H. 4 (1998), 43–61.
Menzel, Wolfgang: Rechtschreibunterricht. Praxis und Theorie. = Beiheft Praxis Deutsch 69 (1985)
Menzel, Wolfgang/Sitta, Horst: Interpunktion – Zeichensetzung im Unterricht. In: Praxis Deutsch 55 (1982), 10–21.

Munske, Horst-Haider: das und daß. Ein exemplarischer Fall der Orthographiegeschichte und Orthographiereform. In: Sprachwissenschaft 18 (1993), 406–416.

Naumann, Carl Ludwig: Rechtschreibprobleme in der Sekundarstufe I. In: Diskussion Deutsch 132 (August 1993), 287–298

Naumann, Carl Ludwig: Interpunktions-„Fehler". Welchen Regeln folgen die SchreiberInnen bei der Kommasetzung? In: Petra Ewald, Karl-Ernst Sommerfeldt (Hrsg.): Beiträge zur Schriftlinguistik. Festschrift zum 60. Geburtstag von D. Nerius = Sprache. System und Tätigkeit, Nr. 15. Frankfurt/M.: P. Lang 1995, 211–233.

Naumann, Carl Ludwig: Woher die Aufregung? [Anmerkungen zur Rechtschreibreform] In: Praxis Deutsch 150 (Juli 1998), 4–8

Naumann, Carl Ludwig: Lese-Zeichen. Zu Geschichte, Norm und Praxis der Zeichensetzung. In: Annette Mönnich, Ernst W. Jaskolski (Hrsg.): Kooperation in der Kommunikation. FS Elmar Bartsch. Ernst Reinhardt München 1999a = Sprache und Sprechen, 91–99.

Naumann, Carl Ludwig: Chaosbegrenzung durch Lernwegweiser: Hilfen aus der Orthographiestruktur für das Rechtschreiblernen in und vor allem nach der Grundschule. In: Inge Büchner (Hrsg.): Beiträge 1997/1998 der deutschen Gesellschaft für Lesen und Schreiben. Hamburg 1999b, 78–99.

Naumann, Carl Ludwig u. a.: Nomen schreibt man groß. Aber was sind Nomen? In: H. Balhorn (Hrsg.): Rechtschreiben: Übungen und Ausübungen = Lernchancen 11 (1999), 64–69.

Nerius, Dieter/Scharnhorst, Jürgen (Hrsg.): Theoretische Probleme der deutschen Orthographie. Berlin: Akademie 1980

Nerius, Dieter, Autorenkollektiv: Deutsche Orthographie. Leipzig: Bibliographisches Institut [jetzt Tübingen: Niemeyer] 2., durchges. Aufl. 1989

Röber-Siekmeyer, Christa: Die Schriftsprache entdecken. Rechtschreiben im offenen Unterricht. Weinheim und Basel: Beltz 1993

Rössler, Rudolf: Ein Algorithmus als Hilfe bei der Kommasetzung. In: Sprachpflege 26 (1977) 17–20.

Scheerer-Neumann, Gerheid: Schriftspracherwerb: „The State of the Art" aus psychologischer Sicht. In: Ludowika Huber, Gerd Kegel, Angelika Speck-Hamdan (Hrsg.) Einblicke in den Schriftspracherwerb. Braunschweig: Westermann 1998, 31–46.

Laßt uns eine neue Sprache erfinden

Wir ersetzen
führen durch begleiten,
belehren durch helfen,
unterrichten durch zusammenleben.
Wörter wie
kontrollieren,
bestrafen,
bespitzeln,
benoten
streichen wir ersatzlos.
Glaubwürdig,
offen,
neugierig
schreiben wir groß.
Fragen,
helfen,
suchen
ernennen wir zu Hauptwörtern.
Laßt uns eine neue
Sprache erfinden,
und Taten folgen.

Peter Schiestl

Wolfgang Eichler

Über die Rolle der Grammatik im Orthografieerwerb

Ausgangslage

Unter den Stichworten Eigenaktivität, Selbstbestimmung und Spracherfahrung im Lernprozess der Orthografie, im Erwerb des richtigen Schreibens, wird heutzutage ein neues Verständnis in der Auseinandersetzung des Kindes mit der Rechtschreibung diskutiert.

Erste Auslöser waren empirische Forschungen, die zunächst ein neues Verständnis des Fehlerbegriffs, die Annahme von so genannten Lernfehlern auf dem Wege zur Schrift (Eichler 1976, Brügelmann [3]1983) oder von kreativen Schreibirrtümern (Eichler 1983) brachten.

In der Fortsetzung und theoretischen Modellierung kam es dann zur Entwicklung von an Modelle des Mutterspracherwerbs angelehnten so genannten „Stufenmodellen des Lesen- und Rechtschreiblernens", wie sie z. B. von Goodman 1972/76, Eichler 1976, 1983 und 1991, Frith 1986, Günther 1986, Scheerer-Neumann 1989 grundgelegt und z. B. von Dehn 1988 oder Eichler-Thomé 1995 und Thomé 1998 weiterentwickelt wurden.

Diese haben in der Lese- und Rechtschreibdidaktik zu einem Paradigmenwechsel im Lehrverhalten geführt und gewinnen Einfluss auch auf den Umgang mit An- und DysalphabetInnen. Sie laufen unter dem Stichwort „Spracherfahrungsansatz" und Eigentätigkeit des Kindes auch im Bereich der Pädagogik des Erstschreib- und Leseunterrichts (vgl. besonders Brügelmann [3]1989, Dehn und Scheerer-Neumann).

Eng verbunden mit solchen Stufenmodellen ist der Begriff der inneren Regelbildung beim Kind, die auf mehreren Ebenen des Sprachsystems erfolgt (vgl. Eichler 1991, Eichler-Thomé 1995 und Thomé 1998) und es bedarf keiner großen Fantasie, analog zum Mutterspracherwerb die Ausbildung grammatischer Kompetenzen beim Kinde auch im Schriftspracherwerb der Orthographie anzunehmen. Schließlich enthält die zu lernende Sachstruktur, unsere Rechtschreibung, ja einen Gutteil grammatisch(gesteuert)er Regelungen, das so genannte Grammatische Prinzip (vgl. z. B. zuletzt Bünting, Eichler, Pospiech 2000, S. 24 f.) So sind die Groß- und Kleinschreibung nach Wortartkriterien, die Zeichensetzung nach Satzbaukriterien und nach der neuen Rechtschreibreform sehr streng auch die Getrennt- und Zusammenschreibungen (diese nach Wortbildungskriterien) aufgrund grammatischer Phänomene geregelt, und es wird zu untersuchen sein, wieweit diese Sachstrukturen in das Lernen, in die Lernstruktur aufgenommen werden (müssen). Aber ehe wir über diese im engeren Sinne grammatischen Phänomene reden, erst einmal Bemerkungen zu einer sehr zentralen Problematik für das lernende Kind, dem Erkennen, dass unsere Schrift eine Laut-Buchstabenschrift ist.

Phonologie oder Phonetik im Zentrum der Auseinandersetzung mit der Schrift? Grammatische Konstruktion oder Substanzerfahrung im Umgang mit dem Verhältnis Laut-Buchstabe?
Nach linguistischer Auffassung gehört die Phonologie, die Lehre von den Sprachlauten, zur Grammatik (sie ist eine Systemebene der Sprache), die Phonetik hingegen, die sich mit der Substanz von Lauten, also ihrer Hervorbringung, dem Schallereignis, der auditiven (Hör-)Wahrnehmung beschäftigt, hingegen nicht.

Üblicherweise wird das Verhältnis zwischen den Lauten und den Buchstaben als ein phonologisch gegründetes angesehen, d. h. wir sprechen von phonologisch-graphemischen Korrespondenzregeln (grundlegend z. B. Bierwisch 1972), und in den meisten neuen Publikationen wird explizit oder stillschweigend davon ausgegangen. Nur selten, meist in meinen Arbeiten, taucht auch mal die phonologisch-phonetische Korrespondenz oder das phonetische Prinzip der Rechtschreibung auf, die Formulierung Lautprinzip umgeht die genauere Spezifizierung.

Dabei ist genaueres Hinsehen sowohl bei dem Schreibverhalten der Kinder als auch im Schreibverhalten in vergangener Zeit angesagt, um zu erkennen, was zumindest in den Köpfen der Rechtschreib(lern)er darüber vorhanden ist. Und hier scheint die Sache ganz anders auszusehen. Eigene Fehlerstudien (Eichler 1976) und ein DFG-Forschungsprojekt von mir 1981–85 zu „Rechtschreibfehlern und allgemeinen, dialektalen und idiolektalen deutschen Lautgesetzen" (ausgewertet im Wesentlichen in Eichler 1983, 1991 und Naumann 1989) sowie die Betrachtung des Schreibverhaltens Erwachsener in der noch nicht oder wenig rechtschreiblich vorgenormten historischen Zeit (vom Mittelalter bis etwa 1850) macht deutlich, dass die Menschen eher von Substanzerfahrungen der Laute denn von Lautklassen des Sprachsystems ausgehen, angloamerikanische Studien (z. B. Read 1969, berichtet in Eichler Hofer 1974) bestätigen dies.

Die selbsttätigen Rechtschreiber recodieren in ihren kreativen, privaten Schreibungen ihre persönliche Lautsprache ziemlich originalgetreu.

Nicht umsonst setzen wir in der so genannten alphabetischen Phase des Rechtschreiblernens ein Unterstadium der sorgfältigen phonetischen Repräsentation an: Schreibungen wie Muta (Mutter), Oan (Ohren), schbiln (spielen), troimpt (träumt) u. a. sind nur von der Phonetik her verständlich, sie widersprechen der phonologischen Norm.

Natürlich setzt die Rechtschreiberfahrung (Korrektur über das Lesen) starke normierende Kräfte frei, nötigt das Kind, den Menschen zur Abstraktion von seiner Privatsprache („-sprache" ist kein Versehen!) und von der einfachen phonetischen Recodierung. Interessant bleibt aber, dass diese Normierung nun wieder phonetisch, nämlich durch eine so genannte Schriftlautung (Ende der alphabetischen Strategie) vorgenommen wird, d. h. das Kind, der Mensch bemüht sich, ein Wort möglichst schriftlautlich zu sprechen und von dieser Lautsubstanz die richtigen Buchstaben abzuleiten. Wir beobachten, dass übertrieben Mut-teer gesprochen wird, zwei Silben, um das doppelte t zu bekommen, langes e, um das a zu vermeiden, das r wird oft gerollt, um es ebenfalls nicht ins a laufen zu lassen. Ich habe Kinder schon Wald (gesprochen Walt) mit einem im Deutschen fast unmöglichen d am Ende sprechen hören.

Der Übergang in die Grammatik der Laute, in die Phonologie erfolgt also lern-psychologisch über das Schriftvorbild, die Errichtung eines hochdeutsch lautie-renden Sektors im Rechtschreibunterricht. Also sorgfältiges Üben der deutschen Hochlautung als Ausgangshilfe für die Laut-Buchstaben-Zuordnung ist angesagt und wird von LehrerInnen, die dialektsprechende Kinder unterrichten, auch an-gewandt, um ein Chaos zu vermeiden.

Und das alles, obwohl wir aufgrund des Lauterwerbs in der oralen Mutter-sprache annehmen können, dass Kinder eine Phonologie, ein phonologisches Be-wusstsein für ihre Sprache erwerben. Dennoch stellen auch Sprachwissenschaft-ler vereinzelt (Tilmann, schärfer in unserem Zusammenhang Günther 1986) die Frage, ob nicht unsere Phonologie überhaupt erst aus der Schrift(lautung), dem Schriftalphabet (gewissermaßen sekundär) abgeleitet wurde.

Das Verhältnis von Laut- und Schriftzeichen ist also lernpsychologisch (wahr-scheinlich aber auch sprachwissenschaftlich) schwieriger als üblicherweise ange-nommen, die Kinder müssen im Schrifterwerb eine Verklassung der Laute (noch einmal) vornehmen und die „Grammatik", d. h. die geregelte Zuordnung dieser mental abstrahierten Lautkategorien zu den vorgegebenen Buchstaben eigenständig leisten. Wir können ihnen über Hochlaut-Übungen und Schriftlautung im Unter-richt lediglich Hilfen für die Bildung einer solchen Laut-Buchstaben-Grammatik geben.

Zugang zur Grammatik im engeren Sinne, Syntax und Morphologie, im Orthografieerwerb

Nun wurden oben bereits sachstrukturelle Phänomene in der Rechtschreibung an-gedeutet, die grammatisch geregelt sind, wo also das Kind die Aufgabe hat, gram-matische Bedingungen für das richtige Schreiben in sein Rechtschreibwissen und -können einzufügen. Diese Bereiche sind mindestens die Groß- und Kleinschrei-bung, die Zeichensetzung und, neuerdings strikter geregelt, die Zusammen- und Getrenntschreibung. Jedes Phänomen soll hier kurz untersucht werden.

Zur Groß- und Kleinschreibung

Die Groß- und Kleinschreibung ist nach Wortarten (Nomen/Substantive schreibt man groß) und Satzbauplänen (Am Satzanfang schreibt man groß) und davon ab-geleiteten Prinzipien geregelt, also: Überschriften werden wie Sätze, Buchtitel wie Substantive behandelt, Worterscheinungen, die wie Substantive eingeschätzt werden, schreibt man groß u. Ä.

Logisch und ökonomisch wäre vom Kind analog zu oben zu lernen, die Mög-lichkeiten der Großschreibung innerlich zu markieren und alles Übrige eben klein zu schreiben.

Psychologisch scheint das in der Schriftgeschichte und bei unseren Kindern und Jugendlichen auch so zu sein, allerdings mit ganz anderen Lernwegen, wie wir sie aus der Sachstruktur vermuten würden.

In der Schriftgeschichte begann die Großschreibung nach der Zeit, in der es über-haupt nur eine Sorte (Groß)buchstaben – Antiqua – gab, nach Aufkommen der ka-rolingischen Minuskel also, mit der Großschreibung am Abschnitts- oder Textanfang – man denke an die schönen verzierten oder rubrizierten Majuskeln in Handschriften – und mit der Hervorhebung wichtiger Wörter fast aller Wortarten im Text, oft auch durch Rubrizierung. Nach längeren, abgeschlossenen kommunikativen Einheiten – Punkt und Komma und / wurden fast alternativ eingesetzt – wurde ebenfalls groß begonnen.

Ähnliches beobachten wir auch bei Kindern, wenn sie frei mit Buchstaben experimentieren können: Schreiben sie mit Stempelbuchstaben oder Druckschrift bevorzugen sie überhaupt die Großbuchstaben, ansonsten lernen sie in der verbundenen Schrift das Prinzip des kommunikativen Satzanfangs recht schnell, beginnen Texte und Textabschnitte immer groß und neigen auch dazu, zunächst für sie wichtige Wörter groß zu beginnen, unbeachtlich der Wortart.

Kurz: Ließe man Kinder ganz frei walten und schalten, hätten wir keine grammatische, sondern eine kommunikative Großschreibung wie in der Schriftgeschichte (die ja eine Lerngeschichte ist) auch. Der Begriff Hauptwort für Substantiv in der Schulgrammatik mag ein Reflex auf diese kommunikative Steuerung sein, Hauptwörter sind eben wichtige sinntragende Wörter, Verben und oft Adjektive, Adverbien und manchmal Konjunktionen allerdings auch, je nachdem wie sie den Sinn der Aussage im Kontext steuern.

Erst durch Unterricht – und wie wir wissen mit großer Mühe – wird das grammatische Prinzip gelernt, wobei auch hier inhaltliche Definitionen des Begriffs Substantiv (= gibt den Dingen, Tieren, Pflanzen, Personen, Namen) besser taugen als formale („Wenn der, die, das stehen kann groß"), die nicht selten zu Schreibungen führen wie der Große junge oder der Stinkt.

Noch leidvoller wird das Problem, wenn es um die Einschätzung „Gilt als Substantivierung, ist hier als Substantiv gebraucht" geht und wenn diese durch grammatische Analyse geschehen muss (z. B. ein Wort anderer Wortart in Subjekt- oder Objektfunktion: Das ist der Menschen Gut). Groß- bzw. Kleinschreibungsfehler sind immer noch die meist gemachten Fehler (etwa 18–20% des Gesamtfehleraufkommens bei normal ausgebildeter Rechtschreibkompetenz).

Nähern wir uns im Unterricht dem Phänomen Großschreibung also möglichst weitgehend kommunikativ und inhaltlich, z. B. „Beginne da mit Großbuchstaben, wo du etwas Neues anfängst", „Substantive sind wichtige Wörter, Hauptwörter, die den Dingen usw. Namen geben", „Mit einer Überschrift fängt immer etwas Neues an, auch wenn sie nur genannt wird (Wir lesen die Novelle Der grüne Heinrich)", „Manchmal werden auch Vorgänge und Eigenschaften wie Dinge behandelt (das Lachen, viel Gutes)", „Schreibe groß, wenn du(!) meinst, dass es wie ein Substantiv gebraucht wird" usw., alles in sorgsam abgestufter Reihenfolge über Jahre hinweg zu behandeln. Die grammatisch formalen Kriterien sollten eher eine ergänzende Hilfe sein: „Du kannst prüfen, ob man vor das Wort ein der, die, das, stellen könnte" oder „Es gibt Erkennungswörter, nach denen oft ein großgeschriebenes Wort folgt: viel, etwas, wenig, einiges …"

Zeichensetzung

Hier hat bezüglich der Kommasetzung die Rechtschreibreform wichtige Erleichterungen gebracht, indem sie stillschweigend ein menschliches Kommasetzungsverhalten (teil)sanktioniert, das Kinder und Menschen seit eh und je bei der Kommasetzung anwenden: „Nach einer Pause im Satz setze ich ein Komma", „Wenn ich im Satz gliedern will, setze ich ein Komma".

Eigene und andere Untersuchungen (vgl. Eichler, Küttel 1993) machen deutlich, dass das natürliche Verhalten bei der Kommasetzung das Pausenkomma ist, womit die SchreiberInnen fast jedes Komma richtig setzen und manchmal, wenn sie besonders lange Sätze bilden und ihnen innerlich „die Luft ausgeht" auch ein Komma zu viel. Das beobachte ich noch in studentischen Arbeiten regelmäßig: Wenn ein Komma dort steht, wo es nicht hingehört, handelt es sich fast immer um ein Pausenkomma im überlangen Satz. Auch die Zulassung von Varianten durch die Rechtschreibreform – bei erweiterten Infinitiven oder vor und/oder in Hauptsatzaufzählungen darf man zur Durchgliederung, muss man aber kein Komma setzen – folgt diesem „heimlichen Lehrplan" des Pausenkommas, denn wie gliedert man in der oralen Redesituation: durch Einfügung gewichtiger Pausen.

Glauben Sie mir: Der zu schreibende Text wird erst einmal innerlich sorgsam gesprochen, durch innerliche Sprechpausen gegliedert, sonst bekommen wir das gar nicht hin. Und: Glücklicherweise machen wir auch bei der Einbettung von Gliedsätzen oder bei Aufzählungen, die wir nicht glatt verbinden, eine Pause, sodass wir auch hier natürlich zum Komma gelangen.

Nun darf man in einem amtlichen Regelwerk so etwas (Primitives) nicht schreiben – das wäre ja nun wirklich der Untergang des Abendlandes durch die Rechtschreibreform – und deshalb tun die Rechtschreibreformer das auch nicht. Aber wir LehrerInnen dürfen es tun, unsere Kinder tun's sonst auch ohne uns, und so haben wir eine leichte Hilfe für alle. Und diese Hilfe „Setze dort ein Komma, wo du durch eine Sprechpause gliedern willst" ist zugleich ein Stück Erziehung zur orthografischen Selbstständigkeit.

Natürlich darf auch die Satzanalyse mit ihrer komplexen, abstrakten Begrifflichkeit wie „Haupt-, Teil- und Gliedsätze, Aufzählungen funktionsgleicher Wörter und Satzglieder, erweiterte Infinitive und Präpositionalgruppen, Unterscheidung der Wortarten, grammatischer Funktionen" u. a im Unterricht höherer Klassen gemacht werden – so sie denn gelingt – aber nur als zweite, kontrollierende Hilfe, nicht als Leitkriteriensatz: das schafft sowieso niemand, nicht einmal ein Germanistikstudent.

Neuerdings ein ganz schwieriges Kapitel, die Zusammen- und Getrenntschreibung

Die Zusammen- und Getrenntschreibung (ich gebrauche diese Reihenfolge im Gegensatz zur Rechtschreibreform, warum wird noch deutlich) war im Regelwerk von 1901/2, d. h. bis 1998 amtlich nicht geregelt, die verschiedenen Ausgaben des Dudens zeichneten im Wesentlichen die natürliche Entwicklung nach bzw. gaben einfach einzelne Regeln vor.

Es war ein deutlicher Trend zur Zusammenschreibung zu erkennen, d. h. immer wiederkehrende Wendungen aus zwei oder mehreren Wörtern wurden immer öfter zusammengeschrieben. Das galt insbesondere bei:

- Wortverbindungen, die eine neue Bedeutung hatten:
sitzen bleiben – sitzenbleiben (= nicht versetzt werden),
- bei Betonungen auf der ersten Stammsilbe, wenn nicht jedes Einzelwort einen eigenen Stammton hatte:
gut schreiben – gutschreiben (auf dem Konto),
- wenn die Wendung bereits sehr geläufig war:
imstande, anstelle...
- Natürlich wurden feste Wortbildungen immer schon zusammengeschrieben – sie erfüllten aber in der Regel auch die obengenannten Kriterien:
Zylinderkopf, Kranarm, Dreschmaschine ...

Als – allerdings im Schulbetrieb wenig verbreitete – Faustregel konnte bei Zweifelsfällen gelten: Je kürzer eine feste Wendung und je länger im Gebrauch und je neuartiger die Bedeutung, desto eher schreibe zusammen.

Dennoch gab es viele Zweifelsfälle, das Ganze war – mit dem Trend zur Zusammenschreibung – laufend in Bewegung.

Das hat sich mit der Rechtschreibreform gründlich geändert: Nicht nur heißt das entsprechende Kapitel des neuen amtlichen Regelwerks G e t r e n n t- und Zusammenschreibung, d. h. der Trend wird umgekehrt, sondern die neuen Regeln gehen weg vom Substanziellen hin zum Grammatisch-Formalen, es wird also, wenn unsere bisherigen Beobachtungen stimmen, erwartbar schwieriger. Und das ist es in der Tat, die Kritik an der Rechtschreibreform entzündet sich gerade hier (und m. E. nur hier zu Recht).

So sind die neuen Regeln nach Arten der Wortverbindungen und nach Wortarten verschieden, generelle Regeln gibt es kaum noch. Die Kriterien sind formaler und für den weniger Gebildeten manchmal kaum nachzuvollziehen – für die Regelmacher aber offenbar auch nicht, denn die Listen, in denen Einzelschreibungen aufgeführt werden, sind groß.

Ich meine, Nachbesserung ist dringend vonnöten, am besten folgte man dem substantiellen Vorschlag, den seinerzeit die DDR-Gruppe in der Rechtschreibreformkommission eingebracht hatte, der im Wesentlichen die eingeleitete Entwicklung – Semantik, Betonung und Gebräuchlichkeit – festzuschreiben versuchte.

Ich versuche bis zu dieser Änderung für die Unterrichtspraxis in diesem Beitrag einen anderen Weg als bisher einzuschlagen: Statt genereller Marschroute muss ich hier eigene generelle und spezielle Faustregeln, Lösungshilfen vorschlagen (vgl. auch das von mir mit Bünting und Pospiech herausgegebene Handbuch der Deutschen Rechtschreibung 2000).

Grundregeln

Echte Wortbildungen, Wortzusammensetzungen schreibt man weiterhin zusammen. Man erkennt sie daran, dass man sie nicht auseinander nehmen kann, ohne dass sich der ganze Charakter der Bildung ändert oder dass man zusätzlich Wörter in den ersten Teil einsetzen muss:

Zylinderkopf (Zylinder Kopf), *Trinkglas* (allenfalls Glas zum Trinken) heimbringen (allenfalls nach Hause, *ins* Heim bringen) *bruchrechnen* (*mit* Brüchen rechnen), *angsterfüllt* (von Angst erfüllt)

Feste Wendungen, bei denen der vordere Teil bedeutungsmäßig nicht so tragend ist, werden weiterhin zusammengeschrieben:
solche mit kleinen Wörtern wie *an, auf, ein, dazu, hinüber, umher, zwischen,* das Regelwerk gibt hier umfangreiche Listen,
oder solche mit Wörtern, die ihre Bedeutung verloren haben, z. B. *hochverehrt* (= sehr verehrt, *preisgeben* = aufgeben, nicht zum, als Preis geben).
Ebenso ist es mit festen Wendungen, in denen der vordere Teil grammatisch nicht mehr selbstständig ist:
z. B. erster Teil nicht steigerbar oder erweiterbar: bereithalten: *bereiterhalten* geht nicht, *gutschreiben* (Konto): *besserschreiben* geht nicht, aber *fern liegen:* ferner liegen geht).
Ansonsten, in Wortgruppen und in Zweifelsfällen, schreibe man lieber getrennt: *Auto fahren, Rad fahren, sitzen bleiben, kennen lernen,* man vertut sich dann selten.
Diese Grundregeln sind immer noch kompliziert und so nicht ersteinführbar sondern nur durch Übepraxis zu erlernen.
Die Schülerinnen müssen einmal lernen, echte Wortbildungen zu erkennen, was in der Regel durch natürlichen Umgang gelingt, z. B. durch Wortbildungsspiele, Teekesselchen, Wörterdomino angeleitet werden kann. Fehler werden hier nach unseren Beobachtungen nicht gemacht, können aber möglicherweise durch zu intensive kognitive Auseinandersetzung mit den neuen Zusammenschreibungsregeln als eine Art „Überbesorgtheit", „schlafende Hunde wecken" hervorgerufen werden. Schwieriger ist aber der Umgang mit den festen Wendungen, die für den grammatisch Unaufmerksamen oft wie Wortgruppen wirken. Wenn man sich den – trotz der Rechtschreibreform! – in der Schreibpraxis fortsetzenden Trend zur Zusammenschreibung nutzbar macht, indem man ihn in Beispielen immer wieder hemmt. (Grundweisung: „Ihr müsst auseinander schreiben!") und immer wieder operative Spiele („steigerbar, erweiterbar oder nicht?", „bedeutungstragend oder nicht?") einsetzt, wird eine angemessene Schreibpraxis gelingen. Und die Rechtschreibreform hat an kritischen Stellen ja auch Doppeltschreibungen zugelassen (*danksagen – Dank sagen, aufgrund – auf Grund, anstelle – an Stelle* usw.).
Schließlich noch einige Lösungshilfen nach Wortarten. Man kann, wie das amtliche Regelwerk, nach Wortarten vorgehen, man muss es nicht, denn so unterschiedlich sind die Kriterien von Wortart zu Wortart nicht.

a) Zusammenschreibung bei Bildungen mit Verb am Ende:
Wenn das erste Teilwort ein kleines, grammatisch nicht mehr herauslösbares Wort ist, keine Formen bildet, nicht erweiterbar oder steigerbar ist, oder wenn es in seiner ursprünglichen Bedeutung verblasst ist, schreibt man zusammen, sonst getrennt: *eingehen, dazukommen, irreführen, bereithalten, heimbringen* aber: *auswendig lernen, sitzen bleiben, Rad fahren, genau(er) nehmen.*
Bildungen mit dem Verb sein werden immer getrennt geschrieben:
alt sein, pleite sein, vorbei sein, eins sein …
b) Zusammensetzungen mit Adjektiven und Partizipien (=Verbaladjektiven) als letztem Wort
Wenn das erste Wort vor Adjektiven oder Partizipien ein verkürztes, ehemaliges Satzglied wiedergibt, wird zusammengeschrieben: *freudestrahlend* = vor Freude strahlend, *knielang* = lang bis zum Knie

Zusammensetzungen aus zwei gleichrangigen Adjektiven immer zusammen: *feuchtkalt, taubstumm* (aus feucht und kalt, taub und stumm)

Wenn hingegen in einer Wendung ein Partizip beteiligt ist und beide Teile betont werden sowie wenn vor einem Adjektiv auf -ig, -isch und -lich steht, wird nicht zusammengeschrieben:

Rat suchend, Not leidend, abschreckend hässlich, blendend weiß –

c) Zusammensetzungen mit Substantiven als letztem Wort

Hier ist alles ganz einfach, und es werden auch kaum Fehler gemacht:

Bildungen mit Substantiv als letztem Wort und Substantivierungen aus mehreren Wörtern werden zusammengeschrieben:

Feuerstein, Kirschbaum, Faultier, Rastplatz ...

Substantivierungen: *das Autofahren, das Ratholen, das Suppengrün*

d) Zusammensetzungen mit den kleinen Wortarten am Ende

Hier führt das neue Regelwerk eher lange Listen als Regeln auf, man muss sich die Fälle eigentlich einprägen; andererseits werden normalerweise aber wenig Fehler gemacht, und da, wo sie üblich waren, hat die Rechtschreibreform Doppeltschreibungen zugelassen.

Zusammengeschrieben werden üblicherweise Bildungen, die Adverbien ergeben, oft mit Adverbableitungsendung:

indessen, ehrenhalber, vielerorts, himmelwärts (Adverbableitungen oft auf -s)

Zusammengeschrieben werden Konjunktionen, Präpositionen oder Pronomen, die aus zwei oder mehr Teilwörtern bestehen:

indem, inwiefern, sofern, sooft (= Konjunktionen)

anhand, infolge, inmitten, zuliebe (= Präpositionen)

irgendwer, irgendein, irgendetwas (= Pronomen),

aber: *irgend so ein, in bekannter Weise, dies eine Mal* (durch Erweiterung wird die ursprüngliche Wortart der Teile deutlich erkennbar, man spricht auch getrennt).

Während man hier wohl kaum Fehler erwarten darf, gibt es Wendungen im Bereich der kleinen Wortarten, die nicht sicher als Zusammensetzungen oder nur Wortgruppen erkennbar sind. Hier hat die Rechtschreibreform die Doppeltschreibung zugelassen, insbesondere bei:

außerstande sein/ außer Stande sein, zugrunde gehen /zu Grunde gehen, zurande kommen /zu Rande kommen, zutage bringen /zu Tage bringen, anstelle / an Stelle, aufgrund/ auf Grund, mithilfe / mit Hilfe usw.

Soweit also das nunmehr schwierige Kapitel Getrennt- und Zusammmenschreibung, bei dem man nur hoffen kann, dass es

– entweder zukünftig weitgehend freigegeben wird

– oder dass die alten materiellen Prinzipien, s. o. wieder in Kraft gesetzt werden.

Wer glaubt, ich hätte es zu kompliziert gemacht, der schaue sich das amtliche Regelwerk an.

Obwohl die Rechtschreibreform hier aus logisch-grammatischen Gründen für eine Verstärkung der Getrenntschreibung plädiert, wird im Entwicklungsprozess der alte Trend zur Zusammenschreibung anhalten. Und: die meisten Verstöße werden von den LehrerInnen und der Öffentlichkeit gar nicht bemerkt/verfolgt werden.

Der kleine Entwicklungsdysgrammatismus in geschriebenen Texten

Abschließend möchte ich mich einem wenig beachteten Phänomen, der Rolle des Grammatischen, in der Schriftsprache zuwenden: Mängel in der grammatischen Durcharbeitung beim Abfassen von Texten, die entweder als grammatische Fehler an der Oberfläche erscheinen oder, wenn nicht, dennoch die Struktur und Ausgestaltung des jeweiligen Textes (negativ) bestimmen.

Wir wissen, dass sich ein leichter (Entwicklungs-)Dysgrammatismus an der Oberfläche z. B. durch das Fehlen komplexer Satzstrukturen, z. B. durch des Fehlen von Gliedsätzen bemerkbar macht. Weil der Schüler/die Schülerin im Gebrauch einiger Regulaturen der Grammatik noch nicht sicher ist, vermeidet er/sie diese Strukturen in der oralen Rede und in geschriebenen Texten. In ersterer wird das kaum bemerkt, in letzteren wird das dann auffällig: Es wird reihend geschrieben in einfachen Sätzen (vgl. z. B. Pregel 1970 und Augst-Faigel 1986) oder/und es fehlen die präzisen grammatischen Feinheiten, wie die Endstellung des Verbs im Gliedsatz, oder es kommt einfach verschriftlichte orale Rede in Texten vor (vgl. ebd.), also z. B. *„der Hans, der hat mich gehauen"*, *„er tut das, weil er will nicht arbeiten"* u. Ä.

Wir werden in Kürze – oder kurz vor Erscheinen dieses Beitrags – ein Sonderheft der Zeitschrift Der Deutschunterricht mit Beiträgen zu „Grammatik und Formulieren" (2000, im Druck) bekommen; ich möchte hier schon einmal darauf hinweisen.

Da es sich bei den offenkundig werdenden grammatischen Problemen bereits um Mängel in der oralen Rede handelt, die in den Schülertexten lediglich wegen des inneren Recodierungsprozesses beim Schreiben durchschlagen (man spricht sich das gerade zu schreibende Textstück innerlich vor), gehören diese Auffälligkeiten ebenso wie die Verwechslung von dem und den oder die ungenügende Beachtung von Flexionsendungen nicht eigentlich zu den orthographischen Auffälligkeiten, aber der Fehler, besser: Unterlassungstypus, ist uns aus der Rechtschreibung auch bekannt: Kinder wählen Wörter für das Schreiben erst gar nicht, von denen sie vermuten, dass sie sie nicht sicher schreiben können. Und so hat etwas, was gar nicht als (orthographischer) Fehler erscheint, doch noch etwas mit dem Ausgangsphänomen, hier der Grammatik, zu tun.

Abschließende Würdigung

Das Phänomen Grammatik, als praktischer Besitz und als Steuerungselement, war nicht nur als Bestandteil bestimmter Regelkomplexe der Rechtschreibung zu betrachten, sondern auch auf die praktische Wirksamkeit im aktiven Lerngeschehen und als pädagogisches Hilfsinstrument. Dabei wurde deutlich, dass formalgrammatische Regulaturen offenbar das eigenaktive Lernverhalten in der Schriftsprache und speziell der Orthographie nur wenig steuern und dass formalgrammatische Hilfen dem Kind nicht wesentlich helfen.

Das Kind arbeitet in der Rechtschreibauseinandersetzung weitgehend anders, substanzorientiert:

– Es baut auf seinen phonetischen Wahrnehmungen auf und nicht auf seiner inneren Phonologie (so sie denn so vorhanden ist, wie wir Linguisten es uns denken).

– Das Kind gibt sich offenbar Regelbildungshilfen mehr aus der semantischen und kommunikativen Perspektive als aus der formal-grammatischen.

– Von daher sind auch grammatische Hilfen im Unterricht aufbaubar und sollten aufgebaut werden, damit wir den eigenaktiven Lernprozess sachgerecht begleiten.

– Phänomene in der Rechtschreibung (Sachstruktur), die stark formalgrammatisch geregelt sind, sind für das Lernen (Lernstruktur) außerordentlich schwer, was das jüngste Beispiel Zusammen- und Getrenntschreibung der Rechtschreibreform zeigt. Hier gebietet es die Menschlichkeit – die Rechtschreibung ist für die Menschen da und nicht trotz der Menschen – umzuarbeiten.

– Weiter ist zu vermuten, dass uns viele (grammatische) Probleme nicht unterkommen, weil sie vermieden werden, die Analogie zum Texte-Verfassen zeigt dies deutlich.

Literaturhinweise
Gerhard Augst und Peter Faigel 1986, Von der Reihung zur Gestaltung. Untersuchungen zum Schriftspracherwerb von 13–23, Frankfurt
Manfred Bierwisch, 1972, Phonologie und Schriftstruktur, in Probleme und Ergebnisse der Psychologie 43 (DDR) Berlin, S. 2l–44
Hans Brügelmann, 1989, Kinder auf dem Wege zur Schrift, Konstanz
Karl-Dietrich Bünting, Wolfgang Eichler und Ulrike Pospiech, 2000, Handbuch der deutschen Rechtschreibung, Berlin
Mechthild Dehn, 1988, Zeit für die Schrift, Bochum
Wolfgang Eichler, 1976, Zur linguistischen Fehleranalyse von Spontanschreibungen bei Vor- und Grundschulkindern, in Adolf Hofer, Hrsg. 1976, Lesenlernen, Theorie und Unterricht, S. 246–264
Wolfgang Eichler,1983, Kreative Schreibirrtümer. Zur Auseinandersetzung des Schülers mit dem Verhältnis Laut-Schrift und den Rechtschreibregeln, in Diskussion Deutsch 74, S. 629–640
Wolfgang Eichler, 1991, Nachdenken über das Schreiben. Innere Regel- und Regelfehlbildung beim Orthographieerwerb, in Diskussion Deutsch 117, S. 34–44
Wolfgang Eichler, Hartmut Küttel, 1993, Eigenaktivität, Nachdenken und Experiment. Zur inneren Regelbildung im Erwerb der Zeichensetzung, in Diskussion Deutsch 129, S. 35–44
Wolfgang Eichler, Günther Thomé, 1995, Bericht aus dem DFG-Forschungsprojekt Innere Regelbildung im Orthographieerwerb, in Hans Brügelmann, Heiko Balhorn, Hrsg., 1995, Am Rande der Schrift, Konstanz, S. 35–44
Uta Frith, 1986, Psychologische Aspekte des orthographischen Wissens, in Gerhard Augst, Hrsg. 1986, New Trends in Graphematics and Orthography, Berlin, S. 218–233
Kenneth S. Goodman, 1969/76, Die psychologische Natur des Leseprozesses, dt. in Adolf Hofer, Hrsg, 1976, Lesenlernen, Theorie und Unterricht, Düsseldorf, S. 131–152
Hartmut Günther, 1986, Was the Alphabet discovered or invented, in Gerhard Augst, Hrsg. 1986, New Trends in Graphematics and Orthography, Berlin, S. 32–54
Klaus-B. Günther 1886, Ein Stufenmodell der Entwicklung kindlicher Lese- und Schreibstrategien, in: Hans Brügelmann, Hrsg. 1986, ABC und Schriftsprache, Konstanz, S. 32–54
Carl-Ludwig Naumann, 1989: Gesprochenes Deutsch und Orthographie, Frankfurt
Dietrich Pregel 1970, Zum Sprachstil des Grundschulkindes, Düsseldorf
Gerheid Scheerer-Neumann, 1989, Rechtschreibschwäche im Kontext der Entwicklung, in: Ingrid Naegele, Renate Valtin (Hrsg.) 1989, LRS in den Klassen 1–10, Handbuch der Lese- Rechtschreibschwierigkeiten, Weinheim, S. 25–35
Günther Thomé 1998, Orthographieerwerb, Frankfurt, Berlin

Wolfhard Kluge

Grammatik-Arbeit in der Grundschule – zwischen Scheitern und Gelingen

Erinnerung an die „Hamburger Empfehlungen"

Die heimlichen Lehrpläne werden weit seltener und viel zögerlicher revidiert als die offiziellen. Sie sind Lehrern und Eltern vertraut aus eigener Schulzeit, ein breiter Strom gesellschaftlicher Zustimmung transportiert sie. Sie bestimmen mit der Macht des nicht In-Frage-Gestellten das tägliche Handeln. Und sie machen blind für die Wahrnehmung anderer Bedingungen und Möglichkeiten.

Besonders zu beklagen ist das im Bereich des Sprachunterrichts in der Grundschule. Was in Grundschulen an „Grammatik" gelehrt und geübt wird, ist noch immer sehr stark von der lateinischen Schulgrammatik bestimmt, die die Lehrerinnen und Lehrer in ihrer eigenen Schulzeit, gefestigt allerdings erst im Gymnasium, erlebt haben. Die Richtlinien oder Rahmenpläne decken diese didaktischen Zuteilungen im Allgemeinen nicht. Der „heimliche Lehrplan im Kopf" aber ist stärker. Er setzt sich durch und führt immer wieder von der Ostsee bis zum Alpenrand zu Aufgaben wie dieser, an der der Schüler Sascha gescheitert ist:

Sascha

Pomes- das ist ein supstatif.
Blühen- das habe ich nor nie ge Schriben
Treumen- da Aud man was.
fleisich- da Aud man was.
Kind - das haben wir schon oft ge schiben.

der Bär - das ist ein subsfandif.
ich heise- das ist kein subsdandif.
der geburtsdab.
der Geburtsdab- das habe? ich
fahren- das Aud man was.
das Paket -das ist ein supfstandif

Diesen Text verdanken wir *Brigitte Heckel*, mitgeteilt in Grundschulunterricht 42, 1995, H. 4.

Ist er gescheitert? Wenn wir die Betonung dieses Satzes verschieben und fragen: „Ist ér gescheitert?", werden wir zu einer Gegenfrage geführt. „Ist ér, oder ist ein anderer, etwas anderes hier gescheitert?"

Wahrnehmen, was Kinder uns mit ihren Antworten zeigen

Pommes, Bär und Paket: sicher erkennt Sascha diese Wörter als Substantive, wobei er im Fall von Pommes nicht durch einen Artikel geführt worden sein kann, insgesamt aber vielleicht durch das Indiz der gegebenen Großschreibung. Dass sein Augenmerk auf das Erkennen von Substantiven gerichtet worden ist, sieht man an der Antwort zu „heißen": „das ist *kein Substantiv*". Die Unterstreichung gibt Einblick in das ihm vorgegebene Interesse, das er zu haben hat. Hier die negative Aussage, ansonsten den Terminus unterstreichend, tut er das auch mit Kind bei einem Substantiv, das er nur nicht als solches bestimmt, offenbar aber richtig erkannt hat. Mit seiner „Erklärung" zu diesem Wort aber zeigt er mehr, gibt er Einblick, lässt er uns auf die Ebene seines wirklichen Verstehens und Verstehen-Könnens schauen: *„Das haben wir schon oft geschrieben".* – *„Das haben wir noch nie geschrieben – das habe ich schon oft geschrieben"*: Diese Bemerkungen zeigen, wie klug er sein Lernen und seine augenblicklichen Möglichkeiten selbst versteht: als ein Lernen im Umgang. Bei diesem Lernen durch Umgang und Gebrauch ist er auf einer noch sehr frühen Stufe. Er verschreibt sich. Selbst beim Abschreiben wird er mehr vom inneren Hören geleitet, als dass er schon ein Bewusstsein für orthografische Verbindlichkeiten hätte, vor allem aber zeigt er mit der Schreibung „nor" für „noch", auf welch frühem, sensibel lautorientiertem, aber noch vor-orthografischem Stand des Verschriftens er sich befindet. Er ist noch nicht reif für Orientierung auf extrakommunikative Zutaten zu seinem augenblicklichen Sprachverstehen. An *dem* Wort in dieser Grammatik-Aufgabe, das ihn existentiell am nächsten betrifft, wird das so überzeugend deutlich, dass man spätestens hier erkennen muss, wie der Versuch der Festlegung auf die abstrakte grammatische Sehweise eine unzulässige Verfrühung, einen Angriff auf seine kindliche Sicherheit darstellt, auf sein In-sich-Geborgensein und das Geborgensein in seiner Sprache. *„Geburtstag – das habe ich."* Hier wird das Eingreifliche, Übergreifliche einer grammatischen Zumutung erkennbar und sollte uns eine Mahnung sein. Die suchenden Verschiedenschreibungen des Überwortes „Substantiv" sind demgegenüber von marginaler Bedeutung.

Die Sehweise der „Hamburger Empfehlungen"

Es geht um die Frage, wofür Kinder jeweils, wenn wir ihnen Lernstoff zumuten, „reif" sind. Gescheitert ist nicht Sascha, gescheitert ist der schulische Versuch, ein Kind dieses Alters unter die Anforderung einer Sehweise und Verhaltensweise zu stellen, die diesem Alter noch nicht gemäß ist.

Sascha ist keineswegs ein „schlechter Schüler". Er ist sogar willig und kooperativ. Antworten wie „fleißig – da tut man was", Einschätzung definitionsentsprechend als Verb, sind allen Lehrerinnen und Lehrern bekannt und auch über Literatur belegt, am ausführlichsten bei Barbara Spies. Alle Stimmen dieser Art bekräftigen, dass die traditionelle Wortartengrammatik Kinder im Grundschulalter überfordert, da diese Kinder die für grammatisches Denken nötige Fähigkeit – zumeist – noch nicht besitzen: die Fähigkeit, von der Bedeutung, sowohl der Bedeutung des Wortes wie auch der Bedeutung „für mich", der Bedeutung in der Situation, zu abstrahieren. Die traditionelle Wortartengrammatik muss daher, in der Grundstufe eingesetzt, als verfrüht angesehen werden. Zumindest der Hessische Rahmenplan Grundschule sieht an keiner Stelle explizite Behandlung oder „Einführung" der Wortarten vor.

Was von Kindern dieses Alters erwartet werden sollte, formuliert der Hessische Rahmenplan so: Dass sie „zunehmend" … „ein Gespür für Nomen als einzig großzuschreibende Wortart" entwickeln und lernen, „dass Satzanfänge groß geschrieben werden". Erst für das 3./4. Schuljahr wird es zum Ziel gesetzt, dass sie bei den „bedeutungsstarken Wörtern" – Nomen, Verben, Adjektiven – auf dem Weg über Operationen mit den Ersatzproben „die betreffenden Fachbegriffe" erwerben: „zum Zweck der Verständigung."

Mit diesen Formulierungen befindet sich dieser Rahmenplan in fast wörtlicher Übereinstimmung mit den „Hamburger Empfehlungen". Dort in Hamburg wurden 1964 durch ein Expertenseminar von Schulpraktikern und Deutschdozenten aus der damaligen Bundesrepublik und der Schweiz beschrieben, welche „sprachlichen Erfahrungen" „am Ende des 4. Schuljahres das Kind gewonnen haben" sollte. Dabei wird ausdrücklich festgestellt: „Die Sprachlehre zielt nicht auf Regelwissen, sondern wirkt durch die Vertiefung des sprachlichen Verständnisses mit an der geistigen Ordnung des Menschen", seiner Selbst- und Weltorientierung also. Unmissverständlich wird konstatiert: „Satzanalyse gehört nicht in die ersten vier Schuljahre." Positiv aber wird formuliert, dass das Kind dahin zu begleiten sei, ein Gefühl für den Satz als inhaltliche und klangliche Einheit zu entwickeln, und zwar „im Umgang", sodann ein Gefühl (wiederum: „ein Gefühl"!) für das Wort als Inhaltsträger und für den Aufbau von Wortkörpern. Dazu: eine erste „Einsicht, daß die meisten wichtigen Wörter zu einer der drei großen Wortklassen gehören". Diese Einsicht aber gewinnen sie nicht „durch Definitionen, sondern durch Unterscheiden und Benennen im Umgang", also durch Operationen. Die Hinführung zu diesen ersten Einsichten und Erfahrungen dürfe auf keinen Fall „systematisch" angegangen werden, sondern „handlungsorientiert", wie wir heute sagen würden.

Die schulische Wirklichkeit

Mögen diese Empfehlungen – einmal mehr, einmal weniger – in den Richtlinien und Rahmenplänen ein Echo gefunden haben, die reale Praxis des Grundschulsprachunterrichts hält an den tradierten Mustern weitgehend fest. Und damit auch an der, wie alle Erfahrung zeigt, verfrühten und daher unverstanden bleibenden Wortarten-, Formen- und Satzgliedgrammatik. Deren Lehr-Ergebnis bleibt bestenfalls in einem unverbunden „als gelerntem, aber nicht angeeignetem Wissen neben der Sprachpraxis und den sprachlichen Fähigkeiten der Lernenden" stehen (H. Andresen, S. 130 ff).[1] Im Jahre 1983 – inzwischen hat sich die Praxis nicht wesentlich geändert – haben die beiden Lehrerinnen Felizitas Liemersdorf und Mechthild Peisker in einem Artikel für die „Grundschule" gefragt, und ich fasse das als einen Hilferuf auf: „Grammatik in der Grundschule – immer noch ein anderes Latein?"[2]

Im Anschluss an diesen Beitrag, in dem sie resümieren, die Berichte über ihr unterrichtliches Vorgehen – „den Lehrplan im Hinterkopf, die Kinder vor Augen und die Vorstellung von einer Kinderschule im Herzen" – hätten doch wohl deutlich zeigen können: es fehle ihnen nicht an der methodischen Fantasie, es sei doch wohl eher „die Sache Grammatik selbst, die eine Vermittlung an Grundschulkinder so schwer" mache, im Anschluss an diesen Beitrag haben Heftherausgeber und Verlag zu einem Wettbewerb aufgerufen „,Sprache untersuchen!' – aber wie?" und Preise dafür ausgesetzt. Es sind keine Einsendungen eingegangen, Preise konnten nicht vergeben werden. Die Macht und Tradition des heimlichen Lehrplans machen offenbar blind nicht nur für die Wahrnehmung dessen, was Kinder mit ihren Antworten signalisieren, sondern auch für Anregungen und förderliche Kritik in der Fachliteratur. Was offenbar auch schon die Autoren der „Hamburger Empfehlungen" beunruhigt hat, wenn sie – ohne Unterton der Kritik – schreiben: Es ist notwendig, dass sich die Schule (dort wörtlich: „der Lehrer") über die Ergebnisse der wissenschaftlichen Forschung unterrichte, damit sie für ihre „didaktischen Überlegungen fruchtbar werden können".

Was Kinder in der Grundschule in Bezug auf Sprachliches leisten können

Was Kinder in der Grundschule in Bezug auf Sprachliches leisten, gibt immer wieder zum Staunen Anlass. Da ist als erstes, was im Allgemeinen gar nicht als Grammatik-Arbeit und sprachanalytische Leistung der Kinder angesehen wird, und doch ist es die grundlegende Arbeit: das Schreiben-Lernen.[3] Auf dem Weg des Schreibenlernens lernen sie, den Gedankenstrom in Sätze, den Sprechstrom in Wörter zu gliedern, lernen sie das Erkennen und Wiedererkennen der grammatischen Morpheme, lernen sie Kasusformen zu beachten, deren Morpheme in der Sprechsprache oft nur als Murmellaute realisiert sind, lernen sie die oft minimalen, aber entscheidenden Differenzen zwischen ihrer regionalen Umgangs- und der Schriftsprache wahrzunehmen, zu erkennen und „übersetzend" mit ihnen umzugehen.[4] Diese Leistung und dieses tägliche stille Lernen wird zumeist von uns gar nicht gesehen und kaum gewürdigt. In dem schönen Beitrag Mirhäntfroitwendukunsch von Pankraz Blesi und Otto Stern in „Jeder spricht anders" finden wir eine solche Schreib- und Übersetzungsleistung dokumentiert. Bei einem genauen Vergleich der Sprechsprache, die die Briefschreiberin Cornelia „im Ohr" hat, mit dem, was sie zu Papier gebracht hat, sind wir überrascht von der sprachanalytischen Arbeit, die dort von dem Schreiben lernenden Kind geleistet wurde. Das Schreibenlernen zu bewältigen und bewältigt zu haben ist also ein Beleg für gelungene Sprach- und (denn nichts anderes heißt Verschriften:) „Grammatik"-Arbeit in der Grundschule.[5]

Dieses Gelingen wird zumeist nicht mit auf die Waagschale gelegt, wenn man von dem Scheitern der Kinder spricht, das ihnen am Gegenstand der abstrakten Wortartengrammatik fast notwendig, nämlich entwicklungsnotwendig widerfährt. Wer hier wirklich scheitert, das Kind oder eine unreflektierte Didaktik, ist die zu stellende Frage. Mit verfrühten und sie überfordernden Aufgaben werden Grundschulkinder nicht nur in ihrem Vertrauen zu ihrem Sprachkönnen irritiert, es wird auch wertvolle Schülerlebenszeit vertan, in der sie ihre Sprache auf ihren Wegen entwickeln könnten. „Wenn man es falsch anfängt, dann wird die Sprache nicht genug entwickelt", hat Paul Le Bohec, 30 Jahre lang Grundschullehrer in der Bretagne und „Schüler" von Célestin und Elise Freinet, in einem Interview gesagt. „Es gibt einen privilegierten Zeitablauf. – Um die Sprache zu entwickeln haben wir nur diese drei Jahre von sechs bis neun Zeit."[6]

Gelingende grundlegende Spracharbeit wird überall dort geleistet, wo man den Kindern Raum gibt für eigenes Schreiben: in fibelfreien Anfangsklassen, im Konzept Lesen durch Schreiben von Jürgen Reichen, in druckenden Klassen, im Gießener Langsdorfprojekt,[7] bei Heide Bambach, wo die Kinder „Muße haben, eigene Geschichten zu schreiben und den Texten anderer nachzusinnen", wo sie an der „Klärung der Gedanken, der Sachen und der Sprache" arbeiten und dabei weit mehr Erfahrungen und Entdeckungen machen, „als herkömmlicher Sprachunterricht ihnen vermitteln kann" (Bambach 1995, S. 27 ff.). Gelingender §prach-Unterricht auch in all den Klassen, die „freie Texte von Anfang an"[8] schreiben, wo die Kinder als „Autoren" ernst genommen und wie bei Graves und Gudrun Spitta als Schreiberinnen und Schreiber mit Kompetenz angesehen werden.

Wie zu Zeiten der Entwicklung des Deutschen zur Literatursprache die Fruchtbringende Gesellschaft und die anderen Orden, so kann die (Grund)Schulklasse zur „Sprachgesellschaft" werden (Kluge 1991).

Grundschule und weiterführende Schule

Nun gibt es jedoch den Einwand: „... aber die weiterführende Schule!" jedoch: Kann das ein Einwand sein? Nach allem Gesagtem und so auch von den Hamburger Empfehlungen gesehen, findet die Wortarten- und Satzgliedgrammatik, die in der Grundschule, zumindest den Klassen 1 bis 3, verfrüht und daher zum Scheitern verurteilt wäre, eigentlich erst dort ihren Ort. Erst in der Übergangszeit der Vorpubertät entwickeln die Schülerinnen und Schüler die Fähigkeit zu extrakommunikativem Verhalten, sind sie in der Lage „die Verhaftung mit dem Inhalt" aufzulösen (Aebli 1991, S. 369) und von einem spezifischen Gesichtspunkt aus bewusst abständig zu schauen, metakognitive Überlegungen anzustellen.

Auch laut Richtlinien ist es der so genannten weiterführenden Schule nicht erlaubt, der Grundschule einen Forderungskatalog vorzulegen: „Beim Wechsel von der Grundschule zum Gymnasium ist es für die Fortsetzung des Lernprozesses wichtig, an die Arbeit der Grundschule anzuschließen." Und wenn es heißt, Aufgabenschwerpunkt in den ersten weiterführenden Klassen sei es „eine grammatische Terminologie zur Bestimmung grammatischer Größen zu erwerben und anzuwenden", dann steht da ausdrücklich „erwerben" und nicht „erweitern"/"übernehmen"/„ausbauen" oder was sonst denkbar wäre (Richtlinien von NRW, S. 65, 72). Monika Dräger ruft daher zum Widerstand auf: die Grundschullehrer sollten „solidarisch den Grammatikunterricht an die weiterführende Schule abgeben" und sich nicht den unangemessenen Forderungen unterwerfen (Dräger 1995, S. 8 f.).

Dass man, so lange die Einsicht auf Seiten der weiterführenden Schulen noch reifen muss, den abgehenden Schülerinnen und Schülern der vierten Klassen einen Übergangskurs anbietet – man will ihnen ja nicht schaden –, das steht auf einem anderen Blatt (Kluge/Sennlaub).

Abgesunkenes Kulturgut – Die Wortartenlehre und die Großschreibung

Wortarten- und Satzgliedgrammatik in der Grundschule, das ist „abgesunkenes Kulturgut". Im Selbstverständnis der neuen Volksschule des vorigen Jahrhunderts war es Hereinnahme eines formal bildenden Lehrgegenstandes, der bis dahin den Lateinschulen vorbehalten war. Diese Hereinnahme ist somit als ein durchaus emanzipatorischer Akt zu verstehen, der jedoch in einem paradoxen Salto zu dem Ergebnis führte, dass schon bald von den Absolventen der Grundschuljahre die Beherrschung dieser Disziplin als Eingangsbedingung für die Aufnahme in die Gymnasien gefordert werden konnte. So nahm das Schicksal seinen Lauf.

Und dieses „Schicksal" wurde quasi zwingend durch eine Überlagerung: Wenn auch nicht als Hauptargument genannt, aber in der Praxis so gesehen: Die Wortartenlehre wird auch deshalb schon so früh an die Kinder herangetragen, weil es in unserer Schrift die Großschreibung gibt.[9] Und die hat Leo Weisgerber 1964 schon „als das Einfallstor unverstandener Grammatik in das erste Schuljahr" dingfest gemacht (Weisgerber 1964, S. 123). Was didaktik-offiziell als wissenschaftlicher Lehrgegenstand gilt und als gerechtfertigt durch lange Kulturtradition, kann in die frühesten Schuljahre aber nur eingedrungen sein, weil es in der Schnittmenge zwischen Orthografie und Grammatik die Substantive gibt. Warum aber, wenn es nur um diese gehen dürfte, lehrt man dann den ganzen Apparat der Wortartenlehre? Der Hessische Rahmenplan nimmt glücklicherweise eine alte Anregung auf,[10] indem er klar und einfach formuliert, was als Selbstverständlichkeit schon immer das Lehrerhandeln hätte leiten sollen: „Nur Nomen werden groß geschrieben; alles andere klein!" Und der Rahmenplan fährt fort: „Substantive sind die einzige Wortart, die relativ unproblematisch identifiziert werden kann. Wirksam wird dabei vor allem das intuitive Gespür für deren Funktion im Satz als Kern der Nominalgruppen."[11] Und um es für alle ganz deutlich zu machen: „Für die Großschreiberegel sind Merksätze wie ‚Verben und Adjektive werden klein geschrieben' nurmehr verwirrend."[12]

Wer in unserer Situation das „abgesunkene Kulturgut" Grammatik, weil hier nicht nur verfrüht, sondern „verwirrend", wieder dorthin zurückdrängen möchte, wo sie her kommt und frühestens Platz hat: in die Zeit des ersten Fremdsprachenlernens, was zugleich die Zeit der beginnenden Selbstdistanzierung ist, muss der Schule glaubhaft machen, dass die Großschreibung ebenso gut, ja besser auf anderen Wegen gelernt werden kann als über das grammatische Isolieren der Wortarten.

Die linguistisch-psychologische Begründung ist, dass wir (auch Kinder schon) zusammen mit dem Sprechenlernen ein tief eingebettetes Satzplanwissen erwerben, auf das sich unsere Schreiberfahrung zaunkönigartig aufsetzen kann. Darstell- und nachweisbar ist das freilich nicht mit der heute noch schulüblichen Subjekt-Prädikat-Objekt-Grammatik, sondern mit der Modellvorstellung der verb-orientierten Valenzgrammatik. Auch das war schon in den „Hamburger Empfehlungen" angelegt, wo es heißt: „Wichtiger als eine Benennungsänderung ist der Wandel der Blickrichtung auf den Satz. Statt der immer noch [1964!] anzutreffenden Satzanalyse nach Satzgegenstand – Satzaussage ist die Struktur des Satzes vom Verb her zu erschließen" (S. 283).

Die linguistisch-psychologische Begründung ist an verschiedenen Stellen seit 1985 öffentlich gegeben, zuletzt in den „Zaunkönig-Beiträgen" der Zeitschrift Grundschulunterricht (Kluge 1985, 1995). Aus dem Jahr 1983 schon stammt der folgende Text des Schülers Sven, den wir mit dem oben vorgestellten Sascha-Text in einen kontrastiven Vergleich bringen. Sven hat in seiner Schule keine solchen Übungen zur Identifizierung von Wortarten über sich ergehen lassen müssen. Seine Lehrerin hat auf das übliche Namen-, Wie- und Tuwort-Turnen verzichtet und sich auch jede explizite Belehrung versagt. In der durch diesen Verzicht gewonnenen „Frei-Zeit" haben die Kinder viel geschrieben, was ihre Erfahrungen erweiterte und Gelegenheit in Fülle bot zum eigenaktiven, hypothesentestenden Aufbau von Regelerfahrungen. Der rechts abgebildete Text ist eine der so entstandenen „Von-gestern-Geschichten". Unter dem Gesichtspunkt betrachtet „Wahrnehmen, was Kinder uns mit ihren Antworten zeigen" sehen wir: Sven hat noch seine liebe Not mit der Differenz zwischen seiner Umgangssprache, die er mit „Licher Ohren" hört, also hessischen, und der „hochdeutschen" Lautung und Schreibe. Aber in einem ist er absolut sicher: Wo groß zu schreiben ist, hat er's getan.

Wahrnehmen, was Kinder uns mit ihren Antworten zeigen: Das Sascha-Beispiel hat uns gezeigt, dass wir mit unseren Vorgaben Verunsicherungen riskieren, der Renrat-Text von Sven zeigt, dass Kinder ihre bewundernswerte Regelfindungskompetenz, die sie in der Vor-Schulzeit bei ihrem Sprechenlernen bewiesen haben, in der Schule und beim Schreibenlernen nicht verlieren (müssen).

Wenn wir also alle grammatische Unterweisung, die in der frühen Grundschulzeit zum Scheitern verurteilt ist, wieder „solidarisch an die weiterführende Schule" zurückgeben und damit Zeit gewinnen für die wirkliche Aufgabe, die Sprache der Kinder zu entwickeln (Le Bohec) und sich entwickeln zu lassen, werden wir wie Heide Bambach, Gudrun Spitta und alle anderen für unsere Grundschulen insgesamt von gelingender Spracharbeit berichten können.

Zur Sprachlehre in der Volksschule

Empfehlungen für die Ziele, Begriffe und Benennungen im Grammatikunterricht der Volksschule, erarbeitet durch ein Expertenseminar von Deutschdozenten und Schulpraktikern aus der Bundesrepublik und der Schweiz, unter Leitung von Dr. Anne Banaschewski (Direktorin des Instituts für Lehrerfortbildung, Hamburg), Dr. Erika Essen (Direktorin des Studienseminars Marburg), Prof. Dr. Hans Glinz (P. H. Kettwig und Universität Bonn) und Prof. Dr. Hans Schorer (P. H. Bonn).

Am Ende des 4. Schuljahres soll das Kind folgende sprachliche Erfahrungen gewonnen haben:

1. Ein im Umgang mit der Muttersprache entwickeltes Gefühl für den Satz als inhaltliche und klangliche Einheit (Satz = was in einem Zuge gesprochen wird und durch Stimmführung und Sinnträger als Einheit erkennbar ist), als Aussage oder Ausruf, als Frage, als Aufforderung.

2. Ein Gefühl für das Wort als Inhaltsträger, mit dem man Erlebtes und Beobachtetes festhält und mitteilt und das dadurch selbst Mittel zu genauerem Beobachten und tieferem Erleben wird.

3. Ein Gefühl für den Aufbau von Wortkörpern (z. B. Wortzusammensetzungen) und damit eine Hilfe für das erratend-entwerfende Verstehen unbekannter Wörter.

4. Die Einsicht, daß die meisten wichtigen Wörter zu einer der drei großen Wortklassen gehören. Das Kind gewinnt sie nicht durch Definitionen, sondern durch Unterscheiden und Benennen im Umgang mit

    Nomen (Namenwort, Dingwort, Hauptwort)

    Verb (Tuwort, Zeitwort)

    Adjektiv (Wiewort, Artwort, Eigenschaftswort).

5. Die Aufgaben der weiteren Wortarten (der „kleinen Wörter") erfahren die Kinder nur im Umgang mit ihnen. Diese Wortarten sind als solche aber nicht systematisch zu unterscheiden und zu behandeln.

6. Erfahrungen im Formenbereich des Nomens, Pronomens, Adjektivs. Unterscheidung von

    vier Kasus (Werfall, Wemfall, Wesfall)

    Singular – Plural (Einzahl – Mehrzahl)

    drei Geschlechtern (männlich, weiblich, sächlich).

Erfahrungen und erste Einsichten im Formenbereich des Verbs:

    Personalform

    Grundform, Mittelform (Partizip II).

Die Zeitformen sind nur im Umgang zu erfahren, nicht systematisch zu behandeln und zu benennen. Durch die Unterscheidung der Personalform und Grundform/Mittelform kann sich zugleich ein Gefühl entwickeln für den gliedmäßigen Aufbau und Ablauf des Satzes mit einem Verb als Kern und Rahmen und mit einer wechselnden Anzahl von Gliedern. Diese können aber noch nicht in ihrem exakten Rollenspiel durchschaut werden. Satzanalyse gehört nicht in die ersten vier Schuljahre.

Quelle: Wirkendes Wort, 14, 1964. Dazu auch ein erster Beitrag: Wirkendes Wort, 13, 1963, S. 311–314

Anmerkungen

[1] H. Andresen schreibt an der zitierten Stelle weiter: „Sehr häufig bleibt dann als Folge des Grammatikunterrichts nicht nur das Gefühl, dass Grammatik langweilig und von der Sprachwirklichkeit abgehoben sei, sondern es verbindet sich mit dem diffusen Gefühl ungenügender eigener Sprachkenntnisse." Das werde in Aussagen von Studierenden deutlich wie „Grammatik ist etwas, was ich können sollte, aber nicht kann". Dabei werde meistens nicht getrennt zwischen mangelnden Kenntnissen expliziter Regeln einer Sprache und praktischer Beherrschung. Die damit verbundene Haltung zu Sprache und sprachlichen Regeln werde in der Schule offenbar früh aufgebaut.

[2] Die Frage hier ist eine Anspielung auf Rudolf Hildebrands 1867 formulierten Leitsatz, dass die Muttersprache nicht gelehrt werden solle wie ein anderes (= zweites) Latein, und eine Klage über die Ergebnislosigkeit jener nun über 100 Jahre alten Mahnung.

[3] Dazu: Wolfhard Kluge. „Grammatik-Arbeit in der Grundschule: Aufbau und Klärung von Spracherfahrung." In: Schober, Otto, Hrsg. 1998 bzw. in: Feuchert/Büttner, Hrsg. 1997.

[4] Zur Information der Lehrerinnen und Lehrer dazu die Hefte „Dialekt-Hochsprache: kontrastiv. Sprachhefte für den Deutschunterricht", hrsg. von Besch, Löffler, Reich (vermutlich nur noch über Bibliotheken erhältlich).

[5] „grammatisieren" ist „schreibbar machen"

[6] Reihenfolge der zitierten Sätze von mir umgekehrt. (W. K.)

[7] Aus dem Langsdorfprojekt berichten die beiden Aufsätze „Vermutungen über ein rechtschriftliches Zaunkönigwissen" und „Vom Adler, der den Zaunkönig trägt." Kluge 1995, H. 4 und 10. – In eben jenem Heft 4 macht Erika Altenburg auf eine im Schreiben und Lesen zu erwerbende „Grammatik für Texte!" aufmerksam. (S. 10 ff.)

[8] In Anlehnung an den Titel von Gudrun Spittas Buch von 1985 „Kinder schreiben eigene Texte Klasse 1 und 2", dem 1992 die „Schreibkonferenzen in Klasse 3 und 4" folgten und 1998 das Bilanz ziehende „Freies Schreiben – eigene Wege gehen".

[9] Das Sascha-Beispiel oben ist das Dokument aus einer 1. Klasse gegen Schuljahresende. – Hierher gehören auch alle die wohlgemeinten Poster, die in den Klassenzimmern hängen und deren Texte zu den Wortarten mit dem Satz enden: „... schreibt man groß" / „... schreibt man klein".

[10] Wolfhard Kluge. In: Hoberg, Rudolf. Hrsg. Tübingen 1985. S. 75: „Statt von Groß- und Kleinschreibung zu reden und damit gleich etwas vorzustellen, was in den Zweifel (,Zwi-Fall') führt, sollte man nur von der Großschreibung reden. Und: Statt von Rechtschreibung sollte man – so weit es geht – lieber nur von Schreibung reden. ...so wie man auch nur vom Rechnen und nicht vom Recht-Rechnen spricht. Man würde sich dann, wie es das Ver=Rechnen gibt, nur noch vom ver=schreiben können. Man würde dann nicht mehr den Verstoß, den Fehler sehen, sondern das, was berichtigt werden kann, das Versehen, den Irrtum."

[11] Die praktische Demonstration und die theoretische Begründung erstmals im o. g. Niemeyer-Band „Rechtschreibung im Beruf" (Kluge in: Hoberg, Hrsg. 1985, S. 65 ff.): „... dass wir die [groß zu schreibenden] Wörter identifizieren nicht auf Grund eines lexikalisch-grammatischen Vorwissens; – dass wir sie erfassen aus dem Zusammenhang des Satzes; – dass wir, als Folge daraus, bei unserer Schreibpraxis die groß zu schreibenden Wörter ... quasi intuitiv erkennen. Wir erkennen sie auf Grund unseres Satzwissens." – Sodann Wolfhard Kluge in: OBST 40, 1989, 87–95 sowie in Kluge 1990, S. 158–165: „Abschied vom Grammatik-Tort. Über den eigenaktiven Aufbau sprachlicher Erfahrungen (am Beispiel der Großschreibung)". Dort auch eine „Valenzgrammatik in Kürze".

[12] Zitate: S. 114. Der Rahmenplan wurde, nach einem Entwurf vom September 1993, durch Verordnung in Kraft gesetzt am 21. 3. 1995.

Literatur

Aebli, Hans: Zwölf Grundformen des Lehrens. Stuttgart: Klett-Cotta, 6. Aufl. 1991.

Altenburg, Erika: Grammatik durch Texte? Grammatik für Texte! In: Grundschulunterricht 42, 1995, H. 4.

Andresen, Helga: „Lust an der Sprache – Unlust an der Grammatik." Die Grundschulzeitschrift, Sonderdruck Deutsch. S. 130 ff.

Bambach, Heide: „Von der Klärung der Gedanken, der Sachen und der Sprache. Wie die Kinder miteinander ihre Texte voranbringen und verbessern." In: Grundschulunterricht 42, 1995, H. 10. S. 27 ff.

Bambach, Heide: Erfundene Geschichten erzählen es richtig. Konstanz, 1989.

Blesi, Pankraz und Otto Stern: Mirhäntfroitwendukunsch ... In: Balhorn, Heiko und Hans Brügelmann, Hrsg. Jeder spricht anders. DGLS-Jahrbuch. Konstanz, 1988.

Dialekt-Hochsprache: kontrastiv. Sprachhefte für den Deutschunterricht. Hrsg. von Besch, Löffler, Reich

Dräger, Monika (Hrsg.): Am Anfang steht der eigene Text. Heinsberg: Dieck, 1988.

Dräger, Monika: „... aber die weiterführende Schule!" In: Grundschulunterricht 42, 1995, H. 4.

Graves, Donald H. :„Kinder als Autoren: Die Schreibkonferenz." In: Balhorn, Heiko und Hans Brügelmann. ABC und Schriftsprache. DGLS-Jahrbuch 1986. S. 135–157.

Hamburger Empfehlungen: „Zur Sprachenlehre in der Volksschule." Wirkendes Wort XIV, 1964, S. 283.

Hering, Jochen und Walter Hövel (Hrsg.): Immer noch der Zeit voraus. Kindheit, Schule und Gesellschaft aus dem Blickwinkel der Freinetpädagogik. Bremen: Pädagogik-Kooperative, 1996.

Hildebrand, Rudolf: Vom deutschen Sprachunterricht in der Schule und von deutscher Erziehung und Bildung überhaupt. 1867.

Hoberg, Rudolf (Hrsg.): Rechtschreibung im Beruf. Tübingen: Niemeyer, 1985.

Kluge, Wolfhard: „Zur Großschreibung der Substantive: Einige kritische Anmerkungen linguistischer und methodischer Art." In: Hoberg, 1985.

Kluge, Wolfhard: „Kann man die Großschreibung auf intuitivem Wege lernen?" In: Osnabrücker Beiträge (OBST) 40, 1989, 87–95.

Kluge, Wolfhard: Abschied vom Grammatik-Tort. Über den eigenaktiven Aufbau sprachlicher Erfahrungen (am Beispiel der Großschreibung). In: Brügelmann, Hans und Heiko Balhorn. Hrsg. Das Gehirn, sein Alfabet und andere Geschichten. DGLS-Jahrbuch 1990. S. 158–165.

Kluge, Wolfhard: Schüler, Lehrer und Grammatik: Die Schulklasse als Sprachgesellschaft. In: Augst, Ehrismann, Ramge (Hrsg.): Festschrift für Heinz Engels. Göppingen, 1991.

Kluge, Wolfhard: „Vermutungen über ein rechtschriftliches Zaunkönigwissen" und „Vom Adler, der den Zaunkönig trägt." In: Grundschulunterricht 42, 1995, H. 4 und 10.

Kluge, Wolfhard: Grammatik-Arbeit in der Grundschule: Aufbau und Klärung von Spracherfahrung." In: Otto Schober, Hrsg. Deutschunterricht für die Grundschule. Bad Heilbrunn, 1998. Ebenso in: Feuchert/Büttner (Hrsg.): Schreiben lernen – Schreiben lieben. Fernwald: litblockin, 1997.

Kluge/Sennlaub: Kluge, Wolfhard und Gerhard Sennlaub. Grammatikkurs für Klasse 4.. Berlin: Cornelsen, plus Lehrerheft.

Le Bohec, Paul: „… wenn man es falsch anfängt, dann wird die Sprache nicht genug entwickelt..." Ein Interview. In: Hering Jochen und Walter Hövel. 1996, S. 231 ff.

Liemersdorf, Felicitas und Mechthild Peisker: Grammatik in der Grundschule – immer noch ein anderes Latein? In: Grundschule 15. 1983, H. 5.

Rahmenplan Grundschule. Hessisches Kultusministerium, 1995. Vertrieb: Diesterweg-Verlag.

Spies, Barbara: Zur Aneignung von grammatischen Wissen bei Primarstufenschülern. Untersuchung zum Verständnis der Wortarten. In: Osnabrücker Beiträge zu Sprachtheorie (OBST) 40, 1989. S. 75–85.

Spitta, Gudrun: Kinder schreiben eigene Texte Klasse 1 und 2. Bielefeld, 1983; Frankfurt, 1988.

Spitta, Gudrun: Schreibkonferenzen in Klasse 3 und 4. Frankfurt, 1992.

Spitta, Gudrun (Hrsg.): Freies Schreiben – eigene Wege gehen. Lengwil: Libelle, 1997.

Weisgerber, Leo: Die Verantwortung für die Schrift. DUDEN-Beiträge 18. 1964. S. 123.

In der benachbarten Grundschule betreue ich als zweiter Lehrer in einer integrativen Klasse ein Kind mit einem Down-Syndrom, Antje. Antje ist in der ersten Klasse und lernt gerade das Lesen. Sie kann den Lesevorgang im ‚technischen‘ Sinne, also langsam lautierend in einem rekodierenden Lesestil. Damit das nicht zu einer rein mechanischen Fertigkeit gerinnt, muss ich sie immer wieder zum Nachdenken über die Wortbedeutungen einladen. Bei einer solchen Gelegenheit entstand das folgende Gespräch:

Antje liest auf einer Wortkarte: „W-o-l-k-e"

Anschließend in Silben: „Wool-kee"

Und zuletzt: „Wolkee"

Ich frage: „Weißt du, was das ist, Wolkee?"

„Klar", sagt Antje, „gibt's auf'm Friedhof."

„???"

„Meine Oma ist auf dem Friedhof. Und die ist im Himmel. Da gibt's Wolken."

Ich finde, Antjes Antwort gibt einen selten schönen Blick frei auf die Art und Weise, wie sich ein Kind seine Welt denkt.

Aufgeschrieben von Uwe Mitzkeit aus Schwalmtal

141

Eduard Haueis

Sprache vergegenständlichen: Dürfen Lehrkräfte weniger wissen als Kinder im 1. und 2. Schuljahr können müssen?

Das Hauptaugenmerk in der didaktischen Diskussion um die Gestaltung des Anfangsunterrichts liegt derzeit darauf, Lernumgebungen zu schaffen, die eine möglichst spontane, weitgehend ungesteuerte Aneignung von Schrift und Schriftsprache begünstigen. Nun können aber Lernprozesse innerhalb der Institution Schule kommunikativ nicht genau in der gleichen Weise verlaufen wie außerhalb. Einige der sprachlichen Handlungsmuster, die außerhalb von Schule und Unterricht praktiziert werden, funktionieren innerhalb dieser Institution nur in modifizierter Form und sind mit Risiken des Scheiterns behaftet, die in der außerschulischen Kommunikation kaum zu befürchten sind. Nach Möglichkeiten zu suchen, solche Nachteile auszugleichen, gehört gewiss zu den Aufgaben der Didaktik. Sie kann dabei aber nicht naiv unterstellen, dass die Besonderheiten der Unterrichtskommunikation gänzlich aufzuheben seien. Wer als prinzipiell Gleichgestellter an sozialen Interaktionen teilnimmt, kann davon profitieren, dass er von seinen Partnern in der Wahl seiner sprachlichen Handlungsmuster nicht unnötig eingeschränkt wird. Wenn dies in Lehr- und Lernsituationen zur Geltung kommen soll, geht es darum, dass sich die zu Unterrichtenden auf dieser interaktiven Basis jenseits alltagskommunikativer Beliebigkeit Lerngegenstände aneignen können. Die didaktische Arbeit ist aber nicht schon damit beendet, dass man die Organisationsformen von Unterricht öffnet. Man braucht darüber hinaus eine Gegenstandsmodellierung, die subjektive Zugriffsweisen der Lernenden als Novizen zum Zuge kommen lässt und gleichwohl die Lehrenden als Experten nicht zum Schweigen verurteilt. Dies erfordert von Lehrkräften eine hohe fachliche Kompetenz und von den wissenschaftlichen Einrichtungen der Lehrerbildung erhebliche Anstrengungen, entsprechende Standards zu sichern. Ich werde im Folgenden einige Punkte markieren, die bei der Qualifizierung von Lehrkräften für den Anfangsunterricht im Lesen und Schreiben im Auge zu behalten sind.

Ein erfolgreicher Schrifterwerb geht mit der Fähigkeit einher, Sprache zum Gegenstand von Aufmerksamkeit und Bewusstheit zu machen In der didaktischen Reflexion sind in diesem Zusammenhang Unterscheidungen in zweifacher Hinsicht zu treffen. Zum einen ist zu berücksichtigen, dass es sich um durchaus unterschiedliche Formen und Grade von Bewusstheit handeln kann. Im Anfang wird implizites prozedurales Wissen eine wesentlich größere Rolle spielen als explizites deklaratives. Zum anderen ist die Gerichtetheit von Aufmerksamkeit und Bewusstheit auch in Abhängigkeit von dem zu erwerbenden Schriftsystem zu sehen. Es ist daher zumindest analytisch zu unterscheiden zwischen metalinguistischen

Fähigkeiten, die bei jeder Art von Schrift eine Rolle spielen, und solchen, die für Alphabetschriften und insbesondere für das orthografische System des Deutschen von Belang sind.

Das Herauslösen von sprachlichen Einheiten aus dem situativen Kontext ist eine prozedurale metalinguistische Fähigkeit, die für die Aneignung jeder Art von Schrift erforderlich ist. Die Einsicht in diese Notwendigkeit ist angehenden Lehrkräften alles andere als selbstverständlich. Denn zum allgemeinen pädagogischen und didaktischen Credo gehört ja gerade umgekehrt, dass die Einbettung von Lerngegenständen in situative Kontexte von sehr großer Bedeutung ist. Das ist auch nicht in Frage zu stellen. Aber im situativen Kontext des sprachlichen Handelns ist die Aufmerksamkeit in aller Regel nicht auf Sprache gerichtet. Das geschieht erst in problematischen Fällen. Und genau dann muss man im laufenden sprachlichen Handeln innehalten und sich auf das sprachliche Phänomen konzentrieren. In didaktischen Situationen ist man weitgehend darauf angewiesen, solche „Stör-" und „Problemfälle" künstlich herzustellen. Das ist allemal besser als eine fehlerhafte Praxis, in der situative Kontexte von vornherein ignoriert und deswegen auch gar nicht präsentiert werden. Diese Unterschlagung hat aber mit der Forderung, sprachliche Phänomene aus dem situativen Kontext zu lösen, nichts zu schaffen. Denn der Kontext bleibt in den Fällen erhalten, wo die Abstraktionsschritte des Herauslösens bewusst gegangen werden. Es wird nur die Richtung der Aufmerksamkeit verschoben und unter Umständen im kommunikativen Handeln innegehalten.

Zentraler Gegenstand der Aufmerksamkeit auf sprachliche Einheiten ist im Anfangsunterricht zunächst einmal das einzelne Wort. Die didaktische Modellierung der entsprechenden Aufmerksamkeitssteuerung hat zwei Problemen Rechnung zu tragen. Erstens ist die Anbahnung eines fachsprachlichen Wortbegriffs mit der Beschränkung auf einen Aspekt verbunden, der in der alltagsweltlichen Erfahrung von Schulanfängern keine sehr große Rolle spielt. Zweitens bewegen sich Lehrende ihrerseits zuweilen auf schwankendem Boden, wenn es um einen angemessenen Umgang mit dem Wort *Wort* gehen soll.

Der Wortbegriff von Kindern ohne Erfahrungen mit der Schriftsprache stützt sich vor allem auf einen Gebrauch des Wortes *Wort* für alles, was man sagen kann. Das ist ein Wortbegriff, wie er in Ausdrücken wie *Sprichwort, Schimpfwort, Vorwort, ein ernstes Wort* etc. vorkommt. Erst mit dem Lesen- und Schreibenlernen bildet sich ein Wortbegriff heraus, der das Wort als eine isolierbare bedeutungshaltige sprachliche Einheit erfasst. Die weitere und engere Bedeutung von *Wort* kommt im Deutschen durch unterschiedliche Pluralformen zum Ausdruck. *Worte* ist der Plural, den man (korrekterweise) gebraucht, wenn man Wort im Sinne von frz. *parole* verwendet (jede Art von dem, was man äußert). *Wörter* ist der Plural, wenn man *Wort* im Sinne von frz. *mot* meint. Die meisten Lehrkräfte kennen diesen Unterschied aber nicht.

Das Wort als isolierbare bedeutungshaltige Einheit ist Kindern keineswegs unbekannt. Sie können zum Beispiel angeben, welche Wörter sie schon schreiben oder lesen können. Dies ist zum einen darauf zurückzuführen, dass im Unterricht das Schreiben und Erlesen von einzelnen Wörtern als Aufgabe auftaucht; zum anderen werden durch die Zwischenräume zwischen Wörtern diese in der Schrift als

isolierbare Einheiten repräsentiert. Zudem ist für zahlreiche Formen des spielerischen Umgangs mit Sprache eine implizite Kenntnis von Wörtern erforderlich. Die
Einheit *Wort* erscheint in Pfänderspielen wie *Alle Vögel fliegen hoch* und in Rätseln.
Hinzu kommen die ersten Erfahrungen in der Aneignung von Schriftsprache. Eigenschaften von Wörtern kann man sich daher anhand von spielerischen Formen des
Umgangs mit Sprache bewusst machen. In Tätigkeiten, wie sie etwa im Zusammenhang mit Abzählversen ausgeführt werden, stehen jedoch sprachliche Phänomene nicht im Mittelpunkt der Aufmerksamkeit. Um die Aufmerksamkeit darauf zu lenken, ist die Einbettung in einen Kontext erforderlich. Es gibt zum Beispiel Geschichten, in denen der Held von einem Fabelwesen daran gehindert wird,
seinen Weg fortzusetzen, wenn er eine bestimmte Aufgabe, etwa ein Rätsel, nicht
lösen kann. Die didaktische Aufgabe, die Aufmerksamkeit von Schulanfängern auf
einzelne Wörter zu lenken und einen fachlich bestimmten Wortbegriff anzubahnen, wird allerdings nicht zuletzt dadurch erschwert, dass der Wortbegriff, der die
pädagogische Praxis dominiert, nicht zureichend geklärt ist. Weder wird der Unterschied zwischen Zeigen und Nennen getroffen, noch der zwischen Wortbedeutung und Referenz.

Für den Anfangsunterricht kommt der Unterschied zwischen Zeigen und Nennen als Gegenstand eines deklarativen metasprachlichen Wissens überhaupt
nicht und des impliziten prozeduralen Wissens nicht unmittelbar in Betracht. Auf
der Ebene des praktischen spachlichen Könnens sind jedoch unterschiedliche Formen des sprachlichen Zeigens insofern wichtig, als beim Formulieren schriftlicher
Texte die Fähigkeit zu einem situationsunabhängigen sprachlichen Verweisen auf
Redegegenstände erforderlich wird. Anzubahnen ist dies, indem man von den Verhältnissen im räumlichen und im personalen Zeigen ausgeht. Da kann man das
Zeigewort als den sprachlichen Ausdruck für das Zeigen fast immer durch eine
Zeigegeste ersetzen.

Lehrkräfte, die für den eigenen Gebrauch konsequent zwischen Nenn- und Zeig-
funktionen unterscheiden, sind weniger anfällig für eine fehlerhafte Modellierung
der Beziehung zwischen Ausdruck und Inhalt, wie sie leider in Sprachbüchern des
Öfteren anzutreffen ist und Verwirrung stiftet: Dort wird nämlich – in einer alten
pädagogischen Tradition – immer wieder so getan, als sei das einzelne Wort nichts
anderes als ein „Stellvertreter" für die bezeichnete Sache. Dies kann man an einem besonders drastischen Beispiel verdeutlichen. Im Anschluss an das Ratespiel
Ich sehe was, was du nicht siehst. Es ist ... wird in einem Sprachbuch behauptet, es
sei ein Wort, das hier stellvertretend für all die vielen Wörter stehe, die in diesem
Spiel zu erraten sind. Dann zählt *Es* also auch als „Stellvertreter" für *die Wandtafel,
den Overheadprojektor* und *das Klassenbuch ...* Derartiger Unsinn sollte durch
Sprachunterricht nicht Verbreitung finden. Dazu könnte es aber gar nicht kommen,
wenn man sich darüber im Klaren wäre,

– dass es hier ein (ana)phorischer Ausdruck ist, mit dem auf *(et)was* im Vorder-
satz verwiesen wird,

– und dass mit diesem Ratespiel nicht unmittelbar Wörter, sondern zuerst
Gegenstände, Personen, Tiere oder Pflanzen und erst dann die Bezeichnungen
dafür gefunden werden sollen.

Für den Erwerb einer Alphabetschrift ist die Fähigkeit, die Ausdrucksseite eines Wortes unabhängig von seiner Inhaltsseite zum Gegenstand der Aufmerksamkeit und des Nachdenkens zu machen, von zentraler Bedeutung. Dass Kinder wie auch schriftunkundige Erwachsene damit Schwierigkeiten haben können, ist bekannt. Eines der Indizien dafür besteht in den Angaben zur „Länge eines Wortes". Sie wird von Schriftkundigen aufgrund von Merkmalen bestimmt, die für die Ausdrucksseite gelten: Man zählt entweder im Schriftbild die Zahl der Buchstaben oder nach Gehör die Zahl der Silben. Dass wir glauben, die Wörter unserer Sprache als eine Folge von Lauten zu hören, beruht darauf, dass wir gelernt haben, unsere Sprache durch die Brille unseres Schriftsystems wahrzunehmen. Ohne diese Brille ist die kleinste Sprechheinheit, in die wir unsere Äußerungen gliedern können, die Silbe. Zum Begriff des Einzellautes kommt man im Grund genommen erst auf dem Umweg, herauszufinden, an welchen Stellen und worin sich Silben voneinander unterscheiden.

Die Stellen, an denen sich Silben voneinander unterscheiden können, sind als Positionen in einem Bauplan zu kennzeichnen. Theoretisch kann er entweder als Abfolge von Anfangsrand, Kern und Endrand angelegt sein oder diese Positionen auf zwei Gliederungsebenen verteilen; in diesem Fall gliedert man die Silbe auf der ersten Ebene in Anfangsrand und Reim; auf der zweiten Ebene den Reim in den Kern und den Endrand auf. Didaktisch spricht einiges für den zweiten Zugriff, weil man hier mit dem alltagsweltlich verankerten metasprachlichen Begriff des Reims arbeiten kann. Allerdings ist der linguistische Begriff des Reims etwas enger gefasst als in der Alltagssprache. Es fallen nur Kern und Endrand einer einzigen Silbe darunter, während es in der Poesie ja auch mehrsilbige Reime geben kann.

Den Anfang einer (betonten) Silbe bildet immer ein Konsonant. Einer dieser Konsonanten, der Glottisverschluss [?] wird im deutschen Schriftsystem jedoch nicht wiedergegeben, sodass die deutschen Schreibsilben durchaus vokalisch beginnen können. Dies kann Kinder mit anderen Muttersprachen zu Fehlschreibungen verleiten. Sie setzen dann z. B. ein überflüssiges <h> an den Anfang eines scheinbar vokalisch beginnenden Wortes, weil sie meinen, den hörbaren Glottisverschluss in der Schrift wiedergeben zu müssen. Betonte Silben haben im Deutschen immer einen Vokal als Kern. In unbetonbaren Silben gibt es auch silbische Konsonanten, z. B. [l] in [apfl]. Die Kerne unbetonbarer Silben werden aber in der deutschen Orthographie grundsätzlich als <e> wiedergegeben. Eine für den Rechtschreibunterricht wichtige Besonderheit des deutschen Silbenbaus besteht darin, dass an den Silbenrändern Häufungen bis zu drei Konsonanten (am Ende durch konsonantische Flexionsendungen sogar vier) auftreten können. Kinder mit Herkunftssprachen, die solche Konsonantenhäufungen im Silbenaufbau nicht kennen, werden entweder weniger Laute verschriften oder aber die nach ihrer Spracherfahrung fehlenden Silbenkerne selbstständig ergänzen. Die Abfolge der Konsonanten an den Silbenrändern ist nicht beliebig, sondern folgt dem Prinzip, dass die Klangfülle der Laute vom Anfang bis zum Silbenkern zu-, und von dort aus bis zum Ende wieder abnimmt; deshalb kehrt sich oft die mögliche Reihenfolge der Konsonanten in der Position des Silbenanfangs in der Position am Silbenende um. Einige Konsonanten und Konsonantenverbindungen können nur in bestimmten Positionen, also entweder am Anfang der Silbe oder am Endrand des Reims vorkommen. Kenntnis dieser Zusammenhänge ist für Lehrkräfte unerlässlich, um vor allem Kindern aus anderen Herkunftssprachen bei der Aneignung von phonetischen Schreibungen kompetente Hilfestellungen leisten zu können.

Im Hinblick auf das Erlernen der Orthografie ist es darüber hinaus erforderlich, die phonemischen Unterscheidungen zu erkennen, die im Schriftsystem repräsentiert werden (können). Im Deutschen sind dies vor allem die Unterscheidung zwischen Stimmhaftigkeit und Stimmlosigkeit von Konsonanten und die Unterscheidung zwischen der Quantität und Qualität von Vokalen in offenen und geschlossenen Silben.

Leider gehört das implizite phonologische Bewusstsein, das Schulanfänger bei der Aneignung des deutschen Schriftsystems zu mobilisieren haben, nicht zu den selbstverständlich erwartbaren expliziten deklarativen Wissensbeständen angehender Lehrkräfte für den Anfangsunterricht. Deren phonologisches Bewusstsein ist oft noch stark am Schriftbild orientiert, sodass es zum Problem werden kann, Kindern im Anfangsunterricht klar zu machen ist, dass das <e> in *Welt* zwar wie [ɜ] klingt, aber doch nicht als <ä> geschrieben wird. Die Fragestellung beruht auf der Voraussetzung, dass für das offene [ɜ] grundsätzlich das Graphem <ä> zur Verfügung steht. In Wirklichkeit verhält es sich aber so, dass jedes Vokalzeichen im deutschen Schriftsystem sowohl für den offenen als auch für den geschlossenen Vokal benutzt werden kann. So betrachtet, ist der Unterschied zwischen *Esel* und *Welt* kein anderer als der zwischen *loben* und *Ort* oder *rufen* und *Gruft*. Für den Kernbereich der Orthografie ist die <ä>-Schreibung gar nicht phonographisch, sondern morphematisch begründet. Sie folgt dem Prinzip der Morphemtreue in den Wörtern, die auf einen Wortstamm mit [a] zurückzuführen sind. Allerdings gibt es eine kleine Gruppe von Wörtern mit langem [ɜː], die sich nicht auf einen Stamm mit [a] zurückführen lassen, z. B. *Ähre*. Diese Differenzierung ist keine überflüssige Spitzfindigkeit. Vielmehr sorgt sie dafür, dass in der didaktischen Modellierung nicht ein Phänomen des Randbereichs irreführend in den Kernbereich der deutschen Orthografie gerückt wird.

Da der Schrifterwerb an sprachanalytische Tätigkeiten gebunden ist, durchläuft jedes Kind bereits mit Beginn seiner Schulzeit einen grammatischen Grundkurs. Allerdings wird nur ein verhältnismäßig geringer Teil des hier angebahnten Wissens benannt und voll ins Bewusstsein gehoben. Die praktizierten sprachanalytischen Prozeduren an Wörtern führen jedoch zu einer ersten metasprachlichen Begrifflichkeit, die im weiteren Verlauf der Grundschulzeit ausgebaut wird. Dabei spielen vier Formen des Umgangs mit Wörtern eine besonders wichtige Rolle:
– das Aufgliedern von Wörtern unter verschiedenen Gesichtspunkten;
– die Veränderbarkeit von Wörtern durch Flexion;
– die Bildung neuer Wörter durch Zusammensetzung und Ableitung;
– das Ordnen von Wörtern unter verschiedenen Gesichtspunkten.

Da es beim Erwerb einer Alphabetschrift darauf ankommt, möglichst bald die bedeutungsunterscheidende Funktion der Buchstaben zu erfassen, ist es von Anfang an erforderlich, Wörter in kleinere sprachliche Einheiten aufzugliedern. Dies kann unter verschiedenen Gesichtspunkten (und in verschiedenen Sinnesmoda-

litäten) geschehen und führt dementsprechend zu unterschiedlichen Analyse-
ergebnissen. Zu unterscheiden ist daher:
- die artikulatorische Aufgliederung in Silben;
- die auditive Aufgliederung in Laute;
- die visuelle Aufgliederung in Buchstaben und
- die Aufgliederung in Morpheme

Intuitiv lässt sich die artikulatorische Durchgliederung eines Wortes in Silben insoweit erfassen, als auch Schulanfänger einigermaßen sicher angeben können, aus
wie vielen solcher rhythmischen Einheiten ein Wort besteht. Dabei ist freilich zu
beachten, dass Kinder im Falle von Konsonantenhäufungen an den Silbenrändern
dazu verleitet sein können, mehr Silben wahrzunehmen als von den Lehrkräften
erwartet werden. So hat ein Erstklässler bei der Aufgabe, durch Klatschen herauszufinden, wer den längsten Namen hat, seinen Vornamen als *Mark* als [maːk]
syllabiert. Wo ein Silbenschnitt liegt, die Grenze zwischen zwei Silben, ist noch weniger selbstverständlich. Vor allem sind hier die orthografischen Normen nicht ganz
kongruent mit der artikulatorischen Praxis. Mit orthografischen Regelformulierungen für die Silbentrennung muss man aber den Anfangsunerricht nicht bela-
sten. Als Artikulationseinheit bildet die Silbe sowohl für den Schreib- als auch für
den Leseunterricht eine wichtige Grundlage. Die auditive Ausgliederung von Lauten gelingt am ehesten an Wörtern und Wortformen, die nicht mehr als eine Silbe umfassen, weil man hier die Aufmerksamkeit auf den vokalischen Kern in der
Mitte und auf die konsonantischen Ränder am Anfang und am Ende lenken kann.
Das erfolgreiche Erlesen von Wörtern im Anfangsunterricht ist ebenfalls auf Silben als Zwischenlösungen angewiesen.

Das Aufgliedern von Wörtern nach Morphemen ist unumgänglich, sobald der
Bereich rein phonetischer Schreibungen verlassen wird. Die Phoneme der deutschen Sprache weisen je nach ihrer lautlichen Umgebung im Wort Stellungsvarianten
auf. Bei konsequenter Berücksichtigung dieser Eigentümlichkeiten würde die Schreibung unübersichtlicher, weil das Stamm-Morphem vieler Wörter je nach Kasus
und Numerus, bzw. je nach Personalform anders geschrieben würde. Das Wort,
das man durch Spationierung zu einer Bezugsgröße für die Schreibung gemacht
hat, würde diese Funktion wieder einbüßen – für eine Sprache, die über so reiche
Wortbildungsmöglichkeiten verfügt wie die deutsche, wäre dies eher von Nachteil. Deshalb hat sich im deutschen Schriftsystem die Tendenz durchgesetzt, die
Schreibung von Morphemen auch in unterschiedlicher Umgebung möglichst kon-
stant zu halten.

Schon deshalb sehen die Lehrpläne für den Anfangsunterricht vor, grund-
legendes deklaratives Wissen zur Unterscheidung zwischen Wort und Wortform
anzubahnen. Dies geschieht durch eine erste Hinführung zu grammatischen Kategorien durch die Unterscheidung von Einzahl und Mehrzahl beim Nomen sowie durch die Unterscheidung von Personal- und Grundform beim Verb. Der Sinn
einer kategorialen Unterscheidung zwischen Wort und Wortform ist angehenden
Lehrkräften insofern nicht immer klar, als sie davon ausgehen, dass ein flektier-
bares Wort ohnehin immer in einer bestimmten Form vorkommt. Eben deswegen
ist aber die Unterscheidung wichtig, sonst müsste man z. B. *gebe, gibst, gab, geben*

als vier verschiedene Wörter betrachten. Intuitiv sagt uns ja eine hinreichende Sprachkenntnis, dass sie zu ein und demselben Wort gehören. Die Schwierigkeit für das Sprachdenken besteht darin, dass diese lexikalische Einheit als Abstraktion aus den unterschiedlichen Wortformen auf der Ebene der Parole nicht unmittelbar in Erscheinung tritt. Damit taucht natürlich das Problem auf, durch welche Bezeichnung wir das Wort identifizieren. Das geschieht – je nach Sprache und je nach Wortart – bei den veränderbaren Wörtern dadurch, dass man eine der Wortformen als Nenn- oder Zitierform gebraucht. Bei den deutschen Verben ist der Infinitiv die Zitierform, bei den Substantiven ist es die Form des Wortes im Singular Nominativ. Gerade wegen der unterschiedlichen primärsprachlichen Voraussetzungen in sprachheterogenen Klassen sollten Lehrkräfte wissen, welche Abstraktionen im Spiel sind, wenn Wörter nach ihren Zitierformen benannt werden.

Gegenstand des deklarativen sprachlichen Wissens im Anfangsunterricht ist die Unterscheidung zwischen der infiniten Grund- und der finiten Personalform. Dieses Wissen bildet die Grundlage dafür, Verbstämme zu identifizieren. Komplexer und zugleich problematischer sind die für den Anfangsunterricht vorgesehenen deklarativen Wissensbestände über die nominale Flexion. Sie wird im Deutschen bestimmt durch die drei Genera (die grammatische, nicht semantische Klassifikationen wiedergeben!), durch zwei Numera, vier Kasus und durch die Opposition von Definitheit und Indefinitheit. Im Bildungsplan von Baden-Württemberg, den ich hier exemplarisch heranziehe, werden nur zwei dieser Kategorien explizit berücksichtigt. Vollkommen unerwähnt bleiben Wortveränderungen durch Kasus. Ausführlich thematisiert wird dagegen die Unterscheidung zwischen Singular und Plural, obwohl sie grammatisch eher unproblematisch ist und im Zweitspracherwerb vor allem Gegenstand des lexikalischen Lernens ist. Die Unterscheidung der Genera erfolgt dadurch, dass den Namenwörtern Begleiter zuzuordnen sind. Ungünstigerweise wird aber so getan, als seien die Begleiter *der, die, das* unveränderbare Wörter. Das muss im Hinblick auf die genus-unmarkierte Pluralform *die* und dem Vorkommen von *der* als Dativ- und Genitivform von nom.sg. *die* Verwirrung stiften.

Das in der deutschen Sprache besonders reiche Repertoire an Wortbildungsmöglichkeiten ist unter didaktischen Aspekten in mehrfacher Hinsicht von Interesse. Erstens sind viele Wortbildungen bei Kindern potenziell, d. h. ad hoc korrekt nach den grammatischen Verfahren gebildet (z. B. Anziehsachen für Kleidung), ohne jemals konventionell zu werden, d. h. in den üblichen Sprachgebrauch einzugehen. Dieser Unterschied bringt ein normatives Problem mit sich. Ganz offensichtlich sind ja nicht alle nur potenziell gebildeten Wörter inakzeptabel; wäre dies so, gäbe es überhaupt keinen Grund für das Vorhandensein von Wortbildungsregeln. Andererseits kann man nicht alle potenziell korrekten Bildungen für geglückt halten. Darüber wäre im Unterricht zu reden, anstatt alle Neubildungen, die noch nicht kodifiziert sind, als „sinnloses Wort" (so häufig in Praktika zu hören) zurückzuweisen.

Zweitens sind Wortbildungen wegen des morphematischen Prinzips unserer Orthographie von großem Interesse. Wer z. B. einmal erkannt hat, dass das Wortbildungsaffix {ver-} nicht mit <f> geschrieben wird, muss sich bei den einzelnen

Wörtern, in denen es vorkommt, nicht den Kopf zerbrechen, ob das [f] im Anlaut als <f> oder als <v> zu schreiben ist.[1] Probleme in der Rechtschreibung schaffen Wortbildungen, bei denen aus einem Verb oder einem Adjektiv ein Nomen oder aus einem Nomen ein Wort in einer anderen Klasse gebildet wird, im Hinblick Groß- oder Kleinschreibung, vor allem dann, wenn Wortarten überwiegend in semantischer Orientierung bestimmt werden.

Drittens liegt in der Paraphrasierbarkeit von Wortbildungen die Möglichkeit zu einer Erweiterung von Formulierungsmöglichkeiten, aber auch zum spielerischen Umgang mit Sprache. Dies gilt in erster Linie für Zusammensetzungen, weil sie die Beziehung zwischen Grund- und Bestimmungswort semantisch nicht differenziert markieren. Das heißt auf der anderen Seite, dass die Bedeutung einer Zusammensetzung auch dann unklar sein kann, wenn die der einzelnen Lexeme durchaus bekannt ist.

Sobald Wörter aus ihrem Zusammenhang in der Rede herausgelöst werden, lassen sie sich nach unterschiedlichen Gesichtspunkten gruppieren. Für den Deutschunterricht in der Grundschule spielen dabei folgende Ordnungskategorien eine Rolle:
– das Gruppieren nach der Zugehörigkeit zu *Wortarten;*
– das Gruppieren zu *Wortfamilien* nach dem Vorkommen von gemeinsamen Wortstämmen;
– das Gruppieren bedeutungsähnlicher Wörter zu *Wortfeldern.*
Über zweierlei muss sich die Lehrkraft im Klaren sein. Erstens darüber, dass solchen Gruppierungen immer das Herauslösen aus der kommunikativen und metakommunikativen Sprachverwendung vorausgeht. Gruppiert werden also nicht unmittelbar gegebene sprachliche Einheiten, sondern solche, die erst auf der Basis eines Abstraktionsprozesses gewonnen worden sind. Die Abstraktion besteht eben darin, dass das Ordnen zu Wortarten, -familien und -feldern eine extrakommunikative Tätigkeit unter Absehung vom konkreten textuellen Verwendungszusammenhang darstellt. Zweitens sollte die Lehrkraft nicht aus den Augen verlieren, dass solch ein extrakommunikatives Umgehen mit Sprache vernünftigerweise nicht sinn- und zweckfrei angelegt sein kann. Anders gesagt: Man muss sich darüber Gedanken machen, wozu man Wortfelder zusammenstellt, Wortfamilien bildet oder Wortarten bestimmt.

Orthografisch von Belang ist selbstverständlich das Zusammenstellen von Wortfamilien. Eine rechtschreibdidaktische Begründung für das Bestimmen von Grundwortarten schon im Anfangsunterricht ist dagegen m. E. nicht aufrecht zu erhalten. Das schließt andere sprachdidaktische Begründungen ebensowenig aus wie bei dem Gruppieren zu Wortfamilien und -feldern. Unsere Schrift ist prinzipiell eine Minuskelschrift, also kommt es nur darauf an zu wissen, unter welchen Bedingungen ein Wort groß zu schreiben ist. Im Kernbereich der Orthographie sind es nur zwei: Großschreibung ist erforderlich,
– wenn ein Wort am Satzanfang steht und
– wenn sich ein Wort in der Position eines Substantivs befindet.
Deshalb braucht man, wenn man nur das Erlernen der Orthographie im Blick hat, nicht mehr als sicher handhabbare Verfahren zur Bestimmung von Substantiven;

die Bestimmung anderer Wortarten ist rechtschriftlich nicht von Belang. Gleichwohl stößt diese Vereinfachung von Regelformulierungen bei angehenden Lehrkräften auf Misstrauen. Ich erwähne einen Einwand, der zeigt, welche (irrationalen) Befürchtungen der Entwicklung von unbefangen praktizierter Sprachbewusstheit entgegenstehen: Kindern rechtzeitig beizubringen, was ein Verb und was ein Adjektiv ist und dass man diese Wortarten klein schreibt, sei notwendig, weil man sonst Probleme damit habe, ihnen die Großschreibung von substantivierten Verben oder Adjektiven zu erklären. Der Einwand ist leicht zu entkräften: Erfahren Kinder von Anfang an nur, dass Substantive groß zu schreiben sind, muss man später keine Einschränkungen an unzulänglichen Regelformulierungen vornehmen. Es genügt, dass man bei der Bestimmung von Substantiven nicht auf Dauer in der Verwendung semantischer Kriterien für prototypische Fälle stecken bleibt, sondern rechtzeitig lehrt, syntaktische Kriterien anzuwenden. Nur damit kann das Ach und Weh um die Großschreibung ein Ende finden – und nicht durch die Erfindung „substantivierter Interjektionen".

Anmerkung
[1] Wie wenig gefestigt die Sprachbewusstheit angehender Lehrkräfte ist, mag man daraus ersehen, dass etwa eine Studentin im Hauptstudium als Beispiel für eine Ausnahme das Wort *fertig* anführte. Ihre Aufmerksamkeit war offensichtlich ausschließlich auf die Silbe *fer.* konzentriert, sonst hätte sie bemerken müssen, dass sie {*tig} nicht als ein Stamm-Morphem gelten lassen kann.

Vertreibung

Meine Sprache
war mir
mein Haus
meine Wohnung
mein Schutz
als du dir
das Wort
nahmst
wurde ich obdachlos

Peter Schiestl

---

wegbeschreibung

du sagst
du bringst mich voran
du lockst mich
auf deinen weg
du bringst mich voran
zu deinem ziel
lass uns umkehren
wir gehen
hand in hand
getrennte wege

Peter Schiestl

Schlechte Vorsätze

Jetzt gegen Ende des Schuljahres
gehen sie wieder um,
die Gespenster der Verunsicherung.

Jeder meint, er hätte Zeit vertan,
als er sie ihnen gewährte.
Jeder nimmt sich vor,
geiziger zu sein.

Nur gut, daß das Leben
solcher Vorsätze kurz ist
angesichts der neu gefüllten Gläser.

Peter Schiestl

Damit und darüber –
Umgangsformen mit Sprache

Alfons Welling und Christiane Grümmer

Variabilität sprachlicher Bewusstheit und Heterogenität sprachlicher Erfahrung

Kinder mit sprachlicher Beeinträchtigung lernen lesen und schreiben

1. Einleitung

Die Beziehungen zwischen Gesprochenem und Geschriebenem bei Kindern mit sprachlicher Beeinträchtigung sind auf den ersten Blick gar nicht eindeutig (Osburg 1997). Für das eine Kind erweist sich Lesen- und Schreibenlernen als hohe persönliche Anforderung; das andere meistert diese Aufgabe ohne erkennbar größere Mühe. Selbst bei einem Kind mit schwerwiegenden lautsprachlichen Auffälligkeiten müssen sich diese nicht auch beim Lesen und Schreiben auswirken. Und umgekehrt gibt es viele Kinder, die in ihrer schriftsprachlichen Entwicklung gravierend gefährdet sind; deren lautsprachliche Auffälligkeiten scheinen aber nicht oder nur wenig ins Gewicht zu fallen (Magnusson & Nauclér 1993). So verschlungen die Wege und Verfahren der Aneignung von Sprache in ihrer gesprochenen und geschriebenen Form sind, so vielfältig sind die Formen des tatsächlichen Zusammenhangs von Hören und Sprechen, von Lesen und Schreiben in der Lerngeschichte eines jeden Kindes.

Eine der Hauptfragen an die Lerngeschichte des Kindes sollte auf dessen sprachliche Bewusstheit abzielen. Dieser psycholinguistische Begriff hat seit seinem ersten Auftreten in der Fachliteratur eine Vielfalt von Definitionen erfahren (z. B. Mattingly 1972). In Übereinstimmung mit den meisten definitorischen Abgrenzungen benutzen auch wir diese Kategorie hier, um auf die kognitive Möglichkeit des Kindes zu verweisen, größere sprachliche Einheiten wie Sätze, Satzteile oder Wörter in kleinere sprachliche Einheiten wie Wörter, Silben oder Phoneme aufzugliedern und sich ihrer sprachlichen Bedeutung im System gesprochener Sprache bewusst zu werden. Das hiermit verknüpfte Sprachwissen stellt eine fundamentale Orientierungsgrundlage des Kindes dar, wenn es lesen und schreiben lernt. Im Wesentlichen gehört dazu das entwickelte Niveau der phonologischen Bewusstheit und das der morphologischen und syntaktischen, also der grammatischen Bewusstheit (z. B. Bryant & Nunes 1993; Byrne 1981), wie auch am folgenden Beispiel erkennbar werden kann:

L.: *(Schüler und Lehrerin schauen gemeinsam auf die Verschriftungen des Schülers)* Hier zum Beispiel – <Leuferin> – du hörst ein [oi] in „Läuferin" *(Betonung des Diphthongs [oi])*!?

S.: *(nickt)*

L.: … und du schreibst ein <eu>?

S.: Mhm.

L.: Ja, auf das [oi] kommt es mir an. Manchmal ist das geschriebene <eu> richtig, manchmal aber nicht. Bei dem Wort „Läuferin" hört man ein [oi], aber man schreibt ein <äu>. Woher weiß man nun, wann man <eu> *(schreibt „eu")* oder <äu> schreiben muss *(schreibt „äu")*?

S.: Das schreibt man *(zeigt auf <äu>)*, wenn man das Wort ganz schnell sagen kann.

L.: Ah, du meinst, weil eine Läuferin was mit schnellem Laufen zu tun hat, muss man das Wort „Läuferin" auch schnell sprechen können? Ja?

S.: Mhm.

Eine für den Schulalltag typische Situation. Jan, hier in der dritten Klasse einer Grundschule, soll den sprachlichen Hintergrund unterscheiden lernen, auf dessen Grundlage er einen Laut – hier den Diphthong [oi] – zur Buchstabenfolge <äu> in Beziehung setzen kann. So oder so ähnlich dürfte sich das Ziel der Lehrerin für diesen Teil der Situationsgestaltung beschreiben lassen. Doch welches sprachliche Entwicklungsniveau setzt die Realisierung dieses Ziels bei dem Zehnjährigen voraus? Sein sprachliches Wissen sollte sich auf das beziehen, was in der Linguistik das „alphabetische" und das „morphematische Prinzip" genannt wird (Riehme 1981). Das heißt, Jan müsste etwas von der Schrift als Phonemschrift verstehen, also das gesprochene Wort als Sequenz von bedeutungsunterscheidenden Einheiten analysieren und jedes Phonem zu einem Graphem des geschriebenen Wortes in Beziehung setzen können. Und er müsste zumindest noch die bedeutungstragenden Einheiten, die Morpheme, identifizieren. Auf diese Weise würde vielleicht auch die Wortverwandtschaft „Läuferin" und „laufen" sichtbar; denn Morpheme werden orthographisch stets in gleicher Weise verfasst. Aber Jan hat offensichtlich noch nicht den orthographischen Hintergrund verstanden, dass einige Wörter mit <eu>, andere hingegen mit <äu> geschrieben werden. Worauf ist diese Schwierigkeit zurückzuführen? Zu berücksichtigen ist bei der Suche nach den Hintergründen gewiss, welche Erfahrungen Jan mit Geschriebenem bisher gemacht hat. Wesentlich ist aber auch zu beachten, dass er den Start in sein schulisches Lernen mit einem Handikap zu meistern hatte. Denn bis noch vor etwa zwei Jahren galt Jan als lautsprachlich sehr auffällig. Diese Auffälligkeit zeigte sich besonders in einer veränderten Aussprache, die damals im Blickpunkt einer vielmonatigen Sprachtherapie gestanden hatte.

Im Zusammenspiel von sprachlicher Bewusstheit des Kindes, seinem sprachlichem Wissen und Können, und seiner sprachlichen Erfahrung mit Gesprochenem und Geschriebenem sehen wir eine besondere sprachdidaktische Herausforderung inhaltlich begründet. Diese nehmen wir zum Anlass, einige Hintergründe zu skizzieren, die die vorliegende Problemstellung beleuchten. So werden wir besonders herauszustellen haben, dass es keine einfachen, nämlich linearen Beziehungen in diesem leicht verwirrenden Geflecht von Einheiten und Untereinheiten oder von Klassifikationen und Unterklassifikationen gibt. Dies zeigen wir zunächst in einem allgemeinen Problemaufriss auf (Kap. 2), bevor wir anhand einiger empirischer Studien den phonologischen und grammatischen Sachverhalt in seiner Variabilität und Heterogenität auffächern (Kap. 3) und am Schluss hinsichtlich der Bedeutung für Jan noch einmal wieder aufnehmen (Kap. 4).

2. Allgemeiner Problemaufriss

Zunächst allgemein zum Problemfeld sprachlicher Beeinträchtigung. Dieses Gebiet ist gewiss sehr komplex und in seiner Vielfältigkeit nicht immer leicht zu durchschauen. Die Vielfalt möglicher Voraussetzungen und Bedingungen der Entwicklung und des Gebrauchs von Sprache sowie die Vielzahl möglicher Ursachen und Erscheinungen gestörter Sprachentwicklung implizieren ein sehr vielseitiges Bild. Bei dem Versuch, diese Komplexität und Heterogenität systematisch zu ordnen, verfährt man in der Regel folgendermaßen: Man verwendet übergeordnete Kategorien zumeist linguistischer, psychologischer, neurologischer oder medizinischer Herkunft, beschreibt die typischen Erscheinungsformen der Auffälligkeiten von Kindersprache und ordnet sie zu Gruppen und Subgruppen. Ein hinlänglich gebräuchliches Beispiel für linguistische oder psycholinguistische Klassifikationen dieser Art ist die Unterteilung in so genannte sprachliche Ebenen oder sprachliche Komponenten wie phonologisch-phonetisch (um die Ebene der Aussprache und der ihr zugrunde liegenden Regeln zu bezeichnen), morphologisch-syntaktisch (um den Gebrauch von Wortarten und Satzstrukturen und den ihnen zugrunde liegenden grammatischen Regeln zu beschreiben), semantisch-lexikalisch (um Aussagen über den Inhalt, die Bedeutung sprachlicher Zeichen sowie deren Beziehung zum Bezeichneten einer Aussage zu treffen) und pragmatisch-kommunikativ (um auf die Gebrauchsumstände der Sprachverwendung zu verweisen). Diesen Bezeichnungen entsprechend sind auch Entwicklungsstörungen hinsichtlich ihrer Besonderheiten charakterisiert, und zwar als phonologisch-phonetische, morpho-syntaktische, semantisch-lexikalische oder pragmatisch-kommunikative Entwicklungsstörungen. Begnügt man sich dann nicht nur mit Beschreibungen, sondern sucht überdies nach Erklärungen für die Charakteristik der Beeinträchtigung, wird das Themengebiet noch um einiges komplexer, weil nun physiologische oder neuropsychologische, linguistische oder psycholinguistische, psychologische oder entwicklungspsychologische Modellvorstellungen verschiedener Herkunft eine wichtige Rolle spielen. Und verfolgt man bei alledem eine unterrichts- oder therapiedidaktische Perspektive, dann bedarf es von Anfang an einer bildungszielorientierten lebensweltlichen Orientierungsgrundlage; denn nur auf dieser werden die tatsächlichen sprachlichen Erfahrungen und Handlungen des Kindes nachvollziehbar und verstehbar (Welling 1999). Allerdings ist dieser letzte Aspekt, der der konkreten sprachlichen Handlung des Kindes in seiner oftmals fragilen Lebenswelt, empirisch noch wenig erforscht.

Anders stellen sich dagegen die Forschungsgebiete dar, die ein eher theoretisches Erkenntnisinteresse verfolgen. Eine Vielzahl von Untersuchungen aus den letzten Jahrzehnten, vor allem aus dem anglo-amerikanischen Raum, hält auf eine Reihe diesbezüglicher Fragen eine erwartungsgemäß große Breite an Antworten bereit. Nicht dass das ‚Geheimnis‘ des Problems bereits gelüftet wäre, aber die Hypothesen, die entwickelt wurden und von denen die Forschungen sich bis in die Gegenwart leiten lassen, eröffnen interessante Einblicke in die Komplexität dieses Prozesses, der nach Schätzungen bei etwa 5 % der Kinder eines Jahrgangs unter sehr schwierigen lautsprachlichen Bedingungen vonstatten gehen muss (Fromm, Schöler & Scherer 1998).

Eine der Hauptkategorien stellt in diesem Zusammenhang der Begriff der sprachlichen Bewusstheit dar. Bekanntlich ist es so, dass viele Kinder bereits im Vorschulalter nicht nur voller Freude und Kreativität in Reim- oder Wortspielen über eine Vielfalt sprachlicher Muster verfügen, sondern sogar ziemlich bewusst spätestens im frühen Schulalter mit diesen umzugehen in der Lage sind (Andresen 1985, 1993; List 1992). Für das Kind im Schulalter bedeutet es eine starke Herausforderung, wenn man beim Lesen- und Schreibenlernen von ihm verlangt, einen Text in Sätze, einen Satz in Phrasen, eine Phrase in Wörter, ein Wort in Silben, eine Silbe in Silbenkern, Anfangs- und Endrand zu zergliedern und aus einer Silbenstruktur oder dergleichen das Phonem zu isolieren. Ist es schließlich dazu in der Lage, dann kann es Aufgabenstellungen wie diese bearbeiten: Phoneme isolieren; Phoneme segmentieren; Phoneme weglassen und benennen („Sag mal ‚Läufer‘ – und jetzt sagst du das Wort mit ‚in‘ am Schluss"). Aufgaben dieser Art sind aus der alltäglichen Unterrichtspraxis bekannt, sie gehören seit langem auch zu den hauptsächlichen Aufgabenstellungen der psycholinguistischen Forschung (Lewkowicz 1980; Mannhaupt & Jansen 1989). Allesamt laufen sie darauf hinaus, ein Verständnis für die relevanten Beziehungen von Sprache in ihrer gesprochenen Form zu erzielen und dieses Wissen in seinen Auswirkungen auf das Lesen- und Schreibenlernen einzuschätzen. Denn Kinder müssen nicht nur etwas über die komplexen Verhältnisse zwischen Phonemen und Graphemen in einer bestimmten Sprache wissen. Sie müssen überdies in der Lage sein, bestimmte morphologische Unterscheidungen beispielsweise zwischen „laufen" und „Läuferin" oder zwischen „hemmt" und „Hemd" zu treffen, um den Prozess des Lesen- und Schreibenlernens auch orthografisch erfolgreich zu bewältigen.

Mit dem Konstrukt sprachlicher Bewusstheit wird hier ein Oberbegriff verwendet, der die sprachlichen Dimensionen phonologisch-phonetischer, morphologisch-syntaktischer (grammatischer), semantisch-lexikalischer und kommunikativ-pragmatischer Bewusstheit beinhaltet. Sprachliche Bewusstheit ist allerdings weit davon entfernt, sich auf alle Dimensionen sprachlicher Aktivität und vor allem sich auf alle Phasen ihrer Entwicklung gleichmäßig zu erstrecken. Grammatische Bewusstheit ist von vergleichsweise größerer Bedeutung für das Schriftsprachlernen als pragmatische (Bryant & Nunes 1993). Und wie Mattingly (1972) bereits vor drei Jahrzehnten hervorhob, ist die Bewusstheit beispielsweise für Wörter höher als die für Silben, für Silben höher als die für Phoneme und für diese sprachlichen Einheiten im allgemeinen höher als für die Regeln, auf deren Grundlage die Strukturen dieser Einheiten hervorgebracht werden.

Da wir hier auf dieses weite Feld nicht in aller Breite eingehen können, greifen wir aus diesem Spektrum die Aspekte der phonologischen und grammatischen Bewusstheit sowie der phonologischen und grammatischen Strukturentwicklung heraus und setzen diese zum Schriftsprachlernen des Kindes in Beziehung, weil diesen auch eine didaktisch hohe Relevanz zukommt. Semantisch-lexikalische und pragmatisch-kommunikative Fragestellungen klammern wir weitgehend aus.

3. Empirische Untersuchungen zur sprachlichen Bewusstheit bei Kindern mit sprachlicher Beeinträchtigung – eine Auswahl

Auf drei Fragenkomplexe konzentriert sich dieses Kapitel. Da sind zunächst Fragen allgemeinerer Art nach dem Zusammenhang von Lesen- und Schreibenlernen und sprachlicher Beeinträchtigung in den ersten Schuljahren; dann Fragen danach, welche Rolle die verschiedenen Komponenten der gesprochenen Sprache hinsichtlich ihrer Bewusstwerdung spielen. Und schließlich soll darauf eingegangen werden, welche Bedeutung dem angenommenen Wechselspiel der sprachlichen Komponenten beim Kind mit sprachlicher Entwicklungsstörung zugemessen werden kann und welche Wirkung dies auf das Lesen- und Schreibenlernen hat. Wir meinen, dass wir die zentralen Punkte des Problems aufschlussreich thematisieren, wenn wir die aufgeworfenen Fragen anhand einiger Forschungsergebnisse diskutieren.

3.1 Sprachliche Beeinträchtigung und Schriftsprachlernen

In welchem Zusammenhang stehen der Prozess des Lesen- und Schreibenlernens und Beeinträchtigungen im Gebrauch gesprochener Sprache bei Kindern in den ersten Schuljahren? Diese Frage ist von großer Reichweite und es ist notwendig, dass die gewählten Antworten die Breite möglicher Varianten wenigstens ansatzweise einzuschließen versuchen, welche die sprachlichen Entwicklungsstörungen normalerweise charakterisieren. Neben etlichen weiteren scheinen uns in diesem Zusammenhang zwei Studien von besonderem Interesse zu sein (Magnusson und Nauclér 1990, 1993). So verglichen Magnusson und Nauclér (1993) die Leistungen von 78 Kindern (Alter: 6;4 bis 10;11), gruppiert nach sprachlich beeinträchtigt und sprachlich unauffällig, hinsichtlich des Niveaus ihrer sprachlichen Bewusstheit und zogen daraus Folgerungen für das Verständnis des Schriftsprachlernens dieser Kinder. Das Ergebnis dieser Vergleichsstudie lässt erkennen, dass sich sprachliche Bewusstheit nach und nach entwickelt; es verweist aber auch auf eine große Variabilität und Uneinheitlichkeit dieser Entwicklung. Je nach in Frage stehender sprachlicher Einheit zeigten sich bei den einzelnen Kindern zu einem gegebenen Entwicklungszeitpunkt zuweilen verschiedene Niveaus. Dabei erwies sich für die Kinder die Segmentation von Phonemen, gefolgt von Silbensegmentation und Phonemidentifikation am komplexesten. Überdies ist das Ergebnis der Untersuchung auch hinsichtlich der sprachlichen Komponenten interessant. Sowohl bei den Kindern mit als auch bei den Kindern ohne sprachliche Auffälligkeit zeigten sich in den Aufgabenlösungen signifikante Korrelationen zwischen phonologischer Bewusstheit und syntaktischer Produktivität; die morphologische Seite blieb hier ausgeklammert. Kinder mit hoher phonologischer Bewusstheit erwiesen sich auch syntaktisch entsprechend produktiv und vice versa. Umgekehrt zeigten sich keine Korrelationen zwischen den einzelnen phonologischen Störungen und der Entwicklung phonologischer Bewusstheit. Ja, betrachtete man die individuellen Lernwege der Kinder im Rahmen von Paarvergleichen (pair-matched-design), dann verfügten 33 % der Kinder mit sprachlicher Beeinträchtigung sogar über eine höhere sprachliche (phonologische) Bewusstheit als diejenigen ohne sprachliche Auffälligkeit! Was schließlich das Schriftsprachlernen betrifft, ist die sprachliche Bewusstheit dieser Komponenten nicht nur als Folge, sondern auch als wichtige Voraussetzung für dieses Lernen anzusehen, wie bereits in einer Vorläuferstudie hatte gezeigt werden können (Magnusson & Nauclér 1990). ‚Gute' Leser am Ende der ersten Klasse – ob sprachlich beeinträchtigt oder nicht – hatten vor Schulbeginn bereits eine vergleichsweise hohe sprachliche Bewusstheit entwickelt, die sich besonders in phonologischer Hinsicht äußerte, während ‚schlechte' Leser vor ihrer Schulzeit diesbezügliche Aufgaben noch nicht so gut lösen konnten.

3.2 Sprachliche Komponenten und Schriftsprachlernen

Wenn die verschiedenen Komponenten der gesprochenen Sprache hinsichtlich der Bewusstwerdung des Kindes eine Rolle spielen – sind dann die einzelnen Komponenten wie phonologisch-phonetisch und morphologisch-syntaktisch in jeder Hinsicht gleichwertig und gleichgewichtig, auch in ihrem Bezug zur Verarbeitung der Einheiten der geschriebenen Sprache? Seit längerem werden Fragen nach dem Wechselspiel der sprachlichen Komponenten erörtert, oft ausgehend von der Entwicklung der phonologischen Bewusstheit. Die Ergebnisse der Forschung, die bei der Frage nach diesem Problem erzielt werden konnten, ergeben auch hier ein sehr vielfältiges Bild. Karmiloff-Smith (1978) beispielsweise konnten in einer empirischen Studie nachweisen, dass Kinder im Vor- und frühen Schulalter im Umgang mit sprachlichen Einheiten nicht nur hinsichtlich einer einzigen sprachlichen Komponente, beispielsweise der phonologisch-phonetischen oder der morphologisch-syntaktischen, operieren. Immer waren auf spezifische Weise alle Komponenten der Sprache mehr oder weniger involviert, wenn die Kinder eine sprachliche Aufgabe meisterten. Doch zeigten die Ergebnisse der Autorin auch, dass sich das Wechselspiel der sprachlichen Faktoren keineswegs linear entwickelte, etwa nach dem Motto: Je mehr Wörter das Kind zur Verfügung hat, desto höher seine grammatische Bewusstheit und entsprechend vorteilhafter für seine schriftsprachliche Entwicklung. Die Verhältnisse stellten sich komplizierter dar (vgl. auch Donahue 1993). Es schien sich wirklich um ein sehr variantenreiches Wechselspiel zu handeln. Während das Niveau der phonologischen Bewusstheit zu Beginn des Schulunterrichts, wie später auch Gathercole und Baddeley (1993) bei Erstklässlern untersucht haben, positive Effekte auf die semantisch-lexikalische Entwicklung ausübte, war das semantisch-lexikalische Niveau zwei, drei Jahre später gleichsam der Schrittmacher der Entwicklung von sprachlicher (phonologischer) Bewusstheit und von entsprechenden Strategien im Gebrauch der Schriftsprache. Auch für den Be-

reich der Grammatik wird eine entwicklungslogisch verbriefte Bewusstheit angenommen, die in einem besonderen Verhältnis zur phonologischen Bewusstheit steht
und Konsequenzen für die schriftsprachliche Entwicklung des Kindes hat. Auf der
Grundlage der erwähnten Untersuchung von Karmiloff-Smith (1978) kann davon
ausgegangen werden, dass die Entwicklung der Fähigkeit, die Grammatikalität von
Sätzen bzw. von sprachlichen Äußerungen zu beurteilen, von „extralinguistischer"
Bewusstheit bei Kindern im Vorschulalter (hier spielte noch in erster Linie der Inhalt einer Aussage eine Rolle) über die „intralinguistische" Bewusstheit bei Kindern
ab etwa dem fünften Lebensjahr (hier konnten bereits einzelne grammatische Besonderheiten bzw. Entstellungen in den Aufmerksamkeitsfokus des Kindes gelangen) zur „metalinguistischen" Bewusstheit beim Kind ab etwa sieben, acht Jahre
voranschreitet (in diesem Alter konnten die Kinder bereits grammatische Analysen im Kleinen vornehmen). In diesem Rahmen beispielsweise, so nehmen auch Karanth und Suchitra (1993) an, beeinflussen sich auch schriftsprachliche Fähigkeiten des Kindes (wenn auch variantenreich, so doch in einem ungefähren Einklang)
und Sensitivität des Kindes für die Grammatikalität von Sätzen. Im Prinzip scheint
dieses Wechselspiel der sprachlichen Komponenten auch für Kinder mit sprachlichen Entwicklungsbeeinträchtigungen zu gelten, allerdings zeigt es in seinem Ausmaß eine jeweils spezifische Form. Dies wird im nächsten Schritt analysiert.

3.3 Probleme der ‚Vereinzelung' der sprachlichen Komponenten im Schriftsprachlernen

Entwicklungsstörungen der gesprochenen Sprache – wir begrenzen uns auch hier
auf die Betrachtung phonologisch-phonetischer und morphologisch-syntaktischer Art – stellen traditionell je für sich eine bereits notwendige und aufschluss-
reiche Bezugsgröße dar (Welling 1999), wenn man die Umstände einer veränderten Schriftsprachentwicklung des Kindes möglichst genau erfassen und deuten
möchte; aber ist diese Bezugsgröße auch ausreichend? Dies ist die Frage und die
bisherigen Erörterungen lassen vermuten, dass sich der variantenreiche Umgang
des Kindes mit den sprachlichen Komponenten als ‚Bestandteilen' der sprachlichen Bewusstheit auch hier niederschlägt und diese Vielfalt dann gleichsam der
Stoff ist, aus dem sich die grammatische Bewusstheit ‚speist'. Als Beleg für diese
Annahme dienen uns einige weitere Studien, die in ihren Vorannahmen und Ergebnissen allerdings widersprüchlich sind (Byrne 1981; Gottardo, Stanovich & Siegel 1996; Paul & Shriberg 1982; Shankweiler, Crain, Brady & Macaruso 1992).

Shankweiler, Crain, Brady und Macaruso (1992) fragen in ihrem Überblicksar-
tikel nach den Gründen einer Beeinträchtigung der Leseentwicklung in ihrer Beziehung zur phonologischen und grammatischen, hier vor allem zur syntaktischen
Bewusstheit des Kindes. Ihre Annahme läuft darauf hinaus, dass jede sprachliche
Beeinträchtigung – mag sie die Entwicklung oder den Gebrauch geschriebener und
gesprochener Sprache oder die Bewusstheit über sprachliche Einheiten betreffen
– ursächlich phonologischer Natur ist und auf einer begrenzten Kapazität der phonologischen Informationsverarbeitung des Kindes und seines verbalen Arbeitsgedächtnisses beruht. Demnach ist auch eine wenig entwickelte syntaktische Bewusstheit, wie sie oft mit Schwierigkeiten im Lesenlernen einhergeht, ihrem Ur-

sprung nach phonologischer Art. Diese Annahme der Autoren, dass die Beziehung zwischen Leseschwierigkeit und gering entwickelter syntaktischer Bewusstheit eine Begleiterscheinung begrenzter phonologischer Verarbeitungskapazität ist, konnte durch eine Untersuchung von Gottardo, Stanovich und Siegel (1996) bestätigt werden. Die Autorinnen überprüften bei 112 Drittklässlern die Zusammenhänge zwischen phonologischer Aufmerksamkeit, syntaktischer Bewusstheit und der Kapazität des verbalen Arbeitsgedächtnisses in Bezug zum Lesenlernen. Demnach, so lässt sich aus diesen beiden Untersuchungen folgern, unterscheiden sich fortgeschrittene und weniger weit fortgeschrittene Leser ausschließlich im Gebrauch ihres verbalen, auf phonologischen Einheiten gründenden Arbeitsgedächtnisses und nicht in erster Linie in ihrem Niveau syntaktischer Bewusstheit.

Eine andere Lösung schlugen Byrne (1981) sowie Paul und Shriberg (1981) vor. Diese Studien zeichneten ein sehr differenziertes Bild von den Strategien der überprüften Kinder mit sprachlichen Beeinträchtigungen, als diese herausgefordert wurden, die Komplexität der gesprochenen Sprache in ihre Bestandteile zu zergliedern und sich ihrer so gut es ging bewusst zu werden. Diese Strategien, so die Annahme, seien gleichsam der Pfad oder die Orientierungsgrundlage, derer sich die Kinder zur Bewältigung der Vielfalt und Komplexität sprachlicher Komponenten vergewisserten und ihrer bewusst würden.

Byrne (1981) thematisiert in diesem Zusammenhang das Niveau der „syntaktischen Kontrolle" bei 44 Zweitklässlern, wovon eine Gruppe sprachlich beeinträchtigt und im Lesen noch wenig fortgeschritten, die andere unauffällig war. Mit dem Begriff „syntaktische Kontrolle" beschrieb Byrne die Möglichkeit des Lesers, in einem Lesetext syntaktische Informationen zum Zwecke des Leseverständnisses zu nutzen, beispielsweise in Relativsatzkonstruktionen. Byrne konnte zeigen, dass Kinder mit Auffälligkeiten im Lesen zum einen auf syntaktisch niedrigem Niveau operierten; sie nutzten bei auftretenden Schwierigkeiten häufiger „extralinguistisches" Wissen" (vgl. oben Karmiloff-Smith 1978). Zum anderen konnte er darlegen, dass sich die Beeinträchtigung auf eine begrenzte Möglichkeit der überprüften Kinder erstreckte, gesprochene Sprache phonologisch zu repräsentieren. Dadurch konnten morphophonemische Repräsentationen weniger bewusst und „grammatisches Wissen" als Teil sprachlicher Bewusstheit weniger genutzt werden, was sich vor allem in einer auffälligen Orthographie der Kinder entäußerte (Byrne 1981, S. 211).

Eine weitere komplexere Studie aus demselben Jahr deutete die Probleme ähnlich (Paul & Shriberg 1981). Bei dieser Untersuchung handelt es sich um eine der wenigen, die die verschiedenen phonologischen Störungsbilder bei 30 Kindern mit phonologischer Entwicklungsstörung (Alter: 4;–6;11) sehr detailliert mit einbeziehen, sie im einzelnen aufschlüsseln und zugleich das Wechselspiel zwischen sich entwickelnder Phonologie und Phonetik auf der einen Seite und sich entwickelnder Syntax und Morphologie (Grammatik) auf der anderen Seite untersuchen. Angenommen wurde Folgendes: Wenn sich eine phonologisch-phonetische Entwicklungsstörung ihrer Form nach beispielsweise in der Auslassung finaler Konsonanten zeigt, kann dies eine sehr spezifische Auswirkung auf weitere Komponenten der gesprochenen Sprache haben. Vor allem in der Grammatik kann dieser Einfluss sichtbar werden; man denke an die Morpheme. Damit kann eine phonologisch-phonetische Störung einen Bedingungsfaktor für die Entwicklung grammatischer Bewusstheit darstellen, sie kann, sie muss sich aber nicht unbedingt auch in der grammatischen Entwicklung als ganzer niederschlagen, also auch nicht im morphologischen und syntaktischen Bereich der Sprache. Eine der Hauptaussagen dieser Studie war nun die, dass sich bei zwei Drittel aller Kinder mit einer phonologisch-phonetischen Entwicklungsstörung auch eine grammatische Entwicklungsstörung feststellen ließ, aber nur in 50 % aller Fälle konnte man die grammatische Störung auf eine phonologisch-phonetische zurückführen. Wie lässt sich dieser Sachverhalt erklären? Die Autoren gingen davon aus, dass die sich entwickelnde Phonologie / Phonetik und Morphologie / Syntax (Grammatik) des Kindes im Sinne des folgenden Modells interagieren: Sie unterschieden phonetisch komplexe und phonetisch weniger komplexe Morphophoneme (im Englischen beispielsweise wäre die Formbildung „look / looked" phonetisch komplexer als „come / came", weil man davon ausgehen kann, dass die Hinzufügung von Silben oder Konsonanten wie -ed in „looked" eine höhere Anforderung an das Kind stellt als beispielsweise die Ersetzung einzelner Laute wie -a- in „came"). Es zeigte sich, dass 50 % der überprüften Kinder häufiger phonetisch weniger komplexe Morphophoneme gebrauchten, die in diesem Fall nicht durch phonologische Veränderungsprozesse gekennzeichnet waren. Anders verhielt es sich bei den phonetisch komplexen Morphophonemen. Bei diesen zeigten sich phonologische Veränderungsprozesse.[1] Während bei 30 % der untersuchten Kinder – diese gehörten zur ersten Gruppe – neben dem veränderten Gebrauch phonetisch komplexer Morphophoneme zusätzlich zur phonologischen Komponente die syntaktische Entwicklung beeinträchtigt war, zeigten 20 % keine syntaktischen Auffälligkeiten. Das heißt bei denjenigen Kindern, bei denen morphologische Auffälligkeiten im Bereich der Grammatik vorherrschend waren, erklärt die phonologisch-phonetische Entwicklungsstörung in weiten Teilen die grammatische Entwicklungsstörung. In der anderen Hälfte der untersuchten Fälle hingegen ließen sich solche Wechselbeziehungen zwischen phonologisch-phonetischer und morphologischer Entwicklung nicht aufzeigen; zum einen weil, wenn syntaktische und morphologische Störungen gleichermaßen in Erscheinung traten, grammatische Auffälligkeiten auch durch andere als phonologisch-phonetische bedingt sein könnten, beispielsweise durch syntaktische Besonderheiten (dies war bei 36 % der Fall), ohne dass der Bereich der Morphologie beeinträchtigt gewesen wäre; zum anderen weil trotz phonologisch-phonetischer Auffälligkeiten keine solche im grammatischen Bereich erkennbar waren (14 %). Kurz, nach dieser Untersuchung kann in Frage gestellt werden, dass sich grammatische Komplexität von vornherein und immer auf der phonologische Ebene niederschlagen und das Niveau im Gebrauch phonologischer Strukturen beeinträchtigen muss.

4. Auch Kinder mit sprachlicher Beeinträchtigung lernen lesen und schreiben
Um die Studienergebnisse aus den vorherigen Abschnitten zusammenzufassen: Sprachliche Bewusstheit entwickelt sich bei Kindern mit sprachlicher Beeinträchtigung – wie bei anderen Kindern auch – in großer Variabilität und Unein-

heitlichkeit. So sind verschiedene Niveaus phonologischer und grammatischer Bewusstheit bei einem und demselben Kind feststellbar; und es wäre verfehlt, sie in einem linearen Abhängigkeitsverhältnis zur Form der sprachlichen Beeinträchtigung des Kindes zu sehen. Vielmehr lässt sich ein strukturiertes Wechselspiel zwischen den sprachlichen Komponenten feststellen, auch im Falle sprachlicher Beeinträchtigung. Und Schriftsprachlernen, so kann angenommen werden, ist nicht nur eine Folge, sondern zugleich auch Voraussetzung dieser Bewusstheit. Es muss offen bleiben, ob für Leseschwierigkeiten ausschließlich die phonologische Komponente als Ursache herangezogen werden kann; zu verschieden sind hier zuweilen die wissenschaftlichen Arbeitshypothesen. Dass orthografische Probleme auch als Folge geringer grammatischer Bewusstheit gelten können, ist plausibel, ebenso dass es eine spezifische Beeinflussung der phonologischen und morphologischen (und syntaktischen) Komponenten im Falle der hier thematisierten sprachlichen Beeinträchtigungsformen gibt.

Das Wesen des mit sprachlicher Beeinträchtigung zusammenhängenden Problemfeldes ist also tatsächlich komplex. Dabei handelt es sich keinesfalls um ‚besondere' Kinder – in vielem unterscheiden sich diese Kinder gar nicht von lautsprachlich unauffälligen. Allenfalls kann gelten, dass diese Kinder eine besondere didaktische Herausforderung für die erwachsenen Didaktiker darstellen, wenn es darum geht, diesen Kindern in Unterricht und Therapie besondere Lernerfahrungen zu ermöglichen.

Wir hatten unsere Fragestellung zu Beginn dieses Beitrags mit einem Beispiel sprachdidaktischer Herausforderung eröffnet. Dieses soll am Ende wieder aufgenommen werden, um mit einem konkretisierenden Resümee abzuschließen. Die Besonderheiten der Entwicklung Jans dienen uns dazu, einige vorsichtig verallgemeinerbare Problempunkte zu illustrieren und Hypothesen über seine sprachlichen Gefährdungen sowie sprachlichen Möglichkeiten nachvollziehbar werden zu lassen.

Dass die sprachliche Bewusstheit des Kindes Jan dem Entwicklungsspektrum unterliegt, zeigt sich darin, dass er in seiner Interpretation der Aufgabe auf Extralinguistisches zurückgreifen muss (wie gesehen verweist er auf die außersprachliche Idee der Geschwindigkeitsannahme). Dass er sich als Zehnjähriger noch auf diesen Lösungsweg verlässt, mag auf das Ausmaß der therapeutisch noch ungeklärten Seiten seiner sprachlichen Beeinträchtigung schließen lassen. Mutmaßlich immer dann, wenn er sich vor komplexe Aufgaben dieser Art gestellt sieht, verfährt Jan mit dieser ‚Methode der extralinguistischen Aufklärung'. Eigentlich verwunderlich, denn in seinem Gesprochenen zeigt sich keine vergleichbare Symptomatik (mehr). Aber vielleicht konnte Jan seine phonologisch-phonetischen und morphologisch-syntaktischen Auffälligkeiten ja nur symptomatisch überwinden, was bei Kindern mit spezifisch sprachlicher Beeinträchtigung nicht selten anzutreffen ist (Leonard 1998).

Soll Jan auch schriftsprachlich, vor allem orthographisch vorwärtskommen, wäre es für ihn unabdingbar, auch die intralinguistische Seite der Problemstellung sehen zu lernen und einen Zugang zum alphabetischen und morphematischen Prinzip der Schriftsprache zu erarbeiten; zum Beispiel das Phonem /oi/ in „Läuferin" zu isolieren, um diese Einheit auch morphemisch interpretieren zu können (als Teil des Stammmorphems „lau-") und umgekehrt den Morphemwert von <äu> zu erkennen und phonemisch zu interpretieren. Bei dieser Art orthografischer Orientierung wäre er auch herausgefordert, sein grammatisches Wissen zu aktualisieren, beispielsweise dass sich Wörter nach Wortarten unterscheiden lassen (Substantiv „Läuferin", Verb „laufen"). Dies würde ihm hier helfen, zu einer orthografischen Entscheidung darüber zu gelangen, ob „Läuferin" mit <eu> oder <äu> geschrieben wird, und herauszufinden, welche Wortart bzw. Ableitung in diesem Fall weiter hilft. Gemessen an der Komplexität würde ihm die morphologische Seite dieser Reflexion zwar helfen, vermutlich aber noch größere Schwierigkeiten bereiten als die phonologische. Denn dabei käme es nicht auf irgendeine Verbform an, sondern bestenfalls auf den Infinitiv „laufen". Vermutlich dürfte Jan über dieses Niveau sprachlicher Bewusstheit bereits verfügen, um schriftsprachliche Aufgaben dieser Art zu meistern. Auch durch seine sprachlichen Erfahrungen aus den Therapiesituationen sollte er bereits gut vorbereitet sein; immerhin, so deutet es sich in diesem kleinem Situationsausschnitt bereits an, gelingt ihm die Segmentation des [oi] in „Läuferin". Aber auch das Umgekehrte kann Geltung beanspruchen. Er hat bereits durch den bisherigen Umgang mit geschriebener Sprache Lernerfahrungen via phonemischer Segmentation gesammelt, die ihm helfen, noch verborgene, rudimentär vorhandene Auffälligkeiten in der gesprochenen Sprache zu bearbeiten.

Diese Kurzanalyse erhebt selbstverständlich nicht den Anspruch einer didaktisch wohl durchdachten Argumentationskette; dazu bedürfte es zumindest der Ableitung eines allgemeinen Bildungsziels. Aber diese vorläufigen und aspekthaften Hinweise können vielleicht eine Perspektive andeuten. Als zentral stellen sich für einen Sprachunterricht, der für beeinträchtigende Bedingungen innerhalb und außerhalb des Unterrichts genügend sensibel ist, die lebensweltlich eingebetteten sprachlichen Lernerfahrungen des Kindes und ihre weitestmögliche bewusste Verarbeitung dar. Bekanntlich sind diese Erfahrungen außerordentlich heterogen. Fast trivial – diese Aussage! Man macht sich deshalb in der Regel keine allzu großen Gedanken um die tiefere Bedeutung dieser These. Diese erreicht zumeist erst dann das Bewusstsein, wenn die sprachlichen Erfahrungen und Verarbeitungsmöglichkeiten der Kinder nicht den Ansprüchen genügen, die in einem alltäglichen Grundschulunterricht gegeben sind. Erst dann wird die Lehrperson darauf aufmerksam, dass das Kind die eine oder andere sprachliche Herausforderung nicht zu meistern in der Lage ist. Und spätestens zu diesem Zeitpunkt tritt augenscheinlich zu Tage, dass die lebensweltlichen sprachlichen Erfahrungen des Kindes mit den unterrichtlichen Anforderungen an einen bewussten Umgang mit gesprochener und geschriebener Sprache nicht in Einklang gebracht werden können. Problem des Kindes? Nein! Probematische Entwicklungsbedingungen des Kindes? Ja; denn es kann tatsächlich zu einem Problem für das Kind werden, wenn es sich unter gegebenen Umständen in Elternhaus und Schule der sprachlichen Gegebenheiten nicht so bewusst ist und es dann in seiner schriftsprachlichen Entwicklung gefährdet ist. Überdies kann es zu einem didaktischen Problem für die Lehrperson werden, wenn sie in ihrem schriftsprachbezogenen Anspruch den individuellen Entwicklungsmöglichkeiten des Kindes gerecht werden will, aber nicht immer kann. In diesem Zusammenhang auf einige Grundanahmen hingewiesen zu haben war unsere Absicht.

Anmerkung
[1] Dieses Ergebnis scheint auch für das Deutsche plausibel. Der Gebrauch phonetisch komplexer Morphophoneme kann sich in der Realisation finaler Konsonanten und Konsonantenhäufungen zeigen, diese begrenzen und dadurch phonologische Veränderungsprozesse sichtbar werden lassen wie beispielsweise als Auslassungen finaler Konsonanten bei den Morphophonemen der Verbkonjugationen -e, -st, -t und -en.

Literatur

Andresen, Helga: Schriftspracherwerb und die Entstehung von Sprachbewußtheit. Opladen 1985.

Andresen, Helga: Sprachspiele als Fenster zu entstehender Sprachbewußtheit bei Kindern. In: Eisenberg, Peter/Klotz, Peter (Hrsg.): Sprache gebrauchen – Sprachwissen erwerben. Stuttgart 1993, S. 119–133.

Bryant, Peter/Nunes, Terezinha: Was wissen Kinder über Rechtschreibung und Syntax? In: Balhorn, Heiko/Brügelmann, Hans (Hrsg.): Bedeutungen erfinden – im Kopf, mit Schrift und miteinander. Konstanz 1993, S. 318–323.

Byrne, Brian: Deficient syntactic controll in poor readers: Is a weak phonetic memory code responsible? In: Applied Psycholinguistics 2 (1981) S. 201–212.

Donahue, Mavis L.: Early phonological and lexical development and otitis media: A diary study. In: Journal of Child Language 20 (1993) S. 489–501.

Fromm, Waldemar/Schöler, Hermann/Scherer, Christina: Jedes vierte Kind sprachgestört? Definition, Verbreitung, Erscheinungsbild, Entwicklungsbedingungen und -voraussetzungen der spezifischen Sprachentwicklungsstörung. In: Schöler, Hermann/Fromm, Waldemar/Kany, Werner (Hrsg.): Spezifische Sprachentwicklungsstörung und Sprachlernen. Heidelberg 1998, S. 21–63.

Gathercole, Susan E./Baddeley, Alan D.: Phonological working memory: A critical building block for reading development and vocabulary acquisition. In: European Journal of the Psychology of Education 8 (1993) S. 259–272.

Gottardo, Alexandra/Stanovich, Keith E./Siegel, Linda S.: The relationships between phonological sentitivity, syntactic processing, and verbal working memory in the reading performance of third grade children. In: Journal of Experimental Child Psychology 63 (1996) S. 563–582.

Karanth, Prathibha/Suchitra, Mul G.: Literacy acquisition and grammatically judgments in children. In: Scholes, Robert J. (Ed.): Literacy and language analysis. Hillsdale NJ 1993, S. 143–156.

Karmiloff-Smith, Annette: The interplay between syntax, semantics and phonology in language acquisition processes. In: Campbell, Robin N./Smith, Philip T. (Eds.): Recent advances in the psychology of language: Language development and mother-child-interaction. New York 1978, S. 1–23.

Leonard, Laurence B.: Children with specific language impairment. Cambridge 1998.

Lewkowicz, Nancy K.: Phonemic awareness training: What to teach and how to teach it. In: Journal of Educational Psychology 72 (1980) S. 686–700.

List, Gundula: Zur Entwicklung metasprachlicher Fähigkeiten. Aus der Sicht der Sprachpsychologie. In: Der Deutschunterricht 44 (1992) S. 15–23.

Magnusson, Eva/Nauclér, Kerstin: Reading and spelling in language-disordered children – linguistic and metalinguistic prerequisites: Report on an longitudinal study. In: Clinical Linguistics & Phonetics 4 (1990) S. 49–61.

Magnusson, Eva/Nauclér, Kerstin: The development of linguistic awareness in language-disordered children. In: First Language 13 (1993) S. 93–111.

Mannhaupt, Gerd/Jansen, Heiner: Phonologische Bewußtheit: Aufgabenentwicklung und Leistungen im Vorschulalter. In: Heilpädagogische Forschung XV (1989) S. 50–56.

Mattingly, Ignatius G.: Reading, the linguistic process, and linguistic awareness. In: Kavanagh, James F./Mattingly, Ignatius G. (Eds.): Language bei ear and by eye: The relationships between speech and reading. Cambridge 1972, S. 133–148.

Osburg, Claudia: Gesprochene und geschriebene Sprache. Aussprachestörungen und Schriftspracherwerb. Hohengehren 1997.

Paul, Rhea/Shriberg, Lawrence D.: Associations between phonology and syntax in speech-delayed children. In: Journal of Speech and Hearing Research 25 (1982) S. 536–547.

Riehme, Joachim: Probleme und Methoden des Rechtschreibunterrichts. Berlin [3]1981.

Shankweiler, Donald/Crain, Stephan/Brady, Susan/Macaruso, Paul: Identifying the causes of reading disability. In: Gough, Philip B./Ehri, Linnea C./Treiman, Rebecca (Eds.): Reading acquisition. Hillsdale 1992, S. 275–305.

Welling, Alfons: Sprachbehindertenpädagogik. In: Bleidick, Ulrich u. a. (Hrsg.): Einführung in die Behindertenpädagogik, Bd. III. Stuttgart (völlig überarbeitete Auflage) [5]1999, S. 85–141.

Swantje Weinhold

Schrift – Sprache – Reflexion. Der „Honigliebende"

Oder: In der Schrift die Sprache für andere finden

Kindern, die in die Schule kommen, ist Schriftsprachlichkeit bereits vorher begegnet, selbst ihr Sprachbesitz ist immer schon auch durch die Schriftsprache geprägt. Erst mit dem Erwerb des Mediums Schrift als neuer Artikulationsform ist aber von ihnen die Auseinandersetzung mit Schriftsprachlichkeit gefordert, denn „(...) der mediale Aspekt (bringt) eine neue Qualität in den Erwerb ein (...). Erst das Schreiben, d. h. die schriftliche Artikulation führt zur Aneignung der Schriftsprache i. S. einer Ausdifferenzierung der Artikulationsformen der schriftlichen Sprache" (Feilke 1998, S. 1). Die Konfrontation der Kinder mit der neuen Artikulationsform, mit dem Medium Schrift als Mittel von Ausdruck und Verständigung, versetzt sie auf eine qualitativ neue Stufe in ihrem Bezug zur Sprache. Diese Sprache, die sie im Medium der Mündlichkeit beherrschen, muss in ein zweites Zeichensystem überführt und darin zu einer neuen, erweiterten Artikulationsform werden. Als routinierte Sprecher, die gern erzählen, und als gespannte Zuhörer, denen die mündliche Sprache als ein Zeichensystem lautlicher Repräsentationen von Bedeutungen selbstverständlich ist, müssen die Kinder die Erfahrung machen, dass Schriftzeichen die lautlichen Eigenschaften ihrer Sprechsprache abbilden und in ihnen nun die Botschaften transportiert werden.[1] Dies bedeutet umgekehrt, dass die Kinder, die in ihrer Muttersprache Lesen und Schreiben lernen, an ihrer gesprochenen Sprache ansetzen können. Sie können anderen ihre Schreibideen mündlich mitteilen, sie können sich beim Schreiben an den Bedeutungen der Wörter orientieren, und sie haben den Klang der Wörter im Ohr.

Was aber macht Julika, ein russisches Aussiedlermädchen, das erst vor einigen Monaten nach Deutschland gekommen ist, vorher noch keine Schule besucht hat, deren Eltern ausschließlich russisch sprechen und die nun aufgrund mangelnder Fördermöglichkeiten einer zweiten Regelklasse zugeordnet wurde? Julika spricht trotz des regelmäßigen Schulbesuches nach wie vor kein Deutsch. Sie kann sich nicht verständlich machen, und sie versteht die anderen nicht.

Im Rahmen einer Hospitiation zum Thema „Textschreiben im sprachlichen Anfangsunterricht" finde ich Gelegenheit, Julika zu beobachten. Die Lehrerin führt in das Thema ein und formuliert für alle Kinder die Aufgabe, eine Geschichte zu einem der folgenden „Bärenblätter" zu schreiben.

Julika ahmt wortlos nach, was ihre MitschülerInnen tun: Sie wählt sich ein Schreibblatt aus und setzt sich an ihren Platz. Dann starrt sie auf das Bild mit dem Bären und dem Schneemann.

Abb. 1: „Bärenblätter"

Nach einer ganzen Weile schaut sie schüchtern hoch und beobachtet ihre Mit-schülerInnen beim Schreiben. Sie holt ihre Federtasche heraus und beschäftigt sich lange mit der Wahl eines Stiftes. Dann beginnt sie knapp über ihrem Blatt in der Luft Schreibbewegungen zu machen. Für einen kurzen Augenblick wirkt sie ge-nauso beschäftigt bzw. geschäftig wie die anderen, dann senkt sie Blick und Stift wieder, guckt zu Boden und wirkt sehr allein. Offenbar ist sie mit der Bewegung allein nicht zufrieden, sie will wirklich schreiben, so wie die anderen, aber sie weiß nicht, wie das geht. Wohl aber weiß sie, dass Schrift nicht bloß Spuren-Machen ist oder graphischer Schmuck (Brügelmann / Brinkmann 1998, S. 37), sonst wür-de sie sich vielleicht ihre eigenen Buchstaben erfinden i. S. einer Kritzelschrift, oder sie würde malen. Sie möchte sich mitteilen und braucht dafür die Zeichen, die „gül-tig" sind, das „endliche konventionelle Inventar" (Glück 1993, S. 531), das Ver-stehbarkeit für andere gewährleistet und genau das kennt sie nicht. Sie weiß, dass es beim Schreiben auf ein ganz bestimmtes Entsprechungsverhältnis ankommt, aber sie hat das Prinzip, welche Einheiten der Sprache mit welchen Einheiten der Schrift korrespondieren, bisher nicht kennengelernt.

Ich setze mich neben Julika und überlege, wie ich Kontakt zu ihr aufnehmen kann. Nach einer Weile des Schweigens kommt mir eine Idee. Ich zeige auf den Bären und sage auf russisch: „Eto medved" („Das ist ein / der Bär"; wörtlich: der Honigliebende)[2]. Es sind zufällig einige der ganz wenigen Wörter, die ich im Rus-sischen kenne und ich bin mir nicht sicher, ob ich sie richtig ausgesprochen habe. Doch plötzlich schaut Julika mich an, irritiert, beinahe fassungslos. Ich glaube, sie hat mich verstanden. Wieder entsteht eine Pause. Julika scheint auf mehr zu warten, aber ich kenne keine anderen russischen Wörter. Der Draht zu ihr droht wieder abzubrechen, als mir einfällt, was „auf russisch" und „auf deutsch" im Russischen heißt. Ich zeige also noch einmal auf den Bären und sage auf russisch: *„Po russkij ‚medved', po nemeckij ‚Bär'."* („Auf russisch ‚medved', auf deutsch ‚Bär'.)

Julika guckt interessiert, sagt nach wie vor nichts und wartet. Ich schreibe <BÄR> auf einen Schmierzettel. Auf russisch sage ich: *„Eto ‚medved', po nemeckij"* („das ist ‚Bär'", auf deutsch"). Schweigend nimmt sich Julika ihren Stift und betrachtet das Wort. Jetzt möchte sie tätig werden, aber sie zögert, weil sie offenbar nicht weiß, mit welcher Linie sie beginnen soll. Und so schreibe ich noch einmal den Buchstaben <B>: Zuerst nur die senkrechte Linie – sie schreibt sie auch, dann den ersten Halbkreis – sie schreibt den Halbkreis auf ihrem Blatt, dann den zweiten – sie schreibt ihr <B> zu Ende. In der selben Weise verfahren wir mit den anderen Buchstaben. Dann spreche ich ihr das Wort noch einmal vor. Ganz leise spricht sie es nach.

Beim Betrachten des Schreibblattes hat Julika sicherlich mit den Bildern Bedeutung in russischen Sprachlauten verknüpft. Aber sie redet nicht darüber, was sie zu den Bildern denkt, es versteht sie doch keiner in der Klasse. Mit dem russischen Satz „Eto medved'" („Das ist ein Bär.") knüpfe ich an ihr Wort (im Kopf) an und mache damit deutlich, dass ich sie verstehe, dass auch ihr Wort „gilt". Mit dem zweiten Satz „Po nemeckij ‚Bär'" („Auf deutsch ‚Bär'") biete ich ihr eine zweite Lautgestalt für die von uns beiden geteilte Bedeutung an. Diese Bedeutung wird zu dem gemeinsamen Ausgangspunkt, der Julika einen Übergang ermöglicht, zwar nicht zu dem gesprochenen, wohl aber zu dem geschriebenen deutschen Wort. Interessanterweise spricht sie das Wort nicht nach – vielleicht weil sie die flüchtige Lautgestalt schon nicht mehr im Ohr hat. Die geschriebene Sprache aber findet Julikas Interesse. Sie macht ihren „medved'" sichtbar und bietet ihr so die Möglichkeit, daran weiter zu denken und zu arbeiten.

Das geschriebene Wort <Bär> akzeptiert Julika als Korrespondenz für „medved". Diese Gleichung hilft ihr, sich verstehbar zu machen. Sie wird zwar mit deutschen Schriftzeichen konfrontiert, ohne dass ihr das dazugehörige Lautsystem bekannt ist. Sie kann nicht wie muttersprachliche Schreibanfänger an der Lautung der ihnen bekannten Wörter ansetzen. Aber das stört sie nicht: Julikas Weg führt direkt von dem Bild über die russische Lautung in ihrem Kopf zu einem geschriebenen deutschen Wort. Da ich dieses vor dem Schreiben und im Anschluss daran mit der deutschen Lautfolge verknüpfe, macht Julika in dieser kurzen Sequenz insgesamt mit vier Repräsentationsformen von „Bär" Bekanntschaft. Diese Konfrontation mit zwei Sprachen und einer Schrift bringt sie aber nicht durcheinander. Im Gegenteil, für sie scheint ein Weg eröffnet, an das Zeichensystem „heranzukommen", das sie benötigt, um sich zu artikulieren. Sie könnte die Laut-Buchstaben-Zuordnung noch nicht selber herstellen, aber sie spürt, dass es auf die Distinktion von bestimmten Zeichenabfolgen ankommt, damit andere diese lesen können, sie also verstehbar wird. Also macht sie alles ganz genau nach. Sie konzentriert sich darauf, die einzelnen deutschen Buchstaben Strich für Strich und in der richtigen Reihenfolge hintereinander aufzuschreiben (und das gelingt ihr, obwohl meine „Vorschreibungen" sowohl was die Formen der Schriftzeichen als auch deren Anordnung betrifft, im Hinblick auf Normiertheit zu wünschen übrig lassen (vgl. Abb. 2)). Der graphomotorische Schreibvollzug macht Julika keine Probleme; sie vertraut sich dem Nach-Malen der Buchstabenzeichen an, – sicher, dass „medved'" gleich <Bär> ist, dass diese bestimmten Schriftzeichen also die Bedeutung tragen.

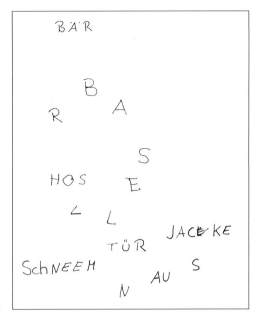

Abb. 2

Für den zweiten Teil der Stunde nehme ich eine Bilderkartei zur Hilfe. Auf kleinen Kärtchen ist jeweils ein Gegenstand abgebildet, darunter gibt es eine Schreiblinie. Ich mache Julika pantomimisch klar, dass sie sich eine Karte aussuchen kann, und sie wählt das Bild mit der Hose. Ich schreibe ihr die Buchstaben wieder einzeln vor und lautiere dabei, sie schreibt das Wort in der vorgegebenen Zeichenfolge auf ihren „Bärenzettel". Dieser Vorgang wiederholt sich noch dreimal, und immer, wenn ein Wort fertig ist, lese ich es vor (bei einigen Wörtern notiere ich währenddessen Silbenbögen). Nur eines davon spricht sie nach.

Als ich sie auffordere, eine weitere Karte auszusuchen, schiebt sie den Karteikasten zur Seite und zeigt auf den Schneemann auf ihrem Schreibblatt. Das Wort möchte sie schreiben, schließlich hat sie sich dieses bestimmte Schreibblatt ausgesucht. Ihr geht es nicht einfach nur um das Schreiben, sondern um ihren „medved" und den Schneemann. Vielleicht hat sie eine ganze Geschichte im Kopf, für die sie gern die Sprache der anderen wüsste, mindestens Schneemann aber möchte sie schreiben. Die ersten sieben Buchstaben gebe ich ihr in der gewohnten Weise vor. Als der Buchstabe <A> an der Reihe ist, zeige ich in ihrem Wort „JACKE" nur noch darauf. Sie schreibt ihn selbstständig. Das <N> schreibe ich ihr wieder vor. Danach wählt sie das Bild mit der Schaukel aus der Kartei aus. Ich deute auf das <SCH> in Schneemann, das sie alleine schreibt, gebe ihr dann das <AU> vor, verweise auf <K> und <E> in „Jacke" und schreibe ihr schließlich das <L> vor. Das Wort „KÄSE" baut sie selber aus ihren Buchstaben zusammen, auf die ich jeweils zeige (vgl. Abb. 3, oben auf der folgenden Seite). Da ich das Schreiben der Buchstaben jeweils mit dem Sprechen des Lautes verknüpfe, der durch das Schriftzeichen repräsentiert wird, hat Julika in dieser Phase des Lernprozesses die Möglichkeit herauszufinden, dass sich verschiedene Wörter aus wiederkehrenden Schriftzeichen zusammensetzen und welche Einheiten der Schrift mit welchen Einheiten der Sprache korrespondieren. So festigt sich noch in der selben Stunde für Julika nicht nur die wichtige Erfahrung, dass Schriftzeichen Wortbedeutungen repräsentieren, sondern auch, dass dies im Deutschen auf Basis von Phonem-Graphem-Korrespondenzen funktioniert.

Abb. 3

Am Ende der Schreibzeit sagt die Lehrerin: *„Wir wollen jetzt alle eure Geschichten vorlesen, doch bevor wir das machen, möchte ich euch erst noch etwas zeigen. Julika hat heute ihre ersten Wörter geschrieben und die sollt ihr alle sehen. Julika halt mal dein Blatt hoch"* (sie macht die entsprechende Bewegung vor). Julika zeigt ihr Blatt den anderen Kindern, die Lehrerin liest die Wörter vor und dann fangen alle Kinder an zu klatschen.

Für Julika ist das ein entscheidender Moment in ihrer „Schlüsselszene zum Schriftspracherwerb" (Dehn 1994), denn sie erfährt das Ergebnis ihrer Schreibanstrengung. Ohne, dass sie den schweren Weg über die gesprochene deutsche Sprache gehen musste, hat sie es geschafft, vom Bild über die russische Lautung zur deutschen Schreibung zu gelangen, und die anderen können lesen, was sie geschrieben hat. Der „Honigliebende" ist zu einer Verständnisbrücke geworden: Julika hat in der Schrift eine Sprache für die anderen entdeckt. Sie hat einen ersten Schritt in das Medium getan, mit dem sie sich in der Klasse artikulieren und verständlich machen kann, und sie ist aufgenommen in den Kreis der SchreiberInnen.

Anmerkungen

[1] Den Übergang von der Mündlichkeit zur Schriftlichkeit und die Suche nach textuellen Formen des Schreibens in der Phase des Schriftspracherwerbs habe ich anhand eines Korpus von Texten aus dem ersten Schuljahr auf Strategien und Strukturmerkmale hin untersucht (vgl. dazu Weinhold 2000).

[2] Da das Russische eine artikellose Sprache ist, wird „ein" bzw. „der" nicht als eigenständiges Wort ausgedrückt. Außerdem entfällt im Präsens die Kopula, so dass „eto medved" wörtlich übersetzt „das Honigliebende" heißt.

Literatur

Brügelmann, Hans / Brinkmann, Erika: Die Schrift erfinden. Lengwil 1998.
Dehn, Mechthild: Schlüsselszenen zum Schriftspracherwerb. Arbeitsbuch zum Lese- und Schreibunterricht in der Grundschule. Weinheim und Basel 1994.
Feilke, Helmuth: Schreibenlernen – Die Entdeckung von Sprache und Text. Thesen zu einem Vortrag im Graduierten-Kolleg „Ästhetische Bildung" an der Universität Hamburg 1998. (Manuskript)
Glück, Helmut: Schrift. In: Ders. (Hrsg.): Metzler Lexikon Sprache. Stuttgart und Weimar 1993, S. 531.
Weinhold, Swantje: Text als Herausforderung. Zur Textkompetenz am Schulanfang. Freiburg i. B. 2000.

„Deine Lene" sprach er, die Briefunterschrift wiederholend, noch einmal vor sich hin, und eine Unruhe bemächtigte sich seiner, weil ihm allerwiderstreitendste Gefühle durchs Herz gingen: Liebe, Sorge, Furcht. Dann durchlas er den Brief noch einmal. An zwei, drei Stellen konnte er sich nicht versagen, ein Strichelchen mit dem silbernen Crayon zu machen, aber nicht aus Schulmeisterei, sondern aus eitel Freude. „Wie gut sie schreibt! Kalligraphisch gewiß und orthographisch beinahe … Sthiel statt Stiel … Ja, warum nicht? Stiehl war eigentlich ein gefürchteter Schulrat; aber Gott sei dank, ich bin keiner. Und <emphelen>. Soll ich wegen f und h mit ihr zürnen. Großer Gott, wer kann <empfehlen> richtig schreiben? Die ganzen jungen Komtessen nicht immer und die ganz alten nie. Also was schadt's! Wahrhaftig, der Brief ist wie Lene selber: gut, treu, zuverlässig, und die Fehler machen ihn nur noch reizender."

Dabei zog er ein Fach seines Schreibtisches auf, darin, von einem roten Bändchen umwunden, schon einige andere Briefe Lenes lagen. Und nun klingelte er nach dem Diener, der ihm beim Ankleiden behilflich sein sollte. „So, Johann, das wäre getan. Und nun vergiss nicht, die Jalousien herunterzulassen."

Mit diesem schönen Text von Fontane aus den „Irrungen und Wirrungen" hat Gerhard Augst seine Rede zum 65. Geburtstag von Dieter Nerius beendet. – Eine herzliche Geste zwischen zwei Männern, die sich um die Rechtschreibung verdient gemacht haben. Mechthild Dehn hat das Zitat in einen eigenen Vortrag übernommen und so diesem Jahrbuch zukommen lassen.

Alexandra Meyer

Sprachvergleich Russisch – Deutsch: ein Aspekt aus dem Problemfeld Zweisprachigkeit

1. Einleitung

In meinem Beitrag zum Thema Zweisprachigkeit möchte ich sowohl auf Sprach- und Kommunikationsprobleme bedingt durch die Zweisprachigkeit als auch auf mögliche psychische und soziale Probleme immigrierter Kinder eingehen. Dabei nehme ich besonderen Bezug auf deutschstämmige Aussiedler aus Russland sowie die russische Sprache.

Sprachliche Probleme können bei zweisprachig aufwachsenden Kindern, wie bei einsprachigen Kindern auch auf allen Ebenen der Sprachentwicklung stattfinden. Zusätzlich können Sprachschwierigkeiten auch durch Interferenzen auftreten, wenn die Erstsprache gänzlich andere Strukturen aufweist als die zu lernende Zweitsprache. Daher steht im Mittelpunkt dieses Aufsatzes ein Vergleich der Sprachen Russisch und Deutsch. Ziel dieses Vergleiches ist es, mögliche Schwierigkeiten beim Erlernen der deutschen Sprache für russischsprachige Menschen sowie Erklärungen für bestehende Probleme aufzuzeigen mit dem Ziel, Grundlagen für Förderansätze zu finden und zu optimieren. Dies wird für die schulische und außerschulische Sprachförderung bedeutsam, wenn man die Aussiedlerzahlen der letzten Jahre betrachtet. Von 1990 bis 1996 sind insgesamt in die Bundesrepublik 1.686.761 Deutschstämmige aus den Ostblockstaaten immigriert, davon 1.292.997 Personen aus den Republiken der ehemaligen Sowjetunion (vgl. Blahusch o. J., S. 6). Angesichts dieser großen Zahlen ist es umso erstaunlicher, dass bisher kaum pädagogisch und sprachwissenschaftlich fundierte Konzepte zur Sprachförderung von Aussiedlern aus Russland bestehen. Bestehende Sprachvergleiche befassen sich in der Regel meist mit nur einem Aspekt von Sprache und/oder sind rein linguistischer Natur, was sie für die praktische Arbeit eher unbrauchbar macht.

Die Sprachentwicklung sowie sprachliche Schwierigkeiten können nicht losgelöst von der Persönlichkeit und der Lebenssituation betrachtet werden, denn die kindliche Sprachentwicklung hängt von verschiedenen Faktoren ab. Vorliegende Probleme und Schwierigkeiten von zweisprachig aufwachsenden Kinder in deutschen Bildungseinrichtungen werden in der Regel zuerst als Sprachprobleme identifiziert und als solche „behandelt" (vgl. Kracht, Schümann 1994, S. 281). Nach Kracht und Schümann wird häufig nicht oder nur ungenügend berücksichtigt, dass Sprach- und Kommunikationsprobleme bei vielen Kindern auch eine Reaktion auf die gesamte Lebenssituation sind (vgl. ebd.). Probleme zweisprachig aufwachsender Kinder, die psychischer, sozialer, kultureller sowie sprachlicher Art sein können, müssen also auch vor dem Hintergrund der Migration, des Lebens als ethnische Minorität, interkultureller Konflikte und Identitätsprobleme betrachtet werden. Es dürfen meiner Meinung nach jedoch nicht nur die Gefahren und Schwierigkeiten aufgezeigt werden, die Zweisprachigkeit mit sich bringen kann. Es sollte auch verdeutlicht werden, welche Chancen und Vorteile in der Zweisprachigkeit für Kinder und Jugendliche liegen können.

2. Sprachliche Probleme bei Zweisprachigkeit

Wie auch bei einsprachig aufwachsenden Kindern können bei zweisprachigen Kindern die Probleme in allen Bereichen der Sprachentwicklung (Aussprache, Grammatik, Semantik, Pragmatik, Schriftsprache, Sprechflüssigkeit) vorkommen (vgl. Baumgartner, Füssenich 1997). Es ist dann notwendig zu untersuchen, ob es sich bei den zu beobachtenden Auffälligkeiten um eine „normale" Stufe des Zweitspracherwerbs handelt oder um eine Sprachentwicklungsstörung in einer oder beiden Sprachen. Daher ist es unumgänglich, bei der Diagnostik auch die Erstsprache mit zu berücksichtigen (vgl. Ihssen 1980, S. 40 ff.). Dies setzt Kenntnisse der Erstsprache auf seiten der Sprachheilpädagogen voraus und findet daher in der Praxis kaum Berücksichtigung.

Neben den Problemen in allen Bereichen der Sprache kann für zweisprachig aufwachsende Kinder noch der Aspekt der Interferenz hinzukommen. Unter Interferenz versteht man die Verletzung einer sprachlichen Norm, die sich durch die Beeinflussung anderer sprachlicher Elemente aus der besser beherrschten Sprache erklären lässt. Interferenzen können auf allen Ebenen der Sprache auftreten (vgl. Petioky 1970, S. 64).

Meiner Meinung nach müssen aus Strukturunterschieden jedoch nicht notwendigerweise Lernschwierigkeiten und damit Fehler erwachsen, da außerdem nichtlinguistische Faktoren, wie Motivation, Einstellung, sozioökonomische und soziokulturelle Faktoren sowie die Lernumgebung hinzukommen. Die herausgearbeiteten Unterschiede zweier Sprachen sollten nicht dazu benutzt werden, Fehler vorherzusagen, da dies einem dynamischen, kreativen Begriff des Spracherwerbs widersprechen würde, sondern vielmehr Erklärungsansätze für aufgetretene Schwierigkeiten bieten.

3. Sprachvergleich Russisch – Deutsch

Nach Ihssen ist ein kontrastiver Vergleich bei zweisprachig aufwachsenden Kindern hinsichtlich der förderungsorientierten Analyse unerlässlich (vgl. ders. 1980, S. 41). Der Vergleich ermöglicht es, festzustellen, ob eine Problem vielleicht in beiden Sprachen besteht und liefert unter Umständen Erklärungsansätze für Probleme in der deutschen Sprache.

Einen Vergleich der Sprachen Russisch und Deutsch, der alle Bereiche der Sprache berücksichtigt und so verständlich ist, dass er Ansatzpunkte für die praktische Arbeit bietet, gibt es meines Wissens noch nicht. Darum habe ich unter dem Gesichtspunkt der Praktikabilität mit Hilfe von Literatur zur russischen Sprache (s. u.) einen Vergleich beider Sprachen erarbeitet. Hierbei können allerdings nur die meiner Meinung nach wichtigsten sprachlichen Phänomene Berücksichtigung finden.

3.1 Unterschiede auf der Ebene der Aussprache

Das deutsche *Vokal*system besteht aus 15 Phonemen (/aː, ɐ, eː, ɛ, ə, iː, ɪ, oː, ɔ, uː, ʊ, yː, ʏ, ø, œ/), das Russische besitzt dagegen nur fünf Vokalphoneme (/a, e, ɪ, o, u/) (Gabka 1974, S. 83).

Der größte Unterschied bezüglich des Vokalsystems beider Sprachen liegt in der Vokallänge. Die Unterscheidung zwischen langen und kurzen Vokalen dient im Deutschen der Bedeutungsdifferenzierung, ist also ein distinktives Merkmal. Im Russischen hängt die Vokaldauer davon ab, ob sich der betreffende Vokal in einer betonten oder unbetonten Silbe befindet, ohne dass damit eine Bedeutungsdifferenzierung verbunden ist (vgl. Mulisch 1993, S. 42).

In der russischen Sprache fehlen die deutschen Umlaute und der Zentralvokal [ə]. Die deutschen Diphthonge [aɪ, aʊ, ɔɪ] finden im Russischen ihre Entsprechung in der Verbindung mit sogenannten Halbvokalen (чаи – 'caj[1]= Tee), in der Verbindung von Vokal und Konsonant (автор – avtor = Autor) oder werden auf zwei Silben verteilt ausgesprochen (наука – na´uka = Wissenschaft).

Merkmal im Deutschen	Merkmal im Russischen	Mögliche Fehlerquellen
Vokallänge ist bedeutungsunterscheidend	Vokallänge ist kein distinktives Merkmal	bedeutungsverändernde Aussprachefehler, die zu Missverständnissen führen können.
Langvokale können in betonter und unbetonter Wortstellung auftreten	Die mittellangen russischen Vokale treten nur in betonter Stellung auf	Schwierigkeiten bei der Aussprache von Langvokalen in unbetonter Stellung, z. B. in dem Wort „langsam"
Vorhandensein von Umlauten	Fehlen von Umlauten	Probleme bei der Aussprache
Vorhandensein von Diphthongen	verschiedene Möglichkeiten, die Diphthonge zum Ausdruck zu bringen	Ersetzen der deutschen Diphthonge durch die russischen Lautverbindungen [aj, av, oj]

Die russische Sprache verfügt über ein wesentlich reicheres *konsonantisches Phoneminventar* als das Deutsche, da im Russischen fast jedes Konsonantenphonem eine palatalisierte (weiche) und nichtpalatalisierte (harte) Entsprechung hat, z. B. /b/ : /b´/ usw. (vgl. Wiede 1981, S. 54).

Aus der Gegenüberstellung beider Sprachen wird deutlich, dass das Russische die labiale Affrikate [pf], den Hauchlaut [h], den velaren Nasal [ŋ] sowie die phonemische Variante [ç] nicht kennt. Es gibt im Russischen nur das Zungenspitzen-[r], nicht wie im Deutschen die Realisationsmöglichkeiten des Phonems /r/ als Zäpfchen-[ʀ] und Zungenspitzen-[r].

Merkmal im Deutschen	Merkmal im Russischen	Mögliche Fehlerquellen
Hauchlaut [h]	Fehlen des Lautes	Ersetzen durch den velaren Engelaut [χ]
Affrikate [pf]	Fehlen des Lautes	Ersetzen durch [f]
velarer Nasal [ŋ]	Fehlen des Lautes	Ersetzen durch [ng]
behauchter stimmloser Engelaut [ç].	Fehlen des Lautes	Ersetzen durch den velaren Engelaut [χ]
Realisierung des Phonems / r / als Zäpfchen-[ʀ] und Zungenspitzen-[r].	Es gibt nur das Zungenspitzen-[r]	Sprechen mit einem russischen Akzent
Mehrfachkonsonanz [ʃt] und [ʃp]	Aussprache [st], [sp]	Sprechen mit einem russischen Akzent

Die *Betonung* (Wortakzent) ist im Russischen nicht an einen bestimmten Stellenwert der Silbe im Wort gebunden, sondern jede Silbe kann potentiell Akzentträger sein (vgl. Gabka 1974, S. 106). „Das Deutsche hat dem gegenüber einen festen Akzent, denn wir finden Betonungsverlagerungen innerhalb des Paradigmas lediglich in einer relativ geringen Zahl von Fremdwörtern, z. B. [proˈfɛsoːr] – [profɛˈsoːrən]" (Gabka 1974, S. 107). Aus phonologischer Sicht betrachtet kommt dem Wortakzent im Russischen bedeutungsunterscheidende Funktion zu, „da eine Anzahl russische Wortdubletten existieren, die sich allein durch die verschiedene Stellung des Akzents unterscheiden (...) z. B. дома – doma [dˊoma] vs. дома – domá [dʌmˈa]" (Gabka 1974, S. 108).

Merkmal im Deutsche	Merkmal im Russischen	Mögliche Fehlerquellen
Der Wortakzent des Deutschen ist im Prinzip an die Stammsilbe gebunden	Wortakzent hat phonologisch bedeutungsunterscheidende Funktion. Neben dem freien gibt es einen beweglichen Akzent	Unsicherheiten in der Betonung
Akzent bleibt bei der Flexion in der Regel konstant	Betonungsverlagerung	nicht korrekte Betonung

3.2 Unterschiede im Bereich der Grammatik: Morphologie und Syntax

Die Wortarten der russischen Sprache entsprechen den deutschen: Verb, Substantiv, Adjektiv, Numerale, Pronomen, Adverb, Partikel, Präposition und Konjunktion (vgl. Gabka 1975, S. 30).

3.2.1 Das Verb

Wegen der Übersichtlichkeit und Verständlichkeit gehe ich hier nur auf die Konjugation sowie einige spezielle Verben ein, da diese Aspekte zu Problemfeldern beim Erlernen der deutschen Sprache werden können. Weitere Besonderheiten bezüglich des russischen Verbs müssen wegen ihrer Komplexität unberücksichtigt bleiben.

Das Russische kennt fünf *Konjugations*klassen: 1. Infinitivstamm auf -at` (Bsp.: делать – delat`), 2. Infinitivstamm auf -et` (Bsp.: сидеть – sidet`), 3. Infinitivstamm auf -ovat` / evat` (Bsp.: наследовать– nasledovat`), 4. Infinitivstamm auf -ut` (Bsp.: крикнуть – kriknut`), 5. Infinitivstamm auf -it` (Bsp.: говорить – govarit`), die sich durch eigene Konjugationsmuster auszeichnen. Im Deutschen unterscheidet man zwischen den drei Deklinationstypen der starken, schwachen und unregelmäßigen Verben (vgl. Genzmer 1995, S. 98–102). Aufgrund der unterschiedlichen Endungen ist daher im Russischen leichter erkennbar als im Deutschen, um welchen Deklinationstyp es sich handelt. Die Bildung des Präteritums ist im Russischen ebenfalls übersichtlicher als im Deutschen, da einfach an den Verbstamm je nach Genus und Nummerus die Endungen -l, -la, -lo, li gehängt werden. Demgegenüber stehen im Deutschen drei Formen: 1. Wechsel des Stammvokals; 2. +-te; 3. Wechsel des Stammvokals +-te.

Reflexivverben werden im Russischen durch den Postfix -sja gebildet. „Dem Postfix -sja entspricht bei den deutschen Reflexivverben das Reflexivpronomen ‚sich' in der 3. Person. In den anderen Personen wird dessen Funktion im Deutschen durch die obliquen Kasus der entsprechenden Personalpronomen (mich, dich, sich, uns, euch, sich) ausgedrückt." (Gabka 1975, S. 135). Beim russischen Reflexivverb bleibt in allen Personen, mit Ausnahme der 1. Person Singular sowie der 2. Person Plural, das Postfix -sja bestehen. Bei den beiden Ausnahmen erfolgt die Endung -s, da das Verb auf einen Vokal endet (Bsp.: я сижусь – ja si´zusas` = ich setze mich, он сидтсь – on siditcja = er setzt sich).

Die deutschen *Hilfsverben* „haben" und „sein" haben im Russischen keine direkte Entsprechung. „Haben" wird durch die Umschreibung „bei mir ist = у меня – u menja" ausgedrückt. Das Hilfsverb „sein" hat im Russischen im Präsens lediglich die Aufgabe der Verstärkung, im Präteritum wird es analog zum Deutschen gebraucht.

Merkmal im Deutschen	Merkmal im Russischen	Mögliche Fehlerquellen
3 Konjugationstypen der schwachen, starken und unregelmäßigen Verben	5 Konjugationstypen unterschieden nach ihrem Infinitivstamm	Probleme bei der Konjugation starker und unregelmäßiger Verben; vermutlich Übergeneralisierung der Formen des schwachen Typs
Formen des Präteritums: 1. Wechsel des Stammvokals; 2. +-te; 3. Wechsel des Stammvokals +-te	Präteritum: Verbstamm + Endungen -l, -la, -lo, -li	Unsicherheiten; gehäufte Verwendung der schwachen Konjugation

Bei den Reflexivverben ändern sich die entsprechenden Personalpronomen (mich, dich, sich, uns, euch, sich)	In allen Personen, mit Ausnahme der 1. Person Singular und 2. Person Plural, bleibt das Postfix -sja bestehen.	Übergeneralisierung eines Personalpronomens, vermutlich „sich"
Trennbare Verben sind vorhanden	Es gibt keine trennbaren Verben, z. B. „aussteigen"	fehlende Trennung der Verben
Existenz der Hilfsverben „haben" und „sein"	Verb „haben" wird ausgedrückt durch „bei mir ist". „Ist" verstärkt in der Gegenwartsform das Gesagte	Übernahme der russischen Ausdrucksweise

3.2.2 Das Substantiv

Als Problemfelder für deutschlernende russische Sprecher zeigen sich beim Substantiv besonders die Bereiche Deklination, Plural und Kasus.

Der Nominativ *Plural* wird im Russischen durch vier unterschiedliche Allomorphe (zwei Pluralmorpheme) zum Ausdruck gebracht. Maskuline Substantive sind im Russischen im Nominativ Plural durch die Endung -y oder -i (Bsp.: балконы – balkony) gekennzeichnet, feminine Substantive ebenfalls durch -y und -i (Bsp.: батереи – batereˊi), Neutra durch -a oder -ja (Bsp.: поля – polja). Ob die Pluralendung ein weicher (я, е, и) oder harter Vokal (а, о, ы) ist, richtet sich nach der Weichheit bzw. Härte des Substantivs im Nominativ Singular. Im Deutschen gibt es neun verschiedene Allomorphe für das Pluralmorphem: 1. keine Veränderung, 2. Umlaut, 3. +e, 4. Umlaut +e, 5. +er, 6. Umlaut +er, 7. +n, 8. +en, 9.+s (vgl. Heidtmann, 1981, S. 236).

Im Unterschied zum Deutschen, das vier *Kasus* kennt, verfügt die russische Sprache über sechs Kasus: Nominativ, Genitiv, Dativ, Akkusativ, Instrumental und Lokativ (vgl. Gabka 1975, S. 237). „Im Deutschen werden die unterschiedlichen Kasus hauptsächlich durch den Artikel angezeigt, das Substantiv selbst ist nur in den wenigsten Fällen markiert" (Genzmer 1995, S. 173). Der Artikel markiert im Deutschen Substantive hinsichtlich Genus, Numerus und Kasus. Im Russischen wird dies durch die Substantivendung ausgedrückt, da das Russische weder bestimmte noch unbestimmte Artikel kennt. Der Deklinationstyp ist im Russischen abhängig von der Substantivendung.

Merkmal im Deutschen	Merkmal im Russischen	Mögliche Fehlerquellen
Genus und Kasus werden durch den Artikel ausgedrückt. Wortendung hat fast keine Bedeutung für Geschlecht	Genus und Kasus werden durch die Substantivendung ausgedrückt	Schwierigkeiten bei der De klination, da im Deutschen oft nur der Artikel dekliniert wird

Gebrauch eines best. und unbest. Artikels	bestimmter und unbestimmter Artikel fehlen	Vergessen des Artikels
Numerus: neun verschiedene Allomorphe für den Nominativ Plural	vier unterschiedliche Allomorphe für den Nominativ Plural	Unsicherheiten bei der Verwendung der richtigen Pluralendung, gehäufte Verwendung einer Form

3.2.3 Das Adjektiv

Schwierigkeiten beim Lernen der deutschen Sprache können hier besonders im Bereich der Deklination und Komparation auftreten.

Im Russischen bringt das Adjektiv ebenso wie das Substantiv die Kategorien Genus, Numerus und Kasus zum Ausdruck (vgl. Gabka 1975, S. 275). Im Deutschen gibt meist nur der Artikel Informationen über Genus, Numerus und Kasus des Adjektivs (Genzmer 1995, S. 219). Das Russische kennt „drei Deklinationstypen, die als Standardtyp, 1. Sondertyp, 2. Sondertyp bezeichnet werden" (Gabka 1975, S. 275). Die Deklinationstypen sind durch ihre unterschiedliche Endung leicht voneinander zu unterscheiden. Dies ist im Deutschen, das zwischen der starken, der schwachen und der gemischten Adjektivdeklination unterscheidet, leider nicht so eindeutig (vgl. Genzmer 1995, S. 219–222).

Man unterscheidet drei *Komparation*sstufen: Positiv, Komparativ, Superlativ. Im Deutschen unterscheiden sich die drei Komparationsstufen ausschließlich durch morpholgische Mittel (Suffixe) voneinander, z. B. ein schönes Haus, ein schöneres Haus, das schönste Haus. Die Komparationsstufen im Russischen entsprechen in der Bedeutung den deutschen. Bei der Komparation russischer Adjektive können die Komparationsstufen jedoch teils am Wortkörper selbst (новыи – новее – новеишии / novej – noveje – novejschi), teils durch Hilfswörter (новыи – волее новыи – самыи новыи / novej – boleje novej – samej novej) dargestellt werden (vgl. Gabka 1975, S. 290 f.). Beide Darstellungsvarianten sind möglich.

Merkmal im Deutschen	Merkmal im Russischen	Mögliche Fehlerquellen
Artikel gibt Informationen über Genus, Numerus und Kasus	Genus, Numerus und Belebtheit/Unbelebtheit durch unterschiedliche Kasusparadigmen	Deklination des Adjektiv selbst und nicht am Artikel
Deklination: Unterscheidung zwischen starker, schwacher und gemischter Adjektivdeklination	Deklinationstypen werden durch spezifische Endung deutlich	Unsicherheiten; gehäufte Verwendung der schwachen Deklination
Komparation: Unterscheidung der Komparationsstufen durch morphologische Mittel	Bildung teils durch morphologische Mittel, teils durch Hilfswörter	Verwendung von Hilfswörtern bei der deutschen Komparation

3.2.4 Die Präposition

„Im Deutschen bieten die Präpositionen grundsätzlich ein dem Russischen analoges Bild. (…) Der eigentliche Kontrast zwischen dem Russischen und dem Deutschen besteht nicht in den Präpositionen selbst, sondern in den Kasus, mit denen sie verbunden werden" (Gabka 1975, S. 372). „Hinzu kommt, dass einer russischen Präposition im Deutschen oft zwei oder drei Präpositionen mit verschiedener Bedeutung entsprechen. Zum Beispiel weist die russische Präpostion „po" eine breite semantische Bedeutungspalette auf" (Krollpfeiffer 1996, S. 87), je nachdem in welchem Kontext und Kasus sie benutzt wird. Als mögliche Fehlerquellen können daher für deutschlernende Russen die Verwendung des falschen Kasus sowie die Verwendung von nicht in den Kontext passenden Präpositionen auftreten.

3.2.5 Die Negation

„Als Mittel zum Ausdruck der Negation dient im Russischen in erster Linie das Negationswort „не – nje". Steht dieses vor dem Prädikat, so handelt es sich um die Negation des ganzen Satzes. (…) Das Negationswort kann aber auch vor einem beliebigen anderen Satzglied stehen. (…) Es liegt dann eine partielle Negation vor" (Gabka 1989, S. 37). Im Gegensatz dazu steht im Deutschen die Verneinung durch „nicht" oder „kein" in der Regel nach dem Prädikat. Eine weitere russische Besonderheit im Russischen stellt die doppelte Verneinung dar. Durch Verwendung von z. B. „никогда не – nikogda nje = niemals nicht" kann die Verneinung zusätzlich verstärkt werden.

Merkmal im Deutschen	Merkmal im Russischen	Mögliche Fehlerquellen
Verneinung durch „nicht" oder „kein" steht in der Regel nach dem Prädikat	Negationswort kann vor beliebigen Satzglied stehen.	Wortstellungsfehler
Doppelte Verneinung als Verstärkung nicht möglich	doppelte Verneinung dient der Verstärkung der Verneinung	nicht korrekte Verneinung

3.2.6 Unterschiede im Bereich der Syntax

Die einzelnen Satztypen weisen im Deutschen und Russischen Ähnlichkeiten in der Konstruktion auf. Es fällt jedoch auf, dass in der russischen Sprache eine größere Variationsmöglichkeit für die Stellung der Satzglieder in allen Satztypen besteht (vgl. Gabka. 1989, S. 33–36). Der Satzbauplan des Deutschen ist im einfachen *Aussagesatz* (zweite Satzstellung), *Nebensatz* (finale Satzstellung), *Aufforderungssatz* (initiale Satzstellung) *Fragesatz* (erste Satzstellung, bei Interrogativpronomen zweite Stellung) ist obligatorisch festgeschrieben (vgl. Gabka 1989, S. 31). Durch die größeren Variationsmöglichkeiten im Russischen kann es im Deutschen zu Wortstellungsfehler kommen.

3.3 Unterschiede im Bereich der Semantik

Im Bereich der Semantik ist als Unterschied besonders das Fehlen von zusammengesetzten Substantiven, wie sie das Deutsche kennt (z. B. Waschmaschine) hervorzuheben. Die russische Entsprechung zusammengesetzter Substantive wird durch die Verbindung Adjektiv + Substantiv dargestellt, z. B. стиралная мащина – stiralnaja mazina = waschende Maschine. Beim Erlernen des Deutschen kann es unter Umständen zur Übernahme der russischen Darstellungsweise kommen.

3.4 Schriftsprache

Die Wurzeln der russischen Schrift, die kyrillische Buchstaben verwendet, lassen sich auf das griechische Alphabet zurückverfolgen. Das russische Alphabet umfasst 9 Vokalbuchstaben und 23 Konsonantenbuchstaben, wovon zwei lediglich orthographische Zeichen darstellen, die keine lautliche Entsprechung haben [Härte- und Weichheitszeichen]. (...) Die russischen Buchstaben bezeichnen – wie im Deutschen – grundsätzlich Phoneme, teilweise Phonemfolgen oder Phonemvarianten" (Mulisch 1993, S. 52).

Das kyrillische Alphabet

Druckschrift		Internationale phonetische Umschrift	Wissenschaftliche Transliteration
А	а	a	a
Б	б	b	b
В	б	v	v
Г	г	g	g
Д	д	d	d
Е	е	je \e	e
Ж	ж	ʒ	´z
З	з	z	z
И	и	i \ ji	i
Й	й	j	j
К	й	k	k
Л	к	ł	l
М	л	m	m
Н	м	n	n
О	н	o	o
П	о	p	p
Р	p	r	r
С	с	s	s
Т	т	t	t
У	у	u	u
Ф	ф	f	f
Х	х	χ	ch
Ц	ц	ts	c
Ч	ч	tʃ	´c
Ш	ш	ʃ	´s

Щ	щ	ʃtʃ	´sc
ь		–	”
ы		ı	y
ь		–	’
Э	э	e \ ɛ	é
Ю	ю	ju	ju
Я	я	ja	ja

(vgl. Spraul/Syczeva 1985)

Neben der kyrillischen Schrift stellt die Kleinschreibung den bezüglich der Schriftsprache den größten Unterschied zum Deutschen dar. Groß geschrieben werden im Russischen lediglich der Satzanfang, Personennamen, Ehrentitel, Bezeichnungen für historische Ereignisse und Feiertage, Bezeichnungen für Länder, Städte, Straßen, geographische Begriffe sowie Buch-, Zeitungs- und Filmtitel (vgl. Kohls 1994, S. 9). Weiterhin fällt auf, dass im Russischen die Graphem-Phonem-Korrespondenzen größer sind als im Deutschen.

Merkmal im Deutschen	Merkmal im Russischen	Mögliche Fehlerquellen
ähnliche oder gleiche Buchstaben mit anderer Bedeutung	ähnliche oder gleiche Buchstaben mit anderer Bedeutung	Russische Buchstaben im deutschen Schriftbild
mehrere denkbare Grapheme für ein Phonem	größere Graphem-Phonem-Korrespondenzen	Entscheidung für die falsche Schreibweise, z. B. „Wase" statt „Vase"
Phoneme [ʃt], [ʃp] werden durch die Grapheme st und sp dargestellt	Graphem-Phonem-Korrespondenz	falsche Verschriftung der Laute
Großschreibung von Substantiven	Kleinschreibung	Kleinschreibung von Substantiven

4. Mögliche psychische und soziale Probleme aufgrund von Zweisprachigkeit

Es unumgänglich, sich bei der Beschäftigung mit dem Thema Zweisprachigkeit auch mit den psychischen und sozialen Folgen, die diese besondere Lebenssituation mit sich bringen kann, auseinanderzusetzen. Daher reicht ein Sprachvergleich als Basis für die Förderung nicht aus. Es lassen sich zwar allgemeine Aussagen über den Erwerb einer Sprache treffen, das Funktionieren und den Wert der Zweisprachigkeit sowie die Entwicklung der Persönlichkeit sind immer individuell zu betrachten. Denn jeder Entwicklungsverlauf unterliegt unterschiedlichen Abhängigkeiten und Wirkungsgeflechten. Daher möchte ich die folgenden Überlegungen als hypothetische Möglichkeiten verstanden wissen, die eintreffen können, es jedoch nicht zwangsläufig müssen.

Kein immigriertes Kind kann sich der Zweisprachigkeit entziehen. Die neue Sprache – in diesem Fall Deutsch – wird gelernt, um auch im neuen Land handlungsfähig zu sein. Erst- und Zweitsprache stellen für immigrierte Kinder also Sozialisationssprachen dar. In ihnen und durch sie wird gelernt. „In ihnen entwickeln sich die Emotionalität, die Identität und die Kognition des ausländischen Kindes" (Stölting 1980, S. 20).

Kinder aus immigrierten Familien erleben in schulischen Einrichtungen täglich die ausschließliche Orientierung an Kultur und Sprache des Einwanderungslandes. Sie erfahren so jeden Tag in individuell unterschiedlicher Ausprägung, dass ihre Herkunftssprache durch die deutschsprachige Mehrheit herabgesetzt wird (vgl. Ünsal/Wendlandt 1991, S. 327), indem diese nur der deutschen Sprache Beachtung schenkt. Nach Kracht und Schümann „ist davon auszugehen, dass diese Randpositionen der jeweiligen Muttersprachen Auswirkungen auf die personale, soziale und sprachliche Identitätsbildung des Einzelnen haben" (dies. 1994, S. 282). Diese Nichtbeachtung und sogar Ablehnung ihrer Erstsprache kann dazu führen, dass „... auch die Kinder selbst ihre eigene Muttersprache als minderwertig empfinden und die Motivation verlieren, sich in ihrer Muttersprache zu verständigen. Da nicht selten mit der Muttersprache auch die Kultur der Eltern abgelehnt wird, können sich weiterreichende Identitätsprobleme entwickeln" (Ünsal/Wendlandt 1991, S. 327). Die Einstellung „Meine Sprache ist nichts wert" kann allerdings auch schnell zu der Haltung „Ich bin dann wohl auch nichts wert" führen. „So kann es zur Ausbildung eines negativen Selbstbildes kommen, das im Gebrauch der eigenen Sprache zu Scham und Unsicherheit führen kann" (Kracht/Schümann 1994, S. 282). Das negative Selbstbild kann zu einem mangelnden Selbstbewusstsein und dies wiederum zu großen Verunsicherungen und Rückzug in allen Lebenssituationen werden. Ebenso kann es aber auch zu einer Ablehnung der Zweitsprache Deutsch kommen. Dies kann bei den zweisprachig aufwachsenden Kindern zu Ausgrenzung in der Klasse und Isolation führen.

Zur Alltagsbewältigung sind zweisprachig aufwachsende Kinder auf die deutsche Sprache angewiesen, die es somit möglichst schnell zu erlernen gilt (vgl. Scherzinger 1995, S. 471). Diese Notwendigkeit zum Erlernen einer Sprache kann unter Umständen zum Druck für die Kinder werden. Zum einen sind sie dem Erwartungsdruck der Eltern ausgesetzt und sollen den Anforderungen der Schule genügen, zum anderen setzen sie sich vielleicht mit ihrem eigenen Anspruch unter Leistungsdruck. Daraus können leicht Versagensängste sowie die Ablehnung der ersten oder zweiten Sprache, Sprechängste oder Mutismus erwachsen (Kracht/Schümann 1994). Probleme in der Gestaltung des gemeinsamen Alltags mit der deutschsprachigen Bevölkerung können zusätzlich zu Unsicherheiten, Rückzug und Missverständnissen führen.

Durch den Zwang der Immigration können zugereiste Kinder und Jugendliche nicht immer eine positive Haltung gegenüber der Sprache des Aufnahmelandes entwickeln. Gerade Jugendliche, die sich ohnehin schon in der schwierigen Phase der Pubertät befinden und ihre Heimat häufig gegen ihren Wunsch verlassen mussten, verlieren so ihre gewohnte Sicherheit. Sie müssen sich mit veränderten gesellschaftlichen Spielregeln auseinandersetzen, die sich aus veränderten wirtschaftlichen, gesellschaftlichen und kulturellen Gegebenheiten ergeben. Dies verstärkt das Gefühl der Verunsicherung noch. So können Probleme durch den Ortswechsel, die Unterkunft und Versorgung schnell zu einem seelischen Problem werden. Dies kann sich in Verhaltensauffälligikeiten äußern und sich negativ auf den Erwerb der Zweitsprache auswirken. Die Belastung mit einer Vielzahl von Problemen bedingt durch die Pubertät und den Umzug in ein anderes Land lässt für viele Jugendliche eine offene Auseinandersetzung mit Neuem kaum zu. Oftmals werden die immigrierten Kinder und Jugendlichen mit ihren Unsicherheiten in der deutschen Sprache, den psychischen Konsequenzen durch das Verlassen der Heimat und des sozialen Umfeldes, einem veränderten Lebensraum mit anderen „Spielregeln" sowie enttäuschten Erwartungen allein gelassen (vgl. Scherzinger 1995, S. 468 f.). Das Aufwachsen in einem Konflikt zwischen den Wertorientierungen der eigenen Familie und den Wertvorstellungen und Verhaltensweisen der deutschen Umwelt kann zu Identitätskonflikten und einem Gefühl der Zerrissenheit führen.

Probleme ergeben sich für die ausgesiedelten Familien auch aus ihrem Status als Aussiedler. „Aussiedler sind, sobald sie als solche anerkannt sind, niemals „Polen" oder „Russen", sondern stets Deutsche" (Krollpfeiffer 1996, S. 7). Die eintreffenden Aussiedler werden von den Einheimischen jedoch oft nicht als Deutsche anerkannt. Es wird vielfach nicht verstanden, wie Aussiedler Deutsche sein können, wo sie doch aus Polen, Russland usw. kommen und kaum deutsch sprechen. Viele Bürger betrachten Aussiedler als Wirtschaftsflüchtlinge, die ihnen Arbeitsplätze und Wohnraum wegnehmen (vgl. Krollpfeiffer 1996, S. 6 f.). Ohnehin schon durch den Umzug sowie die bürokratischen Hürden, die diese Familien überwinden mussten, belastet, werden die Hoffnungen der neu Eingetroffenen oftmals enttäuscht. Sie werden mit unbekannten Problemen konfrontiert, die psychischer, sozialer, wirtschaftlicher und kultureller Art sein können (vgl. Krollpfeiffer 1996). Diese Vielzahl an Problemen kann zu einer großen Belastung für die gesamte Familie werden. Das kann zu einer angespannte Familiensituation führen, die Kinder zusätzlich zu ihren eigenen Problemen belastet.

Es wäre jedoch zu einseitig nur mögliche negative Folgen der Zweisprachigkeit aufzuzeigen, da hierin viele Chancen liegen. Gerade angesichts eines geöffneten Europas bietet das gute Beherrschen zweier Sprachen einen deutlichen Vorteil und bessere Berufschancen gegenüber Einsprachigen, da gerade die Beziehungen zu Russland weiter ausgebaut werden. In der zweisprachigen Erziehung liegt, auch für den Bereich Schule, die Chance auf eine größere Toleranz in Bezug auf andere Kulturen. Weiterhin könnte Zweisprachigkeit möglicherweise dazu beitragen, einen kreativeren Umgang mit Sprache sowie ein besseres Sprachgefühl zu vermitteln und das Erlernen weiterer Sprachen zu erleichtern.

5. Ausblick

Wie ich versucht habe zu verdeutlichen, reicht es nicht aus, bei der Förderung mit zweisprachig aufwachsenden Kindern nur sprachliche Aspekte zu berücksichtigen. Da die Sprachentwicklung ein kommunikativer Interaktionsprozess ist (vgl. Bruner 1987), können sprachliche Schwierigkeiten zweisprachig aufwachsender Kinder nicht losgelöst von familiären, psycho-sozialen, motivationalen Aspekten betrachtet und gefördert werden. Kenntnisse des Lehrers oder Sprachtherapeuten in der Erstsprache sind für die Förderung von Vorteil und können helfen, den Kontakt zu dem Kind zu festigen, sprachliche Schwierigkeiten zu verstehen und gezielt zu fördern. Sie reichen jedoch nicht allein aus, da die Probleme der Kinder häufig über den rein sprachlichen Bereich hinausgehen, wie ich aus eigener Erfahrung feststellen musste. Ich habe in der Sprachförderung mit einem zehnjährigen Jungen aus Russland gearbeitet, der in der Schule nicht sprach und daher in der Klasse eine Außenseiterposition einnahm. Alexej gab sich in der Förderung ebenfalls sehr zurückhaltend, obwohl er, wie ich gelegentlich feststellen konnte über einen ausreichenden deutschen Wortschatz verfügte und bereits komplexere grammatische Strukturen beherrschte. Die russische Sprache verweigerte er weitgehend im Umgang mit mir. Erst als ich einen Mitschüler in die Förderung einbezog und sich beide anfreundeten, wurde Alexej offener, selbstbewusster und begann, sich auch im Unterricht freiwillig zu beteiligen. Diese Erfahrungen haben mir gezeigt, wie wichtig in einer Sprachförderung mit zweisprachig aufwachsenden Kindern der Aufbau einer gemeinsame Beziehung, Akzeptanz des Kindes mit seinen Stärken und Schwächen, die Stärkung des Selbstbewusstseins sowie das Aufzeigen von Möglichkeiten, wie das Kind mit sprachlichen Schwierigkeiten und fehlendem lexikalischen Wissen umzugehen.

Anmerkung
[1] Erläuterungen zur wissenschaftlichen Transkription siehe Kapitel 3.5

Literatur

Blahusch, Friedrich: Zuwanderer und Fremde in Deutschland: Aussiedler / Spätaussiedler. Fulda o. J. http://www.sw.fh-jena/migration/s97/material/bahusch.aussiedler.html. Stand November 1998.
Baumgartner, Stephan; Füssenich, Iris (Hrsg.): Sprachtherapie mit Kindern. München Basel 1997³.
Bruner, Jerome S.: Wie das Kind sprechen lernt. Bern 1987.
Gabka, Kurt: Die russische Sprache der Gegenwart. Einführung in das Studium der russischen Sprache. Bd. 1: Phonetik und Phonologie. Leipzig 1974.
Gabka, Kurt (Hrsg.): Die russische Sprache der Gegenwart. Einführung in das Studium der russischen Sprache. Bd. 2: Morphologie. Leipzig 1975.
Gabka, Kurt (Hrsg.): Die russische Sprache der Gegenwart. Einführung in das Studium der russischen Sprache. Bd. 3: Syntax. Leipzig 1989.
Genzmer, Herbert: Deutsche Grammatik. Leipzig 1993.
Heidtmann, Hildegard: Ausländer als Zielgruppe der Sprachheilpädagogik. In: Heese, G.; Reinatz, A. (Hrsg.): Aktuelle Beiträge zur Sprachheilpädagogik. Berlin 1981, S. 224–240.
Ihssen, Wolf B.: Probleme der Sprachentwicklungsdiagnose bei Ausländerkindern. In: Praxis Deutsch, Sonderheft 1980, S. 40–42.
Kohls, Siegfried: Russische Grammatik. Leipzig, Berlin u. a. 1994.
Kracht, Annette; Schümann, Heimke: Förderung kindlicher Zweisprachigkeit unter den Bedingungen der Immigration – ein Fall von „elektivem Mutismus"? In: Sprachheilarbeit 39 (1995) H. 5, S. 280–287.
Krollpfeiffer, Evelyne: Linguistische Probleme der osteuropäischen Aussiedler beim Erlernen der deutschen Sprache am Beispiel der Präpositionen und der Pluralbildung. Hannover 1996.
Mulisch, Herbert: Handbuch der russischen Gegenwartssprache. Leipzig, Berlin u. a. 1993.
Petioky, Viktor: Interferenzen beim Übersetzen und Dolmetschen zwischen Russisch und Deutsch. In: Internationaler Verband der Lehrkräfte der russischen Sprache und Literatur: Interferenzen der deutschen Muttersprache beim Russischunterricht. Wien, Düsseldorf 1970, S. 63–65.
Scherzinger, Anneliese: Kinder und Jugendliche, deren Erstsprache nicht Deutsch ist: Aspekte der Sprachförderung. In: Die Sprachheilarbeit 40 (1995) H. 6, S. 466–474.
Spraul, Herbert; Syczeva, Marianne: Einführungskurs Russisch. Phonetik. Düsseldorf 1985.
Stölting, Wilfried: Die Entwicklung der Zweisprachigkeit bei ausländischen Schülern. In: Praxis Deutsch, Sonderheft 1980, S. 19–22.
Wiede, Erwin: Phonolgie und Artikulationsweise im Russischen und Deutschen. Leipzig 1981.
Ünsal, Figen; Wendlandt, Wolfgang: Doppelte Halbsprachigkeit bei türkischen Migrantenkindern. In: Deutsche Gesellschaft für Sprachheilpädagogik e. V. (dgs), LV Hessen (Hg.): Behinderung – Pädagogik – Sprache. Gießen 1991, S. 326–333.

Maike Reichert-Wallrabenstein

Die „Wörterlupe" – Möglichkeiten der Reflexion über Schrift-Sprache im Englischunterricht der Klasse 3

In diesem Beitrag soll der Frage nachgegangen werden, wie Lernende im Englisch-unterricht der Grundschule zur Reflexion über Schrift-Sprache angeregt werden können, zugleich sollen erste Hinweise dazu gegeben werden, welche Lernpro-zesse dabei zu beobachten sind. Zunächst folgt eine kurze Situationsbeschreibung, in der das ‚problematische Verhältnis' von Schriftlichkeit und Sprachreflexion im Kontext des frühen Fremdsprachenunterrichts betrachtet wird. Danach skizziere ich ein dafür relevantes Lernarrangement, die „Wörterlupe", in dem Grund-schulkinder sich mit der geschriebenen englischen Sprache auseinander setzen. Abschließend werden erste Ergebnisse der Auswertung dieses Arrangements vor-gestellt sowie Perspektiven für die Praxis formuliert.[1]

1. Schrift und Sprachreflexion im Englischunterricht der Grundschule?

Der Fremdsprachenunterricht in der Grundschule ist seit Ende der 80er-Jahre ein wichtiger Bezugspunkt in der fremdsprachendidaktischen Diskussion geworden, gilt als ein Innovationsfeld der Fachdidaktik und erfährt auch in der Öffentlich-keit breite Zustimmung. Dabei ist eine Tendenz zur Instutionalisierung auf na-tionaler (vgl. zur Übersicht Bludau 1998) und internationaler Ebene zu verzeich-nen, wobei eine deutliche Heterogenität hinsichtlich des Stadiums der Imple-mentation, der Konzepte und Zielvorstellungen sowie der Frage der Sprach(en)wahl konstatiert werden muss (vgl. hierzu u. a. Hanke 1998). Als konsensfähig werden in der Diskussion hingegen das sog. Primat des Mündlichen und das Prinzip des Spielerischen angesehen. Das Primat des Mündlichen impliziert dabei, dass Schrift eher eine sekundäre Rolle im Fremdsprachenunterricht der Grundschule zugewiesen wird (wobei es natürlich in der Diskussion sowie in einzelnen Kon-zepten Abstufungen gibt).

Was bedeutet dies nun im Einzelnen? Im Folgenden seien einige zentrale Er-kenntnisse aus der Auseinandersetzung mit der Diskussion um die Rolle der Schrift im Fremdsprachenunterricht der Grundschule in sehr verkürzter Form dargestellt:

- Der Einbezug von Schrift wird u. a. mit dem Argument der Überforderung der Lernenden abgelehnt (vgl. z. B. Kierepka 1999).
- In den meisten Konzepten hat Schrift primär die Funktion, in der gesproche-nen Sprache bereits Bekanntes abzubilden.
- Schrift wird dabei keine Funktion im Sinne eines Erkenntnisinstrumentes zu-gewiesen.

- Schrift hat bloße Stütz- und Übungsfunktion und keine genuin kommunikative Funktion.
- Schrift wird – wenn sie einbezogen wird – in ihrer Komplexität reduziert, d. h. es werden möglichst ‚einfache‘, im Mündlichen bekannte, und zudem meist einzelne Wörter ausgewählt.
- Der Zugriff auf Schrift verbleibt in der Hand des Lehrenden und wird von diesem gesteuert.

Als vorläufiges Fazit lässt sich an dieser Stelle festhalten, dass schriftsprachbezogenes Lernen im Fremdsprachenunterricht der Grundschule nicht im Sinne eines aktiven, problemlösenden Konstruktions- und Aneignungsprozesses der Lernenden konzeptionalisiert wird.

Hinsichtlich des oben erwähnten Prinzips des spielerischen Lernens findet sich häufig eine Verabsolutierung desselben, in der Spielen in Opposition zu Lernen und / oder Arbeiten gerückt wird. Spielerisches Lernen realisiert sich meist in Form von Singen und Spielen (Bewegungsspiele, Kreisspiele etc.). Dieses wird als dem Grundschulkind besonders angemessene Form des Lernens verstanden. Damit einhergehend wird Reflexion über Sprache in vielen Publikationen als eben nicht ‚kindgemäß‘ gekennzeichnet und demnach als nicht zum Zielbereich frühen Fremdsprachenlernens gehörig angesehen, so z. B. im Hamburger Rahmenplan, wo festgehalten wird, dass „die Zielsprache […] nur in Einzelfällen Lerngegenstand [ist].“ (Amt für Schule 1995, S. 2). Dies erstaunt vor dem Hintergrund der Debatte um *language awareness* (meist übersetzt mit Sprachbewusstheit) in der Fremdsprachendidaktik, auf die hier nicht näher eingegangen werden kann (vgl. hierzu u. a. Gnutzmann 1997, Knapp-Potthoff 1997). Es sei festgehalten, dass der Begriff ‚*language awareness*‘ sehr unterschiedlich definiert wird, in den meisten Ansätzen aber mehr als sprachliche Kenntnisse und Fertigkeiten im (formal) linguistischen Sinne umfasst, d. h. es sind auch affektive, pragmatische, metakognitive und soziale Aspekte mitgedacht, so sind z. B. Lernstrategien oft inbegriffen. *Language awareness* wird dabei auch, gerade im Kontext der Frage nach Lernstrategien, als ein Weg zu selbstgesteuertem, autonomen Lernen verstanden (u. a. bei Rampillon 1997). Der grundschulische Unterricht in einer fremden Sprache spielt in dieser Diskussion kaum eine Rolle – language awareness wird meist im Kontext von Konzepten, die mehrere Sprachen zum Gegenstand haben, wie z. B. das nordrhein-westfälische Begegnungssprachenkonzept, thematisiert (so bei Wolff 1993). Die Möglichkeiten, die der grundschulische Fremdsprachenunterricht in einer Sprache für das Nachdenken über Sprache bietet, geraten kaum in den Blick.

Abschließend lässt sich der Komplex „Schrift – Sprachreflexion – grundschulischer Fremdsprachenunterricht" derart kennzeichnen, als dass die Lernenden in der Diskussion hierum meist auf ihre Rolle als Anfänger in der Fremdsprache reduziert werden. Dabei wird aus einer vorwiegend defizitorientierten Perspektive nicht wahrgenommen, über welche Vorerfahrungen hinsichtlich der Bereiche Schriftsprache und Sprachreflexion sie bereits verfügen. Ausgehend von dieser Situationsbeschreibung wird hier eine Position eingenommen, die Schrift zunächst als Lernchance und Herausforderung begreift und diese als einen möglichen Anlass für Sprachreflexion versteht, im Sinne eines Sprechens über Sprache und Sprachliches, als Entwicklung von Hypothesen über Sprachliches, welches durch entsprechende Lernangebote im Englischunterricht der Grundschule angeregt werden kann.

2. Projektbeschreibung – ein alternativer Ansatz

Im Rahmen der bereits erwähnten empirischen Studie in einer dritten Klasse wurde ein Englischunterricht begleitet und untersucht, in dem Schrift (auch in komplexer, nicht-reduzierter Form) von Beginn an in den Unterricht einbezogen wurde. Schrift sollte dabei auch kommunikative (z. B. über den Einsatz von Bilderbüchern) und Erkenntnis generierende (im Sinne von Sprachreflexion anregende) Funktion haben. Der Zugriff auf Schrift wurde zeitweilig von den Lernenden selbstbestimmt (z. B. in Phasen freier Arbeit). Ziel dieser Studie ist es, Einsicht in Lernprozesse von Grundschulkindern bei der Auseinandersetzung mit Schriftsprache im Englischunterricht zu erlangen: So sollen mögliche schriftbezogene Vorerfahrungen (bzgl. des Englischen), Hypothesen der Lernenden bzgl. der englischen (geschriebenen) Sprache sowie Zugriffsweisen auf diese erfasst werden. Dabei wird von einem Lernbegriff ausgegangen, der sprachliches Lernen als einen hochgradig individuellen, weitgehend selbstgesteuerten Prozess versteht, der durch eine reiche Lernumgebung sowie explorative, entdeckende Verfahren besonders gefördert werden kann (zu Selbstorganisationsprozessen beim Sprachlernen vgl. u. a. Meixner 1999). Im Folgenden soll nun eines der durchgeführten Lernarrangements näher beschrieben werden.

3. Zum Lernarrangement „Die Wörterlupe"

Diesem Arrangement liegt die Annahme zugrunde, dass die Kinder bei ihrer Auseinandersetzung mit der englischen Sprache von Hypothesen über diese ausgehen. Diese müssen nicht explizit geäußert werden, sind aber als Hintergrundfolie des sprachlichen Handelns vorhanden. Diese Hypothesen sind je nach Erfahrung bei einigen Lernenden vermutlich schon in Ansätzen vor Beginn des Englischunterrichtes vorhanden gewesen, bei vielen Kindern haben sie sich aber wahrscheinlich im Laufe des Englischunterrichtes erst entwickelt. Die Annahmen der Kinder können sich dabei z. B. auf die Aussprache beziehen, auf die Beziehung von Lautung und Schreibung oder auf die geschriebene Sprache, z. B. deren Graphem-inventar. Der geschriebenen Sprache kommt in diesem Zusammenhang eine besondere Rolle zu: In der Tradition von Wygotski stehend wird vielfach in der Literatur die These vertreten, dass der Umgang mit der geschriebenen Sprache Auswirkungen auf die kognitive Entwicklung hat (vgl. u. a. Andresen 1985, Scheerer-Neumann 1997). Schrift kann dabei in besonderem Maße zum Nachdenken über Sprache anregen: Bedingt durch ihre Gegenständlichkeit und Nicht-Flüchtigkeit kann sie zum Gegenstand der Betrachtung werden.

Im Lernarrangement „Wörterlupe", das nach zweieinhalb Monaten Englischunterricht durchgeführt wurde, sollen die Lernenden im Sinne einer verdichteten Lernaufgabe dazu angeregt werden, ihre Annahmen über die englische Sprache zu äußern. Hierzu werden ihnen – in vermischter Form – je sechs englische, sechs französische sowie drei deutsche Wörter[2] zur ‚Untersuchung' gegeben. Ihre Aufgabe ist es, diese Wörter der jeweiligen Sprache zuzuordnen und diese Zuordnung zu begründen. Somit beinhaltet das Lernarrangement einen Sprachvergleich, der neben dem Französischen die Muttersprache, das Deutsche[3], immer mit einschließt – auch wenn dieses im Arrangement zahlenmäßig in geringem Maße auftritt, so ist davon auszugehen, dass es implizit Bezugspunkt für die Kinder ist. Das Französische wird als Kontrastsprache zum Englischen gewählt, da es sich hinsichtlich ‚typischer‘ Graphemkombinationen vom Englischen (und Deutschen) unterscheidet, andererseits aber eine alphabetische Sprache ist, die mit dem Englischen das Grapheminventar bis auf kleine Abweichungen gemeinsam hat. Für das Kind ergibt sich so zum einen eine Kontrastierung, zum anderen aber die Notwendigkeit eines ‚Lupenblicks‘, die bei einer Kontrastsprache mit anderem Zeicheninventar so nicht gegeben wäre.

Das ausgewählte Wortmaterial wurde anhand mehrerer Kriterien ausgewählt: Es sollte sich zum einen um den Kindern mit hoher Wahrscheinlichkeit unbekannte Wörter handeln, die sich zudem durch für die jeweilige Sprache im Kontrast zum Deutschen ‚typische‘ Rechtschreibmuster, d. h. Grapheme oder Graphemkombinationen auszeichnen, wobei natürlich nur eine Auswahl repräsentiert werden kann und Vollständigkeit nicht angestrebt wurde. Für das Englische wurden die folgenden Wörter aus einem englischen Bildlexikon für Kinder ausgewählt: *arrow, wheel, blouse, toothbrush, chimney, weight*. Wenngleich es sich um vermutlich unbekannte Wörter des Englischen handelt, bieten sie doch über bestimmte Graphemkombinationen Anknüpfungsmöglichkeiten an bereits bekannte Wörter, die den Kindern auch im Schriftbild nicht unbekannt sind wie z. B. beim neuen Wort blouse zu house, weight zu eight oder arrow zu yellow etc. Ein wichtiges schriftbezogenes Merkmal des Englischen, die im Vergleich zum Deutschen zahlenmäßig weitaus größere Anzahl an kleinzuschreibenden Wörtern wird im Rahmen des Arrangements insofern nicht berücksichtigt, als dass alle Wörter in Kapitälchen verschriftet werden – bei Berücksichtigung des Merkmals Kleinschreibung bestünde die Wahrscheinlichkeit, dass sich die Kinder bei ihrer Zuordnung ausschließlich hieran orientieren.[4]

Die richtige Zuordnung der Wörter zu der jeweiligen Sprache steht bei dem Arrangement nicht im Vordergrund, es interessieren vielmehr die Annahmen, die die Kinder zu ihrer Zuordnung bewegen. Die Aufgabenbearbeitung erfolgt dabei in einem Dreischritt:

Zunächst bekommt jedes Kind den Auftrag herauszufinden, welche der insgesamt 15 Wörter die englischen sind: „Schau dir die Wörter dazu wie mit einer Lupe daraufhin an, ob du Hinweise findest, warum es ein englisches Wort ist. Ordne dieses Wort dann in den englischen Wörtersee ein und begründe deine Zuordnung. Ordne die französischen Wörter in den französischen Wörtersee ein, die deutschen in den deutschen. Da ihr euch nachher in eurer Gruppe miteinander austauschen sollt, ist es wichtig, dass du genau überlegst und auch aufschreibst, warum du ein englisches Wort in den englischen Wörtersee tust." Die Lernenden erhalten ein Arbeitsblatt, auf dem die 15 Wörter stehen sowie drei so genannte ‚Wörterseen‘ abgebildet sind, wobei je ein See für eine der drei Sprachen steht. Die Wörter sollen den jeweiligen Seen durch Pfeile zugeordnet werden, zudem sollen die gefundenen englischen Wörter aufgeschrieben und festgehalten werden, warum ein Wort für englisch gehalten wird. Ziel dieser Phase ist es, dass die Kinder versuchen, ihre individuellen Annahmen über die englische Sprache zu explizieren. Als Zweites erfolgt eine Gruppenarbeit, in der die Lernenden zu einer Einigung über eine Zuordnung der Wörter kommen sollen. Sie erhalten die 15 Wörter als Wortstreifen sowie ein großes Plakat mit den drei ‚Wörterseen', in die die Wortstreifen geklebt werden sollen. Wichtig ist, dass sie hier Gelegenheit haben, ihre Begründungen für die Zuordnung der Wörter mündlich zu äußern – medial, d. h. durch die schriftliche Ausdrucksfähigkeit einzelner Kinder bedingte Begrenzungen in der Einzelarbeitsphase, können in der Gruppenphase im Rahmen der mündlichen Darstellung der Begründungen so vermutlich bis zu einem gewissen Maß aufgefangen werden. Der Austausch mit den anderen bzw. die Einigung auf ein Gruppenprodukt macht es für die Lernenden zudem einsichtig, dass sie ihre Zuordnungen begründen müssen: Begründungen für eine Zuordnung müssen gegenüber anderen Kindern vertreten werden und erfahren im Prozess evtl. eine Erweiterung, Differenzierung oder werden aufgrund anderer, überzeugenderer Annahmen verworfen. Nach Beendigung der Gruppenarbeit erfolgt ein Auswertungsgespräch in der gesamten Klasse, in dem – dem Interesse der Lernenden folgend – zunächst Wortbedeutungen geklärt werden, es dann um die Zuordnung der Wörter geht, ehe über die Frage gesprochen wird, was die Kinder über die englische Sprache herausgefunden haben.

4. Erste Ergebnisse

Wie gehen die Lernenden bei der Entscheidung darüber, welches Wort sie welcher Sprache zuordnen, vor? Eine der beobachteten Strategien lässt sich als systematisch-sprachenweises Vorgehen kennzeichnen, wobei sich die Lernenden vermutlich am Vertrautheitsgrad der Sprache orientieren, d. h. sie ordnen erst die deutschen Wörter zu, dann die (angenommenen) englischen, zuletzt die französischen, die somit nach dem Ausschlussprinzip bestimmt werden. Eine andere Strategie wenden die Kinder an, die jedes Wort für sich betrachten und dann entscheiden, zu welcher Sprache es zuzuordnen ist. Weitere Strategien sind das Lesen (leise oder laut) sowie das wiederholte Sprechen der Wörter. Einige wenige Kinder fragen die Lehrerin nach der Bedeutung eines Wortes, verfolgen somit eine Strategie der Informationsbeschaffung durch Expertenbefragung. Welche Ergebnisse lassen sich festhalten? Eine Sichtung der Arbeitsblätter und der Gruppenplakate ergibt, dass die Lernenden sehr viele (mehrheitlich mindestens 4 von 6) der Wörter der richtigen Sprache zuordnen. Wichtiger als diese Feststellung sind aber die Begründungen, die die Kinder zu ihren Zuordnungen bewogen haben. Im Folgenden sollen daher nun die Lernenden selber zu Wort kommen, indem einige Ausschnitte aus den Gesprächen (die Namen der Kinder wurden verändert), die in den verschiedenen Gruppen geführt wurden, vorgestellt werden[5], um dann Aussagen zu den Hypothesen der Lernenden über die fremde(n) Sprache(n) machen zu können:

1. Beispiel: Wort: weight
Marcel   (soll zu Englisch) Jaa, es wird einfach so komisch geschrieben (.) als Deutsch, das hört sich irgendwie ganz komisch an, wenn mans nach der Schrift liest

2. Beispiel: Wort: chimney
Fritz   Stuhl, na klar, ist wieder Deutsch, chimney äh ((Kichern))
?   Chemie ((Kichern))
Fritz   Wegen dem Ä-Y da oder
?   Ja Ypsilon gibt's da ?oft
Fritz   Wegen dem Ypsilon
Chris   Ja (.) ja mmnnn, das könnte bei uns ja gar nicht
Kinder   mhmnn
Chris   Bei uns könnte man das gar nicht sprechen

3. Beispiel: Wort: blouse:
Jutta   Wird Bluse genauso geschrieben in Englisch? (...) Nee, nech
Ariane   Nee
Jutta   ... ich mein, nee, weil hier ja eigentlich alles mit deutschen Buchstaben geschrieben nur eben anders so hingesetzt
Lehrerin Was meinst du mit anders hingesetzt?
Jutta   Ja also, guck mal, das U das ist vielleicht so anders als bei der deutschen Sprache bei Bluse, da hätte das U eigentlich den Platz vom O gekriegt

4. Beispiel: Wort: arrow:
Friedrich Dies kommt bei Englisch
Ariane   Weil weil das halt so wie Englisch klingt
Friedrich Das klingt Englisch (.) mit den R zum Beispiel
Jutta   mit dem R-R
Ariane   Man kann das nicht so gut auf Deutsch aussprechen

5. Beispiel: Wort: fenêtre
Christopher (zu Französisch) Ja, also, weils so komische überm E so komische Zeichen hat
Lehrerin Das Dach?
Christopher Ja. (.) Und das ist bei Englisch und Deutsch nicht

6. Beispiel: Wort wheel:
Laura   Also, weil das ein E-E hat und das klingt wie I und wheel

7. Beispiel: Wort: toothbrush
Karsten   Wegen dem T-H und weil im Englischen wird das ähm sch angekürzt C-H, das ist da auch, deswegen, ich glaub das.

Es wird deutlich, dass bei fast allen Beispielen der Kontrast zur Muttersprache eine zentrale Rolle für die Lernenden spielt – sie stellt den Ausgangspunkt für Hypothesen der Lernenden über die fremde Sprache dar. Diese Hypothesen sind dabei individuell in unterschiedlichem Maße ausdifferenziert – sie reichen von einem eher diffusen „komisch geschrieben" (Beispiel 1) bis hin zum konkreten Benennen einzelner Grapheme/Graphemkombinationen (Beispiele 2 oder 7). Die Gründe, die die Lernenden für die Zuordnung eines Wortes zum Englischen angeben, lassen sich nach einer ersten Auswertung dieses Lernarrangements zu folgenden Gruppen zusammenfassen:

1. Phonologisch-semantische Ebene: klangliche Nähe zu einem deutschen Wort
2. Phonologische Ebene: Fremdartigkeit des Klanges/der Aussprache
3. Phonologisch-graphematische Ebene: Differenz von Lautung und Schreibung
4. Graphematische Ebene: Fremdartigkeit der Schrift, der Schreibung

Andere Begründungen zielen auf die Vertrautheit mit einem Wort sowie auf die Ähnlichkeit mit einem bekannten englischen Wort. Am häufigsten verwenden die Lernenden dabei Begründung 4, stellen also den Bezug zur Schrift her; dies insbesondere bzgl. der Wörter *weight, blouse, wheel, chimney*. Die Lernenden zeigen in der Auseinandersetzung mit der geschriebenen englischen Sprache ein hohes Ausmaß an Schriftbewusstheit – ein Terminus, den ich in Anlehnung an Berkemeier (1997) verwende. Ausgehend von vorhandenen schriftbezogenen Erfahrungen zeigen sie, dass sie bereits über Kompetenzen in den Bereichen Schriftlichkeit und Sprachreflexion verfügen: Sie äußern Hypothesen über die Form von Graphemen; dies wird in Beispiel 5 bei der Äußerung über die „komischen Zeichen" deutlich. Ferner zeigen sie Schriftbewusstheit hinsichtlich orthographischer Phänomene, die wahrgenommen und verglichen werden.[6] Die Lernenden stellen beim Vergleich von Schriftelementen fest, dass es zwar viele gemeinsame Grapheme gibt (Beispiel 3), dass aber einige Grapheme im Englischen besonders häufig aufzutreten scheinen (Beispiel 2: Ypsilon, Beispiel 7: TH). Darüberhinaus bemerken sie, dass bestimmte Graphemkombinationen des Deutschen im Englischen anders realisiert werden (Bsp. 7: „wird ..sch angekürzt C-H") und dass Grapheme im Englischen anders kombiniert werden (Bsp. 3 „anders hingesetzt") werden. Graphemkombinationen wie MN, EY, EE, OO oder OU sowie das häufig auftretende H (in Kombination u. a. mit G oder T) werden als untypisch für das Deutsche erkannt und dem Englischen zugeordnet. In ähnlicher Weise äußern die Lernenden Hypothesen bzgl. der phonologischen Ebene: Sie reichen von „kann man in Deutsch nicht sprechen" (Bsp. 2,4) über ein „klingt Englisch mit den R" (Bsp. 4) bis hin zu einer Äußerung wie in Bsp. 6 „weil das ein EE hat und das klingt wie I und *wheel*". Dieses Mädchen hat offensichtlich bereits erkannt, dass es im Englischen eine (besonders ausgeprägte) Differenz zwischen Lautung und Schreibung gibt und kann diese zudem – obgleich ihr das Wort nicht bekannt ist – aus anderen Kontexten auf das Wort wheel übertragen, welches sie zielsprachlich richtig realisiert.

5. Perspektiven für die Praxis

Im Rahmen dieses Beitrags kann nur ein erster begrenzter Einblick in einen kleinen Teil der Ergebnisse meiner Untersuchung gegeben werden. Weitere Erkenntnisse liegen nach der Auswertung der anderen Lernarrangements und der Interviews mit Lernenden und der Lehrerin vor und zwar hinsichtlich der Fragen nach schriftbezogenen Vorerfahrungen (bzgl. des Englischen), Erschließungsstrategien im Umgang mit englischen Bilderbuchgeschichten sowie möglichen Funktionen von Schrift für den Lernprozess einzelner Kinder und den Unterricht. Das vorgestellte Lernarrangement „Wörterlupe" hat gezeigt, dass der Einbezug von Schrift in besonderem Maße das Nachdenken über Sprachliches ermöglicht; dies verdeutlichen auch die beiden folgenden Beispiele. So äußerte ein Mädchen im Auswertungsgespräch: „Ich habe rausgefunden, wie man manche englische Wörter schreibt, ganz anders als man sie ausspricht." Diese Einsicht in die Differenz von Lautung und Schreibung konnte das Kind nur durch den Umgang mit Schrift gewinnen – wie dieses Kind auch, gingen viele Lernende zu Beginn des Englischunterrichtes von der Annahme aus, dass man das Englische nach ähnlichen Konventionen wie das Deutsche verschriftet. (Diese Ähnlichkeitshypothese erstreckt(e) sich auch auf den Bereich der Aussprache „Englisch klingt so ähnlich wie Deutsch".) Dies zeigte sich auch in einer anderen Klasse, die im Rahmen einer Vorstudie begleitet wurde und wo die Thematik der Rechtschreibreform im Deutschunterricht dazu führte, dass die Lernenden sich mit der Frage beschäftigten, ob diese denn auch in England gelte – hieraus entwickelte sich ein Gespräch über Rechtschreibung im Englischen, über die Unterschiede von Lautung und Schreibung. Durch die Auseinandersetzung mit Schrift im Englischunterricht erfuhren die anfänglichen Annahmen der Lernenden eine zunehmende Relativierung, Ausdifferenzierung und wurden zum Teil revidiert. Der muttersprachliche Erfahrungsbereich der Lernenden wird so relativiert und erweitert, sie erfahren, dass es mehrere Möglichkeiten gibt, Schrift-Sprache zu realisieren. Es erfolgt im Idealfall eine Sensibilisierung und erhöhte Aufmerksamkeit für schriftsprachliche Phänomene generell, von der jeglicher Sprachunterricht profitiert. Auch grundsätzlichere Fragen können dabei zur Sprache kommen: In einem anderen Kontext kommen Lernende über ein Sprachspiel zur Frage nach Wortbedeutungen, thematisieren ihre Fremdheitserfahrungen mit der anderen Sprache und halten aber fest, dass das, was ihnen fremd ist, für andere das Vertraute ist: „Ja, das ist ein ganz normales Wort da in England unten da und da sagen welche die aus Deutschland kommen immer, das ist nen Quatschwort", ein anderes Kind spricht von „Andere-Länder-Wörter".

Was kann nun der Einbezug von Schrift und Sprachreflexion in den frühen Fremdsprachenunterricht leisten? Beide Bereiche, die Auseinandersetzung mit Schrift und das Nachdenken über Sprache und Sprachliches, werden ausdrücklich als Bereicherung eines grundschulischen Fremdsprachenunterrichtes verstanden und tragen zu dessen grundlegenden Zielen wie Sensibilisierung für Sprachen, Wecken von Neugier und Interesse am Umgang mit Sprachen und Sprachlichem bei. Darüberhinaus werden in besonderem Maße sprachanalytische und metalinguistische Fähigkeiten gefördert, gestützt und vertieft. Das Erlernen einer fremden Sprache wird somit um eine zusätzliche Dimension bereichert. Die Lernenden selber betonten in Interviews zudem, dass sie durch den Einbezug der Schrift (insbesondere in Freiarbeitsphasen) neue Wörter hinzugelernt hätten. Eigene Beobachtungen legen nahe, dass Schrift als Strukturierungshilfe den Spracherwerb stützen kann und als zusätzliche visuelle Verankerung für bestimmte Lerntypen eine wichtige Funktion einnimmt. Es lässt sich festhalten, dass Grundschulkinder Annahmen über die Fremdsprache auch schon zu Beginn des Englischunterrichts haben und ein Interesse an Gesprächen über Sprache und Sprachliches zeigen. Die Möglichkeit, Hypothesen über die Fremdsprache zu äußern, sie zu erproben, gegebenenfalls zu revidieren sollte ihnen schon im grundschulischen Fremdsprachenunterricht eingeräumt werden – hierdurch kann nicht zuletzt ein wichtiger Beitrag zur Förderung des Lernbewusstseins der Kinder geleistet werden. Abschließend soll ein kurzer Blick auf mögliche lernförderliche Bedingungen eines Schrift und Sprachreflexion einbeziehenden Unterrichtes geworfen werden. Als Ertrag der ersten Ergebnisse lassen sich folgende didaktische Prinzipien formulieren:

1. Zunächst einmal muss Schriftsprache auch als Unterrichtsgegenstand im Fremdsprachenunterricht der Grundschule zugelassen werden – verstanden als ein zusätzliches Lernangebot mit unterschiedlichen Funktionen (Visualisierungshilfe, Erkenntnisinstrument, kommunikatives Medium etc.) und nicht etwa gemeint im Sinne eines Rechtschreibtrainings.

2. Dabei sollte Schriftsprache den Lernern auch in ihrer Komplexität zugemutet werden, d. h. durchaus Wörter und Sätze einbezogen werden, die den Lernenden nicht bereits aus dem Mündlichen bekannt sind. Ein solcher Input kann am ehesten den individuell unterschiedlichen Voraussetzungen, Bedürfnissen und Interessen der Lernenden gerecht werden.

3. Es gilt Lernangebote zu machen, die den Kindern die Möglichkeit bieten, mit Sprache entdeckend umzugehen. Diese sollten zugleich mögliche Vorerfahrungen einbeziehen und unterschiedliche Zugriffsweisen ermöglichen (vgl. zur Konzeption von Lernangeboten insbesondere die Arbeiten von Dehn u. a. 1996).

4. Auf Möglichkeiten des Austausches und der Kooperation mit anderen Lernenden ist zu achten – nur so können Lernende ihre Hypothesen mit anderen vergleichen, erfahren Unterstützung und Anregungen durch andere. Das Nachdenken auch über den eigenen Lernprozess gelingt am ehesten im Gespräch mit Gleichaltrigen.

5. Schriftsprache kann dabei vielfältige Anlässe zur Reflexion über Sprache und Sprachliches liefern – das vorgestellte Beispiel bezog sich primär auf die Bereiche Orthographie und Aussprache – es bieten sich aber z. B. auch strukturelle Fragen an (in einem anderen Lernarrangement mit Bilderbüchern versuchten sich die Lernenden in wortweiser Übersetzung, gingen dabei von einer Kongruenz in der Wortstellung aus) oder Themen wie die Verwandtschaft zwischen dem Deutschen und dem Englischen. Voraussetzung ist allerdings, dass es sich dabei um Fragen der Kinder handelt!

6. Auf Seiten des Lehrenden ist eine Haltung gefordert, die von Akzeptanz und Zuversicht geprägt ist, den Lernenden Zeit zum Ausprobieren und zum Fehlermachen einräumt. Dabei gilt es, den „Überlegungen der SchülerInnen auf Vorschuss *Sinn zuzutrauen*" (Oomen-Welke 1998, S. 139; Herv. i. O.).

7. Lernangebote sind als Mischung aus Offenheit und Vorgaben, verstanden als Hilfsgerüst, zu gestalten, denn – im Sinne einer Aussage Balhorns – Kinder lernen selbstständig aber nicht allein! In diesem Sinne hilft der Lehrende beim Ler-

nenden „Entwicklungsschübe in Gang zu setzen […] [und] stellt sich zur Verfügung, um an geeigneter Stelle, individuell oder gruppenweise, instruktiv tätig werden zu können." (Meixner 1999, S. 12)

Anmerkungen

[1] Die Frage nach der Rolle von Schriftlichkeit im Englischunterricht der Grundschule ist Gegenstand der Dissertation der Autorin. Diese beinhaltet auch eine empirische Studie, in dem der Englischunterricht einer dritten Hamburger Grundschulklasse über ein halbes Jahr hinweg begleitet wurde, wobei Lernprozesse von Kindern im Umgang mit Schrift im Fokus standen. Hierbei wurden sog. Lernarrangements durchgeführt. Dieses sind Lernangebote mit Schrift, die in kleinen Gruppen bearbeitet wurden. Die lernbegleitenden Gespräche der Kinder wurden dabei auf Tonband aufgezeichnet und ausgewertet.

[2] Das Hinzuziehen der deutschen Wörter erfolgt vor allem aus motivationalen Gründen - es ist anzunehmen, dass fast jedes Kind die Zuordnung der deutschen Wörter leisten kann, somit auf jeden Fall schon ein Erfolgserlebnis haben wird. Zudem können die vorhandenen deutschen Wörter eine Schärfung der Kontrastfolie mit sich bringen.

[3] Die Kinder der Untersuchungsklasse haben alle das Deutsche als Muttersprache; ein Kind ist zweisprachig (deutsch-russisch) aufgewachsen. Diese Klasse wurde bewusst aus eben diesem Grunde ausgewählt, um zunächst den Blick auf Lernprozesse im Umgang mit Schrift von einsprachigen deutschen Kindern im Englischunterricht richten zu können. Die Untersuchung der Frage nach Lernprozessen von mehrsprachigen Kindern ist somit ein weiteres wichtiges Forschungsdesiderat.

[4] Für das Französische wurden nach eben diesen Kriterien die Wörter 'poire', ‚feuille', ‚frère', ‚fenêtre', ‚ouef' und ‚bateaux' ausgewählt; die markanten Akzentsetzungen wurden nur in zwei der Wörter berücksichtigt, um die Kontrastierung nicht auf einem Merkmal aufzubauen. Bei den deutschen Wörtern handelt es sich um ‚Stuhl', ‚Stiefel', ‚Bäckerei'.

[5] Dabei gelten folgende Transkriptionskonventionen: (.): kurze Pause; (...): Pause länger als 3 Sekunden; (??): Wort unverständlich; ?und: vermutetes Wort ist one; one: Wort one wird in korrekter englischer Aussprache realisiert (bei Normaldruck: Wort wird mit deutscher Lautung realisiert); T-H: Kind benennt Buchstaben; t: Kind benennt Laut ‚t' (tö)

[6] In diesem Kontext sei ein Beispiel aus einem anderen Lernarrangement erwähnt, das deutlich macht, dass Lernende ihr Wissen um orthographische Konventionen des Deutschen zum Teil auf das Englische übertragen: So verschriftet ein Mädchen zu Beginn des Englischunterrichtes die Wörter ‚two' und ‚me' als ‚tuh' und ‚mie'.

Literatur

Amt für Schule Freie und Hansestadt Hamburg: Vorläufiger Rahmenplan Englisch in den Klassen 3 und 4 der Grundschule. Arbeitshilfe. Hamburg 1995.

Andresen, Helga: Schriftspracherwerb und die Entstehung von Sprachbewußtheit. Opladen 1985

Berkemeier, Anne: Kognitive Prozesse beim Zweitschrifterwerb. Zweitalphabetisierung griechisch-deutsch-bilingualer Kinder im Deutschen. Frankfurt a. M. u. a. 1997.

Bludau, Michael: Fremdsprachenunterricht im Primarbereich – eine tabellarische Übersicht. In: Grundschulunterricht Beiheft Fremdsprachen. April 1998. S. 52.

Dehn, Mechthild et al. (Hg.): Elementare Schriftkultur. Schwierige Lernentwicklung und Unterrichtskonzept. Weinheim und Basel 1996.

Gnutzmann, Claus: Language Awareness. Geschichte, Grundlagen, Anwendungen. In: Praxis (3) 44. Jg. 1997. S. 227–236.

Hanke, Petra: Fremdsprachliches Lernen in der Grundschule. In: Becher, Hans Rudolf et al (Hg): Taschenbuch Grundschule. Hohengehren 1998 (3. überab. Auflg.). S. 293–304.

Kierepka, Adelheid: ‚Wann schreiben wir denn endlich?' Zum Einsatz der Schrift im frühbeginnenden Englischunterricht. In: Grundschulunterricht (1) 1999. S. 39–41.

Knapp-Potthoff, Annelie: Sprach(lern)bewußtheit im Kontext. In: FluL Themenschwerpunkt: Language Awareness. 26. Jg. 1997. S. 9–23.

Meixner, Johanna: Kamele schlafen in der Luft. Selbstorganisationsprozesse in Lernersprachen. Papier zur Sektion Konstruktivismus auf dem 18. DGFF Kongress für Fremdsprachendidaktik 4.–6.10.1999 in Dortmund.

Oomen-Welke, Ingelore: Sprachen entdecken. In: Giese, Heinz; Ossner, Jakob (Hgg.): Sprache thematisieren. Fachdidaktische und unterrichtswissenschaftliche Aspekte. Freiburg 1998. S. 123–146

Rampillon, Ute: Be aware of awareness – oder: Beware of awareness? Gedanken zur Metakognition im Fremdsprachenunterricht der Sekundarstufe I. In: Rampillon, Ute; Zimmermann, Günther: Strategien und Techniken beim Erwerb fremder Sprachen. Ismanning 1997. S. 174–184.

Scheerer-Neumann, Gerheid: Was lernen Kinder beim Schriftspracherwerb außer Lesen und Schreiben? In: Balhorn, Heiko; Niemann, Heide (Hgg.): Sprachen werden Schrift. Mündlichkeit Schriftlichkeit Mehrsprachigkeit. Lengwill 1997. S. 86–93.

Wolff, Dieter: Sprachbewußtheit und die Begegnung mit Sprachen. In: Die Neueren Sprachen, 92 (6) 1993. S. 510–531.

Kontroversen

Cordula Löffler

Beobachtungen zum Sprachwissen erwachsener Schreiblerner

In Bergheim /Erft, einer kleineren Stadt in unmittelbarer Nähe von Köln, leite ich seit zehn Jahren einen Alphabetisierungskurs der VHS. An diesem Kurs nehmen im Durchschnitt acht Erwachsene teil. Einige dieser Teilnehmer[1] brechen den Kursbesuch – aus unterschiedlichsten Gründen – sehr schnell wieder ab, andere bleiben dagegen mehrere Jahre. Im Laufe der Zeit habe ich in diesem Kurs eine große Anzahl erwachsener Schreiblerner betreut. Zur Zeit ist mein Kurs der einzige Alphabetisierungskurs der VHS Bergheim, was bedeutet, dass dem Kurs Teilnehmer aller Niveaustufen angehören. Im Folgenden werde ich vor allem anhand von Fallbeispielen meine Beobachtungen zum Sprachwissen dieser Schreiblerner darstellen. Dabei wird auch deutlich, dass die Beschreibung des Sprachwissens einzelner Lerner die Beschreibung ihrer gesprochenen Sprache sowie ihrer Schriftkenntnisse einschließen muss.

In den vergangenen Jahren ist die Bedeutung des Sprachbewusstseins für den Schriftspracherwerb in den Fokus gerückt worden. Es kristallisierte sich heraus, dass insbesondere dem phonologischen Bewusstsein als Teil des Sprachbewusstseins eine wichtige Rolle zukommt (vgl. z. B. Klicpera/Gasteiger-Klicpera 1995). Vor Beginn des Schriftspracherwerbs entwickeln sich allerdings lediglich einige Bereiche des phonologischen Bewusstseins, wie z. B. Reimfähigkeit oder die Fähigkeit zur Silbensegmentierung. Differenziertere Fähigkeiten, wie die zur Lautunterscheidung oder -ersetzung, sind eher Folgen des Schriftspracherwerbs. Bei Erwachsenen, die Lesen und Schreiben nicht oder in unzureichendem Maße erlernt haben, kann man davon ausgehen, dass auch ihr phonologisches Bewusstsein wenig ausgeprägt ist (vgl. z. B. Sendlmeier 1987). Meiner Erfahrung nach sind es nicht ausschließlich Defizite hinsichtlich des phonologischen Bewusstseins, die bei erwachsenen Schreiblernern beobachtet werden können. Es ist vielmehr so, dass bei den einzelnen Lernern, die als Erwachsene den Schriftspracherwerb – neu – beginnen, unterschiedliche Vorkenntnisse und Defizite vorliegen, auch in Bezug auf andere Aspekte sprachlicher Fähigkeiten. Das kann einerseits das phonologische Bewusstsein, andererseits morpho-syntaktische oder semantische Fähigkeiten betreffen, oder aber die Fähigkeit, lautliche bzw. grammatische Unterschiede zwischen Standardsprache und Umgangssprache/Dialekt wahrzunehmen, was nach Neuland (1993) als Sprachdifferenzbewusstsein verstanden wird. Zudem sind sprechsprachliche Auffälligkeiten, die teilweise zu Problemen bei der Verschriftung führen, keine Seltenheit (vgl. Löffler 1999).[2]

Mit dem Sprachbewusstsein von Analphabeten befasst sich auch Börner (1995). Sie untersuchte elf Probanden u. a. mit dem „Inventar impliziter Rechtschreibregeln (IiR)" von Probst (1994) und stellte fest, dass die Probanden visuell besser auf Sprache zugreifen können als auditiv oder gar operativ. So konnten die Probanden in einem Text den Wortbaustein *-fahr-* oder *-fähr-* in der Regel erkennen, während es den meisten von ihnen Schwierigkeiten bereitete, den Wortbaustein in vorgelesenen Sätzen herauszuhören. Auch das Bilden neuer Wörter mit einem Wortbaustein fiel den Probanden sehr schwer. Die Hälfte der Untersuchungsgruppe zeigte Schwächen bei der Pluralbildung. Die Überprüfung von acht Teilnehmern meines Kurses mit dem „Inventar impliziter Rechtschreibregeln (IiR)" bestätigte das Ergebnis von Börner (1995): Während die visuelle Erkennung eines Morphems den Probanden keinerlei Probleme bereitete, konnte kaum ein Teilnehmer dieses Morphem heraushören. Besonders schwierig stellte sich auch die Bildung neuer Wörter durch Hinzufügung von Affixen dar sowie die Übertragung impliziter Regelkenntnisse bei der Schreibung von Namen (z. B. „Susi Rahn", „Linda Grimme"). In den Kursstunden zeigt sich bei unterschiedlichen Übungen, vor allem beim Erarbeiten der sogenannten Verlängerungs- bzw. Ableitungsregel, immer wieder, wie groß die Probleme bei der Pluralbildung sind. Es bereitet den Kursteilnehmern zudem Schwierigkeiten, zu einzelnen Wörtern Verwandte mit gleichem Stamm zu finden. Häufig werden Sinnverwandte oder sogar Reimwörter genannt. Sollen aber Reimwörter gefunden werden, erfolgt wiederum die Nennung von Sinnverwandten oder ähnlich klingenden Wörtern.

Vielen Alphabetisierungskurs-Teilnehmern bereiten die lautlichen und grammatischen Unterschiede zwischen Standardsprache und Umgangssprache/Dialekt nachhaltige Schwierigkeiten; ihr Sprachdifferenzbewusstsein ist unzureichend ausgeprägt. Im Rheinland sind auf der lautlichen Ebene Verwechslungen von *r* und *ch* sowie von *ch* und *sch* häufig, im Bereich der Grammatik Ersetzungen des Dativs durch Akkusativ bzw. Nominativ und Verwechslungen der Präpositionen (s. u.). Bereits Füssenich (1985) stellte fest, dass ein gewisser Prozentsatz der Analphabeten Dialektsprecher ist. Der Prozentsatz der Dialektsprecher in meinem Kurs ist sehr hoch. Dies ist wohl bedingt durch die räumliche Nähe zu Köln, wo der Dialekt einen hohen Stellenwert genießt. Zudem ist die Region eher ländlich: Einige Ortsteile der Kreisstadt Bergheim und der umliegenden Städte und Gemeinden zählen nur wenige hundert Einwohner. In ihrer häuslichen Umgebung sprechen die meisten der von mir betreuten Alphabetisierungskurs-Teilnehmer reinen Dialekt, also einen Ortsdialekt. Im Gespräch mit weniger vertrauten Personen wählen sie im Normalfall eine überörtliche Variante, die aber dem Dialekt sehr nah ist. Diese Variante sprechen sie auch in Privatgesprächen mit anderen Teilnehmern des Alphabetisierungskurses, da diese meist nicht aus dem gleichen Ort stammen. In öffentlichen Situationen und auch im Unterrichtsgespräch bemühen sie sich, wenn es ihnen möglich ist, um eine regional gefärbte Umgangssprache, die der Standardsprache näher kommt als dem Dialekt. Die Grammatik der rheinischen Umgangssprache weicht jedoch teilweise von der Grammatik der Standardsprache ab. So ist z. B. die Ersetzung des Dativs durch den Akkusativ bzw. Nominativ die Regel *(er steht in die Küche)*; der Genitiv wird nie verwendet *(mein Bruder sein Haus)*. Auf der lautlichen Ebene sind für die rheinische Umgangssprache zwei Lautersetzungen charakteristisch: Erstens die Ersetzung des ich-Lautes [ç] durch den sch-Laut [ʃ], so dass für <ch> (ich-Laut) und <sch> derselbe Laut produziert wird, was bei der Verschriftung zu Fehlern führt (z. B. <Milsch> für *Milch;* <Tich> für *Tisch).* In einigen Regionen des Rheinlandes verhält sich dies allerdings umgekehrt: Der sch-Laut wird durch den ich-Laut ersetzt, was aber letztlich dieselbe Verschriftungsproblematik beinhaltet. Die zweite rheinische Lautersetzung betrifft das /r/. Im Rheinland ist generell keine gerollte Variante des /r/ üblich, es wird konsequent als Reibelaut realisiert. In einigen Positionen, wo die Standardlautung einen stimmhaften Frikativ zulässt (nach Kurzvokal vor Konsonant),[3] wird das /r/ im Rheinland entstimmhaftet, d. h. als ach-Laut [x] gesprochen. Die Folge sind Verwechslungen von <r> und <ch>, z. B. <Kachte> für *Karte* oder <Kechze> für *Kerze.*

Kursteilnehmer, die in der Schule Lesen und weitgehend auch Schreiben gelernt haben, können neben dem Dialekt die regional gefärbte Umgangssprache sprechen, teilweise sogar den grammatischen Regeln der Standardsprache folgend. Teilnehmer, die ohne bzw. mit rudimentären Kenntnissen der Schriftsprache den Kursbesuch beginnen, sprechen meist Dialekt oder Umgangssprache mit starker Dialektfärbung; diese Kursteilnehmer sprechen zudem überwiegend undeutlich und ziehen Wörter oder Wortteile zusammen (Genaueres dazu vgl. Löffler 2000, 69 ff.). Das heißt also in der Regel, je ausgereifter seine Kenntnisse der Schriftsprache, desto eher beherrscht ein Teilnehmer – neben dem Dialekt oder einem Dialekt-nahen Sprechregister[4] – ein Standard-nahes Register. Grundsätzlich kann man wohl davon ausgehen, dass sich die gesprochene Sprache mit dem Schriftspracherwerb weiter ausdifferenziert (vgl. dazu Naumann 1996). Andererseits besteht die Möglichkeit, dass der Schriftspracherwerb eines Teilnehmers im Schulalter dadurch beeinträchtigt wurde, dass neben dem Dialekt kein Standard-näheres Register vorhanden war. Inwieweit der Schriftspracherwerb gehemmt wird, wenn ein Lerner ausschließlich Dialekt spricht, ist aber empirisch nicht untersucht.

Die gesprochene Sprache, insbesondere sprechsprachliche Auffälligkeiten, die schriftsprachlichen Fähig- und Schwierigkeiten sowie Sprachwissen von neun Alphabetisierungskurs-Teilnehmern sollen nun näher beschrieben werden. Die Namen der Personen sind verändert, ihr heutiges Alter in Klammern angegeben.

Dirk (36) hat den Kurs ohne Kenntnisse der Schriftsprache begonnen und nimmt seit einigen Jahren regelmäßig teil. Er spricht Dialekt bzw. dialektal gefärbte Umgangssprache mit vielen, meist dialektalen Abweichungen von der standardsprachlichen Grammatik („es geht sich wegen Termine" – die rheinisch übliche Formulierung wäre: es geht sich um). Bei der produktiven Differenzierung von [z]; [s] und [ts][5] zeigt Dirk Probleme, er fällt zudem durch seine sehr hohe Stimme auf. In Bezug auf den Schriftspracherwerb ist Dirk inzwischen weit fortgeschritten; er kann beliebige Texte erlesen, hat aber noch gravierende Rechtschreibschwierigkeiten. Seine gesprochene Sprache erlebt Dirk als defizitär, und er bemüht sich um ein Standard-näheres Sprechregister und die Erweiterung seines Wortschatzes. Dabei wird oft deutlich, wie sich Aussprache und Orthografiekenntnis gegenseitig beeinflussen. So konstruiert er z. B. aus *Ruin* und dem Suffix *-ieren* das Wort ruinieren, spricht es dann langsam in Silben und äußert, nun könne er das Wort erst richtig aussprechen, vorher habe er das nicht gekonnt; solche Wörter spreche er dann immer sehr schnell. In seinem beruflichen Umfeld benutzt Dirk Fachwörter, deren Bedeutung er aus dem Sachzusammenhang kennt. Auch diese Fachwörter spricht er so, wie er sie bei seinen Kollegen hört, nutzt oft noch nicht die Möglichkeit, die Schreibung z. B. über die Materialverpackung zu erfahren, um seine Aussprache zu korrigieren. So benannte er z. B. ein *Additiv* konsequent als „Adektiv", was aufgrund seiner schnellen, undeutlichen Aussprache am Arbeitsplatz nie zu Verständnisproblemen geführt hatte. In einer Kursstunde fiel mir das Wort auf, als er es in einem Privatgespräch nutzte. Über die Wortbedeutung ließen sich letztlich Schreibung und Aussprache des Wortes entschlüsseln. Ähnliche Vorfälle sind in den Kursstunden nicht selten: Die Teilnehmer fragen häufig nach der Schreibung bestimmter Bezeichnungen, die an ihrem Arbeitsplatz vorkommen, wenn sie diese, z. B. in betriebsinternen Arbeitsberichten, korrekt schreiben möchten. Das, was die Teilnehmer in ihrem beruflichen Umfeld hören und sprechen, entspricht nicht immer dem Zielwort („livellieren" statt *nivellieren;* „Backs" statt Packs); teilweise lässt sich dies auf fehlende Englischkenntnisse zurückführen.

Dirk hat selbst festgestellt, dass ihm die Differenzierung von [z]; [s] und [] im Hinblick auf die Verschriftung Probleme bereitet. Eine Überprüfung ergab, dass er den Unterschied hören kann, wenn man ihm Minimalpaare *(reißen – reizen)* vorspricht. Versucht er jedoch, sich für die Verschriftung der Wörter an seiner eigenen Aussprache zu orientieren, gelingt ihm die Analyse nicht. Die Überprüfung der Lautbildung ergab, dass er sowohl bei [s] als auch bei [] den Zungenrücken an die unteren Frontzähne drückt, bei [z] nähert sich der Zungenrücken den unteren Schneidezähnen, was eine Differenzierung objektiv schwierig macht. Die für rheinländische Lerner grundsätzlich problematische Differenzierung von / / und /ç/ erachtet der Teilnehmer als eine kaum überwindbare Schwierigkeit, da er nicht in der Lage ist, [ç] zu produzieren. Er erlernte auf eigenen Wunsch mit Hilfe einer Logopädin die Bildung des [ç], um sich bei der Schreibung an der Lautsprache – im Sinne der Pilotsprache – orientieren zu können. Die Orientierung über die Pilotsprache gelang; die Bildung des [ç] bereitete ihm jedoch so viel Mühe, dass der erworbene Laut nicht in der Spontansprache genutzt wurde und nach einem längeren Zeitraum wieder gänzlich verloren ging. Die Differenzierung von / / und /ç/ gelingt ihm bei einigen Wörtern aufgrund seiner Erinnerung daran, dass er sie als Beispielwörter gelernt hat, bei unbekannten Wörtern gelingt es nicht. Auch die Differenzierung von <r> und <ch> bereitet Dirk in bestimmten Lautumgebungen besondere Schwierigkeiten. Er hat gelernt, dieses Problem weitgehend kognitiv, also über Regeln zu lösen (vgl. dazu Löffler 2000, 249 ff.). In Anwendung einer vermeintlichen Ableitungsregel schrieb Dirk aber <Wachtung>, „weil ich das Auto überwache". Besondere Unsicherheiten zeigt Dirk bei der Produktion von Texten, weil ihm die Bildung grammatisch korrekter Sätze Schwierigkeiten bereitet (<ich habe ihn da rauf einmal drauf angesprochen; in diesen Moment kam meine Mutter aus das Zimmer>). Aufschlussreich, weil sie auf mangelnde Abstraktion oder naiven Sprachrealismus verweisen, sind auch die Überlegungen des Teilnehmers zu bestimmten orthografischen Regeln. So fragte er mich z. B. warum die Großschreibung der Höflichkeitsformel in unhöflichen Sätzen gelte. Wenn er jemandem schreibe: „Ich lasse Ihnen die Luft aus den Reifen", sei das doch nicht höflich, warum sei an dieser Stelle dann Großschreibung nötig?

Katja (46) spricht reinen oder den überörtlichen Dialekt, wobei ihre Sätze häufig Wortstellungsfehler aufweisen, die nicht dialektal bedingt sind. Zudem fällt ihr Stottern auf, das sich unter Alkohol verstärkt. Die Wortbildung bereitet ihr Probleme („momental"; „Schlazimmer") und die Nacherzählung erlesener Texte erfolgt aufgrund von Wortfindungsproblemen meist stockend. Die Textwiedergabe stellt für Katja eine große Überwindung dar, denn auch sie erlebt die eigene Sprechsprache als defizitär. Sie äußert häufig, dass sie sich nicht so gut ausdrücken könne. Auffällige Schwierigkeiten bereitet der Teilnehmerin demzufolge auch das freie Erzählen: Chronologische Reihenfolge und Vollständigkeit von Sachverhalten oder Erlebnissen sind für sie ebenso problematisch wie die Unterscheidung wesentlicher von unwesentlichen Details. Katja hat den Kurs ohne Kenntnisse begonnen und erliest inzwischen kleine Texte, wobei sie Wörter, die sie nicht entschlüsseln kann, sinngemäß ersetzt. Während ihr also die Lautsynthese beim Lesen gelingt, bereitet ihr die Analyse solche Schwierigkeiten, dass sie kaum einzelne Silben verschriften kann, dies trotz intensiven Trainings. Um sich selbst zu beweisen, dass sie doch schreiben kann, lernt sie kleine Texte auswendig, die sie sich diktieren lässt. In diesen Diktaten vertauscht sie dann beim Niederschreiben Wörter, die optisch ähnlich sind bzw. den gleichen Anfangsbuchstaben haben, was darauf hindeutet, dass sie Wortbilder abspeichert, ohne die Buchstaben entsprechenden Lauten zuzuordnen.

Wolfgang (40) spricht im Kurs sehr wenig, oft handelt es sich um Satzfragmente, seine Sätze bestehen meist aus nicht mehr als fünf Wörtern, weisen Wortstellungsfehler auf und sind durch Pausen unterbrochen („is besser – so – leichter – für mich"; „geübt – gestern – mit meine Schwester"). Er begann den Kurs ohne Kenntnisse und schreibt nun, nachdem er durch silbenorientiertes Vorgehen erste Erfolge beim Lesen und Schreiben erzielt hat, frei kurze Sätze. Dabei reiht er oft alle Wörter eines Satzes aneinander, ohne Wortgrenzen zu markieren. Bei längeren Sätzen vertauscht er Satzteile. Die Konstruktion längerer Sätze könnte diesem Teilnehmer Probleme bereiten, weil er das Schreiben erst beginnt. Fraglich ist, ob seine Unsicherheiten hinsichtlich der Wortgrenzen als typisches Schreibanfänger-Problem gedeutet oder ob Sprachprobleme als Ursache angenommen werden sollten.

Karl (50) begann den Kurs ohne Kenntnisse der Schriftsprache. Seine gesprochene Sprache ist für die Region unauffällig, auch er spricht den überörtlichen Dialekt und rheinische Umgangssprache. Beim Lesen einer Liste einzelner Wörter las er in einer Kursstunde statt *Pokal* „Prokan" und glaubte richtig gelesen zu haben, denn „Prokan" ist seine Bezeichnung für *Vulkan*. Dass er diese falsche Bezeichnung tatsächlich so abgespeichert haben musste, zeigte sich daran, dass er das Wort Wochen später ein zweites Mal so vorlas, obwohl ich ihm die korrekte Bezeichnung für den „Feuer speienden Berg" an die Tafel geschrieben, und er es aufgeschrieben hatte.

Als **Sandra** (38) vor drei Jahren den Alphabetisierungskurs begann, zeigte sie sich in den Kursstunden sehr zurückhaltend und sprach kaum. Da sie angab lesen, aber schlecht schreiben zu können, überprüfte ich ihre Kenntnisse mit der „Hamburger Schreibprobe HSP 3" (May). Diese Überprüfung zeigte, dass Sandra einerseits Wörter richtig schrieb, die eigentlich orthografische Regelkenntnisse erfordern (*Briefmarke, Schwimmbad, Bäckerei, Schlüsselloch*), jedoch bei anderen Wörtern, die objektiv betrachtet nicht schwieriger sind, erhebliche Probleme hatte (<Siepner> = *Spinne*; <Schkare> = *Schubkarre*; <Zähern> = *Zähne*). In den Testsätzen ließen sich neben Graphemfolge-Fehlern insbesondere Unsicherheiten bezüglich der Wortendungen und der Wort- und Satzgrenzen feststellen (<Die Kinder habe eine Koffer gefundern Juliea versucht sie zu öffen aber sie schafes nicht>). Eine spätere Überprüfung mit dem „Inventar impliziter Rechtschreibregeln (IiR)" ergab, dass Sandra nur die Untertests „Sichtwortschatz", „Morpheme ersehen" und „Groß- und Kleinschreibung" erfüllen konnte, bei zwei der anderen neun Untertests erreichte sie keine Punkte (Silbentrennung; Nachnamen-Diktat = Schreiben von Pseudowörtern gemäß orthografischer Norm). Beim freien Schreiben hat Sandra große Schwierigkeiten mit der Verschriftung von unbekannten Wörtern, Buchstabenverwechslungen und -auslassungen bzw. -hinzufügungen sind dann sehr zahlreich. Inzwischen erzählt Sandra gelegentlich Dinge aus ihrem Privatleben. Dabei werden ihr geringes Selbstbewusstsein sowie ihre negative Bewertung der eigenen Sprache deutlich. Sandras Eltern stammen aus Bayern (die Familie zog in Sandras 3. Lebensjahr in die Kölner Umgebung), sie hätten mit ihr in ihrer Kindheit nur Dialekt gesprochen und jetzt habe sie Schwierigkeiten, die Endungen von Wörtern genau zu hören. Nach eigener Aussage liegt jedoch keine generelle Beeinträchtigung vor, sie höre sehr gut. Bei der gesprochenen Sprache fällt auf, dass Sandra Wortendungen verschluckt und Schwierigkeiten mit Kasus und Präpositionen hat. In ihren geschriebenen Sätzen treten Grammatikfehler, die vermutlich auf die gesprochene Sprache zurückzuführen sind, deutlich zutage (<Die Katze kratzen am die Tür; vielen kleine Kinder lusen an Daumen; im der Zirkus sind Tiere>).

Ralf (35) besucht den Kurs seit einigen Jahren. Zu Beginn seiner Teilnahme konnte Ralf lesen und hatte erhebliche Rechtschreibschwierigkeiten: Abgesehen von Regelverstößen waren auch Buchstabenverwechslungen und Buchstabenfolgefehler häufig. Neben dem Dialekt spricht er rheinische Umgangssprache mit den rheinisch typischen lautlichen (Verwechslungen von r-ch; ch-sch) sowie grammatischen Besonderheiten, die ihm bei der Verschriftung nachhaltige Probleme bereiten. Beim freien Schreiben ersetzt Ralf den Dativ durch Akkusativ bzw. Nominativ, findet seine Fehler jedoch mit Hilfestellung. Das Präteritum ist in seinem mündlichen Sprachgebrauch eher selten; dies führt beim Formulieren von Texten zu Fehlern aufgrund von Unkenntnis: <er käufte, es stunk, er schwomm>.

Auch **Sabine** (23) besucht den Alphabetisierungskurs seit längerem. Während sie ohne größere Schwierigkeiten auch laut vorlesen kann, kann sie ihre Rechtschreibschwierigkeiten nur schwer überwinden. Sabine spricht rheinische Umgangssprache, aber keinen Dialekt. Sie ersetzt den ich-Laut /ç/ konsequent durch den sch-Laut [] und /r/ in entsprechender Lautumgebung durch den ach-Laut [x], was ihr große Schreibprobleme verursacht. Beim „Inventar impliziter Rechtschreibregeln (IiR)" konnte sie sieben der zwölf Untertests erfüllen (Sichtwortschatz, Reime/Signalgruppen, Morpheme ersehen, Groß-/Kleinschreibung, Ableitungen, Vornamendiktat, Morpheme erhören), Probleme bereiteten ihr die Silbentrennung, die Unterscheidung von Lang- und Kurzvokalen und die Ergänzung von Stammmorphemen durch Affixe zu neuen Wörtern. Dass ihr die Arbeit mit Morphemen besonders schwer fällt, zeigt sich auch in anderen Zusammenhängen. Bei der Aufgabe, zur Ableitung des <ä> ein verwandtes Wort mit <a> zu finden, schrieb Sabine zu *Härchen* als verwandtes Wort <Härcha>. Sie artikulierte für *Härchen* rheinisch „härschen" [hɛɐʃn], nahm fälschlich *herrschen* an und verschriftete das von ihr gefundene verwandte Wort *Herrscher* als <Härcha>. Zum Tragen kamen bei dieser Verschriftung jedoch nicht nur die Probleme aufgrund der regionalen Umgangssprache, sondern mangelhaftes Sprachbewusstsein.

Friedhelm (58) war bereits bei seinem Einstieg in den Alphabetisierungskurs im Hinblick auf seine orthografischen Kenntnisse weit fortgeschritten. Sein Registervermögen erstreckt sich vom reinen Dialekt über den überörtlichen Dialekt bis hin zur rheinischen Umgangssprache. Beim „Inventar impliziter Rechtschreibregeln (IiR)" erfüllte Friedhelm zehn der zwölf Untertests; Probleme zeigte er bei Vornamen- und beim Nachnamendiktat. Die Übertragung von Regelkenntnissen auf fremdes Wortmaterial fällt ihm schwer. Den Kurs besucht er aufgrund seiner auch subjektiv wahrgenommenen Unsicherheit. In den Kursstunden verfasst Friedhelm Texte, wobei er um einen abwechslungsreichen Ausdruck bemüht ist. Oft führt diese Bemühung dazu, dass er im Verlauf eines Satzes den Überblick verliert, zudem entstehen Fehler durch dialektale grammatische Besonderheiten, hier fälschliche Verwendung des Nominativs (<Und wie wir so in der Schlange standen. Wurde unsere aufmerksamkeidt auf einen, etwa 45 Jahrealter Mann. Er trug eine lange schwarze Lederjacke, eine kurze Jeanshose. Ein paar schwarze halbschuhe, und ein paar rotweiß gestreifte halplange Socken an.>).

Bei **Hilde** (48), einer Teilnehmerin, die sich aufgrund ihrer subjektiv als gravierend empfundenen Rechtschreibschwierigkeiten zum Alphabetisierungskurs anmeldete, ergaben das Diktat einiger Wörter und eines Textes größeren Umfangs, dass kaum Schwierigkeiten hinsichtlich der Rechtschreibregeln vorlagen. Neben wenigen dialektalen Lautverwechslungen (<Torwacht> = Torwart; <Quatier> = Quartier) und Fehlern bei der Getrennt- und Zusammenschreibung traten vor allem Fehler bei der Kasusunterscheidung und der Verbflexion auf, die auf den Dialekt zurückgeführt werden können. Die Teilnehmerin äußert, dass sie als Kind zu Hause ausschließlich Dialekt gesprochen und jetzt noch Schwierigkeiten mit dem „Hochdeutschen" habe. Die Kasusmarkierung bereitet dieser Teilnehmerin, die sich aus beruflichen Gründen um ein Standard-nahes Sprechregister bemüht, auch im mündlichen Sprachgebrauch offenkundige Schwierigkeiten. Während sie also die Rechtschreibregeln weitestgehend beherrscht, verursachen lautliche und grammatische dialektale Besonderheiten nachhaltige Probleme.

Insgesamt kann festgehalten werden, dass die von mir betreuten Teilnehmer offenbar Defizite auf unterschiedlichen Ebenen haben. Einige Teilnehmer, auch fortgeschrittene, haben bei Wörtern, die ihnen nicht geläufig sind, Durchgliederungs- und Lautunterscheidungsschwierigkeiten. Teilweise bereitet die Silbentrennung auch bei bekanntem Wortmaterial Probleme, ebenso wie das Erkennen/Finden von Reimwörtern. Bei diesen Teilnehmern kann man von u. a. mangelhaftem phonologischen Bewusstsein ausgehen. Zu bedenken ist dabei, dass sich die Fähigkeit zur Silbengliederung und die Reimfähigkeit relativ früh entwickeln, zumindest in Ansätzen bereits vor dem Schriftspracherwerb. Wenn gerade solche Fähigkeiten noch im Erwachsenenalter unzureichend ausgebildet sind, legt dies die Vermutung nahe, dass mangelhafte phonologische Fähigkeiten den erfolgreichen Schriftspracherwerb behindert haben. Andere Teilnehmer haben offenbar Defizite auf der morpho-syntaktischen Ebene, wobei allerdings berücksichtigt werden muss, dass sie sich größtenteils an der Grammatik der regionalen Umgangssprache orientieren. Die Grammatikregeln der gesprochenen Sprache reichen für die Schriftsprache nicht aus, bzw. es werden die Grammatikregeln der Schriftsprache beim Sprechen nicht immer strikt befolgt. Wie oben mehrfach erwähnt, folgt der Dialekt teilweise eigenen Regeln, aber auch Standardvarietät-nähere Register entsprechen hinsichtlich der Grammatik nicht völlig der Schriftsprache. So besteht z. B. in jüngerer Zeit in der gesprochenen Sprache die Tendenz, weil-Sätze mit Verbzweitstellung zu konstruieren *(Er ist nach Haus gegangen, weil er hatte Kopfweh)*, was sich in der geschriebenen Sprache – noch – nicht durchgesetzt hat (vgl. Keller 1993; Uhmann 1998). Insgesamt werden in der gesprochenen Sprache angefangene Sätze häufig nicht so zu Ende gebracht, wie es der Satzanfang grammatisch erfordert, auch aufgrund der situativen Bedingungen mündlicher Kommunikation. Grundsätzlich sollte man m. E. davon ausgehen, dass zur vollendeten Ausbildung der Grammatik die schriftliche Sprache notwendig ist.[6] Der Dialekt bzw. die Umgangssprache zeigt auf der lautlichen Ebene ebenfalls Auswirkungen. Die aufgeführten Beispiele machen deutlich, dass einige der von mir betreuten Teilnehmer Schwierigkeiten haben, zwischen Standardsprache und regionalsprachlichen Besonderheiten zu unterscheiden bzw. diese Besonderheiten standardsprachlich korrekt zu verschriften. Mit dem Schriftspracherwerb und der ständigen Nutzung der Schriftsprache erweitert sich der Wortschatz, und die Aussprache differenziert sich. Bei Teilnehmern, die in der Schule lesen und Schreiben nicht oder nur unzureichend gelernt haben, können Wortschatzprobleme und eine verwaschene, also hinsichtlich Lautfolge und Lautunterscheidung undifferenzierte Aussprache beobachtet werden.

Anmerkungen

[1] Zur Erhaltung der Lesbarkeit verzichte ich im Folgenden sowohl auf das sogenannte Binnen-I als auch auf die Nennung der weiblichen Form. Grammatisch männliche Bezeichnungen, wie Teilnehmer und Lerner, umfassen also weibliche und männliche Personen.

[2] Zur Bedeutung einzelner Aspekte sprachlicher Fähigkeiten für den Schriftspracherwerb und zur Entwicklung des Sprachbewusstseins bei erwachsenen Schreiblernern vgl. auch Löffler 2000, insbesondere Kapitel II und IV.

[3] Zur Aussprache der /r/ in Standard- und Umgangslautung vgl. DUDEN Aussprachewörterbuch (Mangold 1990), vgl. auch Kelz (1993).

[4] Register bzw. Sprechregister verstanden als individuelle Variante der Sprache.

[5] Klammern und Zeichen werden wie folgt verwendet: Kursiv gesetzt bedeuten z. B. r und ch jeweils Laut und Buchstabe, wenn keine Differenzierung notwendig erscheint. Sonst stehen Grapheme in spitzen Klammern < >, in eckigen Klammern [ ] konkrete Phonem-Realisationen (Phone); Phoneme stehen zwischen Schrägstrichen / /.
[6] Zur Notwendigkeit der geschriebenen Sprache zur Ausbildung der Grammatik vgl. z. B. Ossner (1996, 72). Ähnliche Gedanken lassen sich in der Forschung zum Zweitspracherwerb finden. Vgl. dazu Horn/Tumat 1998.

Literatur

Börner, Anne (1995): Sprachbewußtheit funktionaler AnalphabetInnen am Beispiel ihrer Äußerungen zu Verschriftungen. Frankfurt/M.

Füssenich, Iris (1985): Zum Schriftspracherwerb aus psycholinguistischer Sicht und einigen Problemen von Dialektsprechern. In: Naumann, Carl Ludwig (Hrsg.): Dialekt und Sprachstörungen. Germanistische Linguistik 81. Hildesheim 1985, 37–53.

Horn, Dieter; Tumat, Alfred J. (1998): Deutsch als Zweitsprache für nichtmuttersprachliche Lerner. In: Lange, Günter; Neumann, Karl; Ziesenis, Werner (Hrsg.): Taschenbuch des Deutschunterrichts. Bd. 1. 6., vollst. überarb. Auflage. Baltmannsweiler 1998, 337–357.

Keller, Rudi (1993): Der Wandel des weil. Verfall oder Fortschritt? In: Sprache und Literatur in Wissenschaft und Unterricht, 24, 71, 1. Halbjahr, 2–12.

Kelz, Heinrich P. (1993): Hochlautung und Standardaussprache – Phonetik im Unterricht Deutsch als Fremdsprache. In: Deutscher Akademischer Austauschdienst (DAAD) (Hrsg.) (1993): Germanistentreffen Bundesrepublik Deutschland – Bulgarien – Rumänien: 28. 2.-5. 3. 1993. Dokumentation der Tagungsbeiträge (DAAD Dokumentation und Materialien; 27) Bonn, 461–472.

Klicpera, Christian; Gasteiger-Klicpera, Barbara (1995): Psychologie der Lese- und Schreibschwierigkeiten. Weinheim.

Löffler, Cordula (2000): Analphabetismus in Wechselwirkung mit gesprochener Sprache. Zu Sprachentwicklung, Sprachbewusstsein, Variationskompetenz und systematisch fundierter Förderung von Analphabeten. Theorie und Praxis (Schriftenreihe aus dem Fachbereich Erziehungswissenschaft der Universität Hannover, herausgegeben von Manfred Bönsch und Lothar Schäffner), Band 71, Hannover.

Mangold, Max (1990): Duden Aussprachewörterbuch. Wörterbuch der deutschen Standardaussprache. Hrsg. von Günther Drosdowski. 3., völlig neu bearbeitete und erweiterte Auflage. Mannheim.

May, Peter (o. J.): Handbuch für die Hamburger Schreibprobe (HSP). Unter Mitarbeit von Ulrich Vieluf und Volkmar Marlitzky. Anleitungshefte für die jeweiligen Schreibproben 1+; 2; 3; 4/5; 5–9. Hamburg.

Naumann, Carl Ludwig (1996): Schrifterwerb und Sprechregister. In: Sprechen, 14, 1, 22–39.

Neuland, Eva (1993): Sprachbewußtsein und Sprachvariation. In: Klotz, Klotz, Peter; Sieber, Peter (Hrsg.): Vielerlei Deutsch. Umgang mit Sprachvarietät in der Schule. Stuttgart 1993, 173–191.

Ossner, Jakob (1996): Sprache thematisieren – nicht Grammatikunterricht. In: Balhorn, Heiko (Hrsg. i. A. d. DGLS): Beiträge 1996: Handlungsorientiertes und fächerübergreifendes Lesen und Schreiben in der Primarstufe. / Raum für das Wachsen von Sprache. Hamburg 1996, 72–86.

Probst, Holger (1994): Inventar impliziter Rechtschreibregeln. Marburg.

Sendlmeier, Walter F. (1987): Die psychologische Realität von Einzellauten bei Analphabeten. In: Sprache und Kognition, 2, 64–71.

Uhmann, Susanne (1998): Verbstellungsvariation in weil-Sätzen: Lexikalische Differenzierung mit grammatischen Folgen. In: Zeitschrift für Sprachwissenschaft, Bd. 17, Heft 1, 92–139.

„Ihr sagt: Der Umgang mit Kindern ermüdet uns. Ihr habt recht.
Ihr sagt: Denn wir müssen zu Ihrer Begriffswelt hinuntersteigen.
Hinuntersteigen, herabbeugen, beugen, kleiner machen.
Ihr irrt euch.
Nicht das ermüdet uns.
Sondern, daß wir zu ihren Gefühlen emporklimmen müssen.
Emporklimmen, uns ausstrecken, auf die Zehenspitzen stellen, hinlangen.
Um nicht zu verletzen."

Korczak 1989

Heinz W. Giese

Kann man Orthografie hören?

Eine Oldenburger Analphabetin hat einmal gesagt: „Ich hatte Angst, meine Nachbarn könnten hören, dass ich nicht lesen und schreiben kann". Mag diese Äußerung auf den ersten Blick befremdlich sein, so ist sie doch berechtigt. Man kann eben hören, in welchem Maße ein Mensch alphabetisiert ist. Man kann aufgrund seiner Rede- bzw. Kommunikationsweise wohl auch Rückschlüsse auf seinen Medienkonsum ziehen. Wenn also z. B. in der Grundschule Beziehungen hergestellt werden zwischen gesprochener und geschriebener Sprache, so müssen immer zwei Hypothesen geprüft werden. Einmal ist zu prüfen, ob die SchülerInnen aus linearen Zeichenfolgen einen ihnen sinnvollen Text entnehmen können, den sie dann sprechen und verstehen. Zum anderen ist die Frage zu stellen, inwieweit etwas Gedachtes von den SchreibanfängerInnen so versprachlicht werden kann, dass ein Schreibprodukt entsteht. Alle kennen aus eigener Anschauung, dass Lesen mehr ist als das Entziffern von Buchstabenfolgen; es ist Verstehen von Schrift. Ebenso ist Schreiben mehr als das Verschlüsseln phonetischer Struktur, es ist Verstehen von Sprache im Hinblick auf die Anforderungen des Schriftsystems.

Naheliegend ist, schriftsprachliche Schwierigkeiten auf sprechsprachliche Besonderheiten zurückzuführen. Vielleicht ist es aber umgekehrt: wer langsamer (oder gar nicht) lesen und schreiben lernt, entwickelt seine sprechsprachlichen Fähigkeiten ebenfalls langsamer oder gar nicht weiter, so dass sie auf einem sehr frühen Niveau fossilieren. Ich möchte in diesem Zusammenhang behaupten, dass der Schriftspracherwerb in einer literalen Kultur als Teil des Spracherwerbs betrachtet werden muss. In den einzelnen Fällen müssten dann Schwierigkeiten (und Auffälligkeiten) in der gesprochenen wie der geschriebenen Sprache als zwei Seiten eines Prozesses betrachtet werden.

Hierfür liefert auch Cordula Löffler in ihrem Beitrag wichtige Indizien: phonologische Bewusstheit wird durch die Analyse von schriftsprachlichen Einheiten erworben. Vorschriftliche phonetische und phonologische Bewusstheit wird im Alltag der SprechInnen niemals thematisiert. Wer will schon die unterschiedliche Artikulation des Anlautes in *Kinn* und *kann* besprechen?

Erst die Buchstabenfolgen segmentieren für den Normalverbraucher die Abfolge von Lauten. Jeder, der sich mit nicht-verschrifteten Sprachen beschäftigt, kennt dieses Problem; ebenso jeder, der Deutsch Studierenden in Einführungsveranstaltungen phonetische und phonologische Grundbegriffe zu vermitteln sucht. „Sag das Wort noch einmal, aber so, dass man jeden Buchstaben hört." – Eine Äußerung, die zeigt, dass im Alltag Sprachbewusheit die schriftliche Sprachform intuitiv berücksichtigt, auch wenn der Sprecher meint, nur über die gesprochene zu reden.

Die Annahme, dass die Herkunftssprache (Dialekt o. ä.) für individuelles Scheitern an der Schriftsprache verantwortlich sei, liegt nahe. Mir scheint sie falsch zu sein. Wahrscheinlich liegt der Grund für solches Scheitern in Lehr- und Lernprozessen, der beständig suggeriert, man müsse das Schriftbild von Wörtern, Sätzen und Texten aufgrund einer lautlichen Analyse konstruieren können. Da der Lehrprozess bei Schreibschwierigkeiten der Lerner oft so vorgeht und diese Art, Sprache und Schrift zu betrachten als einzig richtige beständig vermittelt, ist es nicht verwunderlich, dass alle Menschen die Lesen und Schreiben gelernt haben, an das so vermittelte „Sprachwissen" glauben. Meine Hypothese hingegen ist, dass die erfolgreichen Lerner (heimlich) von der Schriftsprache ausgehend ihre „Sprachbewusstheit" entwickelt haben.

Niemand spricht im Sinne ihrer Schreibung die einzelnen Wörter korrekt aus. Pausen beim Sprechen folgen anderen Prinzipien als die Wortlücken und Satzzeichen in der Schrift. Wenn *Dirk*, mit dem *Cordula Löffler* sich genauer beschäftigt, glaubt, er könne „ruinieren" nun korrekt aussprechen, so muss man paraphrasieren, dass er dieses Wort nun diktieren kann. Ein weiteres Beispiel von *Dirk* deutet auf die Problematik des im Lernprozess verwendeten Vokabulars hin, dass in aller Regel eben keine Terminologie ist. Die Großschreibung von Anredepronomen im Deutschen ist rein syntaktisch motiviert: Wenn mit der Pluralform auf eine Person verwiesen wird, so wird das Pronomen groß geschrieben. (Vor der Rechtschreibreform war dies ein wenig komplizierter aber nicht grundsätzlich anders.)

Wenn *Corsula Löffler* abschließend feststellt, dass mangelhafte phonologische Fähigkeiten den Schriftspracherwerb behindern, so würde ich den Spieß umkehren: weil der Schriftspracherwerb gescheitert ist, fehlt diesen Sprechern eine Folie, auf der sie über Lautfolgen in gesprochener Sprache reflektieren können.

Offen bleibt für mich auch die Frage nach didaktischen Schlussfolgerungen. Eine Abkehr von Lehrmethoden, die den Schülern beständig weißmachen, man könne durch richtige lautliche Analyse und Nachdenken Gesprochenes in Geschriebenes überführen, scheint mir unmöglich zu sein. Die schriftsprachliche Sozialisation einer gesamten Kultur ist so leicht nicht aufzubrechen. Hierauf hat bereits *Andresen* 1983 und 1985 nachdrücklich hingewiesen. Auch Studierenden, die in vielen Seminaren gelernt haben, dass Schriftsprache gegenüber der Lautsprache ein relativ autonomes System ist, und die wissen, dass man nicht hören kann, wie richtig geschrieben wird, sondern dass man über die Bedeutung der Wörter an ihrer Stelle im Satz (und im Sprach- und Schriftsystem allgemein) vieles wissen muss, sagen plötzlich – wenn sie über die Schulter einer Schülerin blickend einen Fehler entdecken: „Hör doch mal genau hin." Ob es richtig ist, von solchen Beobachtungen auf einen „Wiederholungszwang" zu schließen, will ich nicht weiter diskutieren. Das erlittene Unrecht in eigener Grundschulzeit muss weitergegeben werden – gegen besseres Wissen.

Wenn die traditionelle Organisation des Schriftspracherwerbs bei einer Reihe von Schülern folgenlos bleibt, was möglicherweise auch negative Folgen für deren gesprochene Sprache hat, weil sie mit den Alphabetisierten nicht mehr „vernünftig" reden können, so sollte doch überlegt werden, ob es für diese nicht einen Neuanfang geben sollte, anstatt sie unentwegt mit den immer gleichen nichtstimmigen Anweisungen zu traktieren. Ein radikal anderer Ansatz wäre: Schriftsprache untersuchen – schriftsprachliche Strukturen entdecken, ohne auf lautsprachliche (zumindest phonetisch-phonologische) Entsprechungen einzugehen. Der Unterricht würde sich dann von der Frage „Wie schreibt man ein gesagtes Wort?" abwenden und stattdessen fragen: „Weshalb werden die Wörter in diesem Satz so geschrieben, wie sie geschrieben werden?" Lautsprachliche Analyse, die vom Schriftbild ausgeht, anstelle einer, zu dahin führen soll.

Eine solche Fragestellung ist – zugegeben – für Lehrerinnen und Schüler unbefriedigend, weil sie die Illusion raubt, es gebe einen Algorithmus, der von Gesprochenem korrekt zu Geschriebenem führt. (Programmierer von Sprachverarbeitungs-Programmen wissen um solche Schwierigkeiten und dass die Aussprache der Diktierenden noch das geringere Problem ist.) Ist die Frage unbefriedigend, so ist sie doch produktiv, weil sie zunächst einmal im Unterricht jede Antwort als richtig erlaubt, die die richtige Schreibung rechtfertigt. Werden solche Fragen oft genug gestellt und werden alle Antworten erlaubt, die richtige Schreibungen als richtige erklären, so entwickelt sich das, was Schreiber brauchen: Schriftbewusstheit. Nur hierüber entwickelt sich eine alltagstaugliche Sprachbewusstheit.

Literatur

Andresen, Helga 1983: Was Menschen hören können, was sie lernen können zu „hören", und was sie glauben, zu hören. In: H. Andresen, H. W. Giese (Hrsg.): recht schreiben lernen. Osnabrück. S. 210–236 (OBST-Beiheft 7).
Andresen, Helga 1985: Schriftspracherwerb und die Entstehung von Sprachbewusstsein. Opladen.

Cordula Löffler

Von Hennen und Eiern

Heinz Giese geht davon aus, dass Sprachbewusstsein eine Folge des Schriftspracherwerbs ist. In weiten Teilen stimme ich ihm zu. Er zitiert eine Analphabetin, die ihre Angst davor äußert, Nachbarn könnten hören, dass sie nicht lesen und schreiben kann. Wer wie ich lange in der Alphabetisierung tätig ist, weiß um die Berechtigung dieser Angst. Alphabetisierte sprechen insgesamt zumeist deutlicher und verwenden Begriffe, Redewendungen und Fremdwörter korrekt, auch phonologisch. Sie nutzen die Möglichkeit, ihre Aussprache an der Schrift zu orientieren. Sprachbewusstsein entfaltet sich auf des Grundlage der Schriftkenntnis, nicht heimlich, sondern offensichtlich. Andererseits hat die Forschung zum phonologischen Bewusstsein, inzwischen deutlich gemacht, dass sich phonologische Fähigkeiten zum Teil vor der schriftsprachlichen Unterweisung entwickeln und als „Vorläuferfähigkeiten" aufgefasst werden können. Das „Bielefelder Screening" (*Jansen et al.* 1999) ermöglicht die Feststellung solcher Fähigkeiten bei Vorschulkindern und die Bestimmung von Risikofaktoren. Überprüft wird unter anderem, ob die Kinder Reime erkennen und Wörter in Silben segmentieren können. Den erwachsenen Schreibanfängern meines Alphabetisierungskurses fehlen gerade diese Fähigkeiten, und sie zu erwerben bereitet ihnen Mühe. Auffällig ist zudem, dass diese Fähigkeiten sogar bei den Kursteilnehmern wenig entwickelt sind, die als sichere Leser mit (gravierenden) Rechtschreibschwierigkeiten in den Kurs einsteigen. Und warum haben diese fortgeschrittenen Teilnehmer zum Teil langfristige Probleme bei der Lautdifferenzierung, beim Erkennen von Wortverwandtschaften und bei der Pluralbildung? Sprachbewusstsein ist auch eine Folge des Schriftspracherwerbs, doch die Schriftsprache lässt sich offenbar leichter erwerben, wenn ein gewisses Maß davon vorab vorhanden ist, daher gehe ich von Wechselwirkungen aus.

Ich denke auch nicht, dass man jede verlangsamte Entwicklung bzw. jedes Defizit auf falsche Lehrmethoden zurückführen sollte. Auch möchte ich die Lauttreue-Diskussion an dieser Stelle nicht aufgreifen; sie wurde bereits von anderen klärend geführt (vgl. z. B. Naumann/ Willée, 1991). Falsch ist sicherlich eine Überdehnung des Lauttreue-Begriffs für den Unterricht: Vieles kann einfach nicht hörbar gemacht werden. Ein Ziel jeden Unterrichts sollte sein, Lehrmethoden am Lerner zu orientieren. Dazu müssen jedoch zunächst individuelle Schwierigkeiten erkannt werden. Außer Frage steht, dass Unterrichtsmethoden notwendig sind, die Sprachbewusstsein fördern. Doch einige Lerner scheinen eine solche Förderung aufgrund unzureichender Voraussetzungen noch mehr zu brauchen als andere, sonst scheitern sie am Schriftspracherwerb.

Literatur
Jansen, Heiner et al. (1999): Bielefelder Screening zur Früherkennung von Lese-Rechtschreib-Schwierigkeiten (BISC). Göttingen.
Naumann, Carl Ludwig; Willée, Gerd (1991): Überprüfung der Lauttreue der deutschen Orthographie. In: LDV-Forum Bd. 8, Nr. 1 und 2, 3–20.

Bernd Switalla

Grammatik-Notizen

„There is an interaction between one's choice of semantic primitives (inference or representation) and one's choice of grammatical categorial primitives (sentences, or terms and predicates)." (Robert B. Brandom 1998; 337)

„The conceptual content expressed by a sentence depends on its place in
a network of inferences relating it to other sentences"... (Brandom 1998; 426)

0. Argumente für eine Genuine Schulgrammatik?

Die Schulgrammatik soll, so ließe sich etwa Wolfgang Menzel verstehen, die Lernenden zu einer verständlichen, nachvollziehbaren, einsichtigen und vor allem eigenständigen grammatischen Praxis anregen und anleiten. Diese Praxis sollte sich
auf überprüfbare Verfahren stützen und zu verläßlichen Begriffsbildungen führen.
Sie sollte dem Bild entsprechen, das man sich von der wissenschaftlichen Praxis
der Grammatikforschung zu machen hat: der Grammatiker ist darauf aus, Erkenntnisse über den Bau und das Funktionieren der Sprache zu gewinnen; er tut
dies, indem er die sprachlichen Gegenstände sammelt, sichtet, ordnet, klassifiziert,
kategorisiert. Eben diese Einstellung hat sich auch das Kind anzueignen: in einer
Art Grammatikwerkstatt gewissermaßen, in der es mit den sprachlichen Dingen
gleichsam technisch experimentierend umgeht. Und wozu das? Das Arbeiten an
der Grammatik bildet – so seine Auffassung – das Kind wie den Wissenschaftler:
der gleichsam handwerkliche Umgang mit der Sprache führt zur Erkenntnis des
Sprachsystems. Sich von den Regeln und Einheiten des Systems einen Begriff zu
machen, darauf kommt es an; denn wovon wir einen Begriff haben, dessen werden wir auch besser habhaft. Wer beispielsweise die verschiedenen operativen Kriterien der Bestimmung von Adjektiven handhaben und erläutern kann, der verfügt dann auch über ein tieferes Verständnis seiner alltäglichen sprachlichen Praxis.

Ist das eine angemessene Vorstellung davon, (1) was der Grammatiker bei seinen grammatischen Operationen tut, (2) wie er zu grammatischem Wissen gelangt
und welches grammatische Vorwissen er dabei voraussetzt, (3) was grammatische
Sachverhalte ausmacht und (4) was mit ihrer Kenntnis anzufangen ist? Ich werde zu zeigen versuchen, dass erhebliche Zweifel angebracht sind: weder entspricht
das inzwischen auch didaktisch übliche Verständnis *grammatischer Operationen*, noch
genügt das wissenschaftsübliche Verständnis *grammatischen Wissens* aktuellen
sprachtheoretischen Standards. Die Erkenntnis grammatischer Sachverhalte verdankt sich grammatischen Argumentationen, die sehr viel komplexer sind, als die
üblichen didaktischen Arrangements *grammatischer Experimente* uns suggerieren.
(Schon deshalb ist es erstaunlich, wie selbstverständlich an der Genese gramma-

tischer Kompetenz vorbei gesehen wird.) Das Bild, das uns in dieser Hinsicht die besten Grammatiken des Deutschen bieten, kann darüber auch nicht hinwegtäuschen: so manche Darstellung grammatischer Sachverhalte macht von einem impliziten sprachanalytischen Wissen auf eine wenig explizite Weise Gebrauch.

1. Was soll und was ist eine Schulgrammatik (nicht)?

Die ideale Schulgrammatik, so Menzel (1999), verdiene ihren Namen erst dann, wenn sie den folgenden vier Ansprüchen genüge: 1. Sie muß den Lernern Einsichten in den Bau der Sprache vermitteln, also (sic!) die Ordnung der sprachlichen Vielfalt zu Kategorien sichtbar machen (sie muß *systematisch* sein). 2. Sie kann dies nur, wenn sie die Methoden zur Verfügung stellt und erfahrbar macht, mit denen man zu Kategorien gelangt (sie muß *induktiv* vorgehen). 3. Sie muß einsichtig machen, welche Rolle die zu ermittelnden (sic!) Kategorien in der Sprache selbst (sic!) spielen; welche semantischen, textuellen und kommunikativen Funktionen sie haben (sie muß *funktional* sein). 4. Sie kann dies nicht anders als im ständigen Wechselspiel von Arbeit an Strukturen und an Inhalten oder Sprachsituationen, wobei sie bald von der einen, bald von der anderen Seite (sic!) der Sprache ausgeht bzw. da hin führt (sie muß in diesem Sinne *integrativ* verfahren). (Menzel 1999; 9)

Der Ort der Schulgrammatik ist die *Grammatik-Werkstatt:* In einer Grammatik-Werkstatt ist das Material die Sprache. Die Arbeit an ihr vollzieht sich nach bestimmten Regeln. Planvolle Arbeit ist dies insofern, als mit der Sprache und an ihr etwas getan werden muss, was nicht nur denkend, sondern auch experimentierend geschieht. Das *Handwerkszeug* sind grammatische Operationen. Was bei ihrer Anwendung herauskommt, sind Einsichten in den Aufbau und das Funktionieren unserer Sprache – und das ist durchaus etwas, was auch das Verstehen und den Gebrauch von Sprache verbessern kann. Es ist ein geistiges Resultat, das uns und anderen zum Nutzen sein kann, wenn wir kritisch lesen, differenziert schreiben, rechtschreiben, interpretieren und mit anderen über Sprache reden wollen (Menzel 1999; 12). Dieser Werkstatt-Unterricht ist auf Beobachtungen und Experimente hin angelegt, aufs vergleichende Probieren *(Nomen* vs. *Namen).* Er lehrt, selbstständig zu beobachten, zu beschreiben, zu ermitteln, was tatsächlich Sache ist. Das Vorgehen ist also: genau anschauen, suchen, markieren, ersetzen, über das Gemeinsame des Herausgefundenen sprechen, Kategorien bilden. Alles kommt an auf experimentell gestützte Beobachtungen des syntaktisch oder (in der Grundschule bestehen die beiden Möglichkeiten nebeneinander) semantisch orientierten Vergleichs von Wort-, Satz- und Satzgliedformen. Am Ende steht jedenfalls der Begriff (Menzel 1999; 31 ff.).

Was für ein Bild des Grammatikunterrichts wird hier skizziert? Das Bild, das Menzel entwirft, ist ungefähr dies (Menzel 1999; 12 ff.): Grammatiken sind von Menschen gemacht. Grammatiken sind das Ergebnis von Systematisierungsbemühungen verschiedener Menschen, die sich mit der Sprache befassen. Worin bestehen sie? Im Beobachten, Beschreiben, Vergleichen, Zusammenfassen, Kategorisieren. Wir fassen beispielsweise viele tausend Wörter unter dem Begriff *Adjektiv* zusammen. Wie gehen wir dabei vor? Der Prozess des Entdeckens grammatischer Sachverhalte ist ein induktiver: man arbeitet mit methodisch kontrollierten Operationen am (schrift-)sprachlichen Material und entdeckt dabei, ermittelt dabei, erstellt dabei (mal von der Form, mal von der Funktion ausgehend) gewisse Regelmäßigkeiten des Baus der Sprache, des sprachlichen Systems.

Wer das tut, gewinnt Einblick in den Bau der Sprache, entdeckt ihr implizites System – ohne dabei gleich auf eine kommunikative oder semantische oder stilistische oder hermeneutische Funktion der Einheiten, Formen, Kategorien zu achten. Wozu dient also grammatisches Wissen? Ganz einfach: was wir verwenden, das sollen wir auch als Begriff benennen können; denn etwas als Begriff benennen zu können, macht insoweit Sinn, als wir dessen dann besser habhaft werden. Überdies kommen ja (so Menzel) die Begriffe von dem, was wir verwenden, dann auch(!) ins Spiel, wenn wir über Sprache sprechen. Dann ist es beispielsweise nützlich, wenn wir jene Wortgruppen und Wörter, die uns besonders auffallen, als *Satzglied* oder als *Adjektiv* bezeichnen können. Kurz – es ist einfach hilfreich, über Kategorien, das soll heißen: über *sprachliches Handwerkszeug* verfügen zu können.

Die Praxis des Arbeitens in der Grammatik-Werkstatt hat man sich zum Beispiel im Fall der „Experimente mit den Wortarten" (Menzel 1999; 54 ff.) etwa so vorzustellen: Die Lernenden spielen eine Reihe von unter grammatischen Aspekten paradigmatisch vom Lehrer vorstrukturierten Operationen durch, deren Abfolge und Inhalt zur *Entdeckung* eben jener grammatischen Sachverhalte führt, die die experimentelle Vorstrukturierung aus grammatikwissenschaftlichen Gründen nahelegt. In der vom Lehrenden zu antizipierenden Perspektive des Lerners sieht das Menzel (Menzel 1999; 61 f.) so: „Auf diese Weise erfahren wir (sic!) einmal etwas über eine Wortart, das uns (sic!) deutlich werden läßt: 1. Man hat es bei der Bestimmung einer Wortart mit zweifelsfreien und typischen Fällen zu tun – und mit zweifelhaften und randständigen. 2. Man muß sich bei der Zuordnung hier und da entscheiden. 3. Man hat es mit historischen Veränderungen zu tun, da es Wörter gibt, die sich auf eine Wortart zubewegen, aber (noch?) nicht alles können. 4. Man hat es vor allem mit Form (Syntax) zu tun; die Bedeutung (Semantik) reicht für eine Zuordnung niemals aus" (soll heißen: von ihr auszugehen, sei die zweite Möglichkeit).

Was also tut der Grammatiker in seiner wissenschaftlichen oder didaktischen Werkstatt? Mit welcher Einstellung geht er mit grammatischen Sachverhalten um? Und was sind für ihn grammatische Sachverhalte? Behauptet wird, das grammatische Handeln sei ein auf *Beobachtungen* gestütztes und auf *Erklärungen* hin zielendes *experimentelles* Arbeiten am *sprachlichen Material* im Stil eines Laborforschers (des mittleren 19. Jahrhunderts). Aber stimmt das? Ich halte das für ein theoretisch voraussetzungs- und didaktisch folgenreiches Mißverständnis einer vernünftigen grammatischen Praxis und eines vernünftigen Begriffs grammatischen Wissens.

2. Was tut ein Grammatiker?

Die grammatische, die sprachanalytische Praxis der Wissenschaft *und* des Unterrichts ist dann durchdacht und begründet, wenn sie von überzeugenden Antworten auf die folgenden Fragen ausgeht (und ich formuliere sie bewußt in der Perspektive von Didaktikern):

1. Wie ist uns die *sprachliche* Praxis gegeben, und wo ist da die *Sprache?*
2. Was tun wir, wenn wir auf die sprachliche Praxis *Bezug nehmen?*
3. Von welchem *sprachlichen Wissen* machen wir dabei auf welche Weise Gebrauch, und was heißt es, das *implizite* sprachliche Wissen *explizit* zu *machen?*
4. Was haben wir von *expliziten* Darstellungen sprachlichen, insbesondere grammatischen Wissens?
5. Welche sprachliche Praxis fördert die *Einübung in die explizite Darstellung* impliziten sprachlichen Wissens?
6. In welchen *Schritten und über* welche *Stufen* eignen sich Lernende die Fähigkeiten und Fertigkeiten zur Explikation sprachlichen Wissens an?
(7) Wie gelangen wir zu einem empirischen, also auch didaktisch relevanten Wissen über die *Genese sprachanalytischer, insbesondere grammatischer Fähigkeiten und Fertigkeiten?*
(8) Was sind einschlägige grammatikdidaktische *Forschungsergebnisse?*

Das Bild der *Grammatik-Werkstatt* verleitet zu der Illusion, wir könnten die *sprachlichen Dinge* wie eine zweite Art von *Naturdingen* behandeln, wir könnten hinter die Form- und Struktureigenschaften *der Sprache selbst* kommen, wenn wir nur die richtigen *analytischen Operationen* anstellen. Bereits W. von Humboldt hat klar gesehen, daß diese Vorstellung keinen rechten Sinn macht: das Ganze der Sprache, so schreibt er als ein mit den methodologischen Problemen der Empirie glänzend vertrauter Grammatiker, ist nichts anderes als die *Totalität des jedesmaligen Sprechens,* der sprachlichen Äußerungen, und eben deswegen läßt es sich immer nur exemplarisch thematisieren.[1] Der paradigmatisch einschlägige Beispielsatz illustriert den zur Diskussion stehenden grammatischen Sachverhalt nicht, er exemplifiziert ihn. Als Beispiel verstehen wir ihn, weil er eine bestimmte sprachliche Praxis ausschnitthaft vergegenwärtigt, die wir wie selbstverständlich kennen müssen, um ihn als eine sinnvolle Äußerung nachvollziehen und reflektieren zu können. Die paradigmatische Ordnung der den grammatischen Sachverhalt insgesamt *verdeutlichenden* (exemplifizierenden) Beispielsätze, kurz: das Paradigma der Beispielsätze, stellt dabei eine erhebliche Abstraktion von den konkreten Situationen des Verständnisses und des Gebrauchs des Satzes dar: unter so genannten paradigmtisch identischen formalen Aspekten wird abgesehen vom Sinn des Satzes in Situationen und von seiner Bedeutung für den Ausdruck von Sachverhalten.[2] So stehen beispielsweise bestimmte Satzbeispiele in Menzels *Grammatik-Werkstatt* (Menzel 1999; 51 ff.) exemplarisch für die Darstellung eines bestimmten grammatischen Sachverhalts (zum Beispiel für die so genannte *Attribuierung von Nomen* als Kriterium der Identifikation von *Nomen). Grammatische Kompetenz* zu besitzen, heißt also nichts weniger, als ein solches Paradigma nicht nur nachvollziehen, sondern selbst erstellen zu können. Einen unter formalen Aspekten begründeten Vergleich von paradigmatisch einschlägigen Beispielsätzen bringt eben nur der zustande, der den zu Grunde liegenden grammatischen Sachverhalt exemplarisch bestimmen kann. (Zu *entdecken* gibt es so gesehen wenig, wenn die einschlägigen *Fälle* allesamt bereits im Lückentext-Formular zusammengestellt sind.)

Die Erstellung und Handhabung solcher grammatischen Paradigmata ist hinsichtlich der kognitiven, insbesondere der sprachanalytischen Voraussetzungen kei-

ne Kleinigkeit; sie verlangt hohe abstraktive Fähigkeiten. Aber welche? Es sind jedenfalls komplexere als Menzel beispielsweise uns glauben machen will; denn es
geht nur auf den ersten Blick um *Umformungs-, Ersetzungs-, Erweiterungs- und Til-
gungsproben* allein. Keine Frage – wir spielen solche Proben durch, wenn wir über
grammatische Sachverhalte nachzudenken, sie darzustellen und zu begreifen versuchen. Aber die *grammatischen Operationen* sind sprachanalytische Experimente
im Rahmen grammatischer Argumentationen. Sie überzeugen nicht, weil sie technisch funktionieren, sondern wenn sie logisch begründet sind, also sofern sie bestimmte argumentative Kriterien erfüllen. Daß daran üblicherweise gern vorbei
gesehen wird, macht wohl die Konjunktur der *Ersatzproben, Verschiebeproben, Umstellproben* usw. schon in der Grundschule aus.

Betrachten wir einen exemplarischen Fall aus der *Grammatik-Werkstatt* – die
Attribuierungsprobe (Menzel 1999; 51): „Dass gedankliche und emotionale ‚Dinge'
wie *Wut, Wissen, Glück, Langeweile, Angst, Zufall* usw. zu den Nomen zählen – und
also großgeschrieben werden, gehört deswegen zu den besonderen Problemen der
Rechtschreibung, weil diese Wörter einerseits in Texten zumeist artikellos vorkommen: *ich habe Wut, vor Glück, aus Zufall, vor Langeweile* – und andererseits in
unserer Vorstellung als Vorgänge und nicht als Dinge oder Sachverhalte erscheinen. Sie besitzen eher eine gedanklich verbale denn nominale Komponente. Das
führt sicher zu den vielen Rechtschreibfehlern auf diesem Gebiet. Dass solche Wörter Nomen sind, kann durch Attribuierungsexperimente sehr gut deutlich gemacht
werden."

Aber wie machen solche Experimente deutlich, wovon sie überzeugen sollen?
Was macht (wenn wir von der krausen Vorstellung von *gedanklichen* Dingen absehen) die Proben plausibel? Menzel (1999; 51): „Was in Texten, die wir lesen, oftmals in der Form wie in den Beispielen vorkommt, wird von den Schülern teilweise erweitert. Dabei sollen Artikel oder andere Begleiter (z. B. Possessivprono-
men) und Adjektive vor die Nomen gesetzt werden." Ausgangsbeispiele wären
für Menzel etwa (schriftsprachliche) Sätze wie:

Wir hatten gestern wieder bei diesem neuen Englischlehrer. Gleich kam ich dran.
Ich hatte das große glück, dass ich den Satz in einem Astreinen englisch sagen konnte.

Keine Frage, solche Schreibweisen kommen auch in der Sekundarstufe noch vor.
Also sollten Schüler wissen, warum Ausdrücke wie *Glück* oder *Englisch* groß geschrieben werden. Aber was wären überzeugende Begründungen? Betrachten wir
die folgenden Argumente:

glück schreibt man groß, weil …

1. … es ein Nomen ist
2. … man *ein, das, mein, unser, …* davor setzen kann
3. … man auch ein weiteres Wort einfügen kann: *großes, ungewohntes, seltenes, …*
4. … man ein Adjektiv einfügen kann: *groß, ungewohnt, selten, …*
5. … man ein Adjektiv in der Rolle eines Attributs einfügen kann
6. … man ein den Inhalt des Nomens konkretisierendes Adjektiv in der Rolle eines Attributs einfügen kann
7. … man ein den Inhalt des Nomens konkretisierendes Attribut adjektivischer
   Art einfügen kann

8. ... man ein die nominale Kennzeichnung konkretisierendes adjektivisches Attribut einfügen kann

9. ... man ja sagen kann, *daß* man *Glück haben* kann: *großes, ungewohntes, seltenes, riesiges, ...*

10. ... man ja so eine Art Reihe aufmachen kann: *Glück haben, Pech haben, Langeweile haben, Schuld haben, ...*

Was unterscheidet die verschiedenen Begründungen? Was sich (um nicht allzu spitzfindig zu sein) in jedem Fall feststellen läßt, ist dreierlei:

Erstens bestehen bestimmte Begründungszusammenhänge: (1) überzeugt, sofern man (2) oder (3) als Kriterium gelten läßt, weil man (5) akzeptiert; (3) überzeugt insofern, als man (6) *oder* (7) *oder* (8) akzeptiert, weil man (4) akzeptiert; (9) überzeugt, weil man eine Analogie wie in (10) herstellen kann – usw.

Zweitens verdanken sich nicht alle Begründungen der gleichen Auffassung von grammatischen Sachverhalten: (6), (7) und (8) setzen vermutlich unterschiedliche Konzepte logisch-grammatischer Verhältnisse sowie verschiedene grammatische Grundbegriffe voraus. (Es ist also ein Unterschied, ob man der Auffassung ist, ein Adjektiv konkretisiere den Inhalt eines Nomens – eine eher übliche Sicht der Dinge, oder der Auffassung, eine nominale Kennzeichnung werde durch ein Attribut im ganzen konkretisiert.[3])

Drittens kommt man bei keiner Begründung mit dem bloßen Verweis auf das Funktionieren einer *grammatischen Operation* aus: die grammatischen Operationen bedürfen vielmehr weiterer Begründungen. Und solche Begründungen beziehen sich mehr oder weniger auf ein *Expliziter-Machen* des zur Diskussion stehenden sprachlichen Ausdrucks unter logisch-grammatischen Aspekten in einer *sprachanalytischen* Perspektive.

Gleichwohl spricht vermutlich einiges für die folgende, aber nur auf den ersten Blick viel schlichtere Begründung der Plausibilität der einen oder anderen paradigmatisch einschlägigen Operationen: *Glück* schreibt man hier deshalb groß, weil es ein Wort ist, das für gewöhnlich in Kennzeichnungen so vorkommt, daß es bei verschiedenen, unter formalen Aspekten äquivalenten Substitutionen in der Umgebung von anderen, nämlich attributiven Ausdrücken die Rolle des nominalen Kerns spielt. (Und solche Ausdrücke schreibt man eben, schriftsprachlichen Konventionen folgend, der besseren Lesbarkeit des Textes wegen eben groß ...) Die Frage ist nur, was wir *unter formal äquivalenten, also unter paradigmatisch äquivalenten Substitutionen* verstehen sollen.

Menzel erstellt seinerseits das folgende Paradigma (Menzel 1999; 51):

Ich hatte eine große Angst davor wieder in meine verdammte Wut zu geraten.

Ich hatte das große Glück, dass ich den Satz in einem astreinen Englisch sagen konnte.

Es war ein purer Zufall, dass mir nicht die alleinige Schuld gegeben wurde.

Bei dem ersten Lesen des dicken Buches überkam mich eine schreckliche Langeweile.

Dabei setzt er offensichtlich darauf, daß die paradigmatisch bedeutsame Substitutionsäquivalenz auf den ersten Blick nachvollziehbar, also erkennbar und einsichtig sei. Dies halte ich, erst recht unter grammatikdidaktischen Aspekten, für eine allzu starke Annahme. Wer die Logik der Konstruktion des Paradigmas nicht nach- oder besser: mitvollziehen kann, der sieht gerade nicht, was die formalen Gemeinsamkeiten der paradigmatisch zusammengestellten Beispielsätze sein sollen. Erst recht wird er nicht die mehr oder weniger implizite grammatische Argumentation verstehen können (oder *entdecken* können), die die Zusammenstellung rechtfertigt. Wie also ist das Prinzip paradigmatisch äquivalenter Substitutionen zu handhaben – und zu begründen? Wie wäre es als methodisches Prinzip lehrbar? Bei welcher kognitiven, symbolischen, reflexiven und analytischen Kompetenz wäre es lernbar?

3. Was heißt, grammatisch zu argumentieren?

Grammatische Argumentationen zielen darauf ab, aus der syntaktischen Form (der linearen Gliederung) die logische Form (die gedankliche Gliederung) von Sätzen zu erschließen. Sie orientieren sich an der Unterscheidung zwischen dem, was *ein Sprecher äußert,* und dem, was er *einer anderen Person* in der *Perspektive einer dritten Person zu verstehen gibt.* (Und diese *dritte Person* ist selbstverständlich kein *externer Beobachter,* sondern ein *virtueller Mitspieler.* Das vielberedete Form-Funktion-Verhältnis ist also ein dialogisches und interpretatives.)[4] Der nachgerade paradigmatische Fall ist der des expliziten Mißverständnisses: B mißversteht A, und A macht seine eigene Äußerung intentional explizit:

Du hast mich eben mißverstanden:

Als ich geäußert habe *Lieber Kinder als Inder,*

da habe ich eigentlich zu verstehen geben wollen:

Ich würde es lieber sehen, daß unsere eigenen Kinder so gut ausgebildet werden, daß sie die Qualifikationen erwerben können, die ihnen den besten Berufseinstieg ermöglichen.

Der Fall exemplifiziert gleich mehrere grammatisch relevante Sachverhalte: *Erstens* zeigt er, was es heißt, eine Äußerung zu explizieren: der Interpret der Äußerung nimmt ihr gegenüber eine reflexive Einstellung ein und macht ausdrücklich explizit, wie er sie als ein Gefüge von Aussagen, Annahmen und Wertungen (im wörtlichen Sinne) ausdrücklich darstellen würde. Er tut dies, *zweitens,* gerade nicht in der Perspektive des authentischen Autors der Äußerung, sondern in der Perspektive einer logisch-analytisch argumentierenden dritten Person. (Daß A beim vorliegenden Beispiel auf der Fiktion des *eigentlich Gemeinten* zu bestehen scheint, ist ein zwar nicht seltener, aber gleichwohl ziemlich unglücklicher Fall von intentionalistisch mißverstandener Intentionalität: kein Sprecher kann sprachlos wissen, was er eigentlich hatte sagen wollen...) Er bezieht sich dabei, *drittens,* auf eine unterstelltermaßen gemeinsame, geteilte sprachliche Praxis; genauer: auf eine gemeinsame Praxis des Verständlichmachens von Äußerungen durch logisch-grammatische Explikation. Und dabei verläßt er sich, viertens, darauf, daß die Explikation der Äußerung als eines Gefüges von Aussagen, Annahmen und Wertungen die logische (wenn nicht sogar: die empirische) Genese des intentionalen sprachlichen Ausdrucks *artikuliert.* Und keineswegs nur nebenbei zeigt der Fall fünftens auch, worauf es bei alledem ankommt: wer Äußerungen intentional interpretiert, hat sich an deren wörtlichen Wortlaut zu halten.

Dieses dialogisch-interpretative *Making It Explicit*[5] ist die diskursive Basis für die Plausibilisierung grammatischer Argumentationen: ein sprachlicher Ausdruck ist genau dann durch einen anderen, formal-grammatisch von ihm verschiedenem substituierbar, wenn der Ausdruck logisch-grammatisch äquivalent ist. Und logisch-grammatische Äquivalenz ist genau dann gegeben, wenn uns die Substitution unter logisch-genetischen Aspekten, also mit Bezug auf unsere praktische und reflexive Sprachkenntnis überzeugt. Grammatische Argumentationen nehmen also Bezug auf eine dialogisch-interpretative Praxis des Ausdrücklich-Machens intentionalen Sprachverstehens in einer reflexiven Perspektive. Sie haben eine explikative Struktur.

Daß das auch bei auf den ersten Blick so genannten *satzgrammatischen* Analysen der Fall ist, sei der Anschaulichkeit halber am Beispiel einer klassischen grammatischen Darstellung erläutert. Betrachten wir die Darstellung der *Adjektive als Adverbiale zum Verb* in der Satz-Grammatik von Peter Eisenberg (Eisenberg 1999; 220 ff.): Wie soll man „Ausdrücke wie *laut* und *sorgfältig*" in Sätzen wie
(1.1) Paula schreit laut
(2.1) Hans verwischt alle Spuren sorgfältig
bezeichnen? Nach Eisenberg bezeichnet man sie „meist entweder als adverbiale Adjektive oder als adjektivische Adverbien" (Eisenberg 1999; 220). Aber welche Kennzeichnung trifft den grammatischen Sachverhalt? Eisenberg lehnt die Identifikation von *laut* und *sorgfältig* als Adverbien aus mehreren wohlüberlegten Gründen ab. Das entscheidende Argument lautet so (Eisenberg 1999; 221): „Adjektive bezeichnen Eigenschaften. Berücksichtigen wir zunächst nur ihren attributiven und prädikativen Gebrauch (*das kluge Kind* vs. *Das Kind ist klug*), dann bezeichnen Adjektive Eigenschaften von etwas, das mit einem Nomen benennbar ist. Syntaktisch sind beide Verwendungsweisen des Adjektivs gänzlich verschieden, die semantische Leistung aber offensichtlich nicht. Insbesondere ist der Begriff von Eigenschaft, den man zur Explikation von Adjektivbedeutungen braucht, ziemlich homogen. Weil das Adjektiv in attributiver und prädikativer Position Eigenschaften *desselben Dinges* bezeichnet, besteht kaum ein Zweifel daran, daß es sich in beiden Positionen auch um *dasselbe Wort* handelt. (…)" Daß Wörter für Dinge stehen, und seien es Abstracta wie Eigenschaften, ist natürlich in wesentlichen Punkten verkappter Repräsentationalismus (hier die Wörter – da die Dinge). Daß *Eigenschaften Dinge* sind, mit denen auf andere *Dinge* Bezug genommen werden kann, die ihrerseits weitere Dinge *benennende Dinge* sein sollen, ist es erst recht.[6] Was seine Argumentation plausibler machen könnte, ist denn auch etwas anderes: der selbstverständliche Rekurs auf eine (hier einer traditionellen Unterscheidung folgend semantische, d. h. aber) logisch-grammatische Explikation der beiden Sätze, innerhalb derer die Adjektive verwendet werden:
(1.2) Paula schreit; das tut sie ganz schön laut
(2.2) Hans verwischt alle Spuren; und das (macht er) sorgfältig

Eben darauf – und nicht auf irgendwelche ontologischen Grundannahmen („Adjektive bezeichnen Eigenschaften") nimmt Bezug, wer die grammatische Form der beiden Ausgangssätze zu kennzeichnen versucht. Und das zu tun reicht auch voll und ganz hin, um den grammatischen Sachverhalt *explizit zu machen.* Erläuterungen der Art: „*laut* präzisiert den Vorgang des Schreiens von Paula – und ist insofern eine nähere Bestimmung des im Satz zum Ausdruck Gebrachten im ganzen", sind zwar bei vielen Grammatiken üblich, tragen aber nichts zum besseren Verständnis der zugrunde liegenden grammatischen Sachverhalte bei. Im Gegenteil – sie verunklaren eher die argumentative Struktur und die begrifflichen Voraussetzungen der grammatischen Praxis. So zum Beispiel auch im folgenden Fall (Eisenberg 1999; 223): Die Rolle von „Adjektiven als Adverbiale zum Verb" in den Sätzen

(3.1) Laut ruft Anetta ihren Sohn
(3.2) Präzise beantwortet Paula die Frage
(4.1) Krank liegt Karl im Bett
(4.2) Jung heiratet Paula ihren Fritz
(5.1) Blank putzt Hans seine Zähne
(5.2) Rot färbt Egon seine Haare

beschreibt Eisenberg so: „Das Adverbial bezieht sich" in (3) „auf das Prädikat (das Rufen ist laut)", in (4) „auch auf das Subjekt (Karl ist krank)", und in (5) „auch auf das Objekt (die Zähne sind blank)". „Mit ‚bezieht sich' ist dabei zunächst nur eine nicht näher gekennzeichnete semantische Beziehung gemeint. Adjektive bezeichnen Eigenschaften von nominal wie verbal Benennbarem, aber auf beiden Seiten gibt es Prototypen. Das kommt hier zum Ausdruck. Ein Ding ist eher blank als ein Vorgang, ein Vorgang seinerseits ist eher laut als ein Ding. Es fragt sich dann, ob dem auch syntaktische Unterschiede entsprechen." Das ist, mit Verlaub, eine begrifflich wie methodisch diffuse Darstellung der logisch-grammatischen Verhältnisse, bei der auf eine bestimmte sprachanalytische Argumentation *implizit* Bezug genommen wird. Auf welche, und wie? Auf eine Argumentation, die von dem Wissen Gebrauch macht, wie wir in Situationen des Verständlichmachens von Äußerungen sprachliche Ausdrücke (als Spuren sprachlicher Äußerungen) mit Bezug auf den wörtlichen Wortlaut *explizit machen* würden. Wir wüßten dann nämlich, wie wir Sätze wie

(4.1) Krank liegt Karl im Bett

logisch-grammatisch darstellen würden; nämlich etwa so:

(4.1')Was mit Karl ist? Der liegt im Bett. Krank ist er (das stell dir mal vor)!

Solche Darstellungen sind faktisch die Basis für die Erläuterung und Bestimmung einer vermeintlich „zunächst nicht näher gekennzeichnete(n) semantische(n) Beziehung" – und nicht semantisch-syntaktische Spekulationen. Sie *artikulieren* das mehr oder weniger komplexe intentionale Gefüge der Aussagen, Annahmen und Wertungen (so, daß wir uns ausdrücklich dazu Stellung nehmend verhalten können). (Man könnte deswegen Sätze wie die oben genannten vielleicht gerade so lesen, als ob ihre syntaktische Gliederung genau die Anweisung ausdrücke, wie der intentionale Gehalt der Äußerung zu verstehen sei.)

Deshalb ist auch der inszenierte Habitus unangemessen: der Grammatiker ist kein botanischer Morphologe, grammatische Sachverhalte sind keine *Naturdinge;* sie erschließen sich nicht induktiv, sondern reflexiv. Dagegen das Naturforscher-Pathos bei Erläuterungen wie der folgenden zum Verständnis des „adjektivischen Attributs": „Qualitätsadjektive"… „ähneln in mancher Beziehung den relativen, haben aber auch Eigenschaften der absoluten. Ein Satz wie *Karl ist gesund* besagt nicht, daß Karl hinsichtlich Gesundheit einen bestimmten Durchschnittswert über-trifft, sondern er besagt, daß Karl bezüglich Gesundheit einer bestimmten Norm entspricht. Ebenso bedeutet *Karl ist krank* nicht, daß Karl einen Durchschnittswert an Gesundheit unterschreitet, sondern daß Karl einer ‚Negativnorm' entspricht." (Eisenberg 1999; 237) Ein Musterbeispiel fürs naturalistische Mißverständnis: hier werden die grammatischen Sachverhalte zu natürlichen, zu objektiven Sachver-halten in der Welt eines sammelnden, sichtenden, ordnenden Phänomenalisten sti-lisiert …[7]

Allgemeiner: Grammatische Aussagen erläutern semantisch-syntaktische Struk-turbeschreibungen von Sätzen unter Aspekten von (wie auch immer verstande-ner) Intention-Ausdruck-Identität (nicht selten übrigens in der Form von empi-risch gemeinten Regelfeststellungen des Typs: „x in der Umgebung von m und n teilt y mit und bezieht sich (nicht) auf …") De facto wird dabei aber Bezug ge-nommen auf einen anderen sprachlichen Ausdruck, der als so etwas wie eine voll-ständige(re), die explizitere logisch-semantische Darstellung des intentionalen Aus-drucks gelten kann – eine Artikulation dessen, was Sprecher für einen Interpre-ten zu verstehen geben (und in *diesem* Sinne: meinen) würde, wenn er sich seine Äußerungsabsicht erläuternd, also reflexiv äußern würde. Eben diese explizite Ver-sion ist dann die Basis für die weitere Erläuterung und Kennzeichnung der gram-matischen Verhältnisse.

Auch Didaktiken der Grammatik des Deutschen sind voll von solchen Verun-klarungen argumentativer und begrifflicher Art. Mehr noch: das technizistische Mißverständnis *grammatischer Operationen* ist in den Schulgrammatiken Standard geworden – mögen sie noch so *situationsorientiert* oder noch so *systematisch* ange-legt sein. (Man lese nur in Sprachbüchern nach oder studiere die einschlägigen Grammatik-Spiele…)[8]

3.1 Exkurs: Grammatische Operationen

„Satzglieder im Deutschunterricht", schreiben Baurmann/Menzel zu Recht, „– auf den ersten Blick erscheint dieses Thema in der Schule selbstverständlich, es ist den meisten vertraut und ohne Komplikationen. Kein Lehrplan verzichtet darauf, in allen Sprachbüchern werden die Satzglieder als Standardthema berücksichtigt, in vielen Deutschstunden die Satzglieder bestimmt. Bei näherem Hinsehen gibt es allerdings doch auch Schwierigkeiten und Unsicherheiten (etwa: Prädikatsnomen oder Satzadjektiv? Adverbial oder präpositionales Objekt? Prädikat mit Verbzu-satz? Usf.) In Lehrplänen und Sprachbüchern fallen zumindest gravierende Un-terschiede in den Anforderungen auf: einmal stehen die Sprachproben zur Er-mittlung und Kennzeichnung der Satzglieder sowie lediglich das sichere Erken-nen von Prädikat und Subjekt im Vordergrund; in anderen Fällen hingegen wer-den ausgehend vom Prädikat Elemente der Dependenzgrammatik verkürzt auf den Unterricht abgebildet. Daraus resultiert dann etwa ein Merksatz wie der fol-gende für Klasse 4: *‚Eine Reihe von Verben verlangen als Prädikate von Sätzen außer dem Subjekt noch eine Ergänzung mit Präposition, dazu noch eine Ergänzung im Akku-sativ.'* (BSV Sprachbuch 4, S. 44) Andere Grammatiken – andere Begriffe und Me-thoden! Zusätzliche Schwierigkeiten kommen im Deutschunterricht hinzu: Die Bestimmung von Satzgliedern mag zwar bei ausgesuchten Mustersätzen gelingen, bei nicht vorgefilterten Beispielen aus Schülertexten stößt sie hingegen rasch an ihre Grenzen." Welche *Satzgliedlehre* also, was für *Mustersätze* und was für *Proben?* Welcher „Weg, um zu den Gliedern des Satzes zu gelangen, sie zu kategorisieren und zu benennen"? (Baurmann/Menzel 1995; 78) Und welches Bild der grammatischen Analyse?

Baurmann/Menzel gehen von einer Beobachtung aus: Je nach Äußerungskontext kann sich die thema-rhema-bedingte Folge der Glieder eines Satzes (in Grenzen) ändern; das jeweils thema-fokussierende Satzglied rückt an die erste Stelle, ohne daß sich der Sinn des Satzes ändert. „Sätzen mit gleichem Wortlaut und gleichem Satzsinn, aber veränderter Wortfolge, können wir durchaus in verschiedenen Situationen begegnen. Was sich dort auf natürliche Weise zeigt, nur hervorgelockt durch unterschiedliche Fragen und Kontexte, kann auch experimentell erprobt werden: durch die Umstellung bestimmter Teile des Satzes, ohne daß sich der Sinn verändert. Solche Umstell- und Verschiebeproben dienen in der Sprachwissenschaft der Ermittlung von Satzgliedern." (Baurmann/Menzel 1995; 79) Das soll wohl heißen: Wenn man von den unterschiedlichen Äußerungskontexten der (schriftlich fixierten) Sätze absieht (indem man sie virtualisiert) und sich die Form der Sätze (auf dem Papier) ansieht, dann kann man feststellen, daß wortgleiche und sinngleiche Sätze sich in der Wortfolge mit einer bestimmten Regelmäßigkeit ändern – und zwar so, daß bestimmte Wörter immer beieinander bleiben, also: *Satzglieder* bilden. Dies Phänomen zeigt sich, gewissermaßen *natürlicherweise*, in alltäglichen Äußerungszusammenhängen; etwa bei der Antwort auf eine informationsorientierte Frage. Im *Experiment* kann das nachgestellt werden: man stellt einfach die Teile des Satzes um – so wie man es in konkreten Äußerungssituationen kontextabhängig eben auch tut.

Wem diese Überlegung nachvollziehbar und einsichtig sein soll, der muß sprach*analytisch* schon eine ganze Menge können: Er muß von den Äußerungskontexten absehen können; muß Thema-Rhema-Relationen erkennen können; muß ein Gespür dafür haben, wann sich der Sinn eines Satzes nur unwesentlich ändert – und einen Begriff davon, was den Sinn eines Satzes (den *Satzsinn)* ausmacht; er muß wissen, wann Sätze *den gleichen Wortlaut* haben (also doch wohl schriftfähig sein). Er muß die Situation des kontextabhängigen Thema-Rhema-Wechsels gedankenexperimentell nachstellen können und dabei zugleich unter formalen Aspekten von ihr absehen können, um auf die Auffälligkeiten der Wortfolge(n) achten zu können. Er muß die *natürlicherweise* beobachtbaren kontextabhängigen Änderungen der Wortreihenfolge *experimentell* provozieren können; eben so, daß er künstlich verschiedene Äußerungskontexte fingiert, die dabei unterscheidbaren satzsinn- und wortlaut-gleichen Satzformen vergleicht und Wortblöcke als Satzglieder identifiziert. Er muß das durchgespielte Vorgehen als ein Verfahren zu erkennen lernen, um das Kriterium verstehen und handhaben zu können: *Ein Satzglied ist, was sich bei derartigen Proben als solches identifizieren läßt* ... Wie stellen wir uns, wenn wir das für die Grundschule fordern, die methodischen und begrifflichen Voraussetzungen zur Sprachanalyse bei Kindern vor? Wie, beispielsweise, ihr Talent zur Erläuterung des Begriffs des *Satzsinns*, des *Wortlauts* eines Satzes? Und wieviel schriftsprachliche, insbesondere schrift- und text*analytische* Kompetenz setzen wir dabei voraus? (Beliebte Lösung vieler Sprachbücher: Man ignoriere die Probleme – und gebe deren Lösungen durch enge Aufgabenstellung, passendes paradigmatisches Format, geschickte Beispielwahl und didaktisiertes Layout vor…)

3.2 Exkurs: Substitutional Logic (Brandoms Perspektive)

Robert B. Brandoms Theorie des sprachlichen Diskurses *(Making It Explicit)* dürfte weitreichende Folgen für die Praxis des Grammatikers und die Theorie der Grammatik haben, auch wenn es Brandom in erster Linie um eine systematische Rekonstruktion der Logik der *claims (about claims) about thought and talk (about thought and talk)* geht. Denn jede grammatische Analyse macht (in der Regel *stillschweigend*) Gebrauch von einem bestimmten Wissen über die Logik der Darstellung sprachlicher Sachverhalte. Grammatiker, so möchte ich Brandom hier fürs erste verstehen[9], sind daran interessiert, die Form der Logik des sprachlichen Ausdrucks (als der *Spuren* von Äußerungen) rational darzustellen. Rationale Darstellungen insbesondere sprachlicher Sachverhalte und intentionaler Sachverhalte allgemein sind dann korrekt, wenn sie auf eine überzeugende Weise die pragmatischen Konsequenzen und Implikationen herausarbeiten, die der Sprecher dem Hörer gegenüber (in der Perspektive des reflexiv orientierten Interpreten) mit der Artikulation solcher Äußerungen eingeht. Kurz – rationale Darstellungen sprachlichen Handelns machen die inferentielle Logik sprachlicher Kommunikation (über sprachliche Kommunikation) einsichtig.

Jede sprachliche Äußerung kann sowohl als Ergebnis voraufgegangener wie auch als Bedingung nachfolgender pragmatischer Folgerungsprozesse verstanden werden. Die eine Person eröffnet der anderen (in der Perspektive der dritten Person betrachtet) mit ihren Äußerungen einen Raum von Verbindlichkeiten und Freiheiten, von Obligationen und Optionen; sie strukturiert und perspektiviert ihr Situationsverständnis.

Der Sprachanalytiker ist daran interessiert, die inferentielle Logik des dialogischen Sprachverstehens und Sprachgebrauchs in dieser Weise *ausdrücklich* nachzuzeichnen, *sie explizit zu machen.* Der Sprachtheoretiker wiederum muß daran interessiert sein, das sprachanalytische Vokabular zu explizieren – und zu rekonstruieren, von dem der Sprachanalytiker praktisch Gebrauch macht.

Wer eine sprachliche Praxis, wer das Verständnis und den Gebrauch einer Sprache beschreibt, der hat sich also klar darüber zu werden, was solche Beschreibungen sollen, wie sie gehen – und in welcher Sprache sie zu formulieren sind. In diesem Zusammenhang hat er sich vor allem darüber im klaren zu sein, was es heißt (und vernünftigerweise heißen soll), mit sprachlichen Äußerungen auf andere sprachliche Äußerungen *Bezug zu nehmen,* sprachliche Ausdrücke unter Aspekten ihres *Sinns,* ihrer *Bedeutung,* ihrer *Form* als durch einander *ersetzbar* zu kennzeichnen usf. Brandoms Perspektive ist, scheint mir, die des Pragmatisten (im Peirce'schen Sinne): Was der Handlungs-, der Sprach-, der grammatische Analytiker tun und zustande bringt, ist nichts anderes als ein *Explizit-Machen* des *impliziten* praktischen, sprachlichen, reflexiven *Wissens* der Handelnden, der Selbstverständlichkeiten ihres Redens und Denkens.

Ziel der Sprachanalyse, etwa der grammatischen Analyse, ist insofern nicht die Objektivierung grammatischer Deskriptionen, sondern ist die Plausibilisierung grammatischer Argumentationen. Und das Kriterium? Soweit ich Brandom verstehe, läuft alles darauf hinaus, die sprachliche Praxis dadurch zu verstehen, daß wir uns einen Begriff von ihr zu machen versuchen. Wohl den Begriff, an dem wir uns rational orientieren würden, wenn uns unser eigenes Denken, Reden und Handeln tatsächlich hinsichtlich seiner Bedingungen und Folgen transparent wäre... Das ist, angesichts der semiologischen Unklarheiten, der methodischen und terminologischen Begriffsverwirrungen in der Sprachdidaktik und der Sprachwissenschaft, schon für die Grammatik in Wissenschaft und Unterricht eine dringliche Aufgabe: „There is an interaction between one's choice of semantic primitives (inference or representation) and one's choice of grammatical categorial primitives (sentences, or terms and predicates)."[10] (Robert B. Brandom 1998; 337)

Gerade der logische und epistemische Status der *grammatischen Operationen* erscheint, denke ich, im Kontext der Brandomschen Sprachtheorie in einem anderen, einem klareren Licht: Was wir tun, wenn wir etwa *Ersatzproben* vornehmen, ist in Brandoms Perspektive nichts anderes als Behauptungen über logisch-grammatische *Substitutions-Äquivalenzen* zu tun und zu begründen.[11] Folglich haben wir über den Begriff, unseren Begriff logisch-semantischer Äquivalenz nachzudenken. Wir haben dabei aber noch mehr begrifflich *explizit zu machen:* inbesondere unser Verständnis von *anaphorischer,* von *deiktischer* und von *kennzeichnender* Bezugnahme auf sprachliche Ausdrücke – und ihres (semio)logischen Zusammenhangs (kommt *Deixis* vor *Anaphorik* oder umgekehrt?); unser Verständnis des sprachlichen *Gegenstands,* auf den wir Bezug nehmen (sind es *types* oder *tokens?)* usw.

Die, besser: eine gerade auch grammatikdidaktisch folgenreiche Pointe der antirepräsentationalistischen, der inferentialistischen Diskurstheorie Brandoms ist meines Erachtens die, daß wir bei alledem die Vorstellung getrost verabschieden können, wir gelangten als Grammatiker am Ende zu einer abschließenden, zu einer definitiven Beschreibung grammatischer Sachverhalte: „The conceptual content expressed by a sentence depends on its place in a network of inferences relating it to other sentences"...[12] Die sprachliche Praxis wird letzten Endes das Kriterium für die Angemessenheit ihrer Beschreibungen sein.[13]

Welche Didaktik der Grammatik, welchen Grammatikunterricht brauchen wir dann? Zweifellos ist die Brandomsche Perspektive bestenfalls im Unterricht der Sekundarstufe II thematisierbar. Nur – sie im Unterricht zu *thematisieren,* ist etwas anderes als sie didaktisch zu reflektieren. Für die Didaktik der Grammatik in der *Grundschule* stellt sich damit aber ein elementares Problem, konzeptionell und empirisch. Wir haben uns ganz gewiß ein anderes, ein neues Bild davon zu machen, welche sprachreflexiven und sprachanalytischen Kompetenzen der Lernenden auch unter entwicklungslogischen Aspekten die Voraussetzung dafür sind, daß Lernende die grammatischen Verfahren und Begriffe einsichtig handhaben und überdenken können. Mag sein, daß wir lange Zeit auf eine eher intuitive grammatische Praxis setzen müssen, deren Sinn dann später nicht nur erfahren, sondern auch erkannt werden kann. Nur – was heißt das für die didaktische Praxis?[14]

3.3 Exkurs: Die Schrift als Medium der Darstellung der Sprache

Die Form der Darstellung ist eine andere als die Form des Dargestellten; richtiger: im Medium der Schrift geben wir den Spuren unserer Äußerungen eine andere Gestalt, wir *vergegenständlichen* sie gewissermaßen. Hier wird (historisch, systematisch und genetisch gesehen) die Gliederung der Äußerungen und die Form des Ausdrucks *ausdrücklich* zum Problem. Wenn Kinder die Schrift kennen lernen, dann setzen sie sich mit eben diesem Problem auseinander: *Wie notiere ich eine Äußerung? Wo lasse ich einen Zwischenraum? Wie markiere ich ihr Ende, und wie ihren Anfang? Wie mache ich bestimmte Einheiten besonders kenntlich – und welchen Unterscheidungen folge ich dabei?* Dabei *entdecken* sie selbstverständlich nicht eine andere Grammatik der Sprache (obwohl dergleichen zu simulieren ein interessantes didaktisches Experiment wäre). Sie rekonstruieren vielmehr das im System der Schrift codierte (und tradierte) grammatische Verständnis der Sprache. Die Kinder haben es also, wenn sie im Unterricht über die Sprache nachzudenken anfangen, mit einem grammatisch vorstrukturierten Gegenstand zu tun.

Ein keineswegs trivialer Fall: Warum an der Tafel nicht

in der Großen pause: Abfahrt zum Schwimmbad

sondern

in der großen Pause: …

zu notieren ist, setzt das Verständnis mehrerer grammatischer Sachverhalte voraus: Man muß mit der kontextspezifischen elliptischen Form der Notation vertraut sein, muß den Ausdruck als ein Satzglied (wieder)erkennen können, muß die innere logisch-grammatische Gliederung nachvollziehen (und bei Bedarf durch angemessene Umformungen erläutern können), muß erkennen können, was die Rolle des Adjektivs innerhalb des Satzgliedes ist und muß, nicht zuletzt, die literale Konvention kennen, daß Adjektive innerhalb solcher syntaktisch-semantischer Einheiten *klein geschrieben* werden – sofern es sich nicht um Eigennamen handelt. (Aber erklären Sie einem Kind mal, was ein Eigenname ist…)[15]

Wodurch wird dies alles möglich? Durch einen Medienwechsel: die Literalisierung der Sprache ermöglicht die Darstellung, die Artikulation ihrer Form.[16] Die Schrift ist genau das Denkwerkzeug, mit dessen Hilfe wir uns Gedanken über die Sprache machen können.[17] Das Kind lernt, Spuren von Äußerungen zu fixieren und diese Spuren zu lesen, zu überdenken.

4. Wie eignen sich Lernende grammatisches Wissen an? (Grammatikdidaktische Konsequenzen)

Was tun Grammatiker? Mehrere Dinge: (1) Sie vergegenwärtigen eine bestimmte sprachliche Praxis, indem sie sie anführen. (2) Sie zeichnen bestimmte Formen der sprachlichen Praxis unter bestimmten Aspekten paradigmatisch aus – und exemplifizieren sie mit Bezug auf Beispiele. (3) Sie unterscheiden intentional relevante Ausdrucksformen. (4) Sie entwickeln Kennzeichnungen, die die getroffenen Unterscheidungen anschaulich charakterisieren. (5) Sie fixieren die entwickelten Kennzeichnungen terminologisch. Sie tun all dies zum Zweck des Verständlichmachens und der übersichtlichen Darstellung der Formen intentionalen sprachlichen Ausdrucks.

Und Kinder, wie können sie zu Grammatikern werden? Sollen sie lernen, „induktiv vorzugehen", „grammatische Operationen anzustellen", „zu abstrahieren", „Kategorien zu bilden", „Begriffe zu bilden", „das grammatische Handwerkszeug zu beherrschen", kurz: „Einsichten in den Bau der Sprache zu gewinnen"?

Jede praktische Didaktik der Grammatik sollte von begründeten Antworten auf folgende Fragen *ausgehen:*

1. Was ist die exemplarische (die Schlüssel-)Situation, die ein Nachdenken über die Sprache, insbesondere über grammatische Sachverhalte motiviert?
2. Was sind die Schritte und Stufen des *Nachdenkens über die* Sprache, hier: der ausdrücklichen Darstellung grammatischer Sachverhalte?
3. Was sind logisch gesehen Schritte und Stufen der Aneignung grammatischen Wissens?
4. Was sind empirisch gesehen Schritte und Stufen der Aneignung grammatischen Wissens?
5. Was sind Situationen der Anwendung des angeeigneten grammatischen Wissens?

Ich skizziere in groben Zügen *meine* Antworten:

Erstens: Die Struktur der Situation, die ein *Nachdenken über Sprache*, etwa über grammatische Sachverhalte, auslöst, hat Friedrich Schleiermacher in der ersten Hälfte des vergangenen Jahrhunderts bereits prägnant beschrieben; es ist die Situation, in der ich besser verstehen möchte, wie ich verstehe, was ich verstehe:

„Ich ergreife mich des öfteren auf hermeneutischen Operationen – dann nämlich, wenn ich mit dem gewöhnlichen Grade des Verstehens nicht zu Rande komme." So, fast wörtlich, Fr. Schleiermacher um 1838, über die „Hermeneutik" als die Kunst des Verstehens (des Verstehens).[18]

Was tu ich dann?

Ich stelle ausdrücklich dar, was der Sprecher hätte sagen können, wenn er das für mich Gemeinte in meiner Sprache nochmals ausdrücklich hätte verständlich machen wollen.

Und wie gehe ich dabei vor?

Ich stelle eine intentional äquivalente ausdrücklichere Form her – und vergleiche sie mit der ursprünglichen.

Zweitens: Genau an diesem Punkt setzt dann das Nachdenken über grammatische Sachverhalte im engeren Sinne ein: ich sollte mir ja darüber klar werden, welche Gleichsetzungen begründet sind – und eben deswegen muß ich mir ein klareres Bild von den grammatischen Sachverhalten machen.

Wie mache ich das? Ich stelle verschiedene strukturähnliche (schrift-) sprachliche Ausdrucksformen zusammen und vergleiche sie miteinander in logisch-grammatischer Hinsicht.

Dabei werde ich auf strukturelle Gemeinsamkeiten verschiedener sprachlicher Ausdrucksformen aufmerksam; ich lerne, sie bestimmten *Kriterien* folgend *kategorial* zu unterscheiden.

Die getroffenen Unterscheidungen kennzeichne ich begrifflich, und ich fixiere sie gewissermaßen *terminologisch.*

Drittens: Damit habe ich mich in mehreren Schritten auf verschiedenen Stufen des *Nachdenkens über die Sprache,* über grammatische Sachverhalte bewegt: von einer ersten reflexiven Orientierung zu elementaren *hermeneutischen Operationen,* von da aus zu einer paradigmatischen Analyse der grammatischen Sachverhalte, zur Entdeckung der ihnen zu Grunde liegenden *grammatischen Kategorien* und zu ihrer *begrifflichen Bestimmung* und *terminologischen Fixierung.*

Viertens: Zweifellos kann man dieses Bild eines mehrschrittigen, mehrstufigen Weges als ein logisches Modell der Genese grammatischer Kompetenz ansehen, auch wenn die tatsächliche Entwicklung grammatischen Sachverstands in vielen Fällen ganz anders verlaufen (sein) wird. Es ist jedenfalls ein Modell, das deutlich macht, daß es so etwas wie eine Entwicklung vom elementaren zum höherstufigen grammatischen Denken geben wird: *terminologische Fixierungen* hätten danach *ohne* eine Basis in *grammatischen Operationen* jedenfalls keinen Erkenntniswert; *grammatische Operationen* ohne Bezug zu *paradigmatischen Analysen* ebensowenig. Und eine Beschäftigung mit grammatischen Sachverhalten ohne ein *hermeneutisches Interesse* (ohne Schleiermachers Ambition) wäre letzten Endes sinnlos.[19]

Fünftens: Es gibt gute Gründe, ein solches Modell der Genese grammatischen Wissens, was die *Aneignung und* die *Anwendung* grammatischen Wissens angeht, auch didaktisch zu wenden. Zum einen kann es nützlich sein, wenn wir den Fehler vermeiden wollen, komplexere grammatische Kompetenzen stillschweigend vorausssetzen, während wir weniger komplexe zu vermitteln versuchen. Zum anderen kann es nützlich sein, wenn wir die Situationen zu erkennen versuchen, die bei Kindern ein Nachdenken über die Sprache erst auslösen. Der Gebrauch grammatischen Wissens ist nämlich durch alle möglichen *Schleiermacher-Situationen* motiviert; die Aneignung grammatischen Wissens nicht weniger. Wann immer Kinder verstehen können sollten, wie sie verstehen, was sie verstehen, ist *Grammatik* ein Meilenstein auf dem Weg zur Erkenntnis – ein angemessenes Verständnis *grammatischer Sachverhalte* seitens der Lehrenden vorausgesetzt.

Sechstens: Wie Kinder grammatische Kompetenz, also die Fähigkeit zur *Explikation* grammatischer Sachverhalte, erwerben, ist ein bis heute vernachlässigtes Forschungsproblem.[20] Nicht zuletzt auch deswegen, weil die grammatikdidaktische und grammatikwissenschaftliche Diskussion bestimmt ist von unterschiedlichsten, in der Sache teils weit auseinander liegenden Forschungs- und Theorietraditionen.[21] Wenn die einschlägige wissenschaftliche Forschung und Lehre keinen Anschluß gewinnt, an die aktuelle sprachtheoretische Forschung wird es weiterhin den *Situationsorientierten Grammatikunterricht,* die *Grammatik-Werkstatt,* den *Systematischen* und den unterschiedlichste Konzepte und Modelle irgendwie zusammenstückelnden *Integrativen Grammatikunterricht* geben.
    Als ob das die Alternativen wären…

5. Mit grammatischem Wissen arbeiten

Wann und wozu brauchen wir selbst grammatisches Wissen? Ich stelle eine Se-
minar-Skizze zur Diskussion – ein Beispiel für den Stellenwert grammatischer Untersuchungen bei der Interpretation von Texten, mit dem ich in grammatikdidaktischen Lehrveranstaltungen arbeite. Der Fall: der Text eines der (gelinde gesagt: abscheulichen) Lieder der so genannten *Neonazi-Szene* – ein *Aufruf zu Gewalt?*

   Die *Süddeutsche Zeitung* berichtet unter der Schlagzeile
„SCHRILLE TÖNE, DUMPFE PAROLEN" (SZ, 8. 12. 1992, S. 3):
am 8. Dezember über „Rechtsradikale Musik: Lieder von Rassenhaß, Vaterland und
Kameradschaft". In diesem Bericht wird der folgende Lied-Text der Skinhead-Band
Endsieg wiedergegeben:
Siehst du einen Türken in einer Straßenbahn,
schaut er dich irgendwie provozierend an,
dann stehst du einfach auf und haust ihm eine rein,
du ziehst dein Messer und stichst siebzehnmal hinein.

   Über so einen ekelhaften rassistischen Text erregen wir uns zu Recht. Aber begreifen wir auch, was unseren Ekel, unsere Abscheu auslöst? Ich denke, daß er
durchaus ein Fall für ,Sprache untersuchen' ist – nicht für Grundschulkinder sondern für uns selbst.

Das Problem: Was gibt der Text zu verstehen? Wie gibt er es zu verstehen?
   Drei Dinge fallen auf:
1. Die eigenartige Wenn-dann-Satz-Struktur;
2. der Gebrauch des Ausdrucks provozierend;
3. das Fehlen der (lokalen) Ergänzung in der letzten Zeile.

1. Der Wenn-dann-Satz-Zusammenhang ist auf den ersten Blick mehrdeutig:

Erste Lesart:
Wenn du einen Türken in einer Straßenbahn siehst falls
und wenn er dich irgendwie provozierend ansieht, nur dann, wenn
dann …

Zweite Lesart:
Wenn du einen Türken in einer Straßenbahn siehst, immer wenn
dann sieht er dich irgendwie provozierend an, immer dann
dann …

Problem: Was stimmt eher? Ich denke, daß die zweite Lesart nahegelegt wird: Wann
immer du einen Türken in einer Straßenbahn sieht, sieht der dich irgendwie provozierend an. Der Trick besteht gerade darin, daß sie nur nahegelegt wird.

2. Der Ausdruck provozierend wird unklar verwendet:

Dritte Lesart:
Wenn du einen Türken in einer Straßenbahn siehst,
dann sieht er dich irgendwie so an,
daß du dich provoziert fühlst,
dann …

Problem: Wer hat hier den Eindruck, irgendwie so angesehen zu werden, daß er sich provoziert fühlt? Wessen Wahrnehmung ist es, und wessen Wahrnehmungsmuster sind es, die den genannten Eindruck auslösen? Ich denke, es sind die Wahrnehmungsweisen und Wahrnehmungsmuster der Person selbst. Nahegelegt wird aber, das Gefühl werde von der anderen Person irgendwie ausgelöst:

Wenn du einen Türken in einer Straßenbahn siehst,
du wirst wahrnehmen, daß der dich irgendwie so ansieht,
daß du dich provoziert fühlst,
dann …

Vierte Lesart:
* Wenn du einen Türken in einer Straßenbahn siehst,
dann sagt und tut der Dinge, daß du dich fragst, was er von dir will. Und wenn du ihn fragst, was das soll, dann sagt er: Mir paßt deine Nase einfach nicht.

Diese Lesart erscheint mir hier ausgeschlossen.

3. Das Fehlen der räumlichen Ergänzung in der letzten Zeile ist nicht zufällig:

Fünfte Lesart:
…, du ziehst dein Messer und stichst siebzehnmal … hinein.
…* in seinen Körper …

Problem: Wieso fehlt diese (oder eine sinnähnliche) Ergänzung? Ich denke, daß sie fehlt, weil es schwer fiele, sagen (und denken) zu müssen, daß es der Leib eines Menschen ist, in den man dann hineinsticht. Das Verschweigen des Ausdrucks erleichtert es zu ignorieren, daß man es mit einem anderen Menschen zu tun hat…

Stelle ich diese Skizze zur Diskussion, dann mache ich etwa die folgenden Beobachtungen: Die Studierenden tendieren zunächst zu wertenden Kommentierungen, ohne ausdrücklich darstellen und begründen zu können, wie sie dabei auf den Text Bezug zu nehmen versuchen. Erst nach und nach gelingt es ihnen mehr oder weniger, die durchaus komplexe Struktur des Gefüges von Aussagen, Annahmen und Wertungen explizit zu machen, das der Text für sie darstellt. Manche begreifen dabei, daß die Kunst *zwischen den Zeilen zu lesen* die Fähigkeit einschließt, die logisch-grammatischen Sachverhalte des Textes beschreiben zu können. (Manche fangen, habe ich den Eindruck, in so einer Situation nachgerade erst

an, über den Unterschied zwischen Kausalsätzen und Temporalsätzen nachzudenken…) Viele zeigen ein Interesse daran, sich ein Bild von den grammatischen
Verhältnissen zu machen, und studieren die übersichtlichen Darstellungen der *wenn-
dann*-Sätze und der *weil*-Sätze in der DUDEN-Grammatik und der Eisenbergschen
Grammatik.

Eben hier könnte ein durchdachter Grammatikunterricht der Sekundarstufe II
ansetzen: als Versuch einer kritischen Rekonstruktion üblicher Darstellungen grammatischer Sachverhalte. Aber ich habe nicht den Eindruck, daß so etwas des öfteren geschieht: *Grammatik* scheint nach wie vor als ein analysetechnisches Projekt mißverstanden zu werden, das in der Sekundarstufe I spätestens abgeschlossen
sein sollte. Der Grammatikunterricht hat den Anschluß an die aktuellen Sprach-
(und Schrift-)theorie noch nicht gefunden…

Anmerkungen

[1] So in der später so genannten *Einleitung in das Kawi-Werk* … Vergl. Borsche 1990. Trabant 1998. – Zum
heutigen Verständnis von *Polarität von Handlung und Struktur* in der Sprache siehe: Schneider 1992.
[2] Der in der Tradition der Morrisschen Auslegung des Peirceschen Zeichenmodells in und seit den dreißi-
ger Jahren Mode gewordene und in der Grammatikforschung wie der Grammatikdidaktik nach wie vor
kultivierte Syntaktizismus *(syntax at first!)* wird kritisch erörtert von Schneider (1997) und von Scherer
(1994): Worauf wir primär Bezug nehmen, wenn wir über sprachliche Ausdrücke sprechen, sind – so Schneider in seiner frühen Studie – bedeutungsvolle, gegliederte sprachliche Äußerungen in Situationen …
[3] Vergl. Tugendhat, E. / Wolf, U. 1983.
[4] Wie können wir überhaupt übers Sprechen und Denken denken und sprechen? Der gegenwärtig außerordentlich einflußreiche amerikanische Sprachtheoretiker Donald Davidson antwortet interpretations-
theoretisch: Wir spiegeln die Dinge der *äußeren* Welt, der *Innenwelt* und der *sozialen* Welt weder mit den
Sinnen, noch mit der Sprache, sondern wir geben ihnen damit eine Gestalt, eine Form. Und das gilt auch
für die symbolischen, die sprachlichen Dinge … Siehe Davidson 1991 / 1993, Davidson 1997.
[5] Brandom 1994 / 1998; siehe 3.2.
[6] Solche begrifflichen Mystifikationen hat bereits G. Ryle (1949) als abbildtheoretische Fiktionen pointiert
kritisiert: Aus Nominalisierungen von Adjektiven folgt nicht, daß Adjektive Eigenschaften abbilden …
[7] Das naturalistische Mißverständnis der Verdinglichung grammatischer Sachverhalte stilisiert P. Klotz
nachgerade zu einem The-Two-Cultures-Problem, wenn er feststellen zu müssen meint, daß sich ein „moderner systematischer Grammatikunterricht" „eine Lernsituation" schaffen müsse, „die tatsächlich ein
fast naturwissenschaftliches Untersuchen von und Experimentieren mit Sprache möglich machte" – so
ein Unterricht aber mangels „Offenheit für naturwissenschaftliche Verfahren" leider kaum realisierbar
sei… (Klotz 1996; 111) Meines Erachtens ein impliziter Szientismus, den Stekeler-Weithofer (Stekeler-Weithofer 1987) zu Recht kritisiert.
[8] Eine Kritik der DUDEN-Grammatik: Switalla 1987.
[9] Das folgende ist nichts weiter als eine Skizze meines ersten Verständnisses der hochkomplexen sprachtheoretischen Argumentation Brandoms. – Das Buch erscheint laut Verlagsankündigung übrigens in diesem Frühjahr auch in deutscher Sprache.
[10] Brandom 1998; 337.
[11] Wenn Hans Glinz immer wieder darauf bestand, daß Ersatzproben, Umformungsproben, Ergän-
zungsproben, Weglaßproben usf. *sinngebunden* Sinn machen, dann hatte er, wie viele Grammatiker nach
ihm, genau dieses diskursive Postulat im Blick: die *grammatischen Operationen* haben logisch-grammatische Äquivalenzbedingungen zu erfüllen.
[12] Brandom 1998; 426.
[13] Das zeigen übrigens auch neuere Grammatiken des Deutschen nachgerade exemplarisch: je komplexer die grammatischen Sachverhalte, desto kontextualisierter deren Beschreibungen …
[14] Meine Antwort ist, selbstverständlich – sonst hätte ich diesen Text nicht geschrieben, zunächst die grammatikdidaktische Perspektive zu wechseln. Denn sicher hatte Rudolf Arnheim recht, wenn er feststellte,
daß man „nur sieht, was man weiß" …
[15] Ein einschlägiges Unterrichtsbeispiel ist erörtert in Switalla 1993.
[16] Die Schrift ist so etwas wie ein „zweites", das literale Sprachsystem (Stetter 1997): „Wort und Satz werden (…) im jahrtausendelangen Gebrauch der Alphabetschrift als formale Kategorien des Textes allmählich
ausgeprägt." Stetter 1997; 65) Es gibt also „einen intrinsischen Zusammenhang von Alphabetschrift und
Grammatik" (Stetter 1997; 273)….
[17] Es sind, so Clark 1997, die künstlich geschaffenen Zeichen-, Symbol- und Mediensysteme, mit deren
Hilfe wir unser Denken *externalisieren* und unsere Bewußtseinsspielräume erweitern können,.
[18] Schleiermacher, F. A.: Einleitung in die Hermeneutik und Kritik. (1977)

[19] Eine Modellskizze der logischen Genese von Schritten und Stufen der Aneignung grammatischen Wissens habe ich skizziert in der Zeitschrift *Grundschule* (Switalla 1988).
[20] Wenn grammatikdidaktische Forschung es bei einer Kommentierung der diskursiven und konzeptuellen Verhältnisse des Grammatikunterrichts beläßt, die noch dazu weitere Fiktionen hinsichtlich des erkenntnistheoretischen Status grammatischer Operationen generiert (Boettcher 1999; besonders 228 ff.), dann kann ich das kaum für einen entscheidenden Schritt zu einer kritischen Empirie halten. Vergl. demgegenüber den perspektivenerweiternden Beitrag von Bremerich-Vos 1999.
[21] So auch Strecker 1995.

Literatur
Baurmann, Jürgen/Menzel, Wolfgang: Satzglieder. In: Menzel, W. (Hg.): Grammatik: Praxis und Hintergründe. Sonderheft Praxis Deutsch. Seelze 1995; 78–84.
Boettcher, Wolfgang/Sitta, Horst: Der andere Grammatikunterricht. München/Wien/Baltimore 1982.
Boettcher, Wolfgang: Grammatikunterricht in Schule und Lehrerbildung. In: Der Deutschunterricht, 5/1994; 8–31.
Boettcher, Wolfgang: Der Kampf mit dem Präpositionalobjekt. In: Bremerich-Vos 1999; 193–252.
Borsche, Tilmann: Wilhelm von Humboldt. München 1990.
Brandom, Robert B.: Making It Explicit. Reasoning, Representing, and Discursive Commitment. Cambridge 1994/1998.
Brandom, Robert B: Von der Begriffsanalyse zu einer systematischen Metaphysik. In: Deutsche Zeitschrift für Philosophie 47/1999; 1005–1020. (Ein Interview mit Susanna Schellenberg, Frankfurt am Main.)
Bremerich-Vos, Albert (Hg.): Zur Praxis des Grammatikunterrichts. Mit Materialien für Lehrer und Schüler. Freiburg 1999.
Bremerich-Vos, Albert: Zum Grammatikunterricht in der Grundschule: wie gehabt, gar nicht, anders? In: Bremerich-Vos 1999; 13–80.
Clark, Andy: Being There. Putting Brain, Body, and World Together Again. Cambridge (Mass.) 1997.
Davidson, Donald: Subjektiv, Intersubjektiv, Objektiv. In: Merkur 11/1991; 999–1014. (Wieder abgedruckt in: Davidson, D./Fulda, H.-F.: Dialektik und Dialog. Frankfurt am Main 1993.)
Davidson, Donald: Seeing through Language. In: Preston, J.: Thought and Language. Cambridge 1997.
Eisenberg, Peter: Grundriss der deutschen Grammatik. Band 2: Der Satz. Stuttgart/Weimar 1999.
Eisenberg, Peter/Menzel, Wolfgang: Die Grammatikwerkstatt. In: Praxis Deutsch 1/1995.
Glinz, Hans: Wieviel Grammatik für die Grundschulkinder – und wieviel für die Lehrenden? In: Grundschule 1/1992.
Klotz, Peter: Grammatische Wege zur Textkompetenz. Theorie und Empirie. Tübingen 1996.
Menzel, Wolfgang: Grammatikwerkstatt. Theorie und Praxis eines prozessorientierten Grammatikunterrichts für die Primar- und Sekundarstufe. Seelze-Velber 1999.
Ryle, Gilbert: Der Begriff des Geistes. Stuttgart 1969. (Original 1949)
Scherer, Bernd M.: Prolegomena zu einer einheitlichen Zeichentheorie. Ch. Peirces einbettung der semiotik in die Pragmatik. Tübingen 1984.
Schneider, Hans J.: Pragmatik als Basis von Semantik und Syntax. Frankfurt am Main 1974.
Schneider, Hans J.: Phantasie und Kalkül. Über die Polarität von Handlung und Struktur in der Sprache. Frankfurt am Main 1992.
Strecker, Bruno: Sprachliches Handeln und grammatisches Wissen. In: Der Deutschunterricht IV/1995; 14–22.
Stekeler-Weithofer, Pirmin: Handlung, Sprache und Bewusstsein. Zum ‚Szientismus' in Sprach- und Erkenntnistheorien. In: Dialectica 4/1994; 255–300.
Stetter, Christian: Schrift und Sprache. Frankfurt am Main 1997.
Switalla, Bernd: Die DUDEN-Grammatik von 1984 – Ein Modell der grammatischen Interpretation? In: SuL 59/1987; 35–59.
Switalla, Bernd: Schritte und Stufen der Bildung und Anwendung grammatischen Wissens. In: Praxis Grundschule 3/1988; 2–3.
Switalla, Bernd (Hg.): Grammatik in der Grundschule. Zeitschrift Grundschule 6/1988.
Switalla, Bernd: Ein Fall von Grammatik – ein Fall für Grammatik. In: Grundschule 1988.
Switalla, Bernd: Die Sprache als kognitives Medium des Lernens. In: Eisenberg, P./Klotz, P. (Hg.): Sprachwissen erwerben. Stuttgart 1993; 35–61.
Trabant, Jürgen: Artikulationen. Historische Anthropologie der Sprache. Fankfurt am Main 1998.
Tugendhat, Ernst/Wolf, Ursula: Logisch-semantische Propädeutik. Stuttgart 1983.

Jakob Ossner

Die nächsten Aufgaben lösen, ohne „kleine Brötchen zu backen"[1]

Anmerkungen zu Bernd Switalla: Grammatik-Notizen

Die kürzeste Verbindung zwischen zwei Punkten ist der Umweg.
Chinesisches Sprichwort

Es gibt Fragen wie diese:

„Warum sollen Schüler/innen den Unterschied zwischen einem Präpositional-objekt und einer adverbialen Bestimmung kennen?"

„Was hilft es, wenn Schüler/innen eine Begründung dafür geben können, ob *futsch* als Adjektiv, wenn auch als defektives, zu klassifizieren ist?"

„Versteht man das *Kommunistische Manifest* besser, wenn einem die besondere Satzgliedstellung (und wäre es sehr abwegig gewesen, wenn man *Wortstellung* gesagt hätte) des ersten Satzes auffällt, oder wenn man mit Judith Macheiner den Schluss zieht, dass Kafka in *Vor dem Gesetz* genau die richtige Satzgliedstellung gewählt habe?"

Es gibt Fragen, auf die man besser keine Antworten gibt, weil diese wieder Fragen aufwerfen, die zu Ufern führen, an denen man nicht landen möchte.

Trotzdem durchziehen die Diskussion um den Grammatikunterricht solche Fragen. In der Folge gerät der Grammatikunterricht genau in jenes Abseits, in dem er sich gegenwärtig befindet. Fragen solcher Art durchziehen andere Disziplinen nicht. Man fragt – zurecht! – nicht, was einem die Unterschiede zwischen verschiedenen Gesteinsarten für das Leben bringt, oder nach der lebenspraktischen Nützlichkeit der Infinitesimalrechnung.

Die Rettungsversuche für den Grammatikunterricht sind vielfältig. Allein 1998 und 1999 haben Klotz/Peyer (1999) als Herausgeber uns die Abgründe der *Grammatikbiographien* von Studierenden vor Augen geführt, um nach den *Irrwegen* Wege zu zeigen; hat Bremerich-Vos (1999) ebenfalls als Herausgeber nicht nur die wenig überzeugende *Praxis des Grammatikunterricht* vorgeführt, sondern selbst die 1993 angekündigten kleineren Brötchen gebacken – vornehmlich für die höheren Klassen; hat Giese (1998) dagegen den Grammatikunterricht von Anfang an gefordert. Und schließlich hat Menzel nach Eisenberg/Menzel (1994) dem pädagogischen Zeitgeist Tribut zollend eine *Grammatikwerkstatt (Lernwerkstatt, Schreibwerkstatt …)* vorgeführt; Ingendahl (1999: 7 f.) diese eine der übelsten Schandtaten der Didaktik überhaupt bezeichnet und statt Handwerkelei Reflexion eingefordert – und Switalla bezeichnet sie nun als substanzlos. Immerhin es wird diskutiert, der Patient lebt – noch!

Was an der Grammatikwerkstatt auffällt, ist ihre Hemdsärmeligkeit. Die eigene Muttersprache wird als Sachgegenstand wie jeder andere auch behandelt, das erledigt alle bohrenden Fragen nach der Legitimation des schulischen Curriculums. An die Stelle der Zieldebatte wird das Selbstbewusstsein des Deutschlehrers als Grammatiker gesetzt. Das ist unter Motivationsgesichtspunkten sicherlich raffiniert, kann aber nicht überzeugen. Switalla fordert nun wieder eine „hermeneutische", „grammatisch-logische", „interaktional-intentionale" Begründung ein. Vielleicht (Switalla bedient sich gern dieses Adverbs – oder hätte es auch gereicht, wenn ich nur Wortes geheißen hätte?) könnte man auch sagen, er suche nach einer natürlichen, auf sprachlicher Interaktion basierenden, die logisch-grammatische Form rekonstruierenden Begründung, die auf hermeneutischen Problemstellungen („Wann verstehe ich, wie ich verstehe, was ich verstehe?) aufbaut, wobei er sich gegen das „naturalistische Missverständnis der Verdinglichung" wendet.

Sein konkreter Vorschlag (denn am Schluss hätte es ein Didaktiker immer gern konkret) ist nicht neu und wurde bereits 1988 publiziert; neu ist seine Begründung auf der Basis des Brandonschen Sprachphilosophie. Der Vorschlag besteht im Wesentlichen darin, „Stufen zur Ausbildung eines grammatischen Begriffs" anzugeben. Die Denkfigur geht davon aus, dass anlässlich … grammatisch reflektiert wird. Dabei beschreibt Switalla allerdings nicht die pädagogisch-motivationale Schwierigkeit, die damit verbunden ist. Es liegt näher anlässlich eines Bildes von Toni Schuhmacher – so sein Beispiel 1988 – über den deutschen Fußball, den 1. FC Köln oder Jungenträume zu sprechen, als auf Adjektive zu kommen. Rassismus hat ohne Zweifel auch eine sprachliche Komponente, in erster Linie aber ist er ein gesellschaftliches Problem. Der Ekel, von dem Switalla spricht, ist nicht über temporale oder konditionale Wenns, sondern in dem menschenverachtenden Inhalt begründet, der sich diesseits der grammatischen Reflexion eröffnet. Switalla thematisiert somit einen wesentlichen Punkt nicht: Wie kann der Blick von den Inhalten auf den Ausdruck selbst umgelenkt werden. Diese notwendige Neufokussierung der Aufmerksamkeit ist alles andere als selbstverständlich und diesen Punkt nicht zu thematisieren mag dem unterlaufen, der von der sprachlichen Reflexion lebt, – einem Linguisten eben.

Bei der Diskussion dieses Problems hat der situative Grammatikunterricht den Begriff der „grammatikträchtigen Situation" eingeführt, aber man erkennt bald, dass alles Reden grammatikträchtig ist. In expliziter Abkehr vom situativen Paradigma verneinen Eisenberg/Menzel das Problem überhaupt und stellen sich auf den Standpunkt, dass Grammatikunterricht zu behandeln sei wie jeder andere Unterricht auch. Aber dieses führt in der Tat in die naturalistische Falle, die Switalla aufzeigt. Die Grammatikwerkstatt bringt nicht Sprachmeister hervor, sondern bestenfalls Schüler, die klug über sprachliche Verfahren reden können.

Anders gesagt: Man sollte bei allen grammatikdidaktischen Konzepten vorsichtig sein, die ganz ohne die Begriffe *Sprachthematisierung, Sprachsensibilität, Sprachbewusstheit* auskommen.

Zu den wirklichen Zielen des Grammatikunterrichts gehört, dass Schüler/innen
- Sprache zum Thema des Nachdenkens machen können. Häufig stellt sich hier die Frage: Wie ist das gemacht? *Der Paukenschlag des Kommunistischen Manifestes, das Unfassliche hinter der Menschenverachtung ...* usw.;
- Sprachliche Nuancen, also auch sprachliche Vielfalt erspüren und einsetzen können;
- Auskunft geben zu können, warum man so und nicht so formuliert hat, also die Folgen des Gesagten und Geschriebenen als Wirkung des Gesagten einschätzen können.

Es geht mir im Folgenden um die Frage, was Operationen in diesem Zusammenhang leisten können. Switalla wendet sich ja nicht gegen die grammatischen Operationen, sondern gegen ihre naiv-naturalistische Ingebrauchnahme. Aber bei der Erörterung der Frage, was wir tun, wenn wir sie anwenden, vergisst er zu sagen, was ihr didaktischer Nährwert bezogen auf die grundlegenden Ziele sein kann.

Beginnen wir mit der prominentesten aller Proben, der Verschiebeprobe. Bekanntlich glaubt die Schulgrammatik in der Verschiebeprobe ein Art Zaubermittel zur Bestimmung der Satzglieder gefunden zu haben. In der Duden-Grammatik wird diese Probe so eingeführt: „Bei der Verschiebeprobe handelt es sich um die kontrollierte Veränderung der Abfolge einzelner Wörter und Wortgruppen im Satz. Dabei muss der Satz grammatisch korrekt bleiben, und die Information, die er enthält, darf nicht fassbar verändert werden; d. h., es dürfen durch die Verschiebung nur geringfügige Variationen der Information, Verlagerungen in der Gewichtung oder dergleichen, nicht aber wirkliche Veränderungen vorkommen ...Mit der Verschiebeprobe kann man zunächst nur feststellen, dass Unterschiede zwischen den Beispielen bestehen; welcher Art diese Unterschiede sind und wie sie zu erklären sind, müssen weitere Proben erweisen." (Duden-Grammatik, § 1055) Von Satzgliedern ist hier also nicht die Rede.

Beispiele, die über das in Schulbüchern Vorgeführte hinausführen:

i.   *Anna kommt allein.*
ii. *Allein Anna kommt.*
iii. *Anna allein kommt.*
iv. *Die Katze auf der Ofenbank schläft.*
v.   *Die Katze schläft auf der Ofenbank.*
vi. *Was für ein Mann war gestern da?*
vii. *Was war gestern für ein Mann da?*
viii. *Von Frankfurt hat er wenig gesehen.*
ix. *Wenig hat er von Frankfurt gesehen.*
x.   *Mein schnelles wie teures Auto steht die meiste Zeit in der Werkstatt.*
xi. *Mein Auto, schnell wie teuer, steht die meiste Zeit in der Werkstatt.*
xii. *Meine Schwester, diese Verrückte, hatte ihrem Hund ihren ganzen Besitz vermacht.*
xiii. *Meine Schwester hatte ihrem Hund ihren ganzen Besitz vermacht, diese Verrückte.*

Die Beispiele zeigen, dass die Verschiebeprobe nicht nur Satzglieder betrifft, sondern weit mehr und dass die Aussage, mit der Verschiebeprobe könne man sozusagen ohne weiteres Nachdenken über das, was Satzglieder seien, diese wie mit einer Art Lackmus-Test bestimmen, in die Irre führt. Vielmehr verweisen die Beispiele mit Nachdruck darauf, dass weitere Überlegungen nötig sind, um die Unterschiede – so fein sie im Einzelnen sein mögen – zwischen den Formulierungen zu erkennen. Man braucht schlicht eine satztopologische Vorstellung, die nicht nur den Satz in Felder gliedert (Beispiele i–v), sondern auch die einzelnen Satzglieder (vgl. Beispiele vi–xi) und man braucht eine Vorstellung der funktionalen Satzperspektive (Beispiele vi–xiii). Schließlich reicht aber auch das nicht aus, man muss mit Blick auf die Thema-Rhema-Abfolge Sätze vertexten, um zu Lösungen zu kommen.

xiv. *Weihnachten reisten wir per Schiff nach Island. Es war ein herrlicher Urlaub, und wir hatten außerordentliches Glück, dass wir zurück einen Flug gebucht hatten. Das Schiff ereilte auf der Heimfahrt ein Unglück.*
*Ein Unglück ereilte auf der Heimfahrt das Schiff.

Soweit besagt das Argument dreierlei:

a) Grammatische Proben sind komplexer als es die Schulgrammatik nahe legen möchte;

b) Grammatische Proben verweisen aufeinander und damit mitten in die Sprache hinein, sofern sie nicht wie ein Lackmus-Test verwandt werden;

c) Grammatische Proben verweisen auf Kontexte.

Hinzusetzen sollte man, was die Duden-Grammatik am Schluss aufführt:

d) „Die vorgeführten operationalen Verfahren sind Hilfsmittel, mit denen grammatische Einteilungen vorgenommen und nachvollzogen werden können. Dabei ist es wichtig zu wissen, dass sie nie automatisch auf „richtige Lösungen" führen. Sie setzen immer einen kompetenten Sprecher voraus, d. h. einen Sprecher, der die betreffende Sprache sicher beherrscht. Dieser Sprecher muss z. B. eine Umschreibungsmöglichkeit nachvollziehen und als angemessen oder nicht angemessen bestimmen können; dafür muss er das sprachliche Beispiel, um das es geht, verstanden haben. Nur so kann er entscheiden, ob z. B. eine bestimmte Umschreibungsmöglichkeit im konkreten Fall auch zutrifft. Vorausgesetzt ist also – pointiert formuliert – ein Sprecher, der schon können muss, was er wissen will". (Duden-Grammatik, § 1058)

Damit ist nun der didaktische Punkt zentriert:

Im didaktischen Prozess wird nicht gänzlich Neues geschaffen, sondern das Vorhandene genommen, ausgebaut und transformiert. Die Variation der Sätze setzt Sprachsensibilität voraus und fördert sie. Für denjenigen, für den all die vorhin genannten Satzvariationen mehr oder weniger gleichbedeutend sind, für den sind die Proben nicht anwendbar – und wenn er sie anwendet, dann führen sie zu keinen Ergebnissen.

Nun können wir mit guten Gründen, selbst dann, wenn wir keine angeborene Grammatik annehmen wollen, unterstellen, dass grundsätzlich ein großes Maß an Sprachsensibilität bei den Sprechern einer Sprache vorhanden ist. Es geht eher darum, diese zu wecken und zu fördern. Wie? Die Antwort wird sein: Dadurch, dass man die Sprache denaturalisiert, indem das Selbstverständliche und scheinbar Feststehende beweglich gemacht wird. Der erste Schritt wird sein, dass überhaupt Alternativen zu Äußerungen gefunden werden. Die wichtigste und grundlegendste aller Proben ist daher die Paraphrase vor ihrer „technischen" Form, der Umformungsprobe. Dabei werden am Anfang die lexikalischen und semantischen Paraphrasen einen größeren Platz einnehmen als die syntaktischen – aber gottseidank haben die Schüler/innen ja einen Unterricht, der nicht nur hinter Schüleräußerungen hinterhechelt, sondern sie auch auf dem Weg in die „Zone der nächsten Entwicklung" begleitet und geleitet.

Ist die Sprache einmal „beweglich" geworden, ist sie denaturalisiert, ist der Schritt der möglichen Sprachthematisierung erreicht und jener Grad an Sensibilität erreicht, der Sprachbewusstheit befördert. Man sollte sich das nicht als eine einfache Entwicklungsaufgabe vorstellen, sondern als eine sich immer wieder stellende Herausforderung. Inhalte werden immer wieder die sprachliche Form verdecken (dies darf man zum Beispiel bei „Endsieg" unterstellen[2]), Schüler/innen sollten aber in der Schule lernen dürfen, dass hinter den Inhalten das Medium der Schlüssel zur eigentlichen Botschaft („the medium is the message", M. McLuhan) sein kann.

Sprachthematisierung und Sprachsensibilisierung sind Aufgaben eines muttersprachlichen Unterrichts überhaupt, sogenannte „Grammatikstunden" haben eine vollständig andere Aufgabe (s. u.). Immer müssen Inhalte sprachlich gefasst werden und immer stellt sich die Frage, wie dies geschehen soll oder wie sprachlich Gefasstes zu verstehen ist. Nie gibt es nur eine sprachliche Lösung. Diese Aufgabe, die sich weder handlungs- und produktionsorientiert noch mit Feuereifer allein erledigen lässt, liegt gegenwärtig im Argen.[3]

Wo liegt hier die Hoffnung? Darin, dass eine einmal bewegliche Sprache die/den Sprecher/in nicht nur post festum zu alternativen Formulierungen bewegt, sondern schon beim Formulieren selbst. Dass die externalisierte Übung der Alternation zu einer internalisierten wird und schon vor bzw. beim Sprechen selbst geschieht.

Aber Sprechen folgt den Gesetzen der Situation und damit denen der stetig verrinnenden Zeit. Lernen kann man die gewünschte und erforderliche Haltung beim Schreiben, das „entschleunigt" den nötigen Reflexionsraum eröffnet. Schreiben schafft Gelegenheit, zwischen alternativen Formulierungen abzuwägen und zu entscheiden. Unter dieser Perspektive sind Schreibkonferenzen von unschätzbarem Wert, weil in ihnen Formulierungsarbeit externalisiert werden kann, so dass sie, einmal internalisiert, leitend für jedes bewusste Formulieren wird. (Die schon vollzogenen Revisionen im Kopf mögen dann viele auf dem Papier überflüssig machen.)

Schreiben unterstützt also wegen der Verlangsamung des Produktions- und Rezeptionsprozesses die metakommunikative Tätigkeit, das, was vorhin Sprachthematisierung genannt wurde, es treibt aber auch in besonderer Weise Sprachbetrachtung hervor. Switalla nennt die Schrift das „Medium der Darstellung der Sprache". Das ist noch eher zu kurz gegriffen. Die Schrift macht Sprache nicht nur gegenständlich und damit dem „analytisch zergliedernden Sinn" (Ong 1986, S. 74 f.) zugänglich, sondern erzeugt auch aus sich heraus Systeme, die wir, weil wir auf ihrer Basis nachvollziehbar argumentieren können, für die eigentlich sprachlichen halten und von deren Warte aus wir die mündlichen korrigieren.

Wenn die Wendung

(xv)   Das bleibt außen vor.

als Redewendung beinahe sprichwörtlichen Charakter hat, so bekommen wir bei der syntaktischen Beschreibung die größten Schwierigkeiten. Ein Verb vorbleiben ist lexikalisch nicht verzeichnet; *außen bleiben* ist gegenüber *draußen bleiben* nicht bekannt. Es bleibt uns nur – gegen jede Systematik – die ganze Wendung unikal zu nehmen. Ein jugendsprachliches

(xvi)   Ich habe voll das Bauchweh.

hat eine zweifache Auffälligkeit, lexikalisch wird *voll* als Steigerungspartikel genommen, syntaktisch besetzt es allerdings einen Platz, der irritierend ist.

Zu solchen Ansichten und Einsichten kommen wir, wenn wir grammatische Operationen durchführen, um den Ausdruck mit anderen vergleichbar zu machen. Die Unvergleichbarkeit führt zu Zuschreibungen wie *umgangssprachlich* oder *jugendsprachlich* im Gegensatz zu schriftsprachlich. Die Schriftsprache wird zur Normgeberin auf der Grundlage möglicher Konventionen. Dies kann sie, weil sie systematische Begründungen bereithält. Mündliche Sprache ist ihrem Wesen nach kontingent, schriftliche dagegen systematisch.

Was für die Syntax im Besonderen gilt, gilt auch für das Gewand der Schriftsprache, die Orthografie, in der unser Sprachwissen grafisch gespiegelt und vergegenständlicht ist (vgl. Ossner 1996b). Die Schriftsprache verfeinert sich nicht nur durch ihren Gebrauch, sondern auch durch die Beschäftigung mit ihr. Die Wendung, dass man *halt so sage,* verweist in der mündlichen Sprache auf die Gewohnheit und auch auf die Unbeweglichkeit, dagegen markiert in der Schriftsprache *so heißt das eben* die konventionelle Grenze, hinter der sich das Fragen verbietet.

Eisenberg/Voigt (1991) haben in „Grammatikfehler" in diesem Zusammenhang schöne Beispiele vorgelegt, etwa dieses: Nomina tendieren dazu, wenn sie als Maßeinheit gebraucht werden, im Singular zu stehen:

(xvii) 10 Fass Wein / 3 Mann stark / 10 Glas Bier / 3 Stück Zucker

(xviii)10 Mark/10 Dollar

Dies ist jedoch nicht der Fall, wenn das Nomen weiblich zweisilbig auf -e endet.

(xix)   10 Tonnen schwer / zwei Flaschen Bier / drei Tassen Tee / zwanzig Kronen

„Warum diese Beschränkung besteht, ist nicht bekannt. Wir können sie vorerst nur konstatieren" (Eisenberg/Voigt 1991, S. 12).

Die Grenze der systematisch möglichen Antworten ist erreicht; aber bis zu diesem Punkt wurden alle Fragen beantwortet, die zu beantworten sind. Zum Gegenstand der Untersuchung wurden die Maßeinheiten im Deutschen und ihr syntagmatisches Verhalten. Das Fragen hört erst dort auf, wo die konventionelle Grenze erreicht ist: „Wie erkenne ich, dass diese Farbe Rot ist? Eine Antwort wäre: Ich habe Deutsch gelernt." (Wittgenstein 1969, § 381)

Mit den letzten Betrachtungen haben wir die Sprachthematisierung im Sinne metakommunikativer Betrachtungen verlassen und sind bei einer extrakommunikativen, systematischen gelandet. Im Großen und Ganzen ist dies wohl der gewöhnliche Weg: Wer etwas genauer wissen möchte, welche Satzgliedstellung im Deutschen „normal" ist, welche Position *voll* in einem Satz einnehmen kann, wie Maßbezeichnungen im Deutschen gebraucht werden etc., muss die akzidentielle

Betrachtung zugunsten einer systematischen transzendieren. Solche Fokussierungen sind Inhalt von Grammatikstunden in einem ganz unspektakulären Sinne (dazu unten noch mehr).

Von der Schule erwarten wir u. a., dass die Kinder in die Lage gesetzt werden, sich der bereits gekonnten Tätigkeiten bewusst zu werden, um sie auf einer höheren Ebene zu beherrschen. Dazu ist, wie Wygotski (1971) und Karmiloff-Smith (1982) unisono verkünden, ein äußerer Anstoß vonnöten, zum Beispiel ein Unterricht in der Schule. Im Ergebnis entwickelt sich ein Begriff „in einem bestimmten System" (Wygotski 1971, S. 169); Wygotski spricht dann vom „wissenschaftlichen Begriff".[4]
Dabei ist Folgendes zu bedenken:
1. Es ist „unmöglich [...], einen Begriff direkt vom Lehrer auf den Schüler weiterzugeben" (Wygotski 1971, S. 172);
2. Begriffe entstehen vielmehr „im Prozess einer intellektuellen Operation" (ebd., S. 164);
3. von wissenschaftlichen Begriffen kann man erst dann reden, wenn sie in einem System „beweglich" geworden sind.

Es fällt an Switallas Ausführungen auf, dass er bei der Beschreibung dessen, was ein Grammatiker tut, nicht darauf hinweist, dass dessen Tätigkeiten in erster Linie systematisch ausgerichtet ist. In welchen syntaktischen Umgebungen steht das Adjektiv? Wie sind die Verhältnisse der Wortarten untereinander zu definieren? usw.

Dies ist aber noch mehr der Fehler der „Grammatikwerkstatt". Zwar bedient sich Menzel einer bekannten Metapher, wenn er vom „Bau der Sprache" spricht. Dies aber nur, um gegen das situative Konzept das, was in der Grammatikdidaktik *systematisch* heißt, wieder zu etablieren.[5] Der „Bau der Sprache" scheint aber wenig Konturen zu haben. Man weiß nicht, an welcher Stelle die zahlreichen Operationen ansetzen und wo sie aufhören sollen. Konkret: Kann, wie in dem Aufsatz ausgeführt, *immer* tatsächlich ins Vorfeld des Satzes bewegt werden und dort die Rolle einer Partikel spielen? Die Meinungen werden dabei sehr auseinandergehen, am Ende findet man sich in einem Lager wieder, das aber nicht Argumentation zusammenschweißt, sondern der feste Glaube, dass etwas möglich bzw. unmöglich sei. Am Ende stellt sich also nicht Systematik, sondern Beliebigkeit ein – Beliebigkeit aber ist eine didaktische Todsünde.

Die Grammatikwerkstatt, aber auch Switalla, lassen eine Frage aus, nämlich die nach einem sinnvollen muttersprachlichen Curriculum.

Was sollte man von einem solchen Curriculum erwarten? Es sollte
– an vorhandenes Wissen und vorhandene Strukturen anknüpfen. Dazu muss es die Anknüpfungspunkte für die Möglichkeit, Sprache mit Schülern zu thematisieren, aufzeigen; dabei sollten auch die Beziehungen zu anderen Arbeitsfeldern des Deutschunterrichts hergestellt werden;
– Schritt für Schritt ein grammatisches System herausbilden. Das bedeutet, dass die Inhalte einer Jahrgangsstufe aufgezeigt werden, wobei die Perspektive, das System der Sprache zu verstehen, erkennbar wird;
– operatives Problemlösungswissen vermitteln, indem das methodische Repertoire für sprachliche Entdeckungen als Problemlösungsverfahren bereitgestellt werden;

– die Problemlöseverfahren interiorisieren. Dazu muss vertieft und mit Nachdruck so geübt werden, dass Automatisierungen möglich werden (vgl. Ossner, i. E.). Im andern Fall werden die Schüler/innen immer nur zu Ad-hoc-Bemerkungen vordringen, die bei ihnen den Eindruck entstehen lassen, dass, wie in so manchen anderen Bereichen auch, offensichtlich irgendwie alles möglich ist.

Es kommt nicht von ungefähr und es ist für die gegenwärtige Diskussion vielleicht sogar charakteristisch, dass Switalla einmal von der Grundschule und dann wieder von der Sekundarstufe II redet. Das Kontinuum dazwischen bleibt in einem eigenartigen Dunkel.

Aber auch die Hinweise, die z. B. Switalla für die Grundschule gibt, sind – unter einem curricularen Gesichtspunkt – nicht radikal genug.

Bei aller Aufgeregtheit über situativen oder integrativen Grammatikunterricht wurde vergessen, dass die Lehrpläne nach wie vor ein grammatikdidaktisches Curriculum unterstellen, das – aufbauend auf den Wortarten – in der 2. Klasse mit den Substantiven beginnt und in der 7. mit den Konjunktionen endet (die Partikel spielen in der Schule keine Rolle). Dabei werden die Wortklassen als natürliche Klassen unterstellt, die Klassifikationsaufgabe wird nicht thematisiert, so dass am Schluss der Unterricht sich als Reparaturbetrieb des eigenen Ansatzes darstellt. Hat man eben noch gelernt, dass *wandern* ein Verb ist, so lernt man jetzt, dass es sich in *Das Wandern bereitete uns viel Spaß* zum Substantiv gewandelt hat. Die sieben „Schritte und Stufen zur Anwendung grammatischen Wissens" (1988), die Switalla vorschlägt, würden hier nichts ausrichten können. Überhaupt fällt auf, dass sich Switalla nahtlos mit seinem Vorschlag in das wortartorientierte Curriculum einreiht. Das wortartorientierte Curriculum erinnert stark an das Verfahren, wie früher (und sicherlich auch heute noch zumalen) die Buchstaben eingeführt wurden: einer nach dem andern, so dass das Schreiben von Wörtern, Sätzen und Texten erst möglich wurde, wenn ein genügender Vorrat erarbeitet war. Im Anfangsunterricht wurde mit viel Erfolg ein solches Vorgehen abgelöst durch eines, das auf die Selbsttätigkeit der Kinder setzt; an die Stelle der sukzessiven Einführung trat die Fokussierung; auf diese Art ist ein Lernen von unten – selbsttätiges Lernen der Kinder – und eines von oben – Fokussierung von Lerngegenständen – möglich. Das Curriculum ist nicht der von außen auferlegte Zwang, sondern der Hinweis, was vertieft bearbeitet werden sollte (zu einem entsprechenden Vorschlag bez. der Wortarten vgl. Ossner 1996a).

Die Zielperspektive eines solchen Curriculums kann nur eine sein: Herr (oder Frau) im Haus der Sprache zu werden. Die entscheidende Schülerantwort ist dann nicht klassifikatorischer Art: *Das ist ein … Adjektiv/Substantiv …, sondern: Welche andere Formulierung wäre auch möglich gewesen? Wie ist der Wert einer Formulierung einzuschätzen?* Auf diese Frage gibt es nicht nur eine situative Antwort, sondern ebenso eine sprachsystematische.

An dieser Stelle nun bekommt das Handwerkzeug, wie es in der Grammatikwerkstatt bereitliegt, seinen Sinn. Menzel vertraut zu sehr auf die Selbsterklärung seiner Werkzeuge, die aber, wie schon die Duden-Grammatik warnend erwähnt, nur in der Hand des Kundigen funktionieren (s. o.).

Die Brötchen, die gebacken werden sollen, sind also nicht klein. Schließlich geht es um nicht weniger als darum, Sprachkennerschaft („Einsicht in das Faszinosium Sprache", Klotz 1999, S. 185) auszubilden. Dazu gehört zweierlei. Die sinnvolle Thematisierung von Sprache auf der einen Seite, was aber immer akzidentiell bleiben wird, sowie das Fokussieren der sprachlichen Mittel, so dass sie in ihrem Zusammenhang begriffen werden können. Dazu ist ein Curriculum sinnvoll und hilfreich, das aber nicht der herkömmlichen Methode der undurchschaubaren Behandlung in Grammatikstunden folgt, sondern von Zusammenhängen ausgehend besondere Fokussierungen vornimmt. Konkret: Ausgehend von Klassifikationen, wie sie Zweit- und Drittklässler vornehmen können, werden in den verschiedenen Klassenstufen Satzmuster und Wortklassen fokussiert und in ein wachsendes und feiner werdendes Gesamtsystem hineingestellt. Ist in der 2. Klasse die Abteilung „Sonstige Wörter" noch groß, wird sie im Laufe der Zeit immer differenzierter. Welche Qualitätsanforderungen dabei zu stellen sind, hat erst Haueis (1998) bei seiner Betrachtung des sogenannten einfachen Satzes gezeigt. Das schulische Leben birgt genügend Gelegenheiten, was sprachlich thematisiert werden kann; das Curriculum, gäbe es ein vernünftiges, zeigte, welche sprachlichen Themen als jeweils nächste Aufgaben gelöst werden sollten. In der „Grammatikwerkstatt" lägen dazu grobe und feine Werkzeuge bereit, deren Einsatz zusammen mit der jeweiligen Beschäftigung mit Sprache immer besser gelänge.

Die Aufgabe ist nicht schwer beschreibbar; warum das Vorhaben so wenig funktioniert, ist eine andere Frage.

Es gibt, wie so oft im didaktische Prozess, keinen direkten Weg zur sprachlichen Kennerschaft; das Ziel aber ist außerordentlich lohnend, denn wenn Emanzipation als übergeordnetes Lernziel überhaupt einen Sinn hat, dann kann es hier verfolgt und in glücklichen Fällen erreicht werden.

Anmerkungen

[1] Vgl. Bremerich-Vos 1993.

[2] Anders als Switalla glaube ich aber nicht, dass der Text sprachlich so viel hergibt; vielmehr ist er sprachlich so schlecht wie er inhaltlich widerlich ist. Es hieße ihn geradezu aufwerten, wenn man drüber räsonierte, ob die 3. Zeile ein temporales oder konditionales dann enthält.

[3] Aber es gibt ermutigende Beispiele, etwa Heide Bambach 1998.

[4] Die Ausführungen von Ingendahl (1999, S. 43) in diesem Punkt sind mehr als dunkel. Wissenschaftliche Begriffe sind nicht nur abstrakte Begriffe, sondern Begriffe, die in Begriffssysteme eingebunden sind. Wygotski macht deutlich einen Unterschied zwischen Alltagsbegriffen und wissenschaftlichen Begriffen unabhängig von ihrem Abstraktheitsniveau.

[5] In der ganzen Diskussion wird m. E. zu wenig beachtet, wie klanglos sich Praxis Deutsch mit der Grammatikwerkstatt vom situativen Konzept, wie es Boettcher/Sitta 1979 ebenfalls in Praxis Deutsch verbreiteten, verabschiedet hat.

Literatur

Bambach, Heide (1998): Von Zuneigungen und Rettungen oder: Wie Kinder in ihren Geschichten leben und sie miteinander voranbringen. In: Spitta, Gudrun (Hg.): Freies Schreiben – eigene Wege gehen. Lengwil: Libelle, S. 98–132.

Boettcher, Wolfgang & Sitta, Horst (1979): Grammatik in Situationen. In: Praxis Deutsch 34.

Bremerich-Vos, Albert (Hg.) (1993): Handlungsfeld Deutschunterricht. Frankfurt: Diesterweg.

Bremerich-Vos, Albert (Hg.) (1998): Zur Praxis des Grammatikunterrichts. Freiburg: Fillibach.

Duden-Grammatik (1984): Grammatik der deutschen Gegenwartssprache. 4. Aufl. Mannheim: Dudenverlag.

Eisenberg, Peter & Menzel, Wolfgang (1994): Grammatik-Werkstatt. In: Praxis Deutsch 129.

Eisenberg, Peter & Voigt, G. (1991): Grammatikfehler? In: Praxis Deutsch 103.

Giese, Heinz (1998): Grammatikunterricht von Anfang an. In: Sprache thematisieren, hg. v. H. Giese & J. Ossner. Freiburg: Fillibach, S. 67–78.

Haueis, Eduard (1998): Wie einfach ist der einfache Satz? In: Didaktik Deutsch 4, S. 33–42.

Ingendahl, Werner (1999): Sprachreflexion statt Grammatik. Tübingen: Niemeyer.

Karmiloff-Smith, Annette (1992): Beyond Modularity. Cambridge: Erlbaum.

Klotz, Peter & Peyer, A. (1999): Wege und Irrwege sprachlich-grammatischer Sozialisation. Baltmannsweiler: Schneider.

Macheiner, Judith (1991): Das grammatische Varieté oder Die Kunst und das Vergnügen, deutsche Sätze zu bilden. Frankfurt: Eichborn.

Menzel, Wolfgang (1999): Grammatik-Werkstatt. Theorie und Praxis eines prozessorientierten Grammatikunterrichts für die Primar- und Sekundarstufe. Seelze: Friedrich.

Ong, Walter (1986): Oralität und Literalität. Opladen: Westdeutscher Verlag.

Ossner, Jakob (1996a): Der Schatz der Wörter. In: Grundschule 1, S. 23–27.

Ossner, Jakob (1996b): Silbifizierung und Orthographie des Deutschen. In: Linguistische Berichte 165, S. 369–400.

Ossner, Jakob (i. E.): Sprachwissen und Sprachbewusstsein. In: Akten des Germanistentages Lüneburg 1999, hg. v. B. Witte.

Switalla, Bernd (1988): Schritte und Stufen der Bildung und Anwendung grammatischen Wissens. In: Grundschule, Hft. 6, S. 2 ff.

Wittgenstein, Ludwig (1969): Philosophische Untersuchungen. In: L. W.: Schriften 1. Frankfurt: Suhrkamp.

Wygotski, Lew S. (1971): Sprache und Denken. Frankfurt: Fischer.

Wolfgang Menzel

Grammatik-Werkstatt

Die beiden Texte von Bernd Switalla unf Jakob Ossner sind mir zugesandt worden, damit sie zugleich mit einer Erwiderung von mir selbst veröffentlicht werden können. Das ist ein freundliches Entgegenkommen; denn beide Texte betreffen vor allem mein Modell von Grammatikunterricht. Doch es ist auch ein Unternehmen im letzten Augenblick; denn mir sind für eine Replik nur zwei Tage Arbeitszeit geblieben. Das muss ich vorweg sagen, damit deutlich wird, wie wenig ich Switalla und Ossner gerecht werden kann und dass ich nur an wenigen Stellen auf ihre Argumente eingehen kann.

Natürlich stelle ich mit einiger Befriedigung fest, dass meine Grammatik-Werkstatt so ausführlich diskutiert wird, auch wenn dies z. T. deswegen geschieht, weil man sie als unzulänglich, theoretisch schwach begründet oder „hemdsärmelig" bezeichnet (was übrigens mit meiner Metapher der „Werkstatt" vorzüglich korrespondiert!). Ich bedaure dabei nur, dass ich bisher noch keine Gelegenheit hatte, etwas so aufregend Praktisches auch bei Switalla und Ossner kritisieren zu können. Beide hatten den beneidenswerten Vorteil gegenüber mir, sich mit praktischen Vorschlägen von Grammatik für die Schule auseinandersetzen zu können, wie ich sie in meinen Modellen einer Grammatik-Werkstatt veröffentlicht habe und wie viele meiner Leser sie kennen. Ich dagegen habe den bedauernswerten Nachteil, mich mit theoretischen Einwänden gegen diese Modelle auseinandersetzen zu müssen. Wir debattieren also von verschiedenen Ebenen aus.

Doch scheint dies ja das Schicksal der Schulgrammatik selbst zu sein, dass man sich auf der Ebene der Theorie der Didaktik ausführlich mit den jeweils in der Schule praktizierten Modellen auseinandersetzt, ohne eigene Modelle zu entwickeln, mit denen man sich auch in einer Praxis-Debatte hätte beweisen können. Was ich seit meiner Dissertation über die Schulgrammatik von Hartmut von Hentig gelernt habe, ist, dass man in der Fachdidaktik mit seiner Kritik am Vorhandenen ein Modell des angestrebt Machbaren vorlegen muss, nicht nur, damit sich im Unterricht etwas ändert, sondern damit das, was auf Methode abzielt, auch als methodisiertes Konzept einer erneuten Kritik zugänglich ist – und evaluiert werden kann. Das habe ich damals am Beispiel des Passivs getan; und seither habe ich mich mit einem vorsichtigen Umbau einer Grammatik für die Schule befasst und ganz bescheiden etwas besser Machbares, wie ich glaube, auf diesem Gebiet modelliert. Natürlich habe ich dabei von den Grammatikern viel gelernt, vor allem von Hans Glinz, Harald Weinrich und Peter Eisenberg. Dass man jedoch die Ziele von Sprachreflexion für die Schule niemals allein von den sprachwissenschaftlichen Theorien herleiten kann, das hatte ich auch bereits von Hartmut von Hentig gelernt. Deswegen habe ich gegen eine Kritik an meinem Konzept, die der Sprachwissenschaft oder Sprachphilosophie entstammt (wie das vor allem bei Switalla der Fall ist) nicht die entsprechenden Argumente. Dort, wo der Kritik eine didaktische Theorie zu Grunde liegt (wie bei Ossner), müsste ich sie allerdings sehr ernst nehmen, wenn diese Theorie so weit in Methode ausformuliert wäre, dass für sie zumindest der Prototyp einer Schulgrammatik sichtbar würde. Doch da gibt es bisher nur gute Ansätze und treffliche Argumente, mit denen ein gebrauchsstüchtiges Fahrzeug wohl erst in der Zukunft den Unterrichtsverkehr mitbestimmen kann.

Es bleibt mir hier also nichts anderes übrig, als mich notdürftig dort zu verteidigen, wo ich mich methodisch im Recht sehe. Ein missliches Unternehmen! Für eine Theoriedebatte ist die Zeit entschieden zu kurz, vor allem dann, wenn man noch dazu immer wieder fragen muss, welche Konsequenzen sich wohl aus der Kritik Switallas und aus den Einzelbeispielen Ossners ergeben würden. Ohne solche Vorstellungen über Konsequenzen für die Praxis aber kann ich gar nicht debattieren. Also werde ich nur an einigen Beispielen, die Ihnen allen vertraut sind, zu demonstrieren versuchen, wie ich meine Modelle verstehe und die Einwände gegen sie zu verstehen glaube.

In vielen Auseinandersetzungen habe ich Grundsätzliches über meine Vorstellungen von Schulgrammatik deutlich zu machen versucht. Es geht dabei um die immer wieder gestellte Frage nach dem praktischen Wert von Grammatik. „Wozu ist Grammatik nutze?" Switalla stellt seine Fragen von 1–8 differenzierter, z. B. „4. Was haben wir von expliziten Darstellungen sprachlichen, insbesondere grammatischen Wissens?" (Im übrigen halte ich seinen Fragenkatalog für eine ausgezeichnete Grundlage für eine Theorie auch des Unterrichts! Doch wo sind die „überzeugenden Antworten"?) Nun, wir brauchten einen durch Umstellproben gewonnenen Satzgliedbegriff nicht, um im alltäglichen Geschäft des Schreibens durch Verschiebungen von Wörtern oder Wortfügungen Texte verbessern zu können. Die Kinder lernen wichtige sprachliche Einheiten an betonte Satzanfänge oder akzentuierte Satzschlüsse zu verschieben bzw. verstecken unwichtigere in das unauffälligere Satzmittelfeld, was zu kontextuell überzeugenderen und kommunikativ wirksameren Sätzen im Textzusammenhang führt, ohne dass sie dafür den Satzgliedbegriff brauchten. Funktionale syntaktische Proben ohne formale Begrifflichkeit also, – das ist möglich und führt ohne Zweifel zu besseren Texten. Das mache ich in meiner Grammatik-Werkstatt auch.

Ossner hat auch Recht, wenn er schreibt, dass „grammatische Proben … komplexer (sind), als es die Schulgrammatik nahe legen möchte". Wem es auf den Nutzen auf dem Gebiete der Stilistik oder des Alltagsschreibens ankommt, benötigt Grammatik als explizites Wissen wohl kaum. Doch so lange der Begriff des Satzgliedes zu den Standardbegriffen der Sprachwissenschaft und der Schulgrammatik und dessen Vermittlung zu den Standardforderungen von Richtlinien gehört, so lange muss der Didaktiker dazu beitragen, ihn so an Lernende zu vermitteln, dass sie dabei Spracherfahrungen machen und an den Prozessen der Ermittlung von Satzgliedern beteiligt werden. Das beschränkt sich in meiner Grammatik-Werkstatt durchaus nicht auf eine „Art Lakmus-Test" (Ossner), sondern stellt eine Vermittlung dar von Sprachexperimenten, Kategorisierungsarbeit, stilistischen Erprobungen und begründeten Textüberarbeitungen, und zwar vornehmlich an Texten von Kindern. Natürlich ist mir dabei bewusst, und es wird auch an meinen

Beispielsätzen den Lernenden bewusst gemacht, dass die Verschiebeprobe bereits einen Sprecher voraussetzt, der, wie Ossner zitiert, „schon können muss, was er wissen will", – oder doch nicht ganz so, sondern: der schon eine Menge davon können muss, was er nachher genauer weiß. Er muss z. B. wissen, dass die Umstellprobe nur unter der Experimentierregel funktioniert, dass der Sinn des ganzen Satzes sich dabei nicht verändern darf (wozu er sich in der deutschen Sprache auskennen muss). Ein solches Kennenlernen entwickelt sich bei manchen Kindern erst durch das Verschieben von Satzgliedern selbst. Natürlich „betrifft die Verschiebeprobe nicht nur Satzglieder" (auch Attribute können manchmal abgetrennt werden oder zu Adverbialen umgedeutet werden), doch allein deswegen ist es doch nicht falsch, dass wir mit ihr die Satzglieder ermitteln, denn sie betrifft sie, trotz der zitierten Beispiele I bis XIII von Ossner, doch auch und vor allem. Man muss ja nicht von solchen Beispielen ausgehen, sondern kann sie, wie ich es mit meinem Beispiel *Viele Kinder essen auf Partys am liebsten Bratwürtschen mit Ketchup* getan habe, später als Beispiel für stilistische Abtrennungen von Attributen anbieten: *Mit Ketchup essen viele Kinder auf Partys Bratwürstchen am liebsten* (fünf Satzglieder, trotz Abtrennbarkeit des Attributs – ohne Sinnveränderung). Gerade kein „Lakmus-Test" also, sondern Einbeziehung der „satztopologischen Vorstellung" und des möglichen Kontextes. Immer werden in meinen Modellen Umstellproben an Sätzen aus Texten durchgeführt. Wer mir einen Formalismus der Umstellprobe vorwirft, hat meine Modelle wohl doch nicht aufmerksam genug gelesen.

Menzel will auch „nicht glauben machen", wie Switalla mir vorwirft, dass die „Handhabung … grammatischer Paradigmata" keine „hohen abstraktiven Fähigkeiten" verlangt – und dass in seiner Grammatik-Werkstatt alles ganz und gar selbstständig entdeckt werden könne. Gerade dies gilt es zu entdecken: dass hinter den konkreten Äußerungen abstrakte Muster stehen. Es ist wohl methodisch kaum anders möglich, als dass ich durch Lückentexte und vorbereitete Sätze den Kindern auf ihrer Reise in die Sprache das Entdecken etwas erleichtere. Wer sich dem konkreten Unterricht tatsächlich stellt, wird das nicht anders können. Sicherlich sind nicht alle methodischen Beispiele geglückt. Doch hat Bernd Switalla probatere parat? Seine Modell-Skizze für ein Seminar ist ja wunderbar. Entsprechend arbeite ich auch an der Universität. Doch in der Grundschule oder im 5. und 6. Schuljahr? Seine Kritik gibt mir jedenfalls keinen Hinweis, wie anders ein Unterricht aussehen könnte. Ich würde mir gern von ihm auf die Sprünge helfen lassen!

Aber noch einmal zum Nutzwert der Grammatik! Ich nehme natürlich Folgendes nicht an: Wenn man weiß, dass der Gebrauch von *nach* und *zu* bei Richtungsangaben *(Ich fahre nach Hannover – Ich fahre zu meiner Mutter)* etwas mit dem Artikel / Pronomen vor den Nomen zu tun hat, würde auch schon der normative Gebrauch in der alltäglichen Sprache damit gewährleistet. Das ist nur durch Übung möglich. Es liegt mir aber sehr daran, dass die Kinder nicht nur erfahren, dass etwas an ihrer Sprache (wenn sie sagen *Ich fahre nach meiner Mutter)* nicht der Norm entspricht, sondern welche Regel hier herrscht. Das ist zunächst nichts anderes als Aufklärung, auf welche die womöglich Diskriminierten ein Recht haben. Wenn ich eine solche Regel dann auch noch entdecken lasse – oder bescheidener: die Kinder an ihrer Ermittlung teilhaben lasse, dann möchte ich einen Beitrag leisten zur Autonomie des Lernens und die Lernenden ein bisschen stolz darauf machen, dass sie etwas mit Hilfe von Beispielen selbstständig zu erkennen imstande sind. Das ist natürlich immer ein Entdecken mit Hilfen. Doch auch Switalla benötigt die Hilfe Humboldts (und noch dazu mit Hilfe von Tilman Borsche), und auch Ossners schönste Satzbeispiele sind nicht selbst entdeckt, sondern zitiert!

Ich habe mir immer wieder, getreu der pädagogischen Forderung „Rückführung in die Originalsituation" (Heinrich Roth), in meinen Modellen einen Menschen zum Vorbild genommen, der selbst die Sprache erforscht und eine Grammatik über sie schreibt. Dass ein solcher Wissenschaftler heute kein „Laborforscher (des mittleren 19. Jahrhunderts)" mehr ist, weiß ich – und er ist auch nicht mein Vorbild, wie Switalla mir vorwirft. Meine „Werkstatt" ist kein Labor, in dem lediglich experimentiert wird, ohne Perspektive auf sprachliche Veränderungen, sondern ein Ort, an dem die Erkundungen immer in Zusammenhang gestellt werden mit dem Gebrauch der Sprache, ob es nun das Schreiben von Texten, die Rechtschreibung oder, in der Sekundarstufe, die Textinterpretation ist. Das kann auch Bernd Switalla nicht ganz entgangen sein. Er zitiert meine Behauptung, „das grammatische Handeln sei ein auf *Beobachten* gestütztes und auf *Erklärungen* hin zielendes *experimentelles* Arbeiten am sprachlichen Material" und fragt, ob das stimme. Er selbst halte dies „für ein theoretisch voraussetzungs- und didaktisch folgenreiches Missverständnis.". Ich hätte gern aus seinem Text differenziert erfahren, was daran ganz und gar nicht stimmt. Humboldts *Totalität des jedesmaligen Sprechens* hat doch auch bei ihm selbst (so viel weiß ich immerhin) eine strukturelle Grundlage. Was macht der Grammatiker anderes, als dass er den „grammatischen Sachverhalt" durch den „paradigmatisch einschlägigen Beispielsatz … exemplifiziert"? Ausschnitthaft selbstverständlich. Vielleicht verstehe ich ja auch Switallas Argument nur nicht, das als Kritik an einer Grammatik gemeint ist, wie ich sie vertrete. In meiner Grammatik-Werkstatt wird exemplarisch gearbeitet, natürlich. Vom Sinn des Satzes in Situationen sehe ich zwar nicht ab, wie er es zu sehen glaubt, aber ich beziehe nicht an jeder Stelle alle möglichen Situationen ein, in der ein Satz vorkommt. Das ist ja doch zweierlei!

Was alle möglichen Grammatiker tun, weiß ich natürlich nicht. Dass sie Verschiedenes tun und auch mit unterschiedlichen Konzepten, ist mir klar. Doch die Grammatiken, die sie geschrieben haben, sind die Ergebnisse ihrer Systematisierungsbemühungen. Habe ich Switalla richtig verstanden, dass das falsch sein soll? Ist es auch falsch, dass Grammatiken von Menschen gemacht sind, wie ich die Kinder lehren möchte, die leicht zu der (vermittelten) Annahme neigen, es gebe die eine Grammatik in der Natur der einen Sprache? Wenn Bernd Switalla ein Konzept von Grammatik hat, das ausschließt, was ich bei anderen sehe, dann hätte ich es gern kennen gelernt. Womöglich eignet es sich als Anregung für eine Schulgrammatik besser als meines. Was ich jedoch in seinem Text lese, besteht mehr aus Fragen (und manchem Rätsel) als aus Antworten. Aber, wie gesagt, es fehlt mir die Zeit zu lesen, worauf er sich in seinen Zitaten beruft. Und so kann ich seinen Einwänden mit differenzierteren Argumenten nicht gerecht werden.

Ossners Kritik richtet sich gegen den Schulgrammatiker, wahrscheinlich besonders gegen den Methodiker Menzel. Vor allem wendet er sich gegen Eisenberg/Menzels „explizite Abkehr von situativen Paradigmata". Etwas weniger verklausuliert, dafür aber genauer hätte ich´s gern schon gelesen, wogegen ich sein soll: nicht gegen das situative Paradigma (denn in Situationen mündet meine Grammatik stets ein), sondern gegen die Unverbindlichkeiten und Verlegenheiten eines situationsorientierten Grammatikunterrichts, der halbherzig und en passant Grammatik lehrt und den Lernenden keinen Begriff von Grammatik vermittelt – und doch viele Begriffe, die für die Bewältigung sprachlicher Situationen gar nicht benötigt werden. Ich bin mir ganz sicher, dass Schülerinnen und Schüler, die in einem situationsorientierten Unterricht zum Beispiel ihre eigene Schulordnung überarbeiten wollen, Begriffe wie Passiv *(Die Stühle werden auf die Tische gestellt)*, Imperativ *(Stelle deinen Stuhl auf den Tisch!)*, Infinitivsatz mit sein *(Die Stühle sind auf die Tische zu stellen)* usw. nicht benötigen, um zu angemessenen Sätzen zu gelangen. Solche Begriffe würden einen situationsorientierten Unterricht auch nur auf Umwege führen. Hier wird Grammatik eingesetzt, um die irgendwie wohl noch vorhandene Annahme zu stützen, die Begriffe seien doch zu etwas nütze. Grammatik aber wird wirklich erst dann daraus, wenn (und das geht eben nur in einem systematisch orientierten Unterricht) die Formen und Funktionen von Aktiv-, Passiv- und Passiv-Alternativsätzen genau unter die Lupe genommen und deren unterschiedliche Wirkung erprobt werden. Dann benötigen wir auch die Begriffe. Vor allem aber gewinnt man aus einem solchen Unterricht das Potential für einen Transfer auf mögliche andere Sprachsituationen, da man aus ihm die Erfahrung gewinnt, was Passivsätze anderes bewirken können als Aktivsätze: Täterverschweigung, Gültigkeitsanspruch, Fokussierung des Vorgangs usw. Wenn eine Grammatik dergleichen ausspart, dann muss man tatsächlich, wie Ossner schreibt, „vorsichtig sein". Doch meine Grammatik-Werkstatt kommt ohne jene „Begriffe *Sprachthematisierung, Sprachsensibilität, Sprachbewusstheit*", die Ossner mit Recht anmahnt, ganz und gar nicht aus. Sie wären auch zitierbar gewesen, wenn die Aufmerksamkeit oder der gute Wille dazu vorhanden gewesen wäre.

In meiner Grammatik-Werkstatt wird Sprache *thematisiert,* indem z. B. über Inhalt und Form einer Geschichte nach Bildern gesprochen wird, die ein Kind geschrieben hat: Was steht drin? Wie wirkt es? Wie ist es gemacht? Wenn wir uns einen dieser Texte vornehmen, der im Präsens verfasst wurde, und in ihm experimentell jede einzelne Verbform ins Präteritum und Perfekt umformen und dann darüber sprechen, wie solche Umformungen wirken, dann *sensibilisiere* ich die Kinder für Sprache und mache ihnen Formen und Funktionen der Zeitformen *bewusst.* Und wenn die Kinder hernach in einem solchen Text, bewusster als vorher, jene Zeitformen verwenden sollen, die ihnen nach solchen Umformungsexperimenten am besten zu passen scheinen – und dann (natürlich nie alle Kinder) am Ende jenen Text am gelungensten finden, in dem die Zeitformen sich mischen (Präteritum, Perfekt, szenisches Präsens), dann waren sie durch eigenes Erproben daran beteiligt, etwas über die Funktionen der Tempora in einem Text zu ermitteln. *Sprachthematisierung, Sprachsensibilität, Sprachbewusstheit* also.

Ich bedaure sehr, dass ich auf einige weitere Vorwürfe, wie z. B. den der „didaktischen Beliebigkeit" (Ossner), der mich sehr treffen würde, wenn er gerechtfertigt wäre, nicht mehr eingehen kann. Wichtiger sind mir aber einige Bemerkungen zum Aufbau einer Schulgrammatik. Jakob Ossner fordert zu Recht ein Curriculum und er beschreibt auch, was man davon erwarten sollte. In der Tat habe ich in den Zeitschriftenveröffentlichungen und in der „Grammatik-Werkstatt" einen folgerichtigen Aufbau des Unterrichts von der Grundschule bis zur Sekundarstufe II nicht zu erkennen gegeben. Hier ging es um Beispiele der Arbeit an einzelnen grammatischen Kategorien. Deutlich erkennbar ist ein solches Curriculum aber in den Sprachbüchern für die Grundschule („Pusteblume" – Schroedel Verlag) und die Sekundarstufe I („Praxis Sprache" – Westermann Verlag), die ich herausgegeben habe.

Nun ist es zwar ein anerkennenswertes Bemühen, die Grundsätze für ein solches Curriculum auszuformulieren und zu begründen (was man an Ossners Beitrag würdigen muss); aber es ist noch etwas ganz anderes, auf ihnen das Curriculum selbst aufzubauen (was er in seinem Text auch nicht andeutungsweise riskiert), und es gar erst in aufwendiger bildungspolitischer Mitarbeit in Lehrplan- und Richtlinienkommissionen durchzusetzen (wovon ich zumindest nicht gehört habe, dass er es erfolgreich getan hätte) oder zumindest durch konkrete Sprachbucharbeit jenen Kommissionen Vorlagen zu liefern, an denen sie sich zum Zwecke des Aufbaus eines Curriculums in Richtlinien orientieren können. Ohne ein solches Verständnis der Fachdidaktik nicht nur als Unterrichtswissenschaft (zu der sich Ossner bekennt), sondern auch als Unterrichtspolitik (zu der ich selbst mich nun fast 30 Jahre lang zumindest *auch* bekannt habe), wird sich kaum etwas ändern. Wer den Grammatikunterricht tatsächlich verändern möchte, kann durch noch so kluge Insider-Debatten allenfalls Vorbereitendes tun, die „kleinen Brötchen", die täglich in der Schule gegessen werden, werden dann ohne ihn gebacken.

In diesem Zusammenhang: Praxis Deutsch hat sich nicht, wie Ossner anmerkt, „klanglos" vom situativen Konzept Boettcher/Sittas „verabschiedet", sondern hat, auch in der Grammatik-Werkstatt, dieses Konzept immer wieder erörtert – und begründet, warum wir zu einem neuen Begriff von „Situationsorientiertheit" vorstoßen müssen. Der wird auch in meinem Buch dann erklärt. „Situationen" bleiben im Konzept der Grammatik-Werkstatt nie draußen vor. Doch so, wie sich Boettcher/Sitta ihr Konzept vorgestellt hatten, oder besser: wie es dann von Lehrplänen (miss-?)verstanden worden ist, hatte es in der Schule keine Chance. Das lag an der immensen Kompetenz in grammatischen Dingen, die es bei den Lehrenden voraussetzte, und an der niemals erreichten und wohl auch nicht zu erreichenden Koordination von Grammatik und Pragmatik. Ein Curriculum, das, von den historisch wechselnden und unüberschaubar vielfältigen Sprachproblemen ausgehend, eine Grammatik auf Situationen aufbaut, ist bisher noch niemandem gelungen; eines, das auf Systemfragen der Grammatik aufbaut und dann in verschiedene sprachliche Situationen hineinführt, ist einfacher zu bewerkstelligen. Nichts anderes will meine Grammatik-Werkstatt.

Und eine Schlussbemerkung: Darf man denn nicht, so höre ich fragen, ein didaktisches Modell von Grammatik kritisieren, ohne zuvor ein anderes oder gar besseres entwickelt zu haben? Doch, man darf – und man muss es auch! Was aber man kennen und in seine Kritik einbeziehen sollte, bevor man derart zur Sache geht, sind die Bedingungen der Möglichkeit einer praktischen Realisierung einer Grammatik-Theorie. So aber kann ich Ossners Vorstellungen nur entnehmen, dass sie zu einer möglichen Methodisierung noch eine unübersehbare Distanz aufweisen, und denen Switallas, dass sie sich einer Methodisierung (möglicherweise) überhaupt verweigern.

Literatur

Eisenberg, Peter; Wolfgang Menzel: Grammatik-Werkstatt. Praxis Deutsch, Heft 129/1995.
Menzel, Wolfgang: Grammatik. Praxis und Hintergründe. Sonderheft der Zschrft. Praxis Deutsch. Seelze 1995.
Menzel, Wolfgang: Grammatik-Werkstatt. Theorie und Praxis eines prozessorientierten Grammatikunterrichts für die Primarstufe und Sekundarstufe. Seelze-Velber 1999.

Anzahl der Schüler: 176

Verkehrsschild

Schreibweisen	Anzahl	Prozent 1	Prozent 2
Verkersschild	28	32,56%	15,91%
Ferkehrsschilt	4	4,66%	2,27%
Verkehrsschilt	3	3,49%	1,70%
Verkersschilt	3	3,49%	1,70%
Verkerschild	3	3,49%	1,70%
Vehrkersschild	2	2,33%	1,14%
Ferkehrsschild	2	2,33%	1,14%
Färkerschild	2	2,33%	1,14%
Ferkersschild	2	2,33%	1,14%
Verkehrschild	2	2,33%	1,14%
Ferkerssilt	2	2,33%	1,14%
Fehrkehrschild	2	2,33%	1,14%
Verkhersschild	2	2,33%	1,14%
Vehrkehrsschild	2	2,33%	1,14%
Verkesschildt	1	1,16%	0,57%
Verkehrsschielt	1	1,16%	0,57%
Verkehrsschield	1	1,16%	0,57%
Fährkehrsschild	1	1,16%	0,57%
Oehkersschild	1	1,16%	0,57%
Verkehrtschild	1	1,16%	0,57%
Verkehrsschelt	1	1,16%	0,57%
Verkehrsschillt	1	1,16%	0,57%
Ferkersschielt	1	1,16%	0,57%
ferkerscjild	1	1,16%	0,57%
Ferckerhsschild	1	1,16%	0,57%
Verkeherschild	1	1,16%	0,57%
Verkerschelt	1	1,16%	0,57%
Verkechrsschild	1	1,16%	0,57%
Verhersschilt	1	1,16%	0,57%
Ferkerschild	1	1,16%	0,57%
Verkehrs schild	1	1,16%	0,57%
Vehrkerschild	1	1,16%	0,57%
Verkarsschild	1	1,16%	0,57%
Verkrsschild	1	1,16%	0,57%
Verckersschild	1	1,16%	0,57%
Ferkers schild	1	1,16%	0,57%
Vehrkehrisschild	1	1,16%	0,57%
Fehrkehrsschilt	1	1,16%	0,57%
Ferkersschilt	1	1,16%	0,57%
Verkehrsilt	1	1,16%	0,57%
Verkährsschild	1	1,16%	0,57%
Fehler insgesamt	86		48,86%

Verschiedene Schreibweisen: 41

Lupenstellen

Verkersschild
53 / 61,62% / 30,11%

Ferkehrsschild
22 / 25,58% / 12,5%

Verkehrsschilt
22 / 25,58% / 12,5%

Verkehrschild
16 / 18,60% / 9,09%

Vehrkehrsschild
11 / 12,79% / 6,25%

Erklärungen

Anzahl = Anzahl aller Schüler

Prozent1 = Prozent, von allen Schülern, die Fehler gemacht haben

Prozent 2 = Prozent von allen Schülern

Peter Klotz

Noch ein paar Grammatiknotizen

Es gibt wohl keinen Bereich der Deutschdidaktik und des Deutschunterrichts, der so verkrampft und verstiegen diskutiert wird wie der Grammatikunterricht. Das Wort selbst gehört ja seit vielen Jahren fast auf den Index, die Substanz hingegen und einiges mehr, aber auch etliches weniger findet sich unter dem fast feierlichen Begriff „Reflexion über Sprache", auch wenn in den Schulen tatsächlich kaum über Sprache „nachgedacht" wird – hierzu müssten die Heranwachsenden Substanzielles über die Sprache wissen, was aber wiederum neben anderem den Grammatikunterricht notwendig machte.

Mir ist daran gelegen, diesen Bereich des Deutschunterrichts möglichst unverkrampft – trotz all der vorangegangenen Diskussionen – und möglichst einfach zunächst in seinen Aspekten und Zielen zu skizzieren. Dabei möchte ich aber schon auf Bernd Switallas Grammatik-Notizen kurz eingehen, um mich ihnen im 2. Abschnitt ganz zuzuwenden. Im Hintergrund sollen mögliche Perspektiven aufscheinen, die endlich empirischen und theoretischen Arbeiten in diesem Feld zugrunde zu legen wären.

1. Schulische Ziele sprachlich-grammatischen Wissens

Am Anfang aller Überlegung hat eine klare Trennung zu stehen: Einsicht in das System der Sprache und Nachdenken über den Sprachgebrauch. Erst in einem zweiten Schritt lassen sich beide Aspekte sinnvoll zusammenführen, wobei die Schule aus methodischen Gründen sehr wohl im Unterricht gewissermaßen eine Doppelstrategie verfolgen kann.

Tatsächlich lassen sich Ziele formulieren, warum Einsicht in das System Sprache von Anfang an sinnvoll ist; sie orientieren sich am Faszinosum der Sprache selbst, an ihrem Funktionieren bei der Äußerungs- und Sinnkonstruktion ebenso wie beim allemal komplexen Text- und Diskursverstehen. – In einem solchen Zusammenhang mag es dann durchaus Spaß machen, darüber nachzudenken, warum es heißen kann *die Tür ist offen* und *die offene Tür*, warum aber dieser Tausch bei *die Tür ist zu* und **die zue Tür* zwar kommunikativ, nicht aber systematisch akzeptiert wird. Es lassen sich hier zwei Erfahrungen machen: Zunächst, dass kommunikativ noch Verständliches im System Schaden anrichten würde: eine solche Störung wird bei dem Adverb „dort" etwa deutlich: *Die Tür ist dort* versus **die dorte Tür*; und die attributive Kombination *die Tür dort* hat einen anderen Sinn und passt somit in andere Kontexte. – Sodann die Erfahrung, dass es beim Verwenden von Sprache immer die Tendenz zur Sprachökonomie gibt, weshalb lieber zu *die zue Tür* gegriffen wird als zu dem längeren *die geschlossene Tür*. Diese Beispiele und ein solches Vorgehen aus der „Grammatikwerkstatt"[1] sind so gesehen keineswegs „hemdsärmelig", wie im Beitrag Jakob Ossners rasch und hart geurteilt wird.

Diese diskussionsbezogenen Bemerkungen sollen aber keineswegs verschleiern, dass solche Einsichten nicht unmittelbar und sogleich zu einem sprachlichen Kompetenznutzen führen. Man muss sich als Lehrer selbst dafür begeistern können, wie aus der Linearität der Wörter – schriftlich wie mündlich – hierarchisch organisierte Gebilde wie Wortgruppen[2] und Satzglieder, wie Sätze und Textabschnitte[3] werden, voller Binnenbezüge, die freilich sehr viel mit dem Sprach- und Textverstehensprozess zu tun haben. Diese Begeisterung, dieses Fasziniert-Sein lässt sich auch Kindern und Heranwachsenden vermitteln, man muss als Lehrkraft im Unterricht nur kontinuierlich (!) daran arbeiten. – Wer solches überflüssig oder schlimm findet, der sollte explizit formulieren, dass auf das Wissen über das System Sprache zu verzichten sei. Es gehört wohl zum eigenartigen Selbstverständnis mancher Didaktiker, dass sie nur „nützliches Wissen" anbieten wollen; tatsächlich gibt es aber eine Freude am Wissen an sich[4], gerade auch bei Heranwachsenden, deren Bereitschaft zum (Sprach-)Spiel ja recht weit geht.

Weit mehr Zustimmung erfährt das Nachdenken über den Sprachgebrauch, lässt es doch Ziele wie den Metadiskurs über eine kommunikationsorientierte (-süchtige?) Gesellschaft zu, lässt sich doch damit jederzeit ein gesellschaftskritischer Kommentar formulieren, berührt es doch jeden einzelnen in seiner Sprachkompetenz produktiv und rezeptiv. Was Jakob Ossner im Rahmen seines Beitrags hierzu formuliert hat, ist völlig stimmig und nachvollziehbar, vor allem verdient seine Forderung „nach einem sinnvollen muttersprachlichen Curriculum" viele Formen der Unterstützung. Welche Schieflagen freilich entstehen können, wenn Einsicht in das System Sprache und Nachdenken über Sprachgebrauch vermischt werden, zeigt Bernd Switallas Beitrag überdeutlich: rechtsradikalen Liedtexten ist nicht dadurch beizukommen, dass man ein Verzeichnis von „Wenn-dann-Satz-Zusammenhängen" scheinbar systematisch erstellt! Solches Wortmaterial überhaupt für eine syntaktisch-semantische Erörterung herzunehmen, zeigt Studierenden und Schülern wohl keinen angemessenen Weg, weder in die Sprache, noch zu dem Sprachgebrauch, und es ist schon eigenartig, wenn der Autor unter 3. bei „Drei Dinge fallen auf" das – übrigens jedem Grammatiker bekannte eliptische – „Fehlen der (lokalen) Ergänzung in der letzten Zeile" feststellt. – Dass angesichts solcher exemplarischer Fragezusammenstellungen der Grammatikunterricht wegen Unangemessenheit in Verruf kommt, bedarf keiner weiteren Erläuterung, zumal der sich „exaktistisch" gebende Blick keinswegs ein Mehr an Ekel – so natürlich auch Bernd Switallas Reaktion – erbringt.

Nachdenken über Sprachgebrauch hat näher liegende Ziele, z. B. ob eine aktuelle Sprachverwendung durchschaubar gemacht werden soll, ob für die Reflexion über verwendete Sprache, also über Texte, eine in unserer Kultur gebräuchliche und bewährte Metasprache erarbeitet wird oder inwieweit ein Sprachgebrauch über einen Kulturwandel Auskunft gibt – u. v. a. m.

2. Anmerkungen zu B. S.´ Grammatik-Notizen

Bernd Switalla setzt mit einer herben Kritik an der Eisenberg´schen und vor allem Menzel´schen „Grammatikwerkstatt" ein. Das überzeugt zunächst, da die Gleichsetzung der Neugier des Wissenschaftlers mit der des (Grund-)Schülers ein Stück weit allzu gewagt erscheint (es sei denn, es werden ähnliche Perspektiven damit verbunden, wie ich sie in Abschnitt 1 skizziert habe). Der Hauptangriff, den auch Ossner bestätigt, richtet sich dagegen, „sprachliche Dinge wie eine zweite Art von Naturdingen" zu behandeln, und es wird gar von „Falle" gesprochen. Tatsächlich wäre hier – wie oben gefordert – zunächst die saubere Trennung von Sprachsystematik und Sprachpraxis nötig. „Sprachliche Dinge" wie „Naturdinge" zu betrachten, erlaubt Beschreibungen des Systems, und ein solches Arbeiten in der Schule kann sehr wohl sehr vernünftige Einstellungen zu Sprache und Sprachgebrauch nach sich ziehen – über die erworbenen Einsichten hinaus. Eine solche Haltung einzunehmen ist Bernd Switalla auch versuchsweise nicht bereit, wenn er meint, Peter Eisenbergs grammatische Darstellung der adjektivischen Adverbien[5] kritisieren zu müssen; dabei lässt er sich nur nicht auf die Einsicht stiftende Argumentation ein, wenn Eisenberg über Prototypen sinnvoller Weise nachdenkt, eben weil die Beispiele *5.2 Blank putzt Hans seine Zähne* und *3.1. Laut ruft Anetta ihren Sohn* oberflächenmorphologisch gleich sind, in ihrer grammatisch-semantischen Leistung aber seltsam (oder soll ich „faszinierend" sagen?) oszillieren: das *blank* ist das Ergebnis des Putzens und bezieht sich in unserem Verständnis eher auf die Zähne, weshalb dieses Modaladverbiale auch als Prädikatsadjektiv des Objekts beschrieben werden könnte, während im anderen Beispiel die idiomatische Wendung vom *laut rufen* – gewissermaßen in hier nun scheinbar eindeutig adverbialem Verständnis – dominiert, obwohl Anetta dabei natürlich „laut" ist. Peter Eisenbergs Erläuterung hierzu wäre eine Seite weiter nachzulesen gewesen:[6] „Ein weiteres Anzeichen dafür, dass die von Adjektiven bezeichneten Eigenschaften sowohl nominal als auch verbal Benennbares charakterisieren, ist die dichte morphologische Beziehung zwischen Substantiv und Verb." – Freilich, solche scharfen Differenzierungen in grammatischer Argumentation sind a priori zwar nicht schulrelevant, blieben aber in einer Lehrerausbildung dann bedeutsam, wenn wir uns Lehrkräfte ganz im Sinne des situativen Grammatikunterrichts wünschten, die bei schwierigen Zweifelsfällen mit Schülerinnen und Schülern aktuell differenziert argumentieren können sollten, eben um nicht bei einer naiven „Benennungsgrammatik" mit wenig Einsichten und kaum Hilfen für die Sprachpraxis stehen zu bleiben. – Da die Schulwelt aber nicht so ist, muss der sang- und klanglose Abschied des situativen Grammatikunterrichts nicht verwundern, auch wenn J. Ossner gern ein größeres Begräbnis oder eigentlich doch die Rettung dieses Unterrichts vielleicht gern hätte.

Bernd Switallas Hoffnungen wenden sich dann dem Sprachphilosophen Robert B. Brandom zu, dessen Buch seit Juni 2000 übrigens auch auf Deutsch zu haben wäre und das am logischen Pragmatismus, nicht an Grammatik orientiert ist.[7] Switalla stellt sich dem Originaltitel „Making it explicit" und plädiert im „Exkurs 3.2 Substitutional Logic" mit Brandom also für einen Vergleich von Originalausdruck und explizierendem Ausdruck. Das ist ein altes, kluges Verfahren, bedeutet doch das „intentional äquivalente" (Switalla) Paraphrasieren eines Ausdrucks, ihn in die eigene Sprache und ins eigene Verständnis zu setzen und so sich der Reflexion der Sprachverwendung ein Stück weit zuzuwenden. Die Differenzwahrnehmungen und -erfahrungen zwischen Original und logischer Paraphrase in Form von Propositionen lassen sich thematisieren und drängen so von sich aus im Sinne Brandoms zum logischen (bei ihm aber nicht zum grammatischen) Begriff. Wenn Switalla freilich bei der Erläuterung seiner zweiten von fünf Fragen, die für ihn wegweisend sind, dann von „Nachdenken über grammatische Sachverhalte im engeren Sinn" spricht, so tut er das nicht im eigentlichen Sinne grammatisch, sondern, wie er sich ja vernünftiger Weise selbst zum Ziel gesetzt hat, hermeneutisch. Sein Verfahren bezieht sich fast ausschließlich auf die Inhaltsseite des je gegebenen Textes, weshalb ein Stück weit sehr wohl von Hermeneutik gesprochen werden kann, aber eben nicht in Bezug auf die grammatischen Formen, Strukturen, Kategorien, wie uns Switalla glauben machen will. Denn: die Wörter in ihrer Morphologie und die grammatischen Zeichen der Syntax sind letztlich Instrumente der Äußerungsabsicht, und so kann es recht eigentlich nicht sein, dass die Instrumente der Hermeneutik unterworfen werden – es sei denn, es ginge um die Kulturkonvention grammatischer Begrifflichkeit in einem z. B. sprachphilosophischen Sinne. Dies ist aber nicht Brandoms Absicht; er will für eine „Theorie der diskursiven Praxis Kriterien der Angemessenheit" entwickeln[8], wobei er in gut Wittgenstein´scher Tradition methodologisch darauf zurückgreift, „die Bedeutungen sprachlicher Ausdrücke durch ihren Gebrauch zu erklären"[9].

Aber um zu entscheiden, was nun genau gemeint war, fehlt uns Lesern das überzeugend durchgeführte Beispiel. Denn wenn Bernd Switalla die oben bereits angeführte Ellipse ganz zum Schluss expliziert und begründet, dann würde man seiner Argumentation nur zu gern folgen, allein, der Kontext des rassistischen Liedes lässt dies nicht zu, wie mir scheint. Um aber die Widerlichkeit dieses Textes auf den Punkt zu bringen, wäre / ist die Fähigkeit, eine präpositionale Ergänzung als fakultativ notwendig im Sinne der Verbvalenz zu bezeichnen und hier als fehlend festzustellen ein Umweg, der aus zwei Gründen nicht überzeugt: zum einen hätte hier die Diskussion über die Sprachverwendung genau ihren eigentlichen Sinn gehabt, und die Studierenden haben sich nach Switallas Bericht auch so verhalten. Zum anderen wäre dann die Überlegung notwendig geworden, dass eine Ellipse den Rezipienten – aus valenzgrammatischer Perspektive – geradezu dazu zwingt, das zu denken und zu formulieren, was die Ellipse sich aus Kontextgründen zu verschweigen erlauben kann.

Dies freilich ist schlussendlich dann doch eine funktionale, sprachsystematische Perspektive, die zu wissen lohnt und deshalb lehrenswert bleibt.

Anmerkungen

[1] So in Eisenberg, Peter / Wolfgang Menzel (1995): „Werkstatt Grammatik" – In: PD, H. 129

[2] Vgl. Haueis, Eduard (1999): Von ungewissen Gewissheiten – für ein differenziertes Wissen zu Wortgruppen für die Lehrenden. In: P. Klotz / A. Peyer (Hrsg): Wege und Irrwege sprachlich-grammatischer Sozialisation. Hohengehren, S. 155–168.

[3] Giora, Rachel (1983): Functional Paragraph Perspective. – In: Petöfi / Sözer (Hrsg.): Micro- and Macro Connexity of Texts. Hamberg, S. 153–182.

[4] Vgl. Klotz, Peter (1999): Auf Verbindungen warten können. Von sprachtypischen Klammerstrukturen zu sprachlichem Basiswissen. In: Klotz / Peyer (Hrsg.): Wege und Irrwege sprachlich-grammatischer Sozialisation. Hohengehren, S. 200–211

[5] Eisenberg, Peter (1999): Grundriss der deutsachen Grammatik. Band 2: Der Satz. Stuttgart, Weimar, S. 220

[6] Ebenda, Seite 221

[7] Brandom, B. Robert (2000): Expressive Vernunft. Frankfurt / M.

[8] Ebenda, S. 12

[9] Ebenda, S. 13

)

Qualitätsdebatte

Heiko Balhorn und Claudia Osburg

Qualitäten von Unterrichtsmaterialien – ein Versuch, sie zu bestimmen und zu werten

Ausgewählte Kriterien an drei Beispielen zum Lesen- und Schreibenlernen
Kriterien für die Qualität von Materialien zu entwerfen, vorzustellen und an drei Beispielen zu erproben, ist das Ziel dieses Beitrages. Und er soll darüber hinausweisen. Wir möchten in unseren Jahrbüchern die Qualitätsdiskussion zu einer festen Rubrik machen und mit diesem ersten Beispiel dazu anregen. Kriterien zu entwerfen und konkretes Material daran zu bemessen, geht nicht abstrakt. Das geht nur in Hinblick auf Ziele, auf Wege, auf Formen von Unterricht. Und der ist wiederum ein Ausdruck einer Unterrichtstheorie, einer Vorstellung vom ‚Kind‘, vom Lernen und vieles mehr.

Das lässt sich nicht mal soeben vorab abhandeln, um dann daraus die Kriterien zu entwickeln. Zudem wären die verschiedenen Formen von Unterricht zu berücksichtigen, die Zusammensetzung einer Klasse, die Position eines ‚Buches‘ im Lernprozess: zur Einführung, zur nachgreifenden Wiederholung oder zur übenden Festigung. (Der Unterschied der kognitiven Funktionen bei Erwerb und Automatisierung ist groß und braucht entsprechend verschiedene Anregungen.) Konkret geht es immer um Passungen zum Unterricht, zum Lernmilieu, zum Stil, natürlich zur Person der Lehrerin, die ja auswählt, und – nicht zuletzt – zu den Kindern. Kinder müssen Aufgaben, ein Buch, ein Material *annehmen*, müssen damit arbeiten *wollen*. Ihr Interesse ist der Motor ihres Lernens. Und die Pauschalisierung ‚Kinder‘ und das ‚Wollen-Müssen‘ zeigen, wie vielfältig die Probleme sind.

Im Fokus weniger Grundannahmen, in denen wir mit den ‚essentials‘ der ‚DGLS-Didaktik‘ übereinstimmen[1], geht es um einen Kanon von Kriterien, an denen Materialien selbst bemessen werden müssen, also um weitgehend *immanente Kriterien*, um Eigenschaften der Materialien selbst. Denn Kriterien wie sachliche Richtigkeit, ansprechendes lay-out, methodische Variation, Möglichkeiten zum Handeln, zum Problemlösen, zu Wahlen, also Offenheit, sind solche, die ganz unabhängig von den oben angedeuteten Bedingungen erfüllt sein müssen (wenn auch nicht alle zur gleichen Zeit bzw. nach bestimmten Intentionen differenziert). Sie sind dennoch nicht Eigenschaft vieler auf dem Markt befindlicher Materialien und werden deshalb im Folgenden auch behandelt.

Die ausgewählten Beispiele: *ABRAKADABRA* , *ABCDARIUM, wlt 1*
Um die Kriterien nicht zu allgemein, sondern fachspezifisch konkret zu machen, müssen die Inhalte in die Bewertung einbezogen werden. Deshalb haben wir uns auf Titel gleichen Inhalts bzw. gleicher Funktion und Adressatengruppe konzentriert. Ausgewählt haben wir drei Titel für den Anfangsunterricht im Lesen und Schreiben. Es sind keine Leitmedien, also keine ‚Fibeln‘, die den (Sprach-)Unter-

richt überhaupt organisieren wollen, sondern Medien, die sich als Ergänzungen – vielleicht zu einer Eigenfibel – verstehen.

ABRAKADABRA (1996) kann primär als ein ,Anlautbuch' (vierfarbig, 68 Seiten) verstanden werden, in dem über die Anlaute hinaus auch mediale und finale Positionen der Grapheme ausgezeichnet werden. Es war ursprünglich als ein erstes Wörterbuch konzipiert, ist aber bald nach seinem Erscheinen durch eine sehr breite Palette von Zusatzmaterialien wie Memories, Dominos, Lesekarten, Puzzle, Sticker, Folien und einer CD erweitert worden. Wir konzentrieren uns – wie auch bei den beiden anderen Titeln – auf das „Buch" selbst. Das Ringbuch ist ein Lese- und Arbeitsbuch, in das nicht hineingeschrieben werden soll; es ist also wiederverwendbar.

ABCDARIUM (1995) ist gleichermaßen ein ,Anlautbuch' (zweifarbig, 64 Seiten), das sowohl Raum und Raster für eine wachsende als auch für eine vorgegebene Anlauttabelle bietet. Wie auch *ABRA* folgt es dem Alphabet und widmet jedem Buchstaben ei-

ne Doppelseite. Zudem ist in einem gemeinsamen Umschlag noch ein Schnibbelblock enthalten, der reichlich Buchstaben, Bilder und Wörter bietet, die ausgewählt, ausgeschnitten und in das ‚Buch‘ selbst eingeklebt werden können. Anders als das *ABRA* ist es damit ein Buch zum Reinkleben und Reinschreiben und
damit Verbrauchsmaterial.

Das *wlt 1*, (Wortlisten-Trainingsprogramm mit Wörtern und Texten) (1991) ist
ein Arbeitsblock (72 Seiten, zwei- und mehrfarbig). Es akzentuiert zwei Vokale

(**A** und **U**) und zwei
Konsonanten (**K** und
W), setzt also auf eine exemplarische Be-
handlung, die natür-
lich alle anderen
Buchstaben jeweils
gebraucht. Es ist wie
ABC ein Arbeits-
block zum Rein-
schreiben mit vielfäl-
tigen Umgangs- und
Übungsformen und
als ein ‚Alleinar-
beitsmittel‘ entwor-
fen. Dieser Intention entsprechen auch die regelmäßigen Angebote zur Selbstkontrolle.

Kriterien und ihre Realisation in den ausgewählten Materialien

---

1. Kriterium

Lehrmaterialien sollten Kindern nicht nur *einen* Zugang zur Schriftsprache bieten, sondern verschiedene Lernwege bzw. Zugriffe ermöglichen.
Denn: Der Königsweg ist nicht gefunden. Dies bedeutet auch: Kinder müssen wählen können.

Erläuterung

Etwas – eine bestimmte Aufgabe – für sich (aus-)gewählt zu haben, bedeutet ein
Mehr an Identifikation mit dem Tun, als wenn dieses auferlegt, abverlangt, zu-
gewiesen, eingefordert würde. Dieser Unterschied erscheint uns als wesentlich.
Er meint das komplexe Verhältnis zwischen dem Wollen und Sollen. Es gibt einen Zusammenhang zwischen dem Bewusstsein der Zuständigkeit und Verantwortung für das eigene Lernen und der Beteiligung an der Entscheidung, *was, wann,
wie* und *mit wem* gelernt wird. Ohne Wahlmöglichkeiten zwischen verschiedenen
Materialien und – nach einer getroffenen Entscheidung für ein bestimmtes – für
den Einstieg hier, eine Fortsetzung dort, diese oder jene Reihenfolge etc., ist eine

Erfahrung des Zusammenhanges von Entscheidung und Konsequenz und damit der eigenen Verantwortlichkeit ungenutzt.

Konkretisation
Da Kinder auf ihre je eigene Weise die Schrift entdecken, sich ihre eigenen Regeln bilden, brauchen sie Angebote unterschiedlicher, nicht aber beliebiger Art: Alle drei ausgewählten Titel bieten eine große methodische Vielfalt, ja einen Reichtum an Angeboten sachgerechter, unterschiedlicher und auch wiederholter Aufgabenstellungen.

ABC und *wlt* sind Vorgaben, die das *Lesen* **und** *Schreiben* gleichermaßen anfordern. *ABRA* macht überwiegend Leseangebote. Direkte Aufgaben und Anregungen zum Schreiben sind nicht dem Buch selbst, wohl aber dem ausführlichen Lehrerkommentar zu entnehmen und in den Zusatzmaterialien angeboten.

Damit ist eine Differenz zwischen den ausgewählten Materialien angesprochen: *ABC* und *wlt* sind Arbeitsmittel, die vorwiegend auf *individuelle* Bearbeitung angelegt sind. *ABRA* dagegen ist ursprünglich ein ,Wörterbuch' und möchte – durch seine Zusatzmaterialien – individualisierenden Unterricht anregen und anleiten.

Die drei Titel stehen untereinander also selbst zur Wahl und bieten durch die Fülle von heterogenen Aufgaben Wahlmöglichkeiten auf verschiedenen Niveaus an: Wahlmöglichkeiten durch ,Überangebote'. Wenn Schüler allerdings wählen, also auch etwas auslassen, kommt es sehr darauf an, ob wir diese Entscheidungen ohne Misstrauen als Wahlen verstehen. (Wunderbar, aber schwerlich vorzustellen, dass Kinder in ersten Klassen zwischen diesen oder noch anderen *Titeln wählen* könnten.) *ABC* und *ABRA* lassen durch ihre Machart jede Reihenfolge der Bearbeitung der Buchstabenseiten gleichermaßen zu. Kinder haben die freie Wahl. *ABC* bietet durch das Überangebot von Buchstabenformen und ,Anlautgegenständen' bzw. Wörtern vielfältige Auswahlmöglichkeiten, so dass ein individuell gestaltetes Produkt entsteht. Das *wlt* lässt zwar die Reihenfolge offen (die perforierten Blätter lassen sich herausreißen und in beliebiger Reihenfolge bearbeiten), dennoch legt der Aufbau des Blocks die Reihenfolge der Bearbeitung zumindest sehr nahe. Wahlmöglichkeiten dürften praktisch hauptsächlich im Überangebot liegen.

---

2. Kriterium
Einführungen in die Schrift sollten Kindern helfen, die grafische Form der Buchstaben *zu verstehen.* Helfen die Vorgaben und Aufgaben, das Wesen der Buchstaben, ihre spezifische Eigenart als System von Zeichen in der Raumlage verständlich zu machen?

Erläuterung
Es ist Teil der Lernaufgabe, Verschriftung der Lautung' die Buchstaben*formen,* ihre grafische Gestalt also, zu er-finden. Die Aufgabe besteht darin, die bestimmenden

Merkmale eines Buchstabens zu erfassen und damit von den ornamentalen Zusätzen (Besonderheiten der Schrifttype wie Serifen, Strichstärken, Farbe etc.) absehen zu können. Diese Aufgabe ist dann besonders schwierig, wenn Kinder nicht die Einmaligkeit dieses Symbolsystems verstehen. Die 29 Großbuchstaben sind Konstruktionen aus nur fünf Elementen einschließlich der Punkte bei Umlauten. Alle anderen Gegenstände der Welt behalten ihre Identität, wenn man sie wendet, dreht oder auf den Kopf stellt. Dreht man ein W, wird es ein M, kippt man ein N, wird es ein Z usw. Kinder – vor allem entmutigte – suchen den Fehler, wenn sie Buchstaben immer wieder ‚verwechseln‘, bei sich und nicht in den objektiven Schwierigkeiten dieses Systems, das all ihre bisherigen Erfahrungen ‚auf den Kopf stellt‘.

Konkretisation

Alle drei ausgewählten Titel enthalten Aufgaben und Hinweise, die auf die Formen und Besonderheiten der Buchstaben aufmerksam machen:

Das *ABRA* bildet z. B. auf der P-Doppelseite ein großes und kleines P ab, gibt mit roten Pfeilen die Reihenfolge, mit der die beiden Striche nacheinander zu schreiben sind, vor. Es bietet ein Handzeichen, ein Mundbild und acht grafische Varianten des P.

Die Nähe zum Mundbild und zu der abgebildeten *Laut*gebärde (Sprechmotorik) allerdings, hauptsächlich aber die Darbietung dieser *Schrift*zeichenvarianten in einer Denk- bzw. *Sprech*blase, verwischt die Differenz zwischen der Laut- und der Schriftebene. Diese Differenz, also die Beziehung zwischen Laut- und Schriftzeichen, ist konstitutiv für unser Schriftsystem. Diese Differenz gilt es mit Lernern

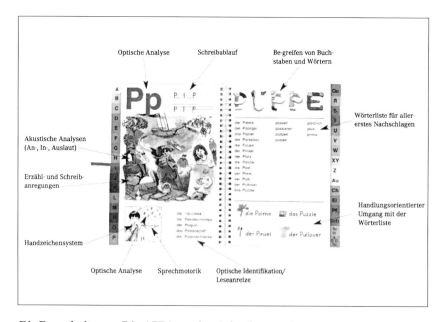

Die Doppelseite zum P in ABRA aus dem Lehrerkommentar

zu klären und nicht – wie in der unglücklichen Bezeichnung auch von (stummen) Buchstaben als Selbst-/Mit*laute* (Kon-*sonanten*) – zu verstellen. Lautgebärden können insbesondere für Kinder mit sprachlichen Auffälligkeiten eine wichtige Unterstützung sein; durch Gebärden lässt sich Sprache ‚anfassen‘. Zugleich wird damit das Gebot „auf mehreren Wegen" erfüllt.

Im Hinblick auf das Lernen der grafischen Gestalt wird das **A** in *ABC* – wie alle anderen Buchstaben auch – aus seinen Elementen *gestempelt* vorgegeben (oben links). Eine Aufgabe besteht darin, die drei im **A** benutzten Elemente in einer ‚Liste‘ von Elementen zu kennzeichnen (zwei lange und ein kurzer Strich).

Aus 16 zum Teil kunstvollen A-Varianten im Schnibbelblock ist „Mein schönstes A" auszuwählen, auszuschneiden und in ein entsprechendes Feld zu kleben. Die Schreibfolge der drei Striche ist durch Symbole (Sonne, Mond und Sterne) markiert. Schreibraum für einen jeden Buchstaben ist zweifach vorgegeben: als Hohlform, also mit Führung, und als Freiraum. Unter der Aufforderung „Zwei sind gleich." sind zwei mal neun große und kleine *a* vorgegeben. Ein genauer Formenvergleich führt zu den Doubletten. Eine weitere Aufgabe besteht darin, aus einem ‚Schmetterlingsalphabet‘ im Schnibbelblock die A-Form auf Schmetterlingsflügeln zu finden und einzukleben.

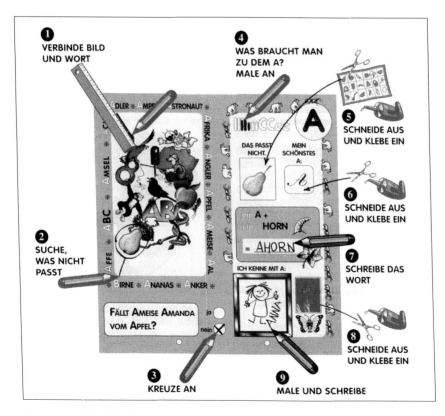

Das **A** im ABC*DARIUM*

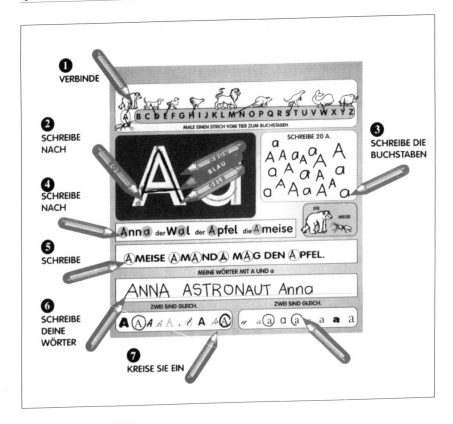

Das A im ABCDARIUM

Ein Beispiel aus dem *wlt* für die Beschäftigung mit der Buchstabenform sind die fünf Stempel-Elemente, die farbig zu kennzeichnen und als Schriftelemente zu verwenden sind. Die Raumlage der Buchstaben, ihre Symmetrie (Asymmetrie) wird auf S. 11/12 anschaulich gemacht: elf Buchstaben zeigen, dass sie ‚drehbar‘ sind und ihre Form behalten; die anderen 15 darf man nicht drehen, sie sind dann spiegelverkehrt (dazu wird das Blatt in der Mitte gefaltet und gegen das Licht gehalten).

Kleiner Exkurs zu den kleinen und großen Buchstaben 1
Übrigens: Das kleine f ist oft größer als das große.

Die Frage der ‚Ausgangsschrift‘ entscheiden die AutorInnen unterschiedlich: *ABRA* benutzt systematisch gemischte Druckschrift von Anfang an.

ABC verwendet überwiegend Großbuchstaben (BLOCKSCHRIFT), stellt aber parallel auf jeder Doppelseite zumindest zwei Aufgaben, in denen zum Lesen auch kleine Buchstaben vorgegeben sind.

Im *wlt* wird zu Beginn Blockschrift verwendet. Schon auf der zweiten Seite jedoch sind die Artikel ,gemischt' geschrieben. Der Anteil der Blockschrift reduziert sich langsam zugunsten der gemischten Version, so dass beide Systeme als äquivalent erfahren werden. Ausgangsschrift ist – wie im *ABC* – eindeutig die BLOCKSCHRIFT. In optischer Anlehnung an die Großschreibung von Nomen werden in *ABC* und *wlt* KAPITÄLCHEN verwendet, eine Schriftform der Großbuchstaben, bei denen jedoch der erste Buchstabe größer geschrieben wird. Namen, Nomen und Satzanfänge werden also ,groß' geschrieben.

---

3. Kriterium

Kinder brauchen einen Schlüssel in die Schrift: eine *Anlauttabelle*, um sich die Laut-Buchstaben-Beziehung selbstständig erschließen zu können.

Erläuterung

Eine *Anlauttabelle* ist inzwischen Standard jeden Materials für den Anfangsunterricht. Sie bietet Kindern die Möglichkeit, ohne auf die Einführung von Buchstaben warten zu müssen, sich die Laut-Buchstabenverbindung selbst zu erschließen und somit unabhängig vom Lehrgang eigene Wege zu gehen. Qualitätskriterium ist allerdings, ob eine Anlauttabelle bloß additiv einem Lehrgang beigefügt wird, der sonst das Angebot von Wörtern und Sätzen auf die jeweils eingeführten Buchstaben beschränkt, oder ob das Material von Wahlen des Kindes, von seinen eigenen Wörtern ,lebt', Kinder also (auch) *ihre* Wörter bzw. Texte schreiben (und lesen) können.

Unter dem Anspruch der Differenzierung nach sprachlicher Kompetenz und zugleich dem nach Wahlmöglichkeiten und eigenen Entscheidungen sollte das Anlautsystem Kindern nicht nur *ein* „Schlüsselwort" bzw. „Anlautwort" bieten. Wünschenswert wäre Raum für eigene Wörter, Alternativen, Wahlmöglichkeiten. Insbesondere Kindern mit Aussprachestörungen sollte diese Differenzierungsmöglichkeit geboten werden. Haben sie nämlich bestimmte Phoneme noch nicht als bedeutungsunterscheidend erkannt (z. B. /k/ und /g/), werden sie vermutlich Schwierigkeiten haben, dies bei dem entsprechenden Anlautwort (Känguru) zu identifizieren. Problematisch können sich für Kinder mit sprachlichen Auffälligkeiten ebenfalls Wörter mit komplexen Konsonantenverbindungen erweisen. Auch lange und sprechsprachlich fernliegende Wörter sind zusätzliche Hürden (Angstschweiß vs. rosa).

Konkretisation

Alle drei genannten Materialien bieten den Kindern die Möglichkeit, mittels Anlauttabellen *ihre* Wörter zu schreiben und dies auf einem ,alphabetischen' Niveau. Das *ABC* bietet eine *wachsende* und wie das *ABRA* und *wlt* eine *erfüllte* Anlauttabelle und zudem u. a. über „Wimmelbilder" jeweils eine ganze Reihe von *verschiedenen* Wörtern mit gleichem Anlaut. Beide enthalten also jeweils viele (15–30) Wörter gleichen Anlauts. Alle drei bieten systematisch Wörter mit verschiedenen Positionen des ‚Anlauts': AMSEL, HAMSTER, PANDA. Das *wlt* präsentiert zudem Wörter und Texte, die nicht buchstäblich, sondern bildlich (tierisch) aus Anlautbildern zusammengesetzt sind. Auf diese Weise werden die Unterstützungsfunktion der Anlauttabelle in Anspruch genommen, eingeübt und zugleich Sprachstrukturen bildlich veranschaulicht (Abb. wlt, S. 33; siehe rechts).

Alle drei Titel fundieren gleichermaßen die Möglichkeit des ‚freien Schreibens'. Sie können sie hier und da auch an*regen*, jedoch nicht an*leiten*. Dies zu tun ist nicht Potentzial von gedrucktem didaktischen Material. Freies Schreiben wird durch situative und soziale Konstellationen angeregt, gestützt und gehalten. In diesem persönlichen Raum drückt sich gerade die Individualität der AutorInnen aus, und diese soll ja zur Sprache kommen.

---

4. Kriterium

Vermittelt das Material fundamentale systematische Prinzipien der Schrift als buchstäblicher Lautschrift? Bahnt es Einsichten in die Struktur von Wörtern, der Wortbildung, also in das *System* der Orthografie? Ist die Norm der Richtigkeit als Perspektive und Ziel (nicht als Bedingung des Schreibens) in Geltung?

Erläuterung

Kinder brauchen – über die Technik des Verschriftens ihrer Lautung hinaus – Anregungen, die ihnen helfen, die Vielfalt der Schreibweisen als System zu begreifen. Es geht um ein doppeltes Zutrauen: ‚Es ist geregelt'. Und: ‚Ich kann es lernen.'

Kinder brauchen keine künstliche Zurichtung der Sprache z. B. auf lauttreue Wörter. Sie brauchen eine systematische Unterstützung durch *instruktive Ordnungen,* die Regelhaftes aufscheinen lassen und Erkenntnisse nahelegen.

Dies sollte mit dem Schrifterwerb beginnen, also bereits in der ersten Klasse. Solche Erkenntnisse sind implizites, prozedurales Wissen, das eben durch den Gebrauch, durch Aufgaben und deren Lösung erworben wird: Sprachbewusstheit, phonologische Bewusstheit und Normorientierung sind bedeutsame Fähigkeiten und Einstellungen, die durch bestimmte – eben anspruchsvolle – Aufgaben geweckt werden. Solche Aufgaben sind analytisch, konstruktiv, vergleichend. Sie bestehen im Gliedern, Hinzufügen, Weglassen, Vertauschen oder Manipulieren von Wörtern und kleineren/größeren Einheiten. Weil Wörter und Sätze gegliederte Einheiten sind, geht es beim Lernen des Lesens und Schreibens um das Gliedern und das Bilden von Einheiten: das Gliedern des Lautstroms in Laute, das Bilden von Lautklassen, von Silben, von Bausteinen einerseits und das Bilden von Zeichenklassen andererseits. Es geht um den internen Prozess eigenaktiver Regelbildung, in dem Kinder herausfinden, was zusammengehört und was nicht.

Zusammenstellungen nach systematischen Gesichtspunkten zeigen eine Gemeinsamkeit jeweils verschiedener Wörter und heben sie als Regelmäßigkeit hervor. Diese (und andere) den Wörtern eingeschriebene Regeln machen das System aus. Sie werden – wie die Regeln der gesprochenen Sprache – intuitiv, unterschwellig erfasst. Die Lernbarkeit der Orthografie hängt an den Regeln. Sie werden ‚immer schon' befolgt und dabei intern ausgebildet. Aufgaben, die das Regelbefolgen gezielt herausfordern, forcieren diesen Bildungsprozess. Solche Aufgaben haben analytisch-konstruktiven Charakter, bahnen operativ ein Verständnis der Regelhaftigkeit an, ohne diese schon sprachlich fassen zu wollen.

Stellen Materialien solcherart Anforderungen? Machen sie dieserart sachspezifische Besonderheiten von Sprache und Schrift zum Thema? Ausdrücklich, bewusst, nachhaltig?

In diesem Kriterium geht es um den schwierigen Balanceakt zwischen dem Akzeptieren der Tatsache, dass Kinder auf dem orthografischen Niveau schreiben, auf dem sie eben gerade sind (und dieses Niveau ist unterrichtlich bestenfalls zu treffen, aber nicht zu machen) und dem Anspruch, dass sie hinzulernen sollen und wann, wie und wodurch dies zu stützen wäre.

Exkurs:

Hier stehen sich zwei Tendenzen fürsorglicher Didaktik gegenüber: Einerseits die Schonung der Kinder vor überfordernden Ansprüchen, schon (zu) früh eine abstrakte Norm korrekter Schreibung erfüllen zu sollen. Die Begründung: Sprachverstehen, Bewusstheit für Regelungen, überhaupt die Formulierung von Ansprüchen an Lerner würden diese entmutigen. Es ginge nicht um Verstehen, sondern vielmehr um das Einprägen von Wörtern und Mustern. Die Orthografie sei so logisch nicht. Die Gegenposition andererseits setzt gerade auf Verstehen als Strukturieren, Gliedern und Vergleichen. Sie möchte bewusst machen, was intuitiv schon gekonnt wird, möchte formulieren helfen, was an Regeln schon befolgt, aber noch nicht erfasst, nicht begriffen ist. Ansprüche an Lerner, Anforderungen und Zumutungen seien gerade Herausforderungen, sich einzulassen, sich zu erproben. Didaktisierungen würden oft Zusammenhänge unkenntlich machen, zu niedrige Ansprüche würden Zweifel am Können und der Lernfähigkeit implizieren und deshalb auch entmutigen. –

Wie immer sind solche Positionen nicht eindeutig richtig oder falsch. Und sie verschwimmen um so mehr, je weiter man zurückgeht auf den Anfang des Schrifterwerbs und damit auch die so außerordentlich großen Spracherfahrungsdifferenzen der Kinder realisiert. In diesen didaktischen Materialien zeigen sich die Tendenzen der AutorInnen zwischen diesen Positionen nicht explizit. Denn in Materialien für den Anfangsunterricht wird nichts erklärt, nichts explizit formuliert. Die Theorie der AutorInnen lässt sich – über die für alle drei Titel vorhandenen Lehrerkommentare hinaus – indirekt aus der Reduktion des Gegenstandes bzw. der Komplexität der Sprache und Aufgaben schließen.

Konkretisation
Eine allzu fürsorgliche und damit verschlichtende Reduktion findet sich in keinem der drei Materialien. Zum **A** beispielsweise finden sich auch komplexe und attraktive Wörter wie: Ananas, Anorak, Aquarium, Arzt, Angst (*ABRA*) ASTRONAUT, ASTERIX, ANGLER, HAHN, WAL (*wlt*) und AFRIKA, ANGLER, AMPEL, ACHT, ANANAS (*ABC*).

Positionen und Länge/Kürze des Vokals wechseln in natürlichem Verhältnis. (Im *wlt* wird dies oft mit farbigen ‚Unterzeichen‘ verdeutlicht.) Damit wird nicht eine ‚Lauttreue‘ der Schrift nahegelegt, die es nicht gibt und die als Modell ein allzu verkürztes Verständnis des Lautschriftzusammenhanges vorgibt. Eine probierende Flexibilität beim Erlesen der Kürze/Länge von Vokalen erleichtert den Weg zur Wortbedeutung und ist später für die Längebezeichnung bedeutsam.

Die Verwendung gehaltvoller Wörter erfordert allemal, deren Bedeutung zu klären. Alle drei Titel bestimmen die Bedeutung aller verwendeten Wörter durch Bilder (Zeichnungen) und mit Ausnahme von *ABC* stützen sie Nomen auch durch Artikel. Dies sind Forderungen, die für Deutsch als Zweitsprache von großer Bedeutung sind.

Die Forderung nach einer orthografischen (strukturell fundierten) Perspektive schon von Anfang an löst das *wlt* ein. Es akzentuiert eine systematische Fokussierung auf *exemplarische* Vokale und Konsonanten und sucht durch diese besondere Auszeichnung vertiefte Einsichten nahezulegen. (Nicht alle Buchstaben/Laute werden gleichermaßen behandelt, sondern bestimmte in auszeichnender Weise. Hier liegt ein markanter Unterschied zwischen *ABC* und *ABRA* einerseits und dem *wlt* andererseits.) Das *wlt* gibt durch die Bildung von Wortgruppen mit einem ‚gemeinsamen Nenner‘ eine *instruktive Ordnung* vor: Nomen mit A und U als Stammvokal, Verben in der ‚wir‘- und ‚er‘-Form, Komposita, Wörter kontrastiv mit der ‚ich‘-,ach‘-Differenz im Inlaut, die Personal- und Fragepronomen u. a. m.

Solche Aufgaben und Hinweise finden sich – wenngleich weniger häufig – auch im *ABRA:* ausgefüllte Kreuzworträtsel, farbige Hervorhebungen des Stammvokals und im *ABC* etwa „P + INSEL = PINSEL“, „N + ACHT= NACHT“, „H + ECKE = HECKE, durchgängig unter dem Motto: ‚Das ABC stellt sich vor‘.

---

5. Kriterium
Didaktische Materialien sollen keine Lehrgänge sein, sondern Lernen durch Aufgaben provozieren, stützen, vielleicht auch anleiten, womöglich bestätigen.

Erläuterung

Lehre, wenn sie das Lehren betont, läuft prinzipiell Gefahr, manipulativ den Gegenstand zu versimpeln, durch das Bilden einer Reihenfolge zu sequenzieren, also Teileinheiten zu bilden und diese nach *leichter* und *schwerer* zu ordnen. Mit einer solchen Elementarisierung werden oft Zusammenhänge aufgelöst, die für ein Verständnis aber gerade Bedingung sind.

Das heißt in diesem Zusammenhang, dass der Lerngegenstand (hier Schriftsprache) nicht oder doch nur sehr sorgsam verändert (,didaktisiert') werden darf. Ein Motto könnte lauten:

Es gilt, nicht die Sprache zu versimpeln (wie in der Vergangenheit auf einen Fibeldadaismus zu reduzieren), sondern den Anspruch auf Korrektheit der (Lern-)Produkte auf das Niveau des schon Gekonnten zu beziehen.

Es lassen sich immer wieder Reduktionen des Gehalts von Lerngegenständen finden, die in der Absicht der Vereinfachung gerade Erschwernisse des Lernens bedeuten, weil Zusammenhänge und Differenzen, die es zu *verstehen* gilt, in ein Nacheinander des ,vom Leichten zum Schweren' aufgelöst wurden.

Wenn wir Material für Kinder machen oder bewerten wollen, mit dem wir es Kindern ,leicht', ,einfach' machen wollen, geht es nicht um Verschlichtungen und Reihung (wir lernen erst die Buchstaben, die Bedeutung kommt später), sondern Einfachheit bedeutet Verständlichkeit der Aufgaben und Klarheit in der Darstellung. Ein zweites Motto wäre:

Kinder sollen wissen, *was sie tun* und was sie tun *sollen*.

,Wissen, *was sie tun'* meint, dass ihnen klar sein muss, ob es jetzt um Lernen geht oder um Lern-Kontrolle *oder* um Spielen. (Natürlich gibt es Vermischungen, aber immer sollte die dominante Intention klar sein.) ,*Wissen, was sie tun* **sollen**' meint etwas eher Technisches: die Aufgabenstellung. Einerseits muss die Formulierung auf das sachliche Problem bezogen verständlich sein. Die Schwierigkeit einer Aufgabe sollte nicht das Verstehen der Aufgabe meinen, sondern im Lösen des sachlichen Problems bzw. der Beantwortung der Frage etc. bestehen. Und das wiederum heißt, insbesondere bezogen auf Kinder, die noch nicht *fließend lesen* können und die erst dabei sind, sich die Technik des Überblickens, des Selektierens anzueignen: Sie brauchen – um sich zurechtzufinden – ein festes Schema, ein ,Immer-Wieder-Gleiches', Stereotypes. Um ihnen ein Gefühl von Sicherheit zu vermitteln, ein Gefühl von „Das kenn ich!", „Das kann ich!", müssen wir in (Schule, Unterricht und) Materialien Erwartungen erzeugen, ermöglichen und erfüllen. Wiederkehrendes, Rituale, sich wiederholende Aufgabenstellungen, bilden ein bekanntes Gerüst, ermöglichen Erwartungen, die dann auch zu erfüllen sind. Aber wie immer gilt das nicht immer und ,ein für alle mal'. Wiederholung langweilt, unterfordert und ärgert.

Deshalb gilt es eine Balance zu finden. Eine Balance zwischen langer und kurzer Weile, zwischen Altem und Neuem, der Erwartungserfüllung und Irritationen. (Es sind die Irritationen, die Lernen auslösen, die uns herausfordern, weil unser Können nicht ausreicht, etwas zu versuchen, zu erproben, was man noch nicht kann.)

Neues muss an Bekanntem anschließen, in Altem aufgehoben sein.

Konkretisation

Dieser Balanceakt ist sowohl **ABC** als auch **ABRA** nahezu perfekt gelungen. Beide Konzeptionen bieten für jeden Buchstaben und auch für Buchstabenverbindungen wie Sch, Ei, St, Sp, Ch je eine Doppelseite an. Die Aufgaben sind immer ganz gleich positioniert, auf jeder Seite steht am selben Ort der gleiche Typ von Aufgabe. Bei **ABC** sind es jeweils 15, bei **ABRA** 10 unterschiedliche und unterschiedlich komplexe Aufgaben. Die Aufgaben sind in Hinblick auf ihre Triftigkeit schon oben bewertet. Hier kommt es auf die Verständlichkeit und Ordnung, das Wiederkennen und Sich-Zurechtfinden an. Diese gleichförmige Seitengestaltung – formal gleich, inhaltlich verschieden – führt zu einem wesentlichen Vorteil: Kinder können, wenn sie das Prinzip verstanden haben, wählen, in welcher Reihenfolge sie das Buch bearbeiten wollen, sie können ihren eigenen Weg gehen (vgl. Kriterium 1).

Die Qualität der Auswahl, Formulierung und Gestaltung der Aufgaben, also ihre Verständlichkeit, bestimmt, ob ein Arbeitsmittel ‚lehrerunabhängig' einsetzbar ist. **ABRA** stützt die freie Umgangsform durch eine farbliche Ordnung, ein ‚Anlautalphabet' in der Mitte des Buches, von dem aus Leser praktischen Zugriff über eine Griffleiste vom Laut/Bild zu der entsprechenden Seite haben. Die Gestaltung als Ringbuch erlaubt ein vollständiges Umschlagen (360° um die Mitte).

ABC stützt die Handhabung durch eine grafische Gebrauchsanleitung im Deckel, wo farblich hervorgehoben wird, was, wo zu tun ist. Die Anleitung ist sicherlich als eine nachgreifende, wiederholende Erinnerungshilfe gedacht (vgl. Abb. S. 261).

Das *wlt* stellt höhere Ansprüche an die Flexibilität der Kinder. Es bietet nicht nur *ein* Muster der Seitenorganisation, sondern zwei Formen von wiederkehrenden, auch farblich gekennzeichneten Seitentypen: sogenannte ‚Durchblickseiten' und ‚Faltlisten'. Dazu finden sich einige Sonderseiten wie ein Register der Übungswörter, einen Vorschlag für ein Buch zum Selbermachen, Textseiten (Witze, ein Text zum Vergleich in vier Schriften).

Alle drei Titel bedürfen der ausführlichen Erläuterung der Handhabung und der Lösung der verschiedenen Aufgabentypen.

---

6. Kriterium

Arbeitsmittel sollen in einem didaktischen Kontext stehen, sich im Rahmen einer bestimmten Theorie verstehen und kritisieren lassen.

Erläuterungen

Hier geht es um Kriterien und deren Erfüllung in vorhandenen, gebundenen Produkten. Eine Untersuchung der didaktischen Qualität von Materialien, die sich unter den Anspruch einer Konzeption stellen, sucht – als Nagelprobe – in den Schülerprodukten die Konzeption und Theorie der AutorInnen auf. Aber auch ein Lehrerkommentar kann helfen, das, was für Schüler nur implizit vermittelt werden kann, explizit zu machen und damit Unterricht über das Material hinaus anzuregen bzw. auf Quellen und weiterführende Materialien hinzuweisen. In guten Lehrerkommentaren geht es immer um ‚Gebrauchsanweisungen'

(Ideen für die Realisierung) und den methodisch-didaktischen Hintergrund, vor dem Unterrichtsmaterialien entworfen werden. Es geht um die leitende Theorie und die Entsprechung zwischen theoretischen Aussagen und praktischen Realisationen.

Didaktischer Kontext (als Kriterium) meint hier also den *Lehrerkommentar* und den Zusammenhang mit *,Zusatzmaterialien'*.

Konkretisation

Alle drei Titel sind durch Lehrerkommentare ausführlich und sehr konkret kommentiert. Die AutorInnen der drei ausgewählten Titel sind dem „Spracherfahrungsansatz" zurechnen, was eine generelle Übereinstimmung in den oben angedeuteten ,essentials' und damit einen gemeinsamen didaktischen Kontext bedeutet.

Alle drei Kommentare sind kostenlos zu haben: auf Anfrage bei den Verlagen oder auch im internet: *ABC* und *wlt* unter: vpm-verlag@t-online.de; *ABRA* unter westermann@t-online.de

Der Kommentar zum *ABRA* bietet *konkrete Unterrichtsvorschläge* zur Arbeit mit dem ,Wörterbuch'. Dabei zeigt sich ein großes Ausmaß an unterrichtspraktischer Erfahrung und origineller Ideen der Autoren, ihr Material unterrichtlich zu entfalten. Sie führen ausführlich die weiteren Materialien ein, die ,direkt' zum Konzept gehören, also den didaktischen Kontext im engeren Sinne ausmachen: Zauberblätter, Lesekarten, Folien, CD mit Hörgeschichten. Im Anhang werden noch fünf Titel genannt, „die unseren Unterricht zusätzlich bereichern, erleichtern oder unterstützen konnten."

Der Kommentar zum **ABC** erläutert sehr präzise die Intentionen der Autorin, die sich in dem Angebot an Aufgaben konkretisieren. Dabei wird das Grundanliegen verständlich, Kindern einen *eigenen* Wege in die Schrift und zu einem *individuellen Produkt*, dem Buch *mit den eigenen Vorlieben*, zu ermöglichen.

Der (weitere) didaktische Kontext dürfte sich in der Ideenkiste der Autorin (zusammen mit Brügelmann) realisieren und – im engeren Sinne – in den fünf Buchstaben-Elementen als Stempel, die im *ABC* nur gedruckt und nicht gegenständlich vorkommen und dem farbigen „Butterfly-Poster", das im *ABC* nur verkleinert und in schwarz/weiß vorkommt.

Der Kommentar auch zum *wlt* erläutert sehr ausführlich die Intentionen und die Spezifika dieses Ansatzes, der sich in den folgenden Blocks als ein wortfamilienbezogener erweist. Das *wlt 1* ist ein erstes Element einer Reihe von weiterführenden Blocks. Im Sinne des weiteren Kontexts dieses Ansatzes ist auf die (40) Regenbogen-Bücher zu verweisen, die ein ,leicht lesbares' Textangebot für Erstleser darstellen.

---

7. Kriterium

Das Material soll Kindern gefallen, soll sie ansprechen, reizen, ermuntern, sie interessieren ... Zu bewerten ist die grafische Gestaltung.

Erläuterung

Dieses Kriterium ist zu einem Teil eine Geschmacksfrage, über die sich trefflich streiten lässt. Deshalb ist die Mindestforderung die nach einer professionellen Gestaltung. Der Typ der Illustrationen, ihr Stil, eine eher naturalistische oder anthropomorfisierende Auslegung, wird von verschiedenen Kindern unterschiedlich geschätzt.[2]

Sehr wohl einzuschätzen ist die Funktionalität der Illustrationen. Haben sie bloß ornamentalen Charakter oder kommt ihnen eine klärende, erläuternde Funktion zu? Bunte Bilder sind kein Wert an sich; schwarz-weiß Fotos und Zeichnungen können sehr wohl einen spezifischen Wert besitzen und bestimmte Funktionen erfüllen.

Gleiches gilt für Cartoons. Häufig werden sie ,didaktisiert', um Schülern Anweisungen zu geben. Dies wirkt wie ein Missbrauch kindlichen Interesses an Comics und Cartoons und erweist schnell seine Fadenscheinigkeit. Gute Cartoons auf dem Schulsektor sind rar wie überhaupt Humor nicht eine genuin didaktische Kategorie zu sein scheint.

Wichtig ist auch die mediale Gestaltung: Wiederverwendbares Material, etwa ein Lesebuch, darf/muss aufwendiger gestaltet sein als Verbrauchsmaterial, in das hinein geschrieben wird. Der Aufwand an Gestaltung (Vierfarbigkeit, Menge der Abbildungen, Einband, Format, Umfang, Bindeform, Papierqualität) steht in engem Zusammenhang mit dem Preis und dieser wiederum variiert mit Auflagenhöhe bzw. Marktchancen. In diesem Sinne ist der Einkaufspreis ein Qualitätsmerkmal von Schulbüchern, das große Verlage mit großen Auflagen begünstigt.

Konkretisation

Alle drei Titel sind professionell gestaltet. Das **ABRA** – durchgängig vierfarbig – wirkt außerordentlich attraktiv. Durch den Titel „ABRAKADABRA", die Titelfigur mit Zauberhut und Zauberstab und die liebevoll einfühlsamen Zeichnungen strahlt das Buch etwas Zauberhaftes aus (Gestaltung: Angelika Schuberg). Es kommen Hexen und Clowns vor, Cowboys und Computer. Der funktionalen Strenge alphabetischer Ordnung stehen graphische Kompositionen gegenüber, die so Unterschiedliches wie z. B. Nüsse auf dem (Nieren-)Tisch des Nikolaus mit einer Nachtigall auf einem Notenständer, einem Spinnennetz (4 n), einer nähenden Tante und einem Kalender, auf dem der 6. 12. – eben der Nikolaustag – hervorgehoben ist, verbinden. Die Szene ist als Aquarell angelegt und fügt sich locker in die übersichtlich gestaltete Doppelseite ein. Praktisch ist das Ringbuch mit dem „Anlaut-Inhaltsverzeichnis" in der Mitte mit farbiger Registergriffleiste. (68 Seiten, Umschlag und Register: 21,80 DM)

ABC und *wlt* sind farblich, was die Papierqualität und das Register betrifft, weniger reich gestaltet. Dies ist bei einem Verbrauchsmaterial auch geboten: Vierfarbig bedrucktes Papier zum einmaligen Gebrauch (als Schreibheft) ist ein teures Unding und wäre schlechtes Modell für sparsame Ressourcennutzung.

ABC ist schwarz/weiß gestaltet und durch blaue Flächen zusätzlich gegliedert. Die Illustrationen von Walter Uihlein sind klar und sozusagen ,mit einem Lächeln gezeichnet': ein Dachs spielt Dudelsack, Donald Duck duscht, ein Dackel verfolgt einen **Dieb**. Die Orte und Flächen zum Einkleben und Schreiben sind jeweils weiß abgesetzt; die identisch aufgebauten Seiten sind klar, die Gliederung der Aufgaben ist übersichtlich. Der zweite Bestandteil des *ABC* – der Schnibbelblock mit knapp 500 Einzelbildern und ebenso vielen ‚Kunstbuchstaben' zur Wahl – ist deutlich gezeichnet (die jeweils 15 zur Wahl stehenden Lebewesen / Gegenstände zu einem Anlaut vergrößern gegenseitig die Deutlichkeit). Der geklebte Block löst sich beim Zerschneiden sehr schnell in viele Teile auf. Beim Ordnen hilft eine Folientüte, die in den vorhandenen Hefter im Deckel eingeklinkt werden kann.

Die große Fülle der 16 Aufgaben könnte auf Kinder, die unter der Erwartung stehen, alle Aufgaben ‚auf einmal' erfüllen zu müssen, besonders zu Beginn zu einem Gefühl der Überforderung führen. Hier hilft vielleicht eine Ermutigung zu einer bestimmten Auswahl. Auch könnte ein breiterer Rand um die Aufgaben den Eindruck der Überfülle reduzieren. (48 + 64 Seiten, Deckel und Umschlag: 19,50 DM)

Das *wlt* – Verbrauchsmaterial wie das *ABC* – ist ein perforierter Block im A4-Format. Er ist zweifarbig angelegt, wobei die drei verschiedenen Seitentypen durch Fond-Farben markiert sind.

Die 36 Blätter des Blocks sind klar gegliedert. Dies gilt für die Faltlisten wie auch für die so genannten ‚Durchblickseiten'. Beide funktionieren durch Umfalten („Walter, der Falter" zeigt wo). Durch das Falten und das ‚Gegen-das-Licht-Halten' fügen sich Bilder und Buchstaben zu größeren Einheiten ineinander. Durch das einfache Falten des Papiers entstehen originelle Möglichkeiten des Trennens und Zusammenfügens, lässt sich Bestimmtes – als Aufgabe – fokussieren und als Lösung (Selbstkontrolle) bestätigen. Für beide Seitentypen gilt, dass jeweils Vorder- und Rückseiten miteinander zu einer (im Aufbau transparenten) Einheit verbunden werden.

Die ‚naturalistischen' Zeichnungen stammen – wie die im *ABC* – von Walter Uihlein, die Cartoons von Jan-P. Schniebel. Seine Kängurus stellen – wie auch sein Rotfuchs (bei Rowohlt) – eine spezifische Form intellektuellen Vergnügens dar. Das zeigt sich schon in diesem Block, in dem die Kängurus ihre Dialoge – in Hinblick auf die Lesefähigkeit der Kinder – noch sehr wenig ausführlich führen. (72 Seiten, Deckel: 13,20 DM)

Schluss

Es hat uns gutgetan, diese drei Produkte einer genauen Analyse zu unterziehen. Es zeigt sich dabei, dass das, was auf den ersten Blick so einfach zu sein scheint und auch einfach zu machen scheint, gehaltvoller ist, als man denkt. Es ist eine Menge Theorie, Wissen und Intuition im Spiel, um ein Material für das allererste Lesen und Schreiben auf dem Stand gegenwärtiger didaktischer Diskussion zu entwickeln. Es ist viel zu bedenken. Mehr als wir hier in den vergleichsweise groben Kriterien fassen können. Dies legt diese Analyse offen und wird durch einen Vergleich mit weniger ausgereiften Produkten bestätigt. Und auch ein diachroner Blick ist interessant. Er zeigt die Verbesserungen in der Zeit: die verschiedenen Erscheinungsdaten der Zusatzmaterialien, der Kommentare. Es ist im Fluss, es wird weitergedacht, ergänzt, erklärt und aus Erfahrungen gelernt.

Wir haben drei Titel ausgesucht, deren Qualität sich erweisen ließ. Positives kritisch zu analysieren, genau zu beschreiben und damit transparent zu machen, ist eine der Bedingungen einer gehaltvollen Diskussion um Qualität. Insofern ist das Beste gerade gut genug, um die Kriterien der Beurteilung zu entwickeln.

Das war und ist unsere Absicht: die Qualitätsdebatte im Fokus auf die (Unterrichts-)Medien voranzubringen. Dieser Einstieg war nicht kontrovers.

Sind wir in den Fragen des Beginns des Schrifterwerbs schon sicher genug? Mit Verlaub: Es scheint eine Zeitverschiebung zu geben zwischen der Diskussion etwa in der DGLS oder im „Symposium Deutschdidaktik" und der ‚durchschnittlichen' Praxis. Es muss also zumindest verdeckte Kontroversen geben.

Wo lassen sich Positionen so konturieren, dass sich Kontroversen auftun? An welchen Inhalten, an welchen Produkten lassen sich Kriterien weiterentwickeln? Und: Wer hat Lust, sich einzumischen? Auch AutorInnen solcher Produkte sind ausdrücklich eingeladen. Ihre Kompetenz ist eine besondere und ist gefragt.

Sicher: Die Qualität von Unterricht hängt nicht ‚einfach' von Unterrichtsmedien ab. Unterricht ist ein vielfach wechselwirksam bestimmtes Geschehen. Aber Unterrichtsmedien haben in diesem Geschehen eine große Bedeutung. Wäre es falsch zu sagen: der Bedeutung der Lehrpläne vergleichbar groß? (Die Lehrpläne und Richtlinien, die heute für den sprachlichen Anfangsunterricht in Hamburg in Geltung sind, tragen das Erscheinungsjahr 1989.)

Die Erwartungen, unter denen wir – etwa eine Organisation wie die DGLS – stehen, der Öffentlichkeit zu vermitteln, wie Sprachunterricht sein soll, wie Schule und Unterricht mit den Chancen und Problemen der Sprachenvielfalt umgehen kann, sind hoch.

Diese Fragen sind der wesentliche Inhalt unserer Arbeit in der DGLS. Die Diskussion um die Qualität von Unterrichtsmaterialien spielt dabei eine im Verhältnis zu ihrer praktischen Bedeutung viel zu kleine Rolle. Wenn es gelingt, diese Diskussion zu forcieren, könnte das zu einem Konsens in den wesentlichen Kriterien führen. Dieser würde eine normative Kraft auf Autorinnen und Autoren, Verlage und Zulassungskommissionen ausstrahlen und – über den Druck durch Konkurrenz – würde sich ein Standard durchsetzen.

Man vergleiche die Qualität heutiger Fibeln mit der vor 6 bis 8 Jahren. Es lässt sich mit Fug und Recht sagen, dass die scharfe Fibeldiskussion eine außerordentlich produktive Wirkung gehabt hat.

Die Bedenken, dass sich durch solche „Festschreibungen" eine Sperre gegen Ideen und Konzepte in der Zukunft bildet, sind nicht gering zu achten. Aber diese Bedenken sind kein hinreichender Grund, die Qualitätsdebatte nicht zu führen.

Wir bitten um Beteiligung.[3]

Anmerkungen

[1] Es ist klar, dass dies keine wirkliche Bestimmung ist. Gemeint ist ein zugegeben vager Konsens, der sich in den sieben vorausgegangenen Jahrbüchern bzw. den Veröffentlichungen der dort publizierenden AutorInnen finden lässt. Dieser ‚Konsens' mag für diesen ersten Kriterienversuch als Grundlage reichen.

[2] Die Zeitschrift ‚spielen und lernen' führte 1982 eine Untersuchung durch, in der sie ihre Leser bat, sich zu Wilhelm Schlotes Zeichnungen zu äußern. Das Ergebnis: Genau 50 % der Kinder mochten sie und 50 % lehnten sie ab.

[3] Wenden Sie sich bitte mit Vorschlägen, Beiträgen an Claudia Osburg, die Herausgeberin des nächsten, zehnten Jahrbuches der DGLS.

Das ausgewählte Material:
Balhorn, Heiko/Günther, Klaus B./Schniebel, Jan-P./Uihlein, Walter: Wortlisten. Trainingsprogramm mit Wörtern und Texten (wlt 1). verlag für pädagogische medien. Hamburg 1994. (+ Lehrerkommentar)
Brinkmann, Erika/Uihlein, Walter: ABCDARIUM (ABC). verlag für pädagogische medien. Hamburg 1996. (+ Lehrerkommentar).
Fackelmann, Johann/Söhl, Karl: ABRAKADABRA (ABRA). Westermann. Braunschweig 1996.
Möhring, Katja/Kremerskothen, Hiltrud: Schriftspracherwerb mit Abracadabra. Westermann. Braunschweig 2000. (Lehrerkommentar)

Andresen, Ute
Leiterin der Pädagogischen Werkstatt ‚Grundschule' der PH / Universität Erfurt, Giselastraße 11, 80802 München

Balhorn, Heiko
Professor am Institut für Didaktik der Sprachen an der Universität Hamburg, Unnastraße 19, 20253 Hamburg, e-mail: balhorn@erzwiss.uni-hamburg.de

Eichler, Wolfgang
Professor für Deutsche Sprache und deren Didaktik an der Carl-von-Ossiezky-Universität Oldenburg, Fachbereich 11, 26111 Oldenburg

Giese, Heinz W.
Professor für Deutsche Sprache und deren Didaktik an der TU Braunschweig, Sedanstraße 105, 28201 Bremen, e-mail: h.giese@tu-bs.de

Grümmer, Christiane
Lehrerin an der Albert-Liebmann-Schule (Schule für Sprachbehinderte) in Essen, Schlosswiese 79, 45355 Essen

Haueis, Eduard
Professor für Deutsche Sprache und deren Didaktik an der Pädagogischen Hochschule Heidelberg, Keplerstraße 87, 69120 Heidelberg, e-mail: haueis@ph-heidelberg.de

Holle, Karl
Institut für Deutsche Sprache und Literatur und ihre Didaktik an der Universität Lüneburg, 21337 Lüneburg, e-mail: holle@uni-lueneburg.de

Klotz, Peter
Professor am Institut für Didaktik der Deutschen Sprache und Literatur der Universität Bayreuth, e.mail: peter.klotz@uni-bayreuth.de

Kluge, Wolfhard
Professor für Deutsche Sprache und Literatur an der Justus-Liebig-Universität Gießen, Schillerstraße 50, 35423 Lich, e-mail: wolfhard.kluge@germanistik.uni-giessen.de

Kruse, Norbert
Professor für Deutschdidaktik an der Universität Gesamthochschule Kassel, Fachbereich 09 Germanistik, Georg-Forster-Straße 3, 34109 Kassel

Löffler, Cordula
wissenschaftliche Angestellte in der Abteilung für Deutsche Sprache und deren Didaktik an der TU Braunschweig, Kentener Heide 13, 50127 Bergheim

Menzel, Wolfgang
Professor, em., Martin-Müller-Straße 34, 30900 Wedemark

Meyer, Alexandra
Heilpädagogin im Kindergarten, Michelsenstr. 35, 24114 Kiel

Naumann, Carl Ludwig
Professor für Deutsche Sprache und ihre Didaktik an der Universität Hannover, Alleestraße 35, 30167 Hannover

Osburg, Claudia
wissenschaftliche Assistentin (Habil)am Institut Didaktik der Sprachen an der Universität Hamburg, Upp'n Kopp 22, 27356 Rotenburg, e-mail: artuwbca@aol.com

Ossner, Jakob
Professor am Institut für Deutsche Sprache und Literatur I der Johann-Wolfgang-Goethe-Universität Frankfurt am Main

Rauschenberger, Hans
Professor em. Dr. , Fachbereich Erziehungswissenschaft an der Gesamthochschule Kassel

Reich, Kersten
Professorin für Allgemeine Pädagogik an der Universität Köln, Seminar für Allgemeine Pädagogik, Gronewaldstraße 2, 50931 Köln, e-mail: Kersten. Reich@uni-koeln.de

Reichert-Wallrabenstein, Maike
wissenschaftliche Mitarbeiterin am Institut für Didaktik der Sprachen an der Universität Hamburg, Fachbereich 06, Institut 7, Von-Melle-Park 8, 20146 Hamburg, e-mail: Reichert-Wallrabenstein@erzwiss.uni-hamburg.de

Roth, Hans-Joachim
Vertretungsprofessor im Institut für Didaktik der Geschichte, der Politik, der Geographie und des Sachunterrichts an der Universität Hamburg, Von-Melle-Park 8, 20146 Hamburg, e-mail: roth@erzwiss.uni-hamburg.de

Schiestl, Peter
Grundschullehrer und Lehrerfortbildungsleiter, (er hat die Texte verfasst, die – im Buch verstreut – einem wie Gedichte vorkommen können), In den Weihern 13, 79379 Müllheim, e-mail: peter.schiestl@t-online.de

Switalla, Bernd
Professor an der Fakultät für Linguistik und Literaturwissenschaft der Universität Bielefeld, e-mail: switalla@nov1.lili.uni-bielefeld.de

Thomé, Günther
Oberassistent im Fach Germanistik an der Carl-von-Ossiezky-Universität Oldenburg, Fachbereich 11, 26111 Oldenburg, e-mail: guenther.thome@uni-oldenburg.de

Weinhold, Swantje
wissenschaftliche Angestellte an der Universität Lüneburg, Eichenstr. 84, Hamburg 20255, e-mail: swantje.weinhold@hige.de

Welling, Alfons
Professor für Erziehungswissenschaft unter besonderer Berücksichtigung der Sprachbehindertenpädagogik an der Universität Hamburg, Sedanstraße 105, 20146 Hamburg, e-mail: welling@erzwiss.uni-hamburg.de

Wilhelm, Klaus
freier Journalist, Mommsenstraße 23, 10629 Berlin